Heidenreichstein (62)
Hardegg (60)
Raabs (54)
Kaja (58)
Ottenstein (51)
Rosenburg (34)
Pürnstein (64)
Rastenberg (52)
Rappottenstein (48)
...tenstein (66)
Falkenstein (68)
Dürnstein (38)
Kreuzenstein (31)
Oberranna (44)
Schaunberg (65)
Pöggstall (46)
Aggstein (41)
Clam (70)
Wien (19)
Hainburg (20)
Liechtenstein (30)
Starhemberg (24)
Wiener Neustadt (22)
Forchtenstein (72)
Seebenstein (26)
(138)
Lockenhaus (78)
Strechau (98)
Bernstein (76)
Schlaining (80)
Rabenstein (90)
Frauenburg (102)
Herberstein (86)
...dorf (130)
...am (133)
Güssing (84)
Riegersburg (92)
Friesach (106)
Straßburg (110)
Deutschlandsberg (96)
...auenstein/Kraiger Schlösser (119)
Hochosterwitz (111)
Finkenstein (116)

W0072214

Von Burg zu Burg in Österreich

Gerhard Stenzel

Von Burg zu Burg

in Österreich

Mit Flugbildaufnahmen von Lothar Beckel

Verlag Kremayr & Scheriau · Wien

Die Bilder auf dem Schutzumschlag zeigen die
Burg Schlaining im Burgenland (Vorderseite)
und die Ruine Kammerstein in der Steiermark
(Rückseite). Das Bild gegenüber der Titelseite
zeigt ein Detail aus dem Stammbaum der
Babenberger, Tafelmalerei 1489, aus Klosterneuburg.

Else Stenzel
für Anregung, Durchsicht und Mitarbeit

Die Flugaufnahmen von Dr. Lothar Beckel
wurden vom BMfLV mit Zl. 9531 R.Abt. B/73
freigegeben

2., verbesserte und erweiterte Auflage
© 1973 by Verlag Kremayr & Scheriau, Wien
Gesamtherstellung: Wiener Verlag, Wien
ISBN 3 218 00278 8

Inhalt

Worte zum Buch

Österreich ist übersät mit Bauwerken, Gemäuer und Mauerresten aus dem Mittelalter. In Niederösterreich allein stehen oder standen an die 500 Burgen und Ruinen.

Burgen waren mittelalterliche Wehranlagen. Als Burgen bezeichnet man gewöhnlich auch die in der Spätgotik und Renaissance, im 15. und 16. Jahrhundert, schloßartig erweiterten, gegen Feuerwaffen befestigten Wehrbauten. Bergfried, stehengebliebene Teile des Palas, von Toren und Ringmauern verleihen ihnen noch burgenartiges Aussehen, Basteien und Außenwerke oft festungsartigen Charakter. Viele dienten bis ins 18. Jahrhundert als »burgus«, als Fluchtort.

In diesem Buch unberücksichtigt blieben Schlösser, die seit dem Spätmittelalter entstanden, auch einstige Burgen, die weder vom Anblick noch von ihrer Geschichte her einstige Wehrfunktionen belegen. Unerwähnt blieben auch, falls sie nicht besondere historische Bedeutung hatten: Ansitze, Burgställe, Hausberge; ebenso in Bauernhöfe oder sonstige Gebäude verbaute Burgen oder Burgenteile, einzelstehende oder umbaute Türme, Stadtbefestigungen und Straßensperren; auch Wehrkirchen und allzu geringe, bedeutungslose Burgruinenreste. Einer eingehenderen Darstellung in einem österreichischen Schlösserbuch bleiben Repräsentationsbauten wie die Schallaburg bei Melk, Amras bei Innsbruck, noch im Burgenstil entstandene Adelssitze wie die Greinburg an der Donau vorbehalten.

Doch ist das Buch keine Burgenkunde. Es berichtet vielmehr von der Geschichte der mittelalterlichen Wehranlagen, vornehmlich von den Geschichten, die mit ihnen in Zusammenhang stehen.

Das Hauptkapitel bringt Geschichten berühmter Burgen. An die Zeiten der Babenberger und der Kreuzzüge erinnern in Österreich vor allem Dürnstein und Aggstein, Friesach, die Frauenburg in der Steiermark, Starhemberg in Niederösterreich, auch die »Kraiger Schlösser« in Kärnten. Außer Friesach bezeugen besonders Oberranna westlich von Spitz in der Wachau und Stein im Drautal den Baustil der Zeit. Imposante Relikte dieser Epoche sind u. a. der Wohnturm von Clam, die Türme von Vichtenstein und Heidenreichstein. An Kreuzzüge und Tempelritter erinnert wahrscheinlich Burg Lockenhaus.

Namen wie Hainburg, Bernstein, Falkenstein, Deutschlandsberg und Strechau müssen mit den bewegten Zeiten Ottokars, des hochfahrenden Böhmenkönigs, und Albrechts, des kriegerischen Habsburgers, in Verbindung gebracht werden. Sieben Jahrhunderte Baugeschichte, gleichzeitig eine siebenhundertjährige Familiengeschichte demonstriert das steirische Herberstein, den vergeblichen Kampf eines Adelsgeschlechtes die Ruinen der oberösterreichischen Burg Schaunberg. Bei Landeck erkannten die Tiroler ihren Herzog Friedel mit der leeren Tasche wieder.

Schicksale aus spätgotischen, aus Kaiser Friedrichs III. Tagen überliefern uns unter anderen der alte Schweizer Trakt der Wiener Hofburg, Güssing, Schlaining, Kaja und Heinfels. Die Zeit seines Sohnes Maximilian I., des »letzten Ritters«, belegen Bruck bei Lienz, Innsbruck, Kufstein, aber auch Tratzberg. Von spätgotischer Lebensart und Kultur ist bei Finkenstein und Frauenstein in Kärnten die Rede. Mit der österreichischen Geschichte auf besondere Art verbunden sind Wiener Neustadt im Osten und die Schattenburg im Westen des Bundesgebietes.

Von geistlichen Burgherren, ihren Geschicken und ihrer Herrschaft erfahren wir über Straßburg, Mauterndorf, Hohensalzburg, Hohenwerfen und auch Pürnstein.

Meist schon zu Festungen und wehrhaften Schlössern erweitert und ausgebaut, spielten in den Bauernkriegen, während Reformation und Gegenreformation, im Dreißigjährigen Krieg, stellvertretend für viele, eine Rolle: Rappottenstein, Hochosterwitz und die Rosenburg, auch Ottenstein und Rastenberg, in den Türkenjahren vor allem die Riegersburg und Forchtenstein.

Von mittelalterlichem Recht kündet Rabenstein an der Mur, von Folter und Hexenprozessen wissen Pöggstall und Moosham zu erzählen. Ein Beispiel romantischer Burgennarretei bietet die altehrwürdige Burg Seebenstein. Von der Restaurationswut und der Sammelleidenschaft des 19. Jahrhunderts steht bei Kreuzenstein und Liechtenstein zu lesen.

Aus Österreichs Burgenzeit

Die Jahrhunderte der Karolinger und Ottonen

An der Wende zum 9. Jh. besiegt Karl der Große die Awaren. In den Karolingischen Grenzmarken entstehen neben unbefestigten Königspfalzen auch befestigte Reichshöfe. Bayerisch-fränkische Siedler errichten Holzburgen. Einzelne der Turmhügelburgen, von denen noch Erdaufschüttungen zeugen, hatten Steinmauerwerk.

Nach Vernichtung des ungarischen Hauptheeres, 955, auf dem Lechfeld entstand zwischen Enns und Wienerwald eine Ottonische Mark. 976 erhielt sie als bayerisches Lehen Luitpold, der erste Babenberger. Die Karantanische Mark, zu der neben der heutigen Steiermark auch Teile Niederösterreichs gehörten, ursprünglich bayerisch, wird ein selbständiges Herzogtum.

Wels und Linz werden als »castrum« genannt. In Baden bei Wien, in Moosburg in Kärnten befanden sich karolingische Pfalzen. Als frühe Burgen werden u. a. Ennsburg, Melk, Krems, Obernberg am Inn, Eggenburg genannt. Burg Steyr ist Sitz der Bayerischen Otakare, auf Eppenstein stand eine Holzburg. Ambras bei Innsbruck ist Sitz der Grafen von Andechs.

Die Burg zu Pöchlarn, im 10. Jh. als Residenz des Markgrafen Burghard nachgewiesen, wird im Nibelungenlied als Sitz des Rüdiger von Bechelarn genannt:

Die Fenster an den Mauern, die sah man offen stehn;
Die Burg zu Pöchlarn, die war aufgetan.
Da ritten ein die Gäste, die man so gerne sah.
Ein gut Gemach schuf ihnen der edle Rüdiger da.

Das 11. Jahrhundert und die Babenberger · Erste Steinburgen

Im österreichischen Raum entstehen Steinburgen. In größerer Zahl meist während des Investiturstreites, 1076—1122. Es waren vielfach Wohn- und Wehrtürme zur Straßen-, Brücken- und Talsicherung, kleinräumige romanische Wehrbauten.

Die Babenberger verlegen ihre Residenz von Pöchlarn nach Melk, dann nach Tulln. Markgraf Leopold II. residiert seit 1090 in Gars.
Nach der Niederlage der Ungarn bei Pitten, 1042, entsteht die gleichnamige Grafschaft, die einen Teil der heutigen **Steiermark** umfaßt. 1058 erhalten die Otakare auf Burg Steyr Teile der Karantanischen Mark, die heutige Mittel- und Obersteiermark.
Im Herzogtum **Kärnten** setzen sich die Eppensteiner durch.

Um 1030 wird die Wasserburg Sachsengang angelegt, 1042 ist Burg Pitten, 1045 Persenbeug genannt. Im Auftrag des Reichstages von Nürnberg wird nach 1050 das von den Ungarn zerstörte Hainburg wiedererrichtet. Falkenstein bei Staatz wird urkundlich, ebenso Hardegg und Schärding. Die Traungauer errichten auf Salzburger Grund Strechau.

1069 wird die Ybbsburg erwähnt, das Jahr darauf der Turm zu Baierdorf erbaut.
Während des Investiturstreites werden 1077 in Salzburg, Werfen und Friesach Burgen errichtet. Um 1090 entstehen die Burgen der Kraiger, wenig später wird der Bau von Seebenstein bezeugt. 1095 wird auf Burg Gars Markgraf Leopold II. beigesetzt. 1097 entsteht der Turm zu Vichtenstein. In diesem Jahrhundert sind

In der Kirchenprovinz **Salzburg** befehden einander Erzbischof Gebhard und Berthold von Moosburg, der Gegenbischof.
Nord- und **Süd**tirol ist im Besitz der Bischöfe von Trient und Brixen.
In **Vorarlberg** behaupten sich die Grafen von Bregenz. Ende des Jahrhunderts erhält der angeheiratete Hugo von Tübingen die Grafschaft.

auch die ersten Wehranlagen von Altlengbach, Kaja und Schönbühel bezeugt.

Die bereits im 11. Jh. bestehende Grenzburg Pitten ist in Vers 2226 der »Klage« des Nibelungenliedes erwähnt: ... den helt man wol erkande / er saß bi Osterlande / ein hus an Unger marke stat / Püten noch den namen hat.

Das 12. Jahrhundert — Werden Österreichs · Felsenburgen

Burgen werden jetzt auf schwer zugänglichen Felsgipfeln erbaut. Es sind wehrhafte Wohntürme mit Kapelle und Ringmauerwerk, bald auch durch eigene Wehrtürme (Bergfried) gesicherte Wohnbauten (Palas).

Im Niederösterreichischen schreibt in dieser Zeit Frau Ava das »Leben Jesu«, Heinrich von Melk seine »Erinnerung an den Tod«. Aus dem Oberösterreichischen kommen der Kürnberger und Heinrich von Aist. 1170 ist die Geburt Walthers von der Vogelweide bezeugt, 1180 die Neidharts von Reuental. Um 1200 entsteht Wolfram von Eschenbachs »Parzival«.
Markgraf Leopold III., der später von der Kirche heilig gesprochene Babenberger, verlegt seine Residenz auf den jetzigen Leopoldsberg bei **Wien**, begründet Klosterneuburg und Heiligenkreuz. Unter Heinrich II., »Jasomirgott«, 1141—1177, entstehen der Babenbergerhof und das Schottenkloster zu Wien; Krems an der Donau ist Handelszentrum und Münzstadt. Das 1156 auf dem Reichstag zu Regensburg ausgehandelte »Privilegium minus« sichert dem Herzog von **Österreich** volle Unabhängigkeit zu. Mit dem Lösegeld, das Herzog Leopold V., 1177—1194, für den in Wien gefangenen englischen König Richard Löwenherz erhält, werden Wiener Neustadt erbaut und eine Reihe von Städten befestigt. Gebiete des westlichen Mühlviertels fallen an Österreich. Zwischen 1170 und 1190 wird das Waldviertel gegen Böhmen besiedelt.
Auf Grund eines auf dem Georgenberg bei Enns zwischen Leopold V. und dem Letzten der Otakare geschlossenen Vertrages fällt **1192 Steiermark** an die Babenberger und Österreich. Es umfaßte das heutige Bundesland Steiermark mit dem oberösterreichischen Traungau und Steyr, ebenso das südliche Viertel unter dem Wienerwald.

Um 1100 wird Raabs genannt, bald nach 1100 werden Aggstein und Oberranna urkundlich, Ebenfurth und Grizanestein-Kreuzenstein scheinen auf, um 1110 die Schallaburg. 1135 urkundet der Passauer Bischof auf Greifenstein, Orth an der Donau wird 1137 genannt, ebenso Perchtoldsdorf. Die Lengenbacher wählen als Hauptsitz Altlengbach, Liechtenstein wird Stammburg des gleichnamigen Geschlechts. Auf Rauheneck und Rauhenstein bei Baden und Lichtenfels am Kamp hausen die »Tursen«, auf Burgschleinitz die Hochfreien von Sleunz.
Im Land ob der Enns wird Ort am Traunsee genannt, 1149 entsteht Burg Clam. Um die Jahrhundertmitte erbauen sich die Herren von Schaunberg ihre Burg.
Im Steirischen werden u. a. Seggau, Dürnstein bei Friesach, Forchtenstein bei Neumarkt, Steinschloß, die Riegersburg, Peggau, Gösting, Offenburg und Oberkapfenberg urkundlich. Eppenstein erscheint als Steinburg.
In Kärnten besitzen Ministeriale der Spanheimer Osterwitz, wir hören von den Grafen von Heunberg und Ortenburg. Erzbischof Konrad I. von Salzburg läßt Friesach erweitern, Geiersberg entsteht, nach 1140 Hollenburg, Finkenstein, Freiberg, Flaschberg, Greifenburg. In Salzburg wird Hohensalzburg weiter ausgebaut, 1108 scheinen die Grafen von Plain auf.
An der jetzt festgelegten Grenze gegen Böhmen entstehen Rappottenstein, Heidenreichstein, Rastenberg. An der Thaya werden Drosendorf, Eibenstein und Laa genannt, Hardegg kommt in den Besitz der Grafen von Plain. Am Kamp entstehen Buchberg und Krumau, die Rosenberger begründen die spätere Rosenburg. Das »castrum« Wildberg, Österreichs Wappenburg, kommt an Gundaker von Steyr, Vorfahre der Starhemberger. Seit 1170 urkunden die Herren von Emmerberg, um diese Zeit auch ein Chadelhoh von Seebenstein. Mit

...Nachdem wir mit unseren Vornehmen gemeinsam klugen Rat gepflogen haben, bezeichnen wir den sehr edlen, sehr gestrengen und sehr getreuen Herzog von Österreich, Leopold, unseren Blutsverwandten, als unseren Nachfolger, wenn wir ohne Leibeserben abgehen sollten. Da sein Land an das unsere grenzt, kann jedes unter eines Friedens und Fürsten Gerechtigkeit regiert werden ...

Aus der Georgenberger Handfeste.
Enns, 17. August 1186

In **Kärnten** folgen den Eppensteinern die Spanheimer. Um 1170 wird St. Veit die Hauptstadt Kärntens.

In Erzbischof Konrad I., 1106—1147, erwächst **Salzburg** ein bedeutender Mann, der das geistliche Fürstentum zu hohem Ansehen bringt. 1167 brennen die kaisertreuen Grafen von Plain Salzburg nieder.

In **Tirol** kommen neben den Grafen von Eppan und von Burg Tirol die Andechser zu großem Ansehen. In **Vorarlberg** übersiedelt Graf Hugo I. von Montfort in das befestigte Feldkirch, auf die Schattenburg.

Wiener Neustadt werden Burgen in der Buckligen Welt erbaut. Unter den Wehrbauten des Marchfeldes ist Bockfließ genannt. In Dürnstein wird Richard Löwenherz gefangengehalten. Vor der Jahrhundertwende übersiedeln die Herren von Lengenbach nach Neulengbach. Im Burgenland sind Güssing und Landsee genannt.

Im Land ob der Enns hören wir von Steyregg und Ottensheim. 1159 ist Ebelsberg urkundlich, um 1170 Pernstein und Alram von Pürnstein. Die Burgenkette Piberstein, Waxenberg, Weinberg, Prandegg, Ruttenstein, Klingenberg entsteht. An der Donau sind auch Marsbach und Spielberg genannt.

Im Steirischen scheinen u. a. auf: Liechtenstein bei Judenburg, Rabenstein, Rotenfels, Katsch, Neuberg, die Massenburg, Grauscharn, Wolkenstein.

In Kärnten werden neben der Herzogsburg in St. Veit Glanegg, Gradenegg, Frauenstein urkundlich.

Im Salzburger Pinzgau entstehen der Turm von Felben und Mittersill, im Lungau Moosham.

In Tirol ist Matzen Besitz der Freundsberger, wahrscheinlich auch Lichtenwörth. »Inspruck« wird das erstemal genannt.

Das 13. Jahrhundert — das goldene Zeitalter · Ritterburgen

Noch vor 1250 beginnt man die Burgen gegen die von Ungarn, von den Mongolen und im Orient verwendeten Bogenwaffen, Armbrust und Brandpfeile zu sichern. Vorgeschobene Türme, Wehrgänge an den Ringmauern und zwingergesicherte Anlagen entstehen, möglichst von Waldhängen abgesetzt. Beim Burgenbau nützt man die Erfahrungen der Kreuzzüge. Allmählich entwickelt sich der Wehrbau zur klassischen Ritterburg, oft mehrfach mit befestigten Höfen umgeben.

In Österreich erhält das Nibelungenlied seine endgültige Gestalt. Walther von der Vogelweide und Neidhart von Reuental, Ulrich von Liechtenstein, Rudolf von Ems, der steirische Reimchronist, sind hier bekannte Namen. Wernher der Gartenaere aus dem Bayerisch-Oberösterreichischen schreibt den »Meier Helmbrecht«, in Steiermark leben u. a. auch Herrand von Wildonie und Albrecht von Scharfenberg, in Kärnten Ulrich von dem Türlin.
Der **Wiener Hof** Leopolds VI., 1198—1230, später »der Glorreiche« genannt, erlangt Weltruhm. Mit dem

Unter Leopold VI. werden mit den Städten auch die Burgen von Wien, Wiener Neustadt, Hainburg, Laa a. d. Thaya erbaut bzw. erweitert. Der Turm zu Krumbach wird genannt, Gutenstein und Maissau, in Zusammenhang mit Friedrich dem Streitbaren vor allem Starhemberg, Dürnstein und Aggstein. Hinterhaus ist seit 1243 urkundlich. Pöggstall erscheint als Besitz der Maissauer.

Im Burgenland sind Schlaining und Lockenhaus genannt, Bernstein wird landesfürstlich.

In Oberösterreich entsteht nach 1200 Krempelstein, Konrad von Wasserburg muß Vichtenstein an Passau abtreten, Falkenstein im Mühlviertel kommt an die Rosenberg.

In Steiermark sind Frondsberg und Ehrenhausen bezeugt. Ulrich von Liechtenstein läßt die Frauenburg erbauen.

In Kärnten ist der Fürstentag zu Friesach, 1224, das Ereignis der Zeit.

Im Salzburgischen Bischofshofen entsteht der Wohnturm der Bischöfe von Chiemsee.

Städteviereck Linz-Enns-Steyr-Wels wird das Kernland **Oberösterreichs** babenbergisch. Gegen seinen Sohn Friedrich, später »der Streitbare« genannt, 1230—1246, erhebt sich unter den Kuenringern ein großer Teil des Adels. Der letzte Babenberger fällt im Kampf gegen die Ungarn unweit von Wiener Neustadt.

Bernhard von **Kärnten**, 1202—1256, begründet den glanzvollen Herzogshof zu St. Veit an der Glan.

Der kaiserlich gesinnte **Salzburger** Erzbischof Eberhard II., 1200—1246, begründet die Bistümer Seckau, Lavant und Chiemsee.

In **Tirol** gewinnen die Grafen von Burg Tirol Einfluß.

In Tirol erbauen um 1200 die Salzburger Bischöfe Kropfsberg. Kufstein und Landeck werden genannt, auch Bideneck. Rattenberg erscheint als »Castrum«, Itter als Mittelpunkt einer ausgedehnten Herrschaft. In Osttirol wird Heinfels gegen die Mongolen erbaut. In Vorarlberg ist Hohenbregenz genannt, Feldkirch und die Schattenburg werden ausgebaut. Auf Burg Hohenems lebt Rudolf von Ems.

Ottokar von Böhmen und Albrecht I. von Habsburg

Nach dem Tode des letzten Babenbergers wird ihr Erbe als Reichsbesitz verwaltet. Von österreichischen Adeligen berufen, zieht 1251 Markgraf Ottokar II., der spätere König von Böhmen, als Herzog von Österreich in **Wien** ein. Er heiratet die Schwester Friedrichs des Streitbaren, Margarethe, verstößt sie jedoch 1261. Nach dem Sieg über die Ungarn besetzt Ottokar die Steiermark und erbt Kärnten und Krain. Der neugewählte römisch-deutsche König, Rudolf I. von Habsburg, 1278—1291, zwingt ihn, die Länder herauszugeben und von ihm als Lehen zu nehmen. Als sich der Böhme 1278 gegen Rudolf erhebt, verliert er bei Jedenspeigen und Dürnkrut die Entscheidungsschlacht und sein Leben.

In **Steiermark** und **Kärnten**, die Ottokar sich gewaltsam zu unterwerfen versucht, erhebt sich der Adel gegen den Böhmen. Neben anderen Burgen wird auch Friesach zerstört.

Der Spanheimer Philipp, erwählter Bischof von **Salzburg**, vertreibt nach einem Sieg über Albrecht III. von Tirol und dem Diktatfrieden von Lieserhofen den vom Papst als Salzburger Bischof erkorenen Ulrich. Ottokar gelingt es, Philipp zu verdrängen.

Nach dem Tod des letzten Grafen von **Tirol** fällt das Land an die Grafen von Görz.

In **Vorarlberg** belagert Rudolf von Habsburg vergeblich die Schattenburg, Sitz der nun mächtigen Grafen von Montfort.

Unter dem Böhmenkönig entsteht an der Stelle des heutigen »Schweizer Traktes« die Burg zu Wien, die spätere Hofburg. Hainburg wird von ihm ausgebaut, Burg Raabs kommt für kurze Zeit an die ihm ergebenen Grafen von Hardegg. Die Burg zu Bruck an der Leitha wird genannt, in Krems die Gozzoburg, am gegenüberliegenden Donauufer die Hollenburg. 1267 stirbt auf Burg Krumau die von Ottokar verstoßene Margarethe von Österreich.

Lockenhaus und Bernstein kommen in den Besitz der Güssinger Grafen.

In Oberösterreich wird Eferding genannt, Falkensteiner und Tannberger behindern den Donauhandel.

Im Steirischen läßt Ottokar eine Reihe Burgen schleifen. Genannt werden Kaisersberg, Ehrenfels und Kammerstein, Kapfenberg, Fohnsdorf. Bei Leoben erweitern die Massenberger ihre Burg. Judenburg und Neuhaus-Trautenfels sind urkundlich. Bei Leibnitz erbaut der Bischof von Seggau seine Burg, der Abt von Admont erhält die Erlaubnis, Gallenstein zu errichten. Im castrum Prukke an der Mur verteidigt sich Hermann von Landenberg gegen die aufständischen steirischen Adel. Der Turm zu Herberstein wird erbaut.

Als Ramunchstein erscheint im Lungau die heutige Burg Finstergrün auf.

In Kärnten sind Groppenstein und Gmünd genannt, Freiberg ist als Hauptburg der Spanheimer erwähnt. Friesach wird wieder zerstört.

1282 belehnt König Rudolf von Habsburg seine Söhne Albrecht und Rudolf mit Österreich und Steiermark zu gesamter Hand. Kärnten erhält Meinhard II. von Tirol als Pfand für dessen Waffenhilfe gegen den Böhmenkönig. Die Tochter Meinhards, Elisabeth, wird die Gemahlin Albrechts I. und mit ihren 22 Kindern die Stammutter der österreichischen Habsburger.

Albrecht I., bestrebt, die Reichsgewalt zu stärken, macht sich mit »Revindikationsmaßnahmen« und mit seinem schwäbischen Anhang bei Österreichern und Steirern unbeliebt. Als es wegen ungeklärter Besitzansprüche Salzburgs im Steirischen zum Krieg mit dem Erzstift kommt, verbündet sich der Salzburger Erzbischof Konrad IV. von Fohnsdorf 1292 auf Deutschlandsberg mit dem steirischen und Kärntner Adel. Doch Albrecht schlägt die Aufständischen und zerstört Friesach.

Nach dem Tode König Rudolfs wird nicht sein Sohn Albrecht, sondern Adolf von Nassau zum deutschen König gewählt. 1295 entgeht Albrecht knapp einem Anschlag durch Gift und besiegt die jetzt neuerlich gegen ihn auftretenden Aufständischen. Zum Frieden mit Salzburg kommt es jedoch erst nach der Ermordung des verhaßten habsburgischen Statthalters und Landeshauptmanns der Steiermark, des Abtes Heinrich II. von Admont, 1297. In der Schlacht bei Göllheim besiegt Albrecht Adolf von Nassau und wird deutscher König.

Albrechts Pläne, nach dem Aussterben der Přemysliden in Böhmen und der ungarischen Arpaden, 1301 und †306, durch Heiraten die Donauländer zu einem Staatsganzen zu vereinigen, durchkreuzt der frühe Tod seines Sohnes Rudolf, den er zum König von Böhmen gemacht hatte. 1308 fällt Albrecht einem Mordanschlag seines Neffen Johann Parricida zum Opfer.

In Tirol besitzen die Andechser die Türme von Friedberg und Freundsberg, 1293 ist Ehrenberg genannt. In Osttirol wird Burg Bruck Sitz der Burggrafen von Lienz.

Albrecht läßt die Hofburg zu Wien weiter ausbauen. Die Reichsgrafschaft Raabs mit Litschau und Heidenreichstein fallen an Habsburg. Albrecht erobert Dürnstein, Aggstein und Falkenstein bei Staatz.

Während der »Güssinger Fehde«, 1289, besetzt Albrecht nach der Niederlage seines Heeres bei Bernstein auch Schlaining und Mattersburg für kurze Zeit.

In Oberösterreich wird Schaunberg vom gleichnamigen Geschlecht erbaut, Neuhaus an der Donau entsteht. Nach der Ächtung des Zawisch erobert Albrecht Falkenstein im Mühlviertel und Tannberg. Auf Prandegg sitzen Regensburgische Ministeriale.

Im Steirischen fällt das salzburgische Strechau im Tausch gegen Neuhaus-Trautenfels an Habsburg. Der Abt von Admont läßt Neuhaus von Wolkenstein aus überfallen. Otto von Hartberg erwirbt Herberstein und wird zum Begründer des gleichnamigen Geschlechts. Der von Albrecht zerstörte Turm zu Baierdorf wird wiedererrichtet. Die Riegersburg, eine Doppelburg, Kuenringerbesitz, kommt an die Wallseer. Ende des Jahrhunderts entsteht die Festenburg. Albrecht zwingt die Wildoner, Dürnstein bei Friesach herauszugeben.

In Kärnten wird Friesach erobert und abgebrannt. Der aufständische Heunburger setzt in St. Veit den Herzogssohn Ludwig gefangen, läßt ihn nach Taggenbrunn, später nach Werfen bringen. Mannsberg wird urkundlich.

In Tirol sind Tratzberg genannt, Berneck und Hasegg in Hall.

Das 14. Jahrhundert — Luxemburg und Habsburg · Zwingerburgen

Aus den einfachen romanischen Bauten entwickeln sich in gotischer Zeit Abschnittsburgen mit Zwingern, Höfen, Wehrtürmen, Torbauten und z. T. ausgedehnten Vorburgen. Burgen sind jetzt nicht mehr nur Straßen- und Talsicherungen, sondern Herrschaftsmittelpunkte. Das österreichische Landrecht von 1300 regelt den Burgenbau bis in Einzelheiten.

Es ist die Zeit der Volks-, Lied- und Schwankdichtung. In Niederösterreich hören wir vom Pfaffen vom Kahlen-

Auf Gutenstein stirbt Friedrich der Schöne. Die Maidburger kommen in den Besitz von Hardegg, die Puchheimer erwerben Litschau-Heidenreichstein und erhalten nach den Maissauern, die Grafschaft Raabs. Rappottenstein wird gotisch erweitert. Rudolf IV. erwirbt Kaja, am Ende des Jahrhunderts setzt sich jedoch Hinz von Lipa in der Burg fest. Nach dem Aussterben der Dürnsteiner Kuenringer fällt die Burg an Habsburg. In einem Vertrag, abgeschlossen in der Hollenburg an der Donau, kommen Albrecht und Wilhelm von Habs-

berg, in Salzburg dichtet der »Mönch von Salzburg«, in Tirol lebt Oswald von Wolkenstein, aus Vorarlberg stammt Hugo von Montfort.

Die Söhne Albrechts I. vermochten das Werk ihres Vaters nicht fortzusetzen. Friedrich I., der Schöne, 1314—1330, unterliegt in der »letzten Ritterschlacht« bei Mühldorf, 1322, dem Wittelsbacher Ludwig, mit dem zusammen er zum deutschen König gewählt worden war. 1335 kommt **Kärnten** endgültig an Österreich. Albrecht II., der Weise, auch »der Lahme« genannt, 1330—1358, hält mit seinem Bruder Otto dem Fröhlichen hof zu **Wien**, doch verheeren Naturkatastrophen, Erdbeben, Pest das Land. Es ist die Zeit der Geißlerzüge. Albrechts II. Sohn Rudolf IV., der Stifter, 1358—1365, der genialste unter den frühen Habsburgern, verschafft Österreich mit Hilfe gefälschter Privilegien, dem Privilegium maius, Unabhängigkeit und erhebt sich selbst zum »Erzherzog«. Er begründet die Wiener Universität und erwirbt **Tirol.** Rudolfs Brüder Albrecht III. und Leopold III. einigen sich nach langem Hader 1379 in einem Teilungsvertrag. Albrecht erhält Donauösterreich beiderseits der Enns, Leopold Innerösterreich, Steiermark und Kärnten, neben Krain auch Tirol und die seit 1368 von Habsburg erworbenen, später zum Land **Vorarlberg** vereinigten Herrschaften samt dem badischen Breisgau. 1382 fällt Triest an Österreich, die Schweiz trennt sich für immer von Habsburg. In der Schlacht bei Sempach, 1386, verliert Leopold III. sein Leben. Über seine vier Söhne führt Albrecht III. bis zu seinem Tode, 1395, eine Art Oberregiment.

burg überein. König Wenzel belehnt sie 1398 in Litschau.

Im Burgenland erbauen die Herren von Mattersburg Forchtenstein. Bernstein und Lockenhaus fallen an die Kaniszay.

In Oberösterreich entstehen Ober- und Niederwallsee. Vergeblich läßt Habsburg Schaunberg während der gleichnamigen Fehde belagern. Neuhaus an der Donau und Leonstein im Kremstal werden als erste Burgen mit Pulvergeschützen belagert bzw. erobert. Pernstein wird landesfürstlich. In Freistadt entsteht die Neue Burg. Oberranna kommt an die Neidegger. König Wenzel ist Gefangener auf Burg Wildberg.

Im Steirischen entsteht Klöch, in Kärnten zerstört das Erdbeben von 1348 unter anderen Burgen Federaun. Habsburg erhält Landskron, Hochosterwitz wird landesfürstlich. In Bleiburg verteidigen sich vergeblich die Aufensteiner gegen den neuen Landesherrn.

Der Salzburger Erzbischof läßt nach 1322 Goldegg zerstören und wiederaufbauen.

An Tirol fällt Kufstein, in Vorarlberg verkauft der Letzte der Montforter die Grafschaft Feldkirch mit der Schattenburg an Habsburg. Glopper entsteht.

...So ensol auch niemant dhain haus noch dhain purg pauen ôn des landesherren gunst und ôn sein urlaub. Er mag aber wol auf sein aigen, auf ebener erd pauen, was er wil, das zwier gaden (Geschoße) hoch ist und ôn umdgeb und wer und ôn zinnen und ein graben darumb, neun schuch weit und siben schuch tief, und nicht mer.

Aus dem österr. Landrecht. 1300

Das 15. Jahrhundert — Großmacht Österreich · Herrschaftsburgen

Es ist die Zeit der Spätgotik (in Österreich etwa zwischen 1400 und 1530). Vergeblich versucht man die Burgen durch Vorwerke und Verstärkung der Mauern gegen die aufgekommenen Feuerwaffen zu schützen.

Nach jahrzehntelangem Familienstreit im Hause Habsburg begründen die Söhne Leopolds III. eine steirische und eine tirolische Linie ihres Geschlechts. Albrecht V., im Besitze Donauösterreichs, wird als Albrecht II. römisch-deutscher Kaiser, König von Böhmen und Ungarn. Doch er stirbt unvermutet 1439.

In der Wiener Hofburg, die Friedrich III. mit einer neuen Kapelle ausstattet, wird er 1462 belagert.

Im Burgenland erwerben die Habsburger Forchtenstein. Friedrich III. erobert Bernstein. In Güssing wird er zum ungarischen König gewählt.

In Kreuzenstein schmachtet der Wiener Bürgermeister Vorlauf vor seiner Hinrichtung. Kaja kommt an Ulrich von Eitzing. Arbesbach wird zerstört, Otto von Maissau in Gutenstein gefangengesetzt. Die von Rogendorf erwerben die Rosenburg und Pöggstall, Scheck von Wald baut Aggstein aus. Wiener Neustadt wird vom

Die Vormundschaft für den nachgeborenen Sohn Albrechts II. Ladislaus (Postumus) übernimmt sein Onkel Friedrich, als österreichischer Herzog der fünfte, als Kaiser — seit 1452 — der dritte seines Namens.

Seit dem 13. Jh. hatten sich in Österreich die adeligen, bald darauf auch adelig-bürgerliche Landstände gebildet, seit etwa 1300 zu Landtagen vereinigt. In ihnen saßen weltliche und geistliche höhere Adelige, Dienstmannen und Ritter des niederen Adels. Unter **Friedrich III.** nützte der Adel seine Vormachtstellung rücksichtslos aus, Parteien- und Cliquenwesen, das Faust- und Fehderecht führte zu einem Dauerkrieg im kleinen. Leidtragende waren vor allem Bauern, aber auch Bürger. Friedrich, bestrebt, die habsburgische Hausmacht geschlossen zu halten, verteidigte sie hartnäckig gegen seinen Bruder Albrecht VI. Im Streit mit ihm und um sein Mündel Ladislaus kam es zu chaotischen Zuständen in Österreich. Friedrich wurde in Wien von den Wienern, in Wiener Neustadt von einem Ständeheer belagert. Der zu einer Art ungarischem Statthalter gewählte Matthias Corvinus brach in die Steiermark ein und residierte fünf Jahre bis zu seinem Tode in Wien.

österreichischen Ständeheer, dann von Corvinus belagert bzw. erobert. Auf Ottenstein hausen Fehderitter, Kollmitz wird von Böhmen belagert.

In Oberösterreich ist König Wenzel Gefangener auf Schaunberg. Clam kommt an die späteren Reichsgrafen gleichen Namens. Ebelsberg wird Sommerresidenz der Passauer Bischöfe, Aistersheim erobert, Pragstein erbaut.

In Steiermark belagert Herzog Ernst die Riegersburg, Hugo von Montfort verkauft die Festenburg. Die Ungarn fallen bei Klöch ins Land und erobern u. a. Eppenstein und Neumarkt-Forchtenstein. Während der Baumkircher Fehde wechseln viele Burgen den Besitzer.

Auf Finkenstein in Kärnten lebt der junge Maximilian. Gmünd und eine Reihe anderer Burgen fallen den Ungarn zu.

In Salzburg werden beim Bauernaufstand 1462 Golling und Werfen Mittelpunkte. Ungarn besetzen die Burgen.

In Tirol erobert Herzog Friedrich Friedberg, er wird bei Landeck erkannt. In Innsbruck entstehen der Neuhof und die Maximilianburg. Die Münzstätte kommt nach Hasegg. Die Freundsberger verkaufen ihre Burg. Tratzberg brennt aus, die Tänzl beginnen den Wiederaufbau.

In Vorarlberg werden während des Appenzeller Krieges die meisten Burgen zerstört.

Das 16. Jahrhundert — Türkenzeit · Burgschlösser

Durch die Heirat von Friedrichs leichtblütigem, vielseitigem Sohn **Maximilian** — er hatte 1477 Maria Blanca von Burgund geehelicht — war ein erster Grundstein zur österreichischen Vormachtstellung gelegt. Die von ihm inspirierte Doppelhochzeit in Wien, 1515, leitete den Aufstieg Österreichs zur Weltmacht ein. Sein Enkel **Karl V.,** 1519—1556, war der Erbe Österreichs, Burgunds und Spaniens samt Nebenländern und Kolonien. Nach der Schlacht bei Mohács, 1526, regierte Karls Bruder **Ferdinand I.,** 1521—1564, über die habsburgischen Erbländer, Böhmen und Ungarn. Der Türkeneinfall von 1529 besiegelte das Schicksal zahlreicher Burgen in Niederösterreich und an der Donau. Unter **Maximilian II.,** 1564—1576, Ferdinands Sohn, und dessen Brüdern Ferdinand (Tirol und Vorlande) und Karl (Steiermark, Kärnten) bekannte sich der österreich-

Die Wiener Hofburg erhält das »Schweizer Tor«. Güssing und Schlaining kommen an die Batthyány, Bernstein und Lockenhaus (Nádasdy) werden ausgebaut.

In Niederösterreich fallen 1529 viele Burgen den Türken zum Opfer. Ausgebaut werden Hardegg, Seebenstein, Rastenberg, Ottenstein, Rappottenstein, Heidenreichstein, Oberranna, Rosenburg. Während des Bauernaufstands 1596/97 werden Pöggstall, Rappottenstein, Persenbeug u. a. genannt.

In der Burg zu Wels stirbt 1519 Kaiser Maximilian I. Aistersheim wird zum Wasserschloß ausgebaut, Schaunberg kommt an die Starhemberger.

Von den im Steirischen ausgebauten Burgschlössern sind u. a. Graz, die Riegersburg und Frondsberg zu erwähnen.

reichische Adel und der größere Teil auch der ländlichen Bevölkerung besonders Innerösterreichs zum Protestantismus. Burgen und Schlösser wurden zu Zentren des Luthertums. Unter Kaiser **Rudolf II., 1576—1612,** der meist in Prag residierte, setzte die Gegenreformation ein, nachhaltig seit 1590 unter den Erzherzogen Ernst und Matthias in Donauösterreich, Ferdinand in Tirol, Karl und dessen Sohn Ferdinand in Innerösterreich. Die niederösterreichische Bauernerhebung 1596/97 richtet sich gegen die maßlosen Fron- und Abgabeforderungen der feudalen Grundherren.

In Kärnten entstehen Burgschlösser wie Landskron, Hochosterwitz, Frauenstein, Hollenburg, Taggenbrunn, Gmünd.

In Salzburg läßt Erzbischof Leonhard von Keutschach Hohensalzburg und Moosham ausbauen. Dem Bauernkrieg 1525/26 fallen eine Anzahl Burgen zum Opfer, sie werden z. T. wiederaufgebaut.

In Tirol belagert Maximilian Kufstein, Burg Itter wird niedergebrannt.

Die schönsten Burgen Österreichs

Ihr Schicksal in Bildern und Berichten

Zentnerschwere Brocken krachten gegen das Gemäuer

Hofburg · Wien

November 1462. Die Männer kamen Tag und Nacht nicht aus dem Harnisch. Auch Kaiser Friedrich III. nicht. Mit Knechten zerrte er das schwere Geschütz in das Turmgewölbe, man sah ihn Steine herbeischleppen und Pulver zerkleinern. Wie verwandelt schien der hochgewachsene, schwerblütige Mann, an dessen schläfrigem Blick und müden Bewegungen sich das Temperament der Wiener entzündet hatte. Für Augenblicke glaubten die Belagerten jetzt, den Sohn seiner Mutter, der Czimbarka von Masowien, vor sich zu haben. Von der hieß es, sie habe einen vollbeladenen Wagen vom Fleck wegziehen können. Eine Haselnuß zerbrach sie zwischen zwei Fingern, und mit dem bloßen Daumen drückte sie Hufnägel in ein Brett. Der Anblick des tätigen Kaisers gab den etwa 650 Grafen, Geistlichen, Rittern und Knechten, die von mehr als 10 000 Wienern in der Burg eingeschlossen waren, einige Zuversicht.

Zuerst hatten die Belagerer von der Michaelerkirche aus die Zimmer der Kaiserin beschossen, und die zarte, kränkelnde Frau hatte mit dem noch nicht vierjährigen Kronprinzen Maximilian in die inneren Gemächer flüchten müssen. Dann waren sie von der Schauflergasse her gekommen, um den Brunnen und die Bäckerei zu nehmen. Bei den Augustinern hatten sie versucht, mit »Lehnbänken« die Mauern zu übersteigen. Seit Tagen stürmten bis zu 200 Mann die Burg von allen Seiten gleichzeitig. Pausenlos schossen sie aus den gegenüberliegenden Häusern, hinter Fässern und Schanzkörben hervor, auch mit vergifteten Pfeilen. 66 Steinschleudern zählten die Belagerten ringsum. Das prasselte, splitterte und krachte den ganzen Tag, auch in vielen Nächten. Ehe einer ein Ei hätte schälen können, schreibt Michael Behaim als Augenzeuge in seinem »Buch von den Wienern«, konnte er wohl an die hundert Schüsse zählen. Dazu schrien, johlten, pfiffen und riefen die Kämpfenden. Mit einem Extralärm, mit Pauken, Trompeten und Posaunen kündigten die Mannschaften der vier Hauptbüchsen jeden Schuß an. Bis zu drei Zentner schwere Felsbrocken krachten dann gegen das Gemäuer. Aber die Burg hielt stand. Da versuchten sie die Türme zu unterminieren. In den Außenwerken kam es dabei zum Kampf Mann gegen Mann. Panzer und Harnische dröhnten, Schwerter klangen. Sobald sie müde waren, einigten sich die Streiter jedoch auf drei oder vier Stunden Waffenstillstand. Während sie sich den Durst löschten, begannen sie zu singen und sich über den Graben hinweg zu beschimpfen, bevor sie wieder vier Stunden aufeinander eindroschen. Schon in den ersten Novembertagen war für die Eingeschlossenen der Hunger das Hauptproblem. Sechs Leute mußten sich mit einer Ration begnügen. Verschimmeltes Brot war eine Kostbarkeit, Hunde und Katzen hatten längst daran glauben müssen, auch ein alter Geier. Einige Leute waren bereits auf Jagd nach Ratten und Mäusen. Den Studenten Kronberger, der dem kleinen Kaisersohn Eier, Mehl und Milch in die Burg bringen wollte, schlug man nieder und zertrampelte die Nahrung.

Am 4. Dezember kam es zum Ausgleich. Auf einem roten Zelter, den ihm der feindliche Bruder hatte überbringen lassen, ritt der Kaiser aus der Burg.

An der Stelle des »Schweizertraktes«, dem ältesten Teil der heutigen Wiener Hofburg, stand die alte Burg.

Ottokar Přzemysl, der Böhmenkönig, hatte nach 1250 mit dem Bau der Burg begonnen. Die alemannischen Habsburger, Rudolf I. und sein Sohn Albrecht I. — man nannte sie »die Schweizer« —, erweiterten und befestigten sie. Als Parteigänger seines Bruders Albrecht belagerten die Wiener Kaiser Friedrich III. in seiner Burg vom 21. Oktober bis 4. Dezember 1462 (↗ Wr. Neustadt, Güssing).

Links: Die mittelalterliche Residenz, den »Schweizertrakt«, umschließen heute die Gebäude der Neuen Hofburg. Unten: Die alte Kaiserburg im 15. Jh.

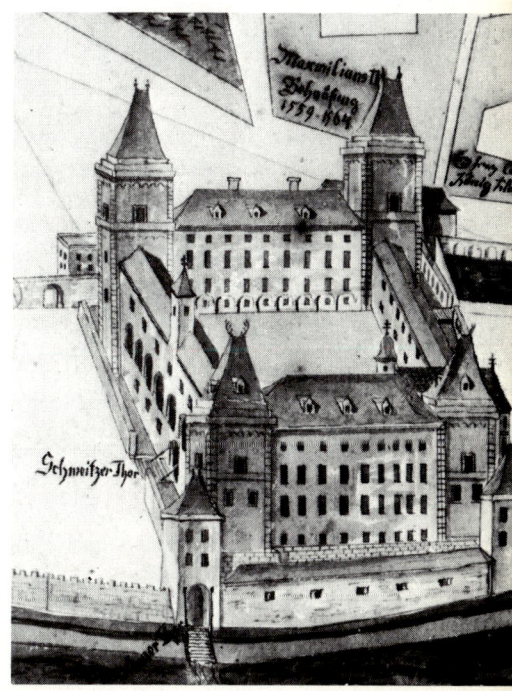

Hochzeiten, Kriege und Schlachten

Hainburg · Niederösterreich

Noch stehen oberhalb Hainburg an der Donau geringe Gemäuer jener Kapelle, in der die Babenbergerin Margarete dem Böhmenkönig Ottokar 1252 Österreich übergab, und jenes Wohnturms, den der Přzemyslide erbauen ließ.

Oben: Einer der zwei Torwächter, Ritter Gigen (um 1270), am Wiener Tor, einem der schönsten Stadttore des 13. Jh.
Rechts: Der einst dreigeschossige Wohnturm des Böhmenkönigs Otto-kar, um 1260 neben der Pankratius-kapelle erbaut, zeigte noch im vori-gen Jahrhundert ein reichgeschmücktes romanisches Portal im ersten Stock-werk mit Säulchen und Kapitelen.

Im Fasching 1252 erfuhren es die Wiener endgültig: Ottokar, der neue Herzog von Österreich, hatte sich mit Margarete, der Schwester ihres einstigen Landesfürsten, verlobt. Doch niemand glaubte daran, daß die Heirat des 23jährigen Draufgängers mit der 47jährigen Babenbergerin mehr als ein Zwischenspiel für ihn sein konnte.

Arme Margarete! Die älteren Wiener erinnerten sich noch, wie sie ihr Vater, der kluge Leopold selig, einst gegen drei Konkurrentinnen ausgespielt hatte. Damals, es war 27 Jahre her, im Frühjahr 1225, wartete ganz Europa mit einiger Spannung darauf, welche der Prinzessinnen den Erben des mächtigsten Herrschers der Zeit, Kaiser Friedrichs II., den vierzehnjährigen Heinrich, ehelichen würde. Der König von England hatte seine Schwester, die Könige von Ungarn und Böhmen je eine Tochter angeboten. Für Agnes von Böhmen bestanden die größten Chancen. Ihr Vater Wenzel legte 30 000 Mark Silber Mitgift auf die Waage. Da sich für die Böhmin auch der einflußreiche Babenberger Leopold VI. einsetzte, erschien ihre Wahl gesichert. Da unternahm Herzog Leopold im Sommer 1225 eine Reise nach Italien, zum römisch-deutschen Kaiser. Und siehe: für die wartende Welt völlig überraschend, reichte am 29. November desselben Jahres in Nürnberg Leopolds jüngste Tochter — sie war bereits dem König von England zugesagt worden — dem Sohn Friedrichs II. die Hand. Eine Doppelhochzeit fand statt. Gleichzeitig ehelichte Leopolds zweiter Sohn Heinrich eine Schwester des Landgrafen von Thüringen.

Das war kein ehrliches Spiel gewesen, es hatte auch schlimme Folgen. Der

beleidigte Böhmenkönig fiel im Frühjahr 1226 mit Mord und Brand in Niederösterreich ein; der jungverheiratete Babenberger Heinrich benützte diesen Böhmenkrieg, erhob sich gegen seinen Vater, belagerte seine Mutter Theodora auf Hainburg und vertrieb sie von hier; als Leopold ihm die Burg wieder genommen und ihn in die Knie gezwungen hatte, war es das einzige Bestreben des entarteten Sohnes — so munkelte man in Wien —, den Vater zu beseitigen; schließlich wurde die unter so merkwürdigen Umständen verheiratete Margarete, 1242, bald Witwe, ihr Gemahl, Heinrich VII., endete durch Selbstmord in einem apulischen Verlies. Als Grund für soviel spektakuläres Familiengeschehen geben die Urkunden einheitlich eine Auskunft: propter hereditatem — der Erbschaft wegen. Das wußten die Österreicher und die Wiener von damals auch.

Eine Erbschaftsheirat mit pikantem Beigeschmack und drohenden Folgen erschien ihnen deshalb auch die Hochzeit in der Burgkapelle zum heiligen Pankratius auf Hainburg am 8. April 1252. Die Königinwitwe Margarete übertrug dem Böhmen alle ihre Ansprüche. Ottokar befahl, laut und vernehmlich vorzulesen, was in der Goldenen Bulle von 1156 an Privilegien, in der 1245 neuerlich bestätigten Handfeste, vom Nachfolgerecht der Frauen, von der unbeschränkten Machtvollkommenheit der Herzöge in Österreich und Steiermark stand. Niemand von den Umstehenden erhob Einspruch. Alle wußten: mit dieser Hochzeit war nur den dynastischen Gefühlen der Österreicher, besonders der Wiener Bürger Genüge getan.

Als Ottokar acht Jahre später, im Juli 1260, den ungarischen König vernichtend geschlagen hatte, ließ sich der Böhmenkönig durch einen Bischof von Margarete scheiden. Er reichte, wie im Frieden mit den Ungarn ausbedungen, seine Hand nun Kunigunde, der Enkelin Belas IV.

18 Jahre danach opferte Ottokar auf dem Schlachtfeld von Dürnkrut und Jedenspeigen mit seinem eigenen Leben das von 14 000 Mann. Endlich konnte jetzt König Rudolf von Habsburg einen längst gehegten Plan verwirklichen: die Verheiratung seiner beiden Kinder Rudolf und Guta mit den Kindern des an der March ermordeten und gelynchten Ottokar, mit Agnes und Wenzel von Böhmen.

HAINBVRG ab occidente

ZUR SAGE UND GESCHICHTE »Ze huniburch der alten, si waren uber naht«, heißt es von Etzel und Kriemhild im Nibelungenlied. Das berühmte Paar soll nach der Hochzeit in Wien, während der Reise ins Hunnenland hier Station gemacht haben. Die Steinburg auf dem heutigen Schloßberg ist nach der Zerstörung der ersten Burg durch die Ungarn, 1042, zwischen 1050 und 1060 errichtet worden. Mit dem Lösegeld, das die Angelsachsen für den durch Leopold V. gefangengesetzten Richard Löwenherz erlegten, ist die wehrhafte Siedlung Heimenburg zu einer Wehreinheit ausgebaut, mit einer später 15türmigen Mauer und drei Tortürmen umgürtet worden. Von Friedrich dem Streitbaren erhielt sie Stadtrechte. 1260 ließ der Přzemyslide den dreistöckigen Wohnturm erbauen. Seit der Mitte des 14. Jh. war die Herrschaft Hainburg an Adelige verpfändet, im 15. Jh. eroberten Stadt und Burg die Ungarn, 1529 verwüsteten sie die Türken. Was unter den Zelkingern wiederaufgebaut wurde, zerstörten zu einem Teil 1569 eine Pulverexplosion und 1683 neuerlich die Türken. Als 1619/20 Bethlen Gabor die Burgstadt vergeblich belagert hatte, wurde sie mit reichem Geschütz ausgestattet. Kaiser Leopold verkaufte den Besitz, und er kam im 17. und 18. Jh. an über ein Dutzend Adelsfamilien, bevor ihn 1852 das Kaiserhaus neuerlich ankaufte.

SEHENSWERTES Mitten im weiten, von einer doppelten Ringmauer umschlossenen Burgbereich steht das geringe Restgemäuer der alten romanischen Kapelle zum heiligen Pankratius, die Ende des 12. Jh. — vielleicht unter Leopold VI. — erbaut und 1248 geweiht worden sein soll. Vom einstigen Palas südwestlich des ehemaligen Wohnturmes finden sich nur noch geringste Spuren.

LAGE UND BESICHTIGUNG Östl. Wien an der Donau. Frei zugänglich.

Der Burgbereich, ein Teil der Stadtbefestigung, soll der Sage nach so groß gewesen sein, daß 24 Könige und Fürsten mit ihrem Volk nächtigen konnten, als sie zur Hochzeit des Königs Etzel mit Kriemhild zogen.

AEIOU

Wiener Neustadt · Niederösterreich

Die Stadtburg der Babenberger ist 1348 durch ein Erdbeben zerstört, die kaiserliche Residenz und spätere Theresianische Militärakademie 1944/45 durch Bomben und Brand völlig vernichtet worden. Nach dem Krieg wurde sie historisch getreu wiederaufgebaut.

Zu Kaiser Friedrichs Zeiten schloß sich an die mit vier Ecktürmen ausgestattete Burg im Osten der große Tiergarten an. Das Bild zeigt die Anlage vor dem Erdbeben von 1768.

Von der Babenbergerburg an der Leitha, nicht von Wiens Hofburg aus, begründeten die Habsburger ihr Weltreich. Hier lebte und konzipierte der Sohn des steirischen Herzogs Ernst und der masurischen Fürstentochter Czimbarka von Masowien das zeitgemäße A und O österreichischer Weltpolitik. Als römischem Kaiser Friedrich III. huldigte ihm in der Wiener Neustädter Burg nach 1440 halb Europa. Von dieser väterlichen Burg aus zog sein Sohn Maximilian, der Ehe mit der portugiesischen Königstochter Elenora entsprossen, um das Königreich Burgund zu erobern. Philipp, der Sohn von Maximilian und Maria von Burgund, gewann 1496 Johanna, die später Wahnsinnige, Erbin jenes Spanien, das damals das soeben entdeckte Amerika zu beherrschen begann. Als römisch-deutscher Kaiser Karl V. regierte seit 1519 Philipps und Johannas Sohn Länder und Staaten rund um die Welt, eine Universalmonarchie: Spanien mit seinen Besitzungen in Amerika und Italien, das deutsch-französische Zwischenland Burgund und

die um Württemberg vermehrte Hausmacht der Habsburger. Als Ferdinand, Karls jüngerer Bruder, mit der Regierung der österreichischen Länder betraut, 1527 König von Böhmen und Ungarn wurde, schien die Idee der christlichen Einheit des Abendlandes Realität geworden, war auch jene dreifache Landherrschaft an der Donau begründet, ein Reich, das durch fast vier Jahrhunderte Europas Schicksal lenkte.

Friedrich III., am 21. September 1415 in Innsbruck geboren, bestimmte die St.-Georgs-Kirche in seiner Lieblingsburg Wiener Neustadt zur Begräbnisstätte und beauftragte Nikolaus Gerhaert van Leyden mit der Erstellung eines Riesensarkophags. Sein Sohn Maximilian, in Wiener Neustadt geboren, wählte seine Lieblingsresidenz Innsbruck als Begräbnisort und bestellte bei Gilg Sesselschreiber den Entwurf zu einem Grabmal. Friedrich III. starb am 13. August 1493 in einem Linzer Stadthaus, nachdem man ihm zwei Monate vorher ein Bein amputiert hatte. Während die Eingeweide beim Hauptaltar der Linzer Pfarrkirche beigesetzt wurden, bestattete man den Leichnam ohne Bein in der Stadt, die den Kaiser belagert und verjagt hatte, im rechten Seitenschiff des Wiener St.-Stephans-Domes.

Maximilian, dem die Innsbrucker im Dezember 1518 den Eintritt in ihre Stadt verwehrt hatten, starb am 12. Januar 1519 in ↗ Wels. Er hatte angeordnet, »das dieser sein Leib ... als dann in den Kasten gelegt, solt zu den Neuwen-Statt gefürt und in Sanct Georgen Capellen under dem großen Altar begraben werden, doch also daß der Cörper von der Brust an biß zu dem Haupt herausser gienge und der Priester, der Meß wolte machen, mit den Füssen auf sein Brust thrette«.

Sarkophag und Sterbliches von Kaiser Maximilian I. befinden sich noch heute unter dem Altar der Burgkapelle, das leere »Maximiliangrab« in der Innsbrucker Hofkirche ist eine vielbewunderte Sehenswürdigkeit.

Mit der unerschütterlichen Ruhe des gläubigen, aber auch »saturnfürchtigen« Mannes regierte Friedrich V. 58 Jahre Innerösterreich, 41 Jahre als Kaiser Friedrich III. das »römisch-deutsche« Reich (links). Mit draufgängerischem Mut bewährte sich sein Sohn Maximilian I. (rechts) 26 Jahre lang als Alleinherrscher.

DENK- UND SEHENSWÜRDIGES   Die viertürmige Burg in der Südostecke der Stadt, 1260 erstmals als Burg der »Niwen Statt« erwähnt, als Kaiserresidenz 1487 durch zwei Jahre von Matthias Corvinus belagert und auch erobert, diente seit 1752 als adeliges Kadettenhaus. Aus ihm entwickelte sich die Theresianische Militärakademie. Nach der Zerstörung im Zweiten Weltkrieg sind heute noch der »Rákócziturm«, der einstige Gerichtssaal und das Burgverlies alter Bestand. Sehenswert sind außer dem Altar mit Maximiliangrab und Glasfenstern in der St.-Georgs-Kirche die Wappenwand mit dem Standbild Friedrichs III.

LAGE UND BESICHTIGUNG   Südl. von Wien. Ganzjährig tägl.

Friedrich der Maßlose

Starhemberg · Niederösterreich

Die einstige Burg am »starken Berg«, der große Ruinenbereich unweit von Piesting, bleibt mit der Gestalt, den Taten und Untaten des letzten Babenbergers, Friedrich des Streitbaren, verbunden.

ZUR GESCHICHTE   Als die steirischen Markgrafen um 1140 Herren der Karantanischen Mark wurden, errichteten sie an deren Nordgrenze im Piestingtal am »starken Berg« eine feste Burg. 50 Jahre später war sie ein Stützpunkt der Babenberger. Dem Letzten ihres Geschlechtes, Friedrich dem Streitbaren, von dem die Chroniken als einem über alle Maßen tapferen, aber ebenso maßlosen Menschen berichten, wurde sie mehrfach Fluchtort. In der nebenstehenden Darstellung ist das Schreiben Kaiser Friedrichs II. an den König von Böhmen vom Juni 1236 wiedergegeben, das die Vorwürfe gegen den Babenberger zusammenfaßt. Besonders Urkunden aus den Jahren 1240, 1242, 1244 bezeugen den Aufenthalt des österreichischen Herzogs auf Starhemberg. Nach dem Tod des Kinderlosen bewachte der Deutsche Ritterorden hier den Babenbergischen Familienschatz, auch die Herren von den Wiener Schotten verlagerten zuzeiten Klostergut hieher. Unter den Habsburgern war die Feste — seit Ende des 14. Jh. tagte auf ihr ein Landgericht — Pfandbesitz. In einem der zahlreichen Bruderzwiste im Hause Habsburg, in jenem um die Vormundschaft Albrechts V. zwischen Ernst dem Eisernen und Leopold IV., brachte man — angeblich wegen der

Nur mehr der runde Turm mit seinem bewundernswerten Kapellenraum und die Grundgemäuer des Ostteils stammen aus Babenbergischer Zeit.

Das Schlimmste von allem, was er gegen ihn vorzubringen habe, heißt es im kaiserlichen Schreiben vom Juni 1236, sei, was man hier auf dem Reichstag zu Augsburg gegen ihn ausgesagt habe: Er, Herzog Friedrich von Österreich, bedrücke die Witwen und Waisen, er verschone weder Vornehme noch Reiche, weder Arme noch Elende. Kein Mädchen, keine Frau sei vor ihm sicher, nicht genug damit, er habe auch die Väter und Männer der Opfer seiner Lüste martern und töten lassen. Sogar seine Mutter habe er mißhandelt, von ihren Besitzungen verjagt, und sie hätte beim König von Böhmen Zuflucht suchen müssen. Auch sei ihm, dem Kaiser, berichtet worden, der Herzog von Österreich habe sich nicht gescheut, den Markgrafen von Meißen, den Gemahl seiner Schwester, am Morgen der Hochzeitsnacht zu überfallen und die Neuvermählten so lange nicht aus dem Bett aufstehen zu lassen, bis sie auf jegliche Mitgift verzichteten.

Bisher hätten den Kaiser die großen Verdienste des ehrwürdigen Leopold, des Herzogs Vater, bewogen, zu schweigen, auch seine Jugend, sein Leichtsinn, das bodenlos Törichte seines Betragens, sein naiver Glaube, einfach alles tun zu können, was ihm gefiele. Jetzt aber müsse er, der Kaiser, einschreiten, schon damit der Tor sich am Ende nicht noch weise dünke. Da er ihm nach dem Leben trachte, seine Verdorbenheit so groß sei, daß sie keiner Verzeihung mehr würdig sei, erkläre er ihn für geächtet und aller seiner Besitzungen für verlustig.

Auf die Nachricht von seiner Ächtung ließ Herzog Friedrich, später der Streitbare genannt, an einem Tag alle Klöster erbrechen und aller Barmittel berauben, im Lande wurde eine Zwangssteuer ausgeschrieben. Nun erhob sich ganz Österreich gegen den jungen Wüterich, nur wenige Adelige blieben ihm treu. Während man von ringsum gegen ihn zu Felde zog, wurden Wiener Neustadt, das ihm die Tore offenhielt, und Burg Starhemberg, die ihm während zahlreicher Affären des öfteren Zuflucht geboten hatte, seine Hauptstützpunkte. Es war der Herbst 1236.

Drei Jahre später, 1239, begann sich das Blatt für diesen so kühnen wie fürchterlichen jungen Menschen zu wenden. Weihnachten feierte man große Versöhnung mit ihm in Wien, auf dem Hoftag zu Verona, 1245, bot man dem einst Geächteten die Königskrone für Österreich und die Steiermark an. Schon lagen die Urkunden im Entwurf vor, als sich das Projekt zerschlug.

Am Morgen des 15. Juni 1246 sank Friedrich während eines Kampfes gegen die bei Pottendorf anrückenden Ungarn, von einem Speer ins Auge getroffen, vom Pferd. Erst spät fand man die völlig verstümmelte Leiche. Die Gerüchte, er sei hinterrücks von einem der Seinen ermordet worden, wollten nicht verstummen.

in Wien gerade grassierenden Pest, 1410 — das Mündel auf die Burg Starhemberg. Im Frühjahr darauf entführten es die Leopoldinischen Gegenspieler von hier nach Eggenburg. Pfandbesitzer Hans von Spaur suchte Friedrich III. zu erpressen und drohte, die Burg den Ungarn auszuliefern, Matthias Corvinus eroberte sie später wirklich. Im 16. Jh. im Besitz derer von Heussenstein, ist Starhemberg erweitert worden, 1683 soll sie Tausenden Zuflucht vor den Türken geboten haben. Als man im 18. Jh. aus Steuergründen die Dächer abtrug, Türen und Fenster ausbrach, verfiel die Burg. Im Zweiten Weltkrieg ist auch die Restruine beschädigt, nach ihm ist sie vorbildlich abgesichert worden.

LAGE Nordwestl. Wiener Neustadt, bei Markt Piesting.

Eine Übersichtstafel beim Tor verweist den Besucher auf die wichtigsten Einzelheiten im weiten Ruingelände: romanischer Bergfried mit Kapelle, mittelalterliche und Renaissancetrakte, Annenkapelle, Schatzgewölbe, Küche, Brunnen, Bastionen.

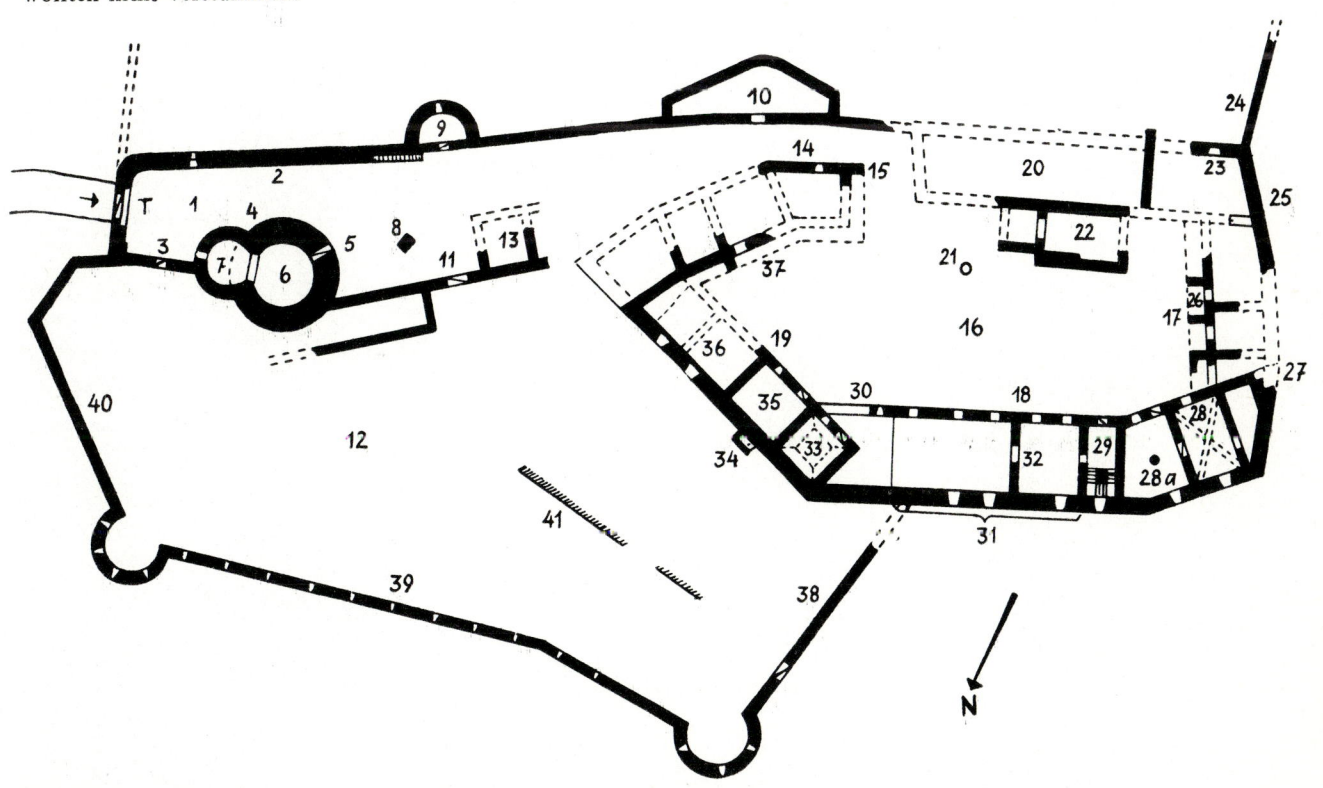

Die Wildensteiner zur blauen Erde

Seebenstein · Niederösterreich

Die einst steirische Burg in der Grafschaft Pitten, später Fliehburg und Kreidfeuerstation, wurde Ende des 18. Jh. Sitz einer renommierten Rittergesellschaft.

ZUR GESCHICHTE   Obwohl erst 1170 als »Sewenstein« erstmals genannt, entstand die Burg mit 16 anderen Anlagen wahrscheinlich schon nach der Schlacht bei Pitten gegen die Ungarn, 1042, unter den Formbach-Neuburgern. Mitte des 12. Jh. besaßen Ministeriale der Babenberger, die Wildensteiner, die Feste an der für das entstehende Wien bald wichtigen Fernstraße über den Hartberg nach Süden, an der jetzigen Wechselbundesstraße. Im 14. Jh. überließ der Herzog von Österreich die Herrschaft den steiri-

Man hatte ihm die Augen verbunden, und zwei Unbekannte eskortierten ihn durch Gänge und über Stiegen. Die Begleitung hielt. Ein Seil schlang sich um seinen Körper, und widerstrebend fühlte sich der Festgebundene in feuchtmodrige Luft abwärts schweben. Schon umfingen ihn starke Arme und drückten ihn lautlos auf den naßkalten Estrich nieder. Jemand nestelte an seinem Wams, öffnete das Hemd und nahm ihm die Binde von den Augen. Im qualmenden Fackelflackerschein sah er zwei Ritter mit geschlossenem Visier, in langen schwarzen Mänteln über sich. Ihre gezückten Schwerter wendeten sich gegen ihn — und blaue Erde bröckelte auf seine entblößte Brust.
Markige Worte leiteten nach der Verlies-Mutprobe die Zeremonie des Ritterschlags ein: »Urwesen — Allmacht, Geduld, Gehorsam, Mut, Standhaftigkeit...« Unter heroischem Schwertergeklirr schwur man vor der Büste des Herrschers im »Gerichtssaal«: »Alles für Gott, Kaiser, Österreich und Vaterland.«

Unten: Zu »Gejaid«, »Taiding« und »Tjost« nach ihrer Vorstellung ritten die »Wildensteiner« noch über die Zugbrücke. Rechts: Nordöstlich des mittelalterlichen Bergfrieds mit Palasresten liegt das Hochschloß des 17. Jh.

1775 war der Mineralogiestudent David Steiger erstmals als Grubenknappe unter Tag gefahren, wenig später hatte er im Dienste des Vaterlandes Steinkohlenflöze in Edlitz, Krumbach und bei Ödenburg geortet, Blauspaltlager bei Krieglach, Eisenerz bei Edlach, Schwefelgruben bei Gloggnitz. Bald jedoch zwangen Steiger widrige Umstände dazu, sich als Zahlmeister der Wiener Neustädter Militärakademie zu verdingen. Früh enttäuscht vom Undank der Welt, suchte er jetzt idealen Vorstellungen hoch über den irdischen Gefilden nachzuleben. In der Burg Seebenstein, die er vom Grafen Pergen pachtete und wohnlich einrichtete, stellte er seine von fachlicher Seite bereits anerkannte Mineralien- und Hölzersammlung aus, die ihm auf seinen Entdeckungsreisen unter der Hand entstanden war. Hier auf Burg Seebenstein erhob Steiger, der junge Mann aus dem Ödenburger Komitat, die romantische Idee von der blauen Erde zum Programm. Das war lange bevor Hardenberg-Novalis aus dem Mansfeldischen seinen »Heinrich von Ofterdingen« konzipiert und die beiden Erlanger Studenten Ludwig Tieck und Wilhelm Heinrich Wackenroder ihren Abenteuern auf der Suche nach der blauen Blume dichterischen Ausdruck verliehen hatten, ein ganzes Jahrzehnt auch bevor Kaiser Franz II. den Grundstein zu seinem mittelalterlichen Traumreich in Laxenburg gelegt hatte.

David Steiger beschloß, die Mitwelt auf eigene Art mit seiner Entdeckung der blauen Erde bekannt zu machen. Der Schwärmer für vaterländische Geschichte, Sitte, Wehr und Ehr begründete 1790 mit Gleichgesinnten als »Ober-

schen Liechtensteinern, im 15. Jh. erweiterten sie die Seebecker, bevor sie 200 Jahre den Königsbergern aus Kärnten gehörte. Die späteren Protestanten und Freiherren vergrößerten das Hochschloß zur heutigen Gestalt. Im 15. Jh. hatte sich Seebenstein gegen die Ungarn, im 16. gegen die Türken zu bewähren. In den Türkenzeiten des 17. Jh. flüchteten Hunderte hinter die schützenden Mauern, doch blieben Ort und Burg verschont. Wie die Königsberger bekannte sich auch der »wohledle und gestrenge« Carl von Pergen aus niederländischem Adel, seit 1654 Burgherr auf Seebenstein, protestantisch. 1732 verließ seine Familie die unbequem gewordene Burg, 50 Jahre später jedoch pachtete der 33jährige Zahlmeister der Wiener Neustädter Akademie, David Anton Steiger, den schon ruinös gewordenen Bau und begründete hier die Rittergesellschaft der »Wildensteiner zur blauen Erde«.

Nach ihrem Verbot durch Kaiser Franz II. erwarb Johannes Karl Reichsgraf von und zu Liechtenstein die Herrschaft. Während sich der berühmte Fabrikant, Pferdezüchter und Sammler das Wohnschloß fürstlich ausstattete, ließ er Teile der noch intakten Burg abtragen und in eine künstliche Ruine verwandeln. Frau Lilly Nehammer-Prinz, seit 1942 Burgherrin, schuf hier ein sehenswertes Burg- und Schloßmuseum.

SEHENSWERTES Die frühmittelalterliche Wehranlage, Turm und Palas, befand sich auf der südwestlichen Spitze des Felsens, doch weist auch dessen Nordostteil, das »Scharfe Eck«, im Kern mittelalterliches Gemäuer auf. Dem eiförmig gestalteten, gegen den Bering zu nach Westen abgeplatteten Bergfried setzten die Romantiker ein Dach auf, die einst mächtigen Wehrfenster verbauten sie zu »Ochsenaugen«. Merkwürdigerweise besitzt der siebengeschossige Turm einen ebenerdigen Zugang. Daß beim Bau der Burg an einen in die Hochburg eingedrungenen Feind gedacht wurde, beweisen unter anderem die Senkscharten an der kleinen Palasruine, die ausschließlich für eine Rundumverteidigung bestimmt sind. Die Ringmauer, durchschnittlich 90 cm stark und bis zu 15 Meter hoch, mit runden und eckigen Zinnen, Erkern, Scharwachtürmchen und Flankierungsturm — dem »Lugins-Land« —, teils alt, teils jüngeren Datums, zeigt an einzelnen Stellen noch Reste des hölzernen Wehrganges. Tagungsort und Tummelplatz der »Wildensteiner Ritterschaft« war außer der »Turnierwiese« vor den Mauern der Schloßbau der Seebecker und Königsberger, den man durch vier Tore und Zwinger erreicht. Hier führte Burgvogt Kuno die Gäste über 26 Stufen zur Pilgerruhe. Das heutige »Marienzimmer« mit den gotischen Exponaten war der »Gerichtssaal«, von dem aus man die Ritterprobanden durchs »Angstloch« ins Verlies abseilte. Eindrücke von mittelalterlichem Gemäuer vermitteln in diesem Schloß neben dem Stiegenaufgang im niedrigeren älteren Seebecktrakt vor allem die Waffenkammern, Treppen, die Burgkapelle und der Vorraum zur

ritter Heinz am Stein der Wilden« eine »Altritterliche Gesellschaft zum Nutzen und Vergnügen der Wildensteiner zur blauen Erde«. Die Französische Revolution stand in ihrem ersten Jahr, das Heilige Römische Reich vor dem letzten Jahrzehnt seines Bestandes, da trabten, phantastisch kostümiert, mit wippenden Federbüschen die Wilden zu Seebenstein auf zahmen Rossen zum »Gejaide«, sie »turnierten«, »tjosteten«, »taidingten«, und unter Weihrauchdampf zu Orgelklang erdröhnte in der Burgkapelle ihr Wildensteiner Meßlied: »Wir werfen uns darnieder . . .«
Sie unterschieden sich als Ritter, Turnier-Freiknappen und titulierten einander als »Großalmosenier«, »Turniermarschall«, »Prunkmeister«, »Siegelbewahrer«, »Schirmvogt«, »Kanzler«, »Geheimschreiber«, »Schöppe« u. a. Sie redeten sich mit »Ihr, Ritter« an und gaben sich Namen wie »Parzival von Elß«, »Alf von Sonnenstein«, »Brauser zu Heldenmut«. Ihr »Burgpfaffe« hieß »Fingal vom stürmischen Morpheus«, als »Gauarzt« fungierte »Hans der Futacker«.
Obwohl das verschnörkelte Ritterspiel auf Seebenstein auch schon Zeitgenossen »au ridicule«, ans Grotesk-Lächerliche grenzend fanden, zählten zur Altritterlichen Gesellschaft der Wildensteiner zur blauen Erde als »Ehrenritter« und »Großmeister« Persönlichkeiten wie Erzherzog Johann, der damals im benachbarten Thernberg hauste, Prinz Wilhelm von Preußen, der spätere Wilhelm I., Prinz Leopold von Sachsen-Coburg, der nachmalige König der Belgier, und neben dem Erzbischof von Olmütz auch Karl August von Weimar, Goethes Freund und Mäzen.
Der 28. Mai 1811 wurde zum großen Tag der Wildensteiner. Kaiser Franz II. persönlich kam nach Seebenstein. Im Spitzzimmer, wo Steiger seine Mine-

raliensammlung aufgebaut hatte, bekam der überglückliche Oberritter vom Monarchen, einem anerkannten Kenner der Pflanzen und Steine, zu hören: »Diese Sammlung macht Ihnen viel Ehre.« Auch sonst zeigten »Majestät bei Ansicht der Seltenheiten, Altertümer und Kunstwerke allenthalben viel Vergnügen«. Mit den Worten »Ich finde alles über alle Erwartung, mündlich das Mehrere« verabschiedete sich der Kaiser.

Das »Mehrere« kam schriftlich. 1812 erreichte den »Herrn Zahlmeister der k. k. Militärakademie zu Wiener Neustadt« eine Urkunde, die ihm und seinen Nachkommen seiner Verdienste um die vaterländische Industrie wegen ab sofort zugestand, sich »Edler von Amstein« zu nennen. Elf Jahre später jedoch, am 30. April 1823, hielt der Edle von Amstein ein Schreiben vom Wiener Hof in Händen, in dem ihm auf allerhöchsten Befehl angeordnet wurde, »... die Gesellschaft unverzüglich gänzlich aufzulösen und ihre Versammlungen für immer einzustellen«. Die gegen jede Art von Vereinigungen, auch solche in seines und des Vaterlandes Namen, allergische Majestät hatte die Altritterliche Gesellschaft trotz geäußerten Wohlgefallens als möglicherweise staatsgefährliche Geheimbündelei entdeckt.

Auf Burg Seebenstein blieb Kuno, der Burgvogt, vulgo Schnepfleitner, gelernter Schneider, dann Statist und Garderobier am Theater Schikaneders in Wien. Seit je hatte das Burgfaktotum die Umgebung mit Kanonenschüssen erschreckt und die Gäste als lustiger Rat, als Clown, Koch und Kellermeister ergötzt. Acht Jahre noch begrüßte er Besucher Seebensteins nach altem Zeremoniell, reichte ihnen unter Sprüchen auf der »Pilgerruhe« den Willkommtrunk, erzählte Gespenstergeschichten, spukte als Burggeist und schreckte sie mit Hilfe selbstverfertigter Totengeripe.

Sakristei im »Scharfen Eck«. Stimmungsvoll, wenn schon nicht mittelalterlich, bietet sich der Burghof mit dem Brunnen, den man auch als »Götz-von-Berlichingen«-Kulisse verwendete. Steiger und seine Ritter haben sowohl in das ältere wie jüngere Gemäuer Mittelalter nach ihren Vorstellungen eingebaut, in einem der Räume eine »Ratsstube« für eigenen Gebrauch. Neben den Fürstenzimmern der Liechtensteiner bieten die Schauräume reiches Kunstgut, u. a. eine Madonna von Tilman Riemenschneider, Gotik aus Adneter Marmor, einen Globus des Peter Anich und Porzellan der Katharina Schratt, Möbel und Hausrat.

LAGE UND BESICHTIGUNG Südwestl. Wr. Neustadt im Pittental. Ostern bis Allerheiligen, Di., Mi., Fr., Sa., So. um 9, 11, 14, 16 Uhr.

Links oben: Die künstliche Ruine »Türkensturz« in der Nähe der Burg. Unten: Die »Ratsstube« der Wildensteiner mit Satzungstafel unter dem Kruzifix.

Mittelalter — romantisch verbaut

Liechtenstein · Niederösterreich

Einst Höhenburg, heute Museumsbau und Wahrzeichen des südlichen Wienerwalds.

GESCHICHTLICHES Ihre im 12. Jh. erstmals genannte Burg verloren die Liechtensteiner im 14. Jh. 1529 verwüsteten, 1683 zerstörten Türken die landesfürstliche Feste. Im 19. Jh. bauten Fürsten von Liechtenstein die Ruine zu einer Burg aus.

LAGE UND BESICHTIGUNG Südl. Wien, in Maria Enzersdorf. Sa., So. und Feiertag 9—18, wochentags 10—17 Uhr.

Unten rechts: Die romantische Burg auf romanischem Gemäuer. Links: Der Bergfried.

Die Fürsten Liechtenstein des vorigen Jahrhunderts waren große Sammler, aber sie scheuten sich auch nicht, Nach- und Neubildungen in mittelalterlich-neuromantischer Manier unbedenklich Historischem anzufügen. So peinlich uns Klitterungen dieser Art oft berühren mögen, die Freude, in solchen Bauten auf Schritt und Tritt doch auch wirklich Altem zu begegnen, überwiegt. Auf Liechtenstein entdeckt schon, wer die Treppe zum Eingang hochsteigt, romanische Reliefs an der Turmaußenmauer, zwei menschliche Gestalten und eine Tierfigur, ähnliches an der Nordseite des Turms und in den Innenräumen. Drei der Steinplastiken stammen aus der dem heiligen Pankratius geweihten Burgkapelle, einem noch gut erhaltenen romanischen Andachtsraum mit gekreuzten Gewölbegurten, Säulen und einer halbkreisförmigen Apsis. Einst stand diese Kapelle frei, an einen romanischen Wohnturm angelehnt, von dem sich Grundgemäuer erhielt. Noch die Liechtensteiner wahrscheinlich haben im 13. Jh. diese Urburg, Wohnturm und Kapelle, erweitert, indem sie an die Südwestspitze des schmalen Felsens einen Bergfried setzen und zwischen ihm und dem alten Turm den Palas erbauen ließen. Es sind die heute als »Wehrgang«, »Knappen-« und »Rittersaal«, als »Kemenate« usw. bezeichneten Schauräume.

Der Wiener Ringstraßenbau bei Korneuburg

Kreuzenstein · Niederösterreich

Über den Ruinen der Burg Grizanestein aus dem 12. Jh. erhebt sich heute in Naturgröße das Modell einer Burg des 14./15. Jh. nach Vorstellungen des 19. Jh., mit Teilstükken und Exponaten aus dem 13. bis 20. Jahrhundert ausgestattet.

ZUR GESCHICHTE   Im Angesicht der romanischen Burg mag am 17. Mai 1227 Ulrich von Liechtenstein, mit einem weißen gefälteten Röcklein und Gürtelchen über dem Harnisch angetan, beim Turnier von Niwenburc-Korneuburg als Frau Minne gegen Popo von Buosenberg, den Herrn auf Bisamberg, angeritten sein. — Grizanestein hatte die Tochter des letzten Formbacher Grafen zusammen mit ↗ Vichtenstein ihrem Mann Engelbert von Wasserburg mit in die Ehe gebracht. Nach der unglücklichen Fehde Conrads von Wasserburg gegen die Passauer fiel sie im 13. Jh. an den Landesfürsten. 1405 hielt Herzog Leopold, der mit seinem Bruder Ernst in Fehde lag, hier den Wiener Bürgermeister Vorlauf gefangen, bevor er den Parteigänger des Bruders mit Rampersdorfer das Blutgerüst auf dem Wiener Schweinemarkt besteigen ließ. In Kreuzenstein verhört und wahrscheinlich auch gefoltert wurde der Wiedertäufer Dr. Balthasar Hubmaier, bevor er in Erdberg als Ketzer verbrannt und seine Frau in der Donau ertränkt wurde. Das einstige Landgericht, in der Folge Besitz des Grafen Niklas Salm, der Freiherren Herber-

Der zweihöfige romantische Idealbau weist kunstgeschichtlich interessante, doch für eine mittelalterliche Burg wehrtechnisch unrealistische Zu- und Einbauten auf.

Vorsichtig trugen Knechte den gichtgeplagten Feldherrn aus der Burg, um so eiliger räumten sie Stab und Begleitung. Vergeblich hatte Feldmarschall Torstenson hier in seinem Hauptquartier auf den Ungarn Rákóczi gewartet, um, vereint mit ihm, den Hauptschlag gegen Wien zu führen. Nun, da die Truppen des Erzherzogs Leopold ihn von Norden her bedrohten, sah sich der sieggewohnte Schwede ein zweitesmal gezwungen, ergebnislos die Zelte im Vorfeld von Wien abzubrechen. Die Burg befahl er zu sprengen. An diesem Oktobermorgen 1645 sank das alte Grizanestein aus dem 12. Jh. in Trümmer. Tagelang noch loderten Flammen aus ihnen, lagerten dichte Rauchschwaden über den Feldern bis zur Donau hin.

Der freiwillige Unterjäger Hans Graf Wilczek zögerte während eines riskanten Patrouillenganges im Krieg von 1866 keinen Augenblick, seinen Tornister mit einem keltischen Bronzeschwert zu belasten, als er es auf einem Kartoffelacker bei Blumenau zufällig entdeckt hatte. Schon der Zwanzigjährige besaß Kunstobjekte, um die ihn jeder Museumsdirektor beneidete. Strikt verbot der junge Herr auf Schloß Seebarn bei Korneuburg deshalb auch den Bauern der Umgebung, weiterhin Steine der Ruine Kreuzenstein für Häuser- und Weinkellerbauten wegzukarren. Vorerst dachte Wilczek nur daran, innerhalb der Ruine eine Familiengruft und eine Kapelle zu errichten, bald festigte sich in ihm jedoch die Absicht, Burg Kreu-

stein und Saint Hilaire, eroberte 1645 der schwedische Heerführer Linnart Torstenson, der die Burg vor seinem Abzug sprengen ließ. — Die Ruine Kreuzenstein mit in die Ehe brachte dem Feldmarschall Freiherrn von Wilczek 1698 die Tochter eines Grafen von Saint Hilaire. Dessen Nachfahre Johann Nepomuk, 1837 bis 1922, Begründer der Wiener Freiwilligen Rettungsgesellschaft, Finanzier, zeitweise auch Teilhaber der ersten österreichischen Nordpolexpedition, erbaute die romantische Idealburg am Schliefberg bei Korneuburg. Der Graf begann mit dem Neubau, als sein Freund Gottfried Semper den Grund für die Wiener Hofmuseen ausheben ließ und Schmidt den Bau des neogotischen Rathauses in Wien in Angriff nahm. Wilczek war kein Graf nach landläufigen Vorstellungen. Der fast zwei Meter große Mann, der bis zu seinem 60. Lebensjahr auf einem Holzbrett mit Decke oder auf dem Fußboden schlief, auch neben Himmelbetten, lief, um sich als passionierter Jäger und Expeditionsteilnehmer fit zu halten, täglich seine Kilometer, auch durch die Straßen Wiens, oder sprang vom ersten Stock seines Palais in der Herrengasse auf die Straße. Ihm verdankt auch Burg Moosham im Lungau Rettung und Ausbau.

SEHENSWERTES Das alte Grizanestein bezeugt nur ein Teil des Grundgemäuers und des Torbogens, der aus der Barbakane in den Hof führt. Neben einer der reichhaltigsten Sammlungen mittelalterlicher Waffen in privater Hand besitzt die Burg sehenswerte Nachbildungen einer gotischen Kapelle, einer »Fürsten«-, »Pfaffen«- und Badestube, einer Bibliothek und auch Burgküche. Sehenswert vor allem sind der riesige spätgotische Schrank aus dem Stift Brixen, der aus gotischen Altären zusammengesetzte »gotische« Altar Kreuzensteiner Provenienz, gotische Glasmalereien aus Ungarn, romanische und gotische Kruzifixe aus Friesach und Deutschland, der Sakristeikasten aus Tamsweg, die Kirchenbank aus Freistadt und der unikale hofüberspannende Gang vom Orgelchor des Doms zu Kaschau.

LAGE UND BESICHTIGUNG Nördlich Wien. Ganzjährig täglich ab 9 Uhr.

zenstein neu erstehen zu lassen. Da weder Plan und Bilder noch Zeugnisse von dem alten Bau vorlagen, beschloß er, der inzwischen auf ausgedehnten Reisen zum Kenner des europäischen Burgenbaus und Sammler von Weltruf geworden war, historisch so getreu wie möglich bauen zu lassen. Das, so schien es ihm, konnte nur eine eigens dafür begründete Bauhütte gewährleisten. Wilczek begann sich nach und nach Steinmetze, Zimmerleute und Schmiede aus Oberitalien, Holzschnitzer aus Tirol und Werkleute von überallher persönlich zu verpflichten. Viele von ihnen blieben länger als 30 Jahre in seinem Dienst. Mit dem bauführenden Architekten Gangolf Kayser, später mit Humbert Walcher von Moltheim, war sich der Bauherr einig, es dürfe nicht nach einem Generalplan vorgegangen werden, sondern wie im »Ernstfall« sollten Zweckmäßigkeit, Einsicht und Zeit die endgültige Gestalt der Anlage bestimmen. Nur soviel stand fest: Eine Burg im Stile des 14./15. Jh. war zu bauen, in der 100 bis 150 Menschen wohnen konnten, und man wollte immer nur einen Teil, nie mehrere zugleich in Angriff nehmen und ausführen. — Was dann in dreiunddreißigjähriger Bauzeit entstand, ein Burgmodell in Naturgröße des 19. Jahrhunderts, war ein Pendant zu den »gotischen« Bauten der Wiener Ringstraße, eine in ihrer Art einmalige Museumsburg mit Bauteilen, Einrichtungs- und Ausstellungsgegenständen aus ganz Europa.

Unten: Graf Wilczek, Begründer der Wiener Rettungsgesellschaft und einer der Initiatoren des Wiener Makartfestzuges, ließ die über der alten Formbacher Feste errichtete Museumsburg mit in aller Welt gesammelten Kunstschätzen ausstatten. Um den aus Neustift bei Brixen erworbenen gotischen Riesenschrank wurde ein eigener gotisch gewölbter Raum errichtet. Rechte Seite: Der »Kaschauer Gang«, eine spätgotische vierachsige Laube, stammt vom Orgelchor des Doms zu Kaschau.

Es wurden 300 Mann des Knaben wegen erstochen

Rosenburg · Niederösterreich

Das »Schloß in Österreich«, ein wundersames Ineinander von gotischem Mittelalter und eigenwillig verstandener Renaissance, stand als »Österreichische Wartburg« im Mittelpunkt der tragischen Religionskämpfe des 16. und 17. Jh.

Im »Turnierhof« des 17. Jh. haben niemals Ritterkämpfe, wohl aber Ritterspiele stattgefunden. Wie im 13. Jh. war es auch jetzt den Schönen vom Schloß vorbehalten, den Sieger mit Lorbeer zu bekränzen.

Die mittelalterliche Burg war schon längst zum Renaissanceschloß umgebaut, Ritter und Rittertum waren bereits Sage und Märchen, als am Vorabend des Dreißigjährigen Krieges Vinzenz Muschinger den großen »Turnierhof« anlegen ließ. Es haben in dem arkadenumstandenen Geviert weder Stechen noch Rennen stattgefunden, wie man sie 100 Jahre früher, zur Zeit Maximilians in ↗ Innsbruck, noch veranstaltete, ganz zu schweigen von Tjost, Buhurt und Turnier, wie sie uns Ulrich von Liechtenstein aus ↗ Friesach schildert. Was man hier im äußeren Vorhof der Rosenburg veranstaltete, waren seit je auch an frühen deutschen Höfen geübte Geschicklichkeitsrennen, in Barock- und Rokokozeiten als »Karussellreiten« wieder in Mode gekommen. Bunt kostümiert, mit viel zeremoniellem Aufwand, ritt man figurenreich Ringelreihen, versuchte in edlem Wettstreit auf einen an der »Quintana«, einem Pfahl, angebrachten Schild oder beweglichen Arm einzustechen, später auf Rolandsfiguren, zeitübliche Türkenköpfe, oder es waren »Ritter« bemüht, je nach Mode Ringlein und Kränzlein mit Zierat und Bändern zu »ergattern«. Hin und wieder sah man jetzt sogar Damen im Wagen Karussell fahren.

Von der kleinen Burg des Goczwin von Rosenberg, aus unbedeutendem Klientengeschlecht des 12. Jh., steht heute nur noch das Grundgemäuer des Bergfrieds. Er überragte damals den romanischen Palas auf dem kahlen Kampfelsen sicherlich um ein Vielfaches. In die dann schon wohlbewehrte gotische Burg des Kaspar Rogendorf flüchtete, als 1484 die Ungarn drohten, mit seinem Klosterschatz Abt Stephan Vetz aus dem nahen Altenburg. Noch stehen von dieser Burg die Kapelle, Außenmauern, vor allem die gegen den Kamp zu, doch auch Grundgemäuer rings um den unregelmäßig viereckigen Innenhof. Auch erhielt sich der Halsgraben, den die Zugbrücke überspannte. Während einer vierjährigen Bauzeit ließ der Protestant Sebastian Grabner 1593 den Großteil der alten, unbequemen Burg abtragen. Über dem Restgemäuer entstanden Wohn- und Repräsentationsräume mit den beiden Altanen, mit Galerien und Türmchen. Südlich vom Bergfried, den alten Halsgraben zum Teil überbrückend, ließ Grabner an der Stelle der mittelalterlichen Vorburg einen türmchengekrönten Palast und Renaissancehof errichten. Diese »Rosenburg« — der Name scheint erst 1569 auf — besaß damals inzwischen teils wieder verschwundene Turmkuppeln, ausgedehnte Wirtschaftsgebäude, auch Verteidigungsanlagen. Den Haupteingang deckte der »Grabnerturm«. Zum 13türmigen Prachtschloß wurde die Rosenburg nach 1659 unter dem berühmten Grafen von und zu ↗ Windhaag, Sohn des schwäbischen Schulmeisters Jodok Enzmillner. Als Freiherr zu Rosenburg ließ dieser kaiserliche Rat und »Regent der niederösterreichischen Lande« auch die 46 Arkaden des 1614 entstandenen »Turnierhofes« mit Bildnissen großer Persönlichkeiten des Altertums, des Mittelalters und seiner Zeit schmücken.

ZUR BESITZGESCHICHTE   Caspar von Rogendorf (↗ Pöggstall), ein unter Friedrich III. vermögend gewordener Steirer, ließ die romanische Feste der Rosenberger — nicht verwandt mit der böhmischen Adelsfamilie gleichen Namens — zur gotischen Burg erweitern. Schon nach zehn Jahren verkaufte er den Besitz an die Brüder Jakob und Christoph Grabner. Deren Nachkomme Sebastian machte die Rosenburg zum niederösterreichischen Protestantenzentrum, dessen gleichnamiger Enkel ließ zwischen 1593 und 1597 das Renaissanceschloß erbauen. Als seine Besitzer zeichnen seit 1604 ein Freiherr Jörger von Tollet, 1610 die protestantischen Stände. Ein Jahr spä-

An die umgebaute und vergrößerte Burg des 12. und 13. Jh. auf dem Kampfelsen mit Bergfried und unregelmäßigem Innenhof — rechts im Bild — sind im 16. Jh. das Renaissanceschloß, im 17. Jh. der »Turnierhof« mit Zier- und Lustgarten angefügt worden.

ter eröffnet Kardinal von Dietrichstein wieder die Reihe »rechtgläubiger« Burgherren. Nach Vinzenz Muschinger, Ernst von Mollart und Ignaz Spindler von Wildenstein — unter dessen Aufzeichnungen sich das·weitverbreitete Lied »Es steht ein Schloß in Österreich ...« fand — kauft den schon ruinösen Bau der damalige Freiherr und spätere Graf von und zu Windhaag. Es entstand der Prachtbau, der im Besitz der Hoyos-Sprinzenstein im 18. und 19. Jh. verfiel. Die Ruine wieder in ein bewohnbares Schloß ließ nach dem Brand von 1809 in zwanzigjähriger Bauzeit Graf Ernst Hoyos-Sprinzenstein verwandeln. Seine Familie besitzt die Rosenburg noch heute.

LAGE UND BESICHTIGUNG Südl. Horn, im Kamptal. 1. April bis 1. Nov. tägl. 8—18 Uhr, sonst tägl. 9 Uhr bis Dämmerung.

Im nahen Horn hatten sich 1608 die protestantischen Stände zu einem bewaffneten Bund gegen das österreichische Kaiserhaus zusammengeschlossen. Auf der Rosenburg, schon seit den Tagen des »Deutschen Papstes« Dr. Christoph Reuter, eines abgefallenen Priesters, die »Österreichische Wartburg« genannt, feierten die evangelischen Herren und Ritter. Die Ställe reichten für 60 Pferde, die Keller faßten Hektoliter von Wein, die Schloßräumlichkeiten Hunderte von Fest-, Jagd- und Hochzeitsgästen. Den bald verschuldeten Besitz erwarb schon 1611 Kardinal Franz von Dietrichstein, der mährische Katholikenführer, drei Jahre später der katholische Hofrat Vinzenz Muschinger.
Als sich am 9. Juli 1620 die evangelischen Truppen des Horner Bundes unter dem General Georg Andreas Hofkirchen mit ihren böhmischen Verbündeten vereinigt hatten, ließ Hofkirchen die Burg des kaisertreuen Muschinger stürmen. Vom Blutbad, das er hier im Namen Christi veranstaltete, kündet die Inschrift auf der Säule im Ziergarten östlich des Turnierhofes: »Anno 1620 Jahr / Jedermann offenbar / Und zu Rosenberg Sein / Gestorben Gross und Klein, / Sigmund Schreiber, / 300 Mann und Weiber / Wie ander Kinder klein. / Gott wollt inen gnedig sein, / Uns behüdn vor Gefahr. / Amen. Das ist wahr.« Das Lied »Es steht ein Schloß in Österreich ...«, die Ballade vom Tod des unschuldigen Knaben, besingt das makabre Ereignis: »Es währte kaum ein halbes Jahr / Der Todte der wurde gerochen / Es wurden 300 Mann / Des Knaben wegen erstochen.«

Es ist die Verbindung gotischer und renaissancehafter Bauelemente, es ist die Angleichung des mittelalterlichen Baubestands an das südliche Stilgesetz, es ist die Anpassung des neuen Palastbaues an die frühe Burg, die Ruhm und Schönheit des »Schlosses in Österreich« ausmachen. Das ursprünglich mit Turmkuppeln wie übersäte Schloß bot aufs erste den Anblick einer Art venezianischer Residenz. Doch es war neben den Säulen der nordöstlichen Altane — der Außenlaube über dem Kampfelsen mit wunderbarer Fernsicht — das gotische Maßwerk des Kapellenchores erhalten geblieben. Es sind auch noch unter dem Palastfenster mit Säulchengalerie im mittelalterlich gebliebenen unregelmäßigen Hof ohne die sonst üblichen Renaissancearkaden das gotisch verstäbte Portal, die Rundfenster mit dem Fischblasenmaßwerk zu sehen. Der alte Bergfried aber wurde dem mächtigen Torturm angepaßt: unter der einstigen Kuppel, dem jetzigen Walmdach, ist eine Säulchengalerie auf Konsolen angebracht worden, auf die Umlaufgalerie des »Grabnerturmes« abgestimmt. Diese Säulchenreihen mit Arkaden auf Türmen, wie sie auch in Pottenbrunn, Allentsteig und Retz zu sehen sind, die Säulchengeländer an Fenstern, Treppen, Stiegen und um den Brunnen sind das eigentliche Kennzeichen des Grabnerbaues. Mit den freistehenden Säulen und dem Triumphbogenportal sind es Elemente einer österreichisch nachempfundenen Renaissance. Zu ihnen fügte sich auch der Zier- und Lustgarten mit einer Miniaturnachbildung des einstigen Badesaales von Baden bei Wien.

Das Holzrelief auf Seite 36 ist eine Abendmahldarstellung des späten 15. Jh., wahrscheinlich aus den Sudetenländern. Der Keilstein des Triumphbogenportals zu Füßen des Grabnerturms im »Turnierhof« — im Bild links oben — zeigt eine Rose. Über dem Eingang zur einstigen Burgkapelle, 1587, sind das Doppelwappen der Grabner-Polheim und zwei spätgotische Maßwerkfenster zu sehen. Die Kapelle, das Kernstück der einstigen mittelalterlichen Burg, mit Netzrippengewölbe und Spitzbogenfenstern, zeigt Deckenbemalungen des 17. Jh., wurde jedoch im 19. Jh. neugotisch restauriert.

Die Flucht von im 19. Jh. eingerichteten Schauräumen zeigt Gemälde, Reliefs und Exponate der Spätgotik, eine reiche Waffensammlung und die prähistorischen Funde des Freiherrn von Engelshofen.

Richard Löwenherz und die österreichischen Barbaren

Dürnstein · Niederösterreich

Die Ruinen der einstigen Hauptburg der Herren des »Tales Wachau«, der Kuenringer, bleiben für immer mit der Gestalt Richards I. von England verbunden, jenes »Richard Löwenherz«, der hier gefangengehalten wurde und sich seinem Diener Blondel zu erkennen gegeben haben soll.

ZUR GESCHICHTE Die Kuenringer, Lehensleute der Landesfürsten und der bayerischen Herzöge, Vögte geistlicher Grundherren, besaßen Dürnstein als freies Eigen; die Dürnsteiner Kuenringer bildeten eine eigene Linie ihres Geschlechtes. Mitte des 12. Jh. mag von ihnen unterhalb einer älteren obersten Burg — die Zwettler Stiftschronik und der Wappenbrief von 1476 zeigen sie im Bild — die Feste errichtet worden sein, deren Ruinen zusammen mit dem Turm der Stiftskirche das »Dürnstein« von heute ausmachen. Eine dritte Wehranlage, die eigentliche Sperrburg, stand wahrscheinlich unweit des Donauufers. Es bleibt der Phantasie überlassen, in welcher der Burgen Hadmar II. von Kuenring Richard Löwenherz, den englischen König, 1192/93 gefangenhielt.

Während der Erhebungen der Kuenringer, 1231 und 1296, gegen Babenberg und Habsburg wurde der Ort erobert, jedoch beide Male wieder an die Kuenringer zurückgegeben. Nach

Von der einstigen Burg zogen sich Mauern zum Klarissinnenkloster im Ort, dem heutigen Gasthof »Richard Löwenherz«, und zum Neuen Schloß. Ob König Richard I. von England vom Sänger Blondel auf der Burg Dürnstein entdeckt wurde, ist umstritten.

Sein alter Haß gegen alles Deutsche verwandelte sich in blinde Wut. Ohne zu zögern, befahl Richard von England, das babenbergische Banner von dem eroberten Stadtturm herunterzuholen und es einem Pferd an den Schweif zu binden.

Es fiel Herzog Leopold V. von Österreich nicht leicht, seiner Begleitung, vor allem Hadmar von Kuenring, begreiflich zu machen, hier sei nicht der Ort und es stehe jetzt auch nicht in seiner Macht, die Schmach für Österreich zu rächen. Leopold befahl seinen Leuten, das eroberte Akkon wieder zu räumen und in die Zelte vor den Mauern zurückzukehren. Mit König Philipp August von Frankreich, den sich der Engländer ebenso zum Todfeind gemacht hatte, verließen die Österreicher noch im Juli 1192 Palästina.

Die Rückkehr König Richards von England auf die heimatliche Insel stand unter denkbar schlechtem Stern. Der französische König und Heinrich VI. von Hohenstaufen hatten Befehle erlassen, ihn zu fangen, tot oder lebendig. Als sein Schiff in einem Sturm zwischen Aquilea und Venedig kenterte, war

Löwenherz gezwungen, Britannien auf dem Landweg, über Babenbergisches Gebiet, zu erreichen.

Schon in Friesach wurde er erkannt, und mit seiner geringen Begleitung geriet er in einen Hinterhalt des Friedrich von Pettau. Mühsam erreichte der Verfolgte, nur mehr von einem Knappen begleitet, über die schon schneebedeckten Pässe um den 15. Dezember 1192 das Dörfchen Erdberg bei Wien. Bauern gewährten ihm Unterschlupf. Doch es verriet sich während eines Einkaufs bei den durch die Gerüchte und die Schmach von Akkon empörten Wienern Richards Begleiter durch byzantinische Geldstücke. Man zwang ihn, das Versteck seines Herrn preiszugeben, und Richard von Löwenherz wurde festgenommen. Unverzüglich berichtete Herzog Leopold seinem Kaiser vom großen Fang.

Die göttliche Gerechtigkeit, berichtet ein zeitgenössischer Chronist, hatte Löwenherz dem österreichischen Fürsten in die Hände gespielt, doch Leopold behandelte den Gefangenen ehrenvoll. Ohne Fessel, von Rittern mit entblößten Schwertern begleitet und bewacht, so wollen die Geschichtsschreiber wissen, habe sich der englische König in der Feste Dürnstein an der Donau bewegen dürfen. Er verblieb hier vom 22. Dezember 1192 bis zum 2. Januar 1193.

Mit einer Hundertschaft von Rittern nahm Herzog Leopold am 3. Januar Löwenherz mit auf den Reichstag nach Regensburg. Er sollte hier dem Kaiser übergeben werden. Doch zerschlugen sich die Verhandlungen zwischen dem Babenberger und dem Hohenstaufer des geforderten Lösegeldes wegen. Da die Österreicher befürchten mußten, man würde ihnen den König

ihrem Aussterben (Dürnsteiner Linie), 1355, kam der dann habsburgische Besitz an die Maissauer und wurde 1428 und 1432 durch die Hussiten verwüstet. Nach der aufsehenerregenden Gefangennahme Ottos von ↗ Maissau durch Albrecht V. erhielt Ulrich von Eitzing (↗ Kaja) die Herrschaft, nach dessen Verhaftung durch Albrecht VI. Ulrichs Bruder Stefan. Dem Ungarnkrieg war 1485 mit anderen Bauwerken der Stadt (seit 1491) das Klarissinnenkloster zum Opfer gefallen, die schon baufällige Burg ließ 1645 der Schwedenführer Torstenson in die Luft sprengen. Herren von »Thiernstain« waren nach Reichart Streun von Schwarzenau die Zelkinger auf Weinberg bei Kefermarkt, nach ihnen die Zinzendorfer gewesen. 1663 kauften die Starhemberger den Besitz. Er gehörte ihnen bis 1936.

SEHENSWERTES   An der Nordwand finden sich noch spärliche mittelalterliche Freskenreste. Aus dem quaderförmigen Felsblock im früheren inneren Burghof, der wohl einst den Bergfried trug, ist ein viereckiger Raum ausgemeißelt. Oberhalb dieser im Dreißigjährigen Krieg zerstörten Burg, am Weg zur »Starhembergwarte«, finden sich dicht überwachsene Reste der wahrscheinlich ältesten Feste, des »castrum Tyernstain«.

Oben: Der Wappenbrief von 1476 zeigt die Stadt und die älteste Burg. Links: Die Ruine mit dem »Kasten« und dem Gemäuer des alten Palas ist beliebtes Ausflugsziel.

Das Wappensiegel des Babenberger-herzogs Leopold V. Unter ihm erlebte das Land kulturell eine Glanzzeit.

Auf dem Kupferstich des Matthäus Merian, 1649, ist die Burg nach der Zerstörung durch die Schweden zu sehen.

mit Waffengewalt entreißen, ließ Leopold ihn in Begleitung Hadmar von Kuenrings am 17. Januar wieder nach Dürnstein zurückbringen. Erst in der Karwoche, als man sich geeinigt hatte, lieferte Herzog Leopold die kostbare Beute in Speyer aus.

Das von den Deutschen geforderte Lösegeld, 150 000 Mark, etwa 15 Tonnen Silberbarren, das Dreifache des ursprünglich geforderten Betrags — auch 200 Geiseln mußten gestellt werden —, bedeutete für die Insel ein nationales Unglück. Die Summe überstieg bei weitem den Jahreshaushalt des damaligen Britannien. Von den 50 000 Mark, die der Babenberger erhielt, wurden in der Folge Wiener Neustadt und Wien, ebenso Laa an der Thaya befestigt, das Silber verhalf ihm auch zum Ausbau seiner Münze. Einer romantischen Erzählung nach, soll Blondel, ein möglicherweise in Friesach gefangener, dann freigekommener Diener des Königs, das Land durchzogen und vor Burgen das Lieblingslied des Königs gesungen haben. Vor Burg Dürnstein erhielt er Antwort. Die Sage ist jedoch auch auf Burg Trifels bezogen worden, wo Löwenherz bis 1194 festgehalten wurde.

Daß Österreich Urheber ihres nationalen Unglücks war und daß sich ein englischer König durch Monate in der Gewalt eines gewöhnlichen Herzogs befunden hatte, konnte Britannien dem Land an der Donau und seinen Bewohnern lange nicht vergessen. »Ihr ganzes Wesen ist barbarisch«, informierte Dekan Roul von der Londoner Paulskirche seine Landsleute. »Sie sind ungeschlacht im Reden, schmutzig in ihrer Kleidung. Ihr Körper starrt von Unsauberkeit, ihr Zusammenleben gleicht eher dem der wilden Tiere als der Menschen.«

Dürnstein.

A. Alte Schloß Durnstein   C. Heren Closter   E. Pfarrkirch   G. Waßerthor   I. Der Adlerstein
B. Newes Schloß.   D. Frawn Closter.   F. Burgthor.   H. Burgerthüm   K. Die Donaw.

Als die Hunde von Kuenring Herren werden wollten

Aggstein · Niederösterreich

Was am 30. November 1230 in Lilienfeld beigesetzt wurde, waren ausgesottene Knochen. Man hatte dem toten Leopold, dem später Glorreichen, als er am 28. Juli in San Germano in Italien unerwartet verschieden war, das Herz aus dem Leib geschnitten, die rechte Hand abgeschlagen und den Leichnam nach einem zur Zeit vielfach geübten Verfahren ausgekocht. Nun bestatteten Lilienfelder Zisterziensermönche den Stifter ihres Klosters in feierlicher Zeremonie.

Noch hatte die Trauergemeinde nicht vollzählig das Traisental verlassen, noch waren Fürsten, Grafen und Bischöfe unterwegs zurück in ihre Residenzen, als ruchbar wurde, die Herren von Kuenring, soeben noch in vorderster Reihe am Sarkophag des Babenbergers, hätten sich in Wien des herzoglichen Schatzes bemächtigt. Für manche nicht ganz überraschend, wurde offenkundig: Heinrich und Hadmar von Kuenring, die »Hunde«, wie sie sich nach ihrem Großvater Heinrich von Mistelbach gern nannten, hatten sich gegen den jungen Friedrich von Babenberg erhoben. Mit denen

Das Gemäuer von Österreichs meistgenannter Ruine, der legendären Kuenringerburg mit »Rosengärtlein« hoch über dem Wachautal, Kulisse unzähliger Stimmungsbilder, besitzt für Österreich etwas wie Symbolcharakter.

ZU SAGE UND GESCHICHTE Die Urfabel von den Kuenringer Raubrittern steht im Zwettler Stiftungsbuch, in der sogenannten »Bärenhaut«. Hier berichtet Abt Ebro vom Bösewicht Hadmar, der sich am Kirchengut vergriffen hatte. Ein listiger Kaufmann, auf einem gepanzerten Schiff donauabwärts treibend, habe den Kuenringer überlistet und überwältigt. Vier Jahre hätten die Mönche dann den Leichnam Hadmars unbeerdigt auf der hohen Friedhofsmauer liegen lassen. Historisch belegt ist, daß die Kuenringer, obwohl nur Ministeriale, d. h. in einer Art höherem Beamtenstand stehend und deshalb aus der Gesellschaft des Hochadels ausgeschlossen, unter Leopold VI. zu hohem Ansehen kamen. Heinrich von Kuenring war 1226 »rector totius Austriae«, eine Art Statthalter von Österreich, zwei Jahre später erhielt er die erbliche Würde eines Marschalls von Österreich. Nach dem Tode Leopolds erhoben er und sein Bruder Hadmar, mit dem vermögend gewordenen Ministerialenadel um Gleichstellung kämpfend, sich gegen dessen Sohn Friedrich, den letzten Babenberger. Später waren die Kuenringer Parteigänger des Böhmenkönigs Ottokar und bekämpften 1295 Al-

Das Bild von Wolf Huber zeigt Aggstein im 16. Jh. nach der Zerstörung durch die Türken, 1529.

41

brecht I. von Habsburg. Beide Male ist Aggstein vom Landesherrn gebrochen worden. Auch die Nachfolger der Kuenringer auf Aggstein fielen am Wiener Hof in Ungnade. Der jähzornige und zu Gewalttaten neigende Kammermeister Albrechts VI., Georg Scheck vom Wald, der die Burg zu der noch heute erkennbaren Größe erweitern ließ, hatte es sich auch mit dem Stift Melk verdorben. Die Geistlichkeit rächte sich und machte ihn zum gefürchteten »Schrekkenwald«, der Gefangene auf dem »Rosengärtlein« verhungern oder in die Tiefe springen ließ. 1463 zwang ihn der Herzog zur Kapitulation.

Als dann der habsburgische Pfleg- und Pfandbesitz im 17. Jh. an die Starhemberger kam und mit Schönbühel vereinigt wurde, verfiel Aggstein. Am Georgitag 1784 las man in der Burgkapelle die letzte Messe. Seit dem 19. Jh. besitzt die Familie (der Grafen von) Seilern die Ruine.

SEHENSWERTES Die gotische Anlage des 15. Jh. ist leicht zu überblicken. Ein Wehrgraben, der ungemein starke, 15 m hohe Torbau mit spitzbogigem Einlaß, Sitznischen und Wehrplatte sicherten zusammen mit dem verschwundenen Bergfried auf dem »Bürgel« die zweihöfige Vorburg mit Wehrgängen und dem 8 m tiefen Verlies unter dem »Hungerloch«. Die 5 m starke und 12 m hohe Schildmauer deckte die Mittelburg mit Wohn- und Wirtschaftsgebäuden. In die Hochburg auf dem »Stein«, zu den viergeschossigen Frauengemächern und der »Schatzkammer« gelangte man nur durch die heute 6,5 m über dem Boden liegende erkergeschützte gotische Pforte. Hinter den beiden Sehschlitzen an der westlichen Kapellenwand mag der »Schreckenwalder« gesessen sein, um hier dem Meßopfer beizuwohnen.

LAGE UND BESICHTIGUNG Nordöstl. Melk in der Wachau. Ganztägig von 1. April bis 1. November.

Nebenstehend und rechts: Die ausgedehnte Vorburg mit dem »Bürgel« schützte die Hochburg oberhalb des Wachautales von der Landseite her.

von Falkenberg, Sunnberg, Schönberg, Zehing, Puchberg, Ottenstein u. a. beherrschten sie die Schlüsselpositionen des Landes, vom einsamen Weitra im Nordwald bis zum »urfahr bey Newnburch«, dem Donauübergang bei Klosterneuburg, vom Tale Wachau bis an die March. Hadmar auf Aggstein sicherte das rechte Donauufer und hielt mit den Leuten Heinrichs auf Dürnstein die Passauer, Melker und Göttweiger Geistlichkeit nieder.

Die beiden Brüder waren sich ihrer Sache sicher. Niemand mochte die Söhne des verstorbenen Leopold. Heinrich, den einen, der sich gegen den Vater erhoben, seine Mutter auf Hainburg überfallen und festgesetzt hatte, nannten sie den »Grausamen«. Friedrich aber, adhuc puerum, noch ein Jüngelchen, hochfahrend und unbeliebt, konnte sich mit der kriegserfahrenen kuenringischen Anhängerschaft nicht messen.

Doch die Rechnung ging nicht auf, obwohl gerade um diese Zeit, wie es schien nicht ganz zufällig, böhmische Kriegsscharen an den Besitzungen der Kuenringer vorbei nach Niederösterreich einbrachen. Unbeeindruckt von der drohenden Gefahr aus Norden, sammelte der junge Friedrich — er hatte noch nicht die Schwertleite empfangen — ein Heer, mit dem er sich noch vor Weihnachten am linken Donauufer festsetzte. In einem Zug gelang es dem knäbischen Feldherrn, im Januar und Februar Dürnstein und Aggstein zu brechen. Schon im April war das befestigte Zwettl besetzt. Friedrich ließ die Mauern der Kuenringerstadt schleifen und eine Anzahl Gefangener über die Klinge springen. Mitte des Monats kapitulierte Heinrich von Kuenring auf Burg Weitra und bat um Milde für alle. Friedrich — man nannte ihn bald den »Streitbaren« — gewährte sie.

42

Am Anfang stand die Kirche

Oberranna · Niederösterreich

In der von Graben und Ringmauern so harmonisch umschlossenen Anlage ist die »Burgkapelle« größer als die Burg, es ist eine in Österreich einzigartige romanische Kirche.

Die Burg des frühen 12. Jh. mit Doppelchor und je einem Querschiff im Osten und Westen hat in Österreich nicht ihresgleichen. Sie wurde im 15. und 16. Jh. umgebaut, erweitert und mit starken Wehranlagen umgeben. Die vier Säulen der Krypta unter dem Westchor der Kirche zeigen romanische Reliefs von Rang.

Von Menschen noch so gut wie unberührte Urwaldeinsamkeiten an der Kleinen Krems waren es, die Bischof Altmann von Passau im ersten Jahrhundert nach der Jahrtausendwende seinem neugegründeten Kloster Göttweig an der Donau als Erstausstattung überließ. Um 1100 dürfte Pilgrim von Grie, ein Hochfreier, in diesem Gebiet Ranna erworben und eine Herrschaft begründet haben. Dieser mit den Formbacher Grafen verwandte Edle aus dem Bayerischen ließ bald danach oberhalb der Talgabelung eine Kirche erbauen, wahrscheinlich bereits auch eine kleine Burg. An dem Heerzug des deutschen Königs Heinrich V. gegen die Ungarn im Jahre 1108 nahm er jedenfalls schon als »Pilgrimus de Rahnah« teil.

Die Traditionsbücher des Klosters Göttweig halten fest, daß der Edle von Grie und Herr auf »Rauna« um diese Zeit sein Gut und die Kirche im Todesfall dem Stift geschenkt hat. Auf die Bitte des Abtes Nanzo bestätigte Pilgrim die Schenkung in Gegenwart des Markgrafen Leopold III. von Babenberg und nannte sich nur noch »von Grie«.

Um 1156 jedoch zeichnen Siegfried und Megingoz von Grie wieder als Herren »von Rauna«. Über 200 Jahre blieb dann das Geschlecht im Besitz des Gutes und der neben ihrer Burg stehenden großen Pfarrkirche, die dem heiligen St. Georg geweiht war.

Auf welche Art die Schenkung des Pilgrim von Grie-Ranna an Göttweig wieder rückgängig gemacht wurde, wissen wir nicht, doch ist dieser Vorgang bezeichnend für die frühen Besitzverhältnisse im Lande, als sich Kirche und Adel miteinander in zähem Wettstreit um Rodungsland befanden.

ZUR GESCHICHTE Hans, der Letzte derer von Ranna, ohne männlichen Nachkommen, überließ das Erbe der Väter seinem Schwiegersohn Johann von Neidegg. Dieser erste Neidegger auf Ranna übertrug die Rechte der Kirche St. Georg neben seiner Burg — eine Holzbrücke in Stockhöhe mag sie miteinander verbunden haben — 1389 auf das von ihm gestiftete Paulinerkloster Unterranna. Neidegger bauten die Anlage im 16. Jh. aus und um und erweiterten sie zusammen mit der Kirche zu einer Art Festung. Nach manchem Besitzwechsel stand die Burg in der Reformationszeit leer. Im 17. Jh. ist Oberranna von böhmischen Soldaten geplündert, im 18. Jh. kaiserlich, von Joseph II. »aufgehoben« worden. Seit 1830 verfiel der Bau. Nach 1900 erwarb ihn Baron Hammerstein, der größte Teil des Grundbesitzes kam an Stift Göttweig. Laurent Deleglise, der Oberranna 1930 ersteigert hatte, entdeckte die völlig verschüttete romanische Kirche und ließ sie freilegen.

SEHENSWERT ist die Gesamtanlage auf dem Hügel mit äußerem und innerem Burggraben, mit Ringwällen und turmbesetztem Ringgemäuer. Mit ihrem Westwerk ragt die romanische Kirche in den vierflügeligen Bau der Neidegger aus dem 16. Jh. Über 25 Meter lang, scheint St. Georg, gegen die Angriffsseite hin gestellt, die kleinere Burg zu decken. Diese St.-Georgs-Kirche, der sehenswerteste Teil von Oberranna, erreicht der Besucher durch die finstere, quadratische, etwas tiefer liegende Krypta mit vier Säulen. Breite Steingurtenbogen, zwischen ihnen Kreuzgratgewölbe, Rundbogenfenster und prächtige Fresken, 1420 und 1500, u. a. von Aposteln, Evangelisten und den »heiligen drei Madln« Barbara, Margaretha, Katharina, geben dem einschiffigen Kircheninneren das Gepräge.

LAGE UND BESICHTIGUNG Nordwestl. Spitz in der Wachau über Mühldorf. Nur nach telefonischer Voranmeldung bei Frau Deleglise in der Burg.

Der romanische Turm besitzt gekoppelte Fenster und Reste der Zinnen.

45

...ist zur peinlichen Frage erkennet worden...

Pöggstall · Niederösterreich

Der riesige Kanonenrundturm und Österreichs einzige originale Folterkammer machen Burg und Schloß Pöggstall zur Sehenswürdigkeit.

ZUR GESCHICHTE Die frühmittelalterliche Burg ist wohl während des Adelsaufstandes 1291 durch Albrecht I. von Österreich zerstört worden. Der älteste Teil des heutigen Burgschlosses, der Bergfried, entstand wahrscheinlich, als Ende des 13. Jh. die Maissauer den Besitz mit Landgericht — es reichte bis Klein-Pöchlarn — zu Lehen erhielten. Nach der spektakulären Verhaftung Ottos von ↗ Maissau, 1429, besaßen kurzfristig Liechtensteiner, Ebersdorfer und »Cunrad Holczler« die Herrschaft, unter Friedrich III. erhielt sie 1478 der Steirer Caspar von Rogendorf. Die Rogendorfer dienten den Habsburgern später als Feldherren und Diplomaten, wurden 1521 Reichsfreiherren, ihr Besitz hieß »Schloß Rogendorf in Pöggstall«. Schon Caspar von Rogendorf, ein »unfriedsames Gemüt«, hatte sich als Burggraf von Steyr durch Exzesse mißliebig gemacht, als Herr von Pöggstall drangsalierte er die Hintersassen mit Steuern und maßloser Robot. Wilhelm, sein Nachfahre, ließ 1593 im Bergfried die Folterkammer über dem Verlies neu einrichten. Als er wenig später den Besitz an seinen Bruder Kaspar verkaufte, erhob er von jedem seiner Untertanen 6 bis 20 Gulden Kontribution. Der Vorfall erregte Aufsehen, Kaiser Rudolf II. lud den Erpresser vor und ließ ihn in Wien verhaften. Im Januar 1597 besetzten

In der Folterkammer fanden sich die Marterwerkzeuge so, wie sie vor 1776 zur »peinlichen Befragung« angewandt worden waren.

§ 7 Wenn der Verdächtige durch kein Wort zu bewegen, solle der Richter einen Grad nach dem anderen unterschiedlich vornemmen ... Als erstlich ... die Kleider ausziehen. Andertens, ihme starck binden. Drittens auf das Reck-Bänkel setzen. Viertens, einmal aufziehen. Fünftens, das Reck-Seil anschlagen lassen ... Sechstens, man kann auch gegen hartnäckige Leut die Tortur abtheilen, daß man einen zum andern auch zum drittenmal aufziehen läßt.

§ 8 ... doch das gleichwohl die rechte Maß nicht überschritten, und der Gepeinigte zur Vollziehung des Urteils, bey Kräften erhalten werde.

Aus der Halsgerichtsordnung Kaiser Ferdinands III., 1656.

In die riesige Barbakane gelangte man von der Burg aus über eine Zugbrücke, in die Burgkapelle — die heutige Pfarrkirche — führt noch heute ein gedeckter Gang.

Bauern unter dem »Prunner« (↗ Rappottenstein) die Burg. Mit Geschützen und Waffen aus ihr belagerten sie Ybbs, noch Ende März 1597 stellten sie sich bei Neufelden den Reitern des Morakschy entgegen. Nach den Öttingen und Wohlzogen besaßen Pöggstall durch 140 Jahre die Sinzendorf. Nach den Seldern, Fürnberg und Braun erwarb 1795 das Haus Habsburg-Lothringen Herrschaft und Schloß. Seit 1919 ist Pöggstall Eigentum der Republik Österreich.

SEHENSWERT ist zuerst wohl die einstige Burgkapelle, die Caspar Rogendorf 1480 stiftete, die heutige Pfarrkirche. Noch ist sie durch einen Gang mit dem Schloß verbunden, finden sich in ihr der spätgotische Doppelflügelaltar, Grabmäler, Sarkophag und Epitaphe der Rogendorfer. Eine im ganzen deutschen Sprachbereich seltene, bestens erhaltene »Barbakane«, ein Kanonenrundturm mit 50 Meter Durchmesser, Zugbrückentor und spätgotischer Pforte, ist dem Schloß vorgelagert. Es mögen in diesem Bau Anregungen aus Albrecht Dürers Befestigungslehre verwertet worden sein. Das Schloßgemäuer mit Hof und zweistöckigen Arkaden, mit Fenstern und Türen in spätgotischer und in Renaissance-Manier stammt meist aus dem 16. Jh., der mittelalterliche Bergfried in der Nordostecke aus dem 13. Jh. Die Folterkammer in ihm ist im 18. Jh. zugemauert und im 19. Jh. wiederentdeckt worden. Durch ein Renaissancetor mit Rogendorfer Wappen, über eine spätgotische Spindeltreppe, an einer Unzahl in den Dachgeschossen untergebrachten Exponaten und Kuriosa des Pöggstaller Heimatmuseums vorbei, erreicht der Besucher den sternrippengewölbten finsteren Raum in dem ungefügen Bergfriedgemäuer.

LAGE UND BESICHTIGUNG   Nordwestl. Melk a. d. Donau im Weitental. Tägl. 9 bis 17 Uhr.

In der berühmtesten deutschen Rechtsaufzeichnung des Mittelalters, im »Sachsenspiegel«, 1225, fehlt jeder Hinweis auf die Folter. Das erstemal von Folter hören wir im deutschen Sprachraum in einer Urkunde aus Wiener Neustadt aus dem Jahre 1230. Der süddeutsche »Schwabenspiegel«, 1275, unter dessen Einfluß die österreichische Rechtssprechung des 14. Jh. stand, erlaubt in Artikel 375 Folterung als Beweisermittlung — Schläge und verschärftes Gefängnis, Hunger, Frost und »andere ubele Dinge« — nur dann, wenn zwei glaubhafte Zeugen die Tat gesehen haben. Erst im 15. Jh., vor allem seit der Errichtung von Inquisitionsgerichten, am häufigsten jedoch im 17. und 18. Jh., wird die »peinliche Befragung« als Hauptbeweismittel angewendet und gewertet. Vorbehalten war sie nur Landgerichten, d. h. den vom Landesherrn mit »Hoher Gerichtsbarkeit«, mit »Stock und Galgen«, »Blutbann«, »Halsgericht« ausgestatteten Grundherrschaften oder Stadt- und Landesbehörden. Bis 1532, dem Jahr der Constitutio Criminalis Carolina, der peinlichen Halsgerichtsordnung Karls V., handhabe man Rechtssprechung und Folter nach der mündlichen, seit dem 13. Jh. in den »Weistürmern« teilweise auch schriftlich festgehaltenen Tradition. Für Österreich verbindlich wurde erst die peinliche Landgerichtsordnung Ferdinands III. aus dem Jahre 1656. Ihr Artikel 37 ordnet die Arten der Folterung und ihre Durchführung an. In Wort und Bild beschreibt die Torturwerkzeuge und ihren vorschriftsmäßigen Gebrauch die Constitutio Criminalis Theresiana von 1768. Sie läßt drei Grade der Folterung zu: Daumenstock, Schnürung und Aufziehen. 1776 hebt Kaiserin Maria Theresia die Tortur auf. Nach Preußen, wo schon seit 1740 nicht mehr gefoltert werden durfte, folgte Österreich als zweiter europäischer Staat dem Verbot.

Untertan Wolf Kierbeck

Rappottenstein · Niederösterreich

Die fünfhöfige Verteidigungsanlage um das uralte Gemäuer der Kuenringerburg stellt sich uns als eine Art Lehrbeispiel des Burgenbaues vom 12. bis zum 16. Jahrhundert dar.

Mächtige Rundtürme des 16. Jh. flankieren das erste Tor, erst nach dem zweiten unterhalb des Uhrturms betritt der Besucher mittelalterlichen Bereich. Die Kuenringische Hauptburg sicherte nach einem dritten und vierten Tor ein fünfter Torbau. Den schmalen Innenhof zu Füßen des Bergfrieds erreicht man nur durch einen engen Zugang durch drei Meter starkes Gemäuer und eine gotische Torhalle unter der Burgkapelle.

Es waren an die dreitausend Bauern, die dem »Prunner«, Schneider aus Emmersdorf, den Eid geleistet hatten. Göth aus Arbesbach und Hans Aupergen aus Zwettl wiesen den hellen Haufen bei Ritterkamp ein. Als die Aufständischen den Pfarrhof leer fanden, plünderten sie ihn. Dann zog man vor die Burg. Der Landau solle ihnen den verleumderischen Pfaffen ausliefern, schrien sie zu den Fenstern hinauf. Es zeigten sich an ihnen jedoch nur ein paar Diener, die dem Haufen lange Nasen machten.

Um die Mittagsstunde des 20. Dezember 1595 stellten sich die Aufrührer vor Rappottenstein in den Ring, mit ihnen Neuankömmlinge aus der Umgebung. Die meisten trugen Spieße und Sensen, die Unterführer auch Büchsen. Neben der entrollten Fahne stand als Trommler der Sohn des Prunner. Sie hätten sich in einer gerechten Sache zusammengefunden, begann sein Vater, der 55jährige »Generalobrist der Pauern«. Das Joch wollten sie abwerfen, die alten Rechte sollten ihnen bestätigt werden. Vorher würden sie keinen Robot mehr leisten, keine Steuern zahlen, kein Besthaupt geben. Wären sie einmal frei, wollten sie alle freiwillig gegen die Türken ziehen, aber nur zusammen mit den Herren. Der Schreiber werde ihnen jetzt die Beschwerdartikel verlesen.

Noch hat der Schulmeister von Thaya die Lesung der 23 Punkte nicht beendet, da tritt Wolf Kierbeck in den Ring und gibt an: Voriges Jahr habe er in Streitbach eingeheiratet. Der Landau fordere 54 Tage Zugrobot, Ziegel- und Holzfuhren von weit her, ohne Entlohnung. Das wären 108 Tage Handrobot. Die Weiber und Kinder müßten täglich stundenweit zu Fuß arbeiten gehen, beschimpft würden sie obendrein. Er, Wolf Kierbeck, zahle Landsteuer und Rüstgeld, den Hausgulden und den Leibwochenpfennig. Die Bier- und Rauchsteuer seien erhöht worden, auch der Getreidezehent. Im letzten Jahr aber hätten alle Untertanen 12 Kronen Extraaufschlag geben müssen, niemand wisse, wozu. Nicht schlachtreifes Vieh sei ihm aus dem Stall getrieben worden, der Fürkauf ruiniere sie ganz und gar. So aber wäre es bei seiner Hochzeit gewesen: Er habe einen Tisch Gäste gehabt, da wären die Diener vom Landau gekommen, hätten sich vollaufen lassen und sich dann über seine Braut hermachen wollen. Der Tavernenwirt — es bestünde hier in allem Tavernenzwang — habe ihm für den einen bestellten Tisch 14 Gulden berechnet. In der Herrschaftskanzlei mußte er als Abfahrts- und Schreibgeld 10 Gulden und etliches erlegen. Von den 25 Gulden Mitgift seien ihm 12 Schilling geblieben.

Nach Wolf Kierbeck sprach wieder der Schneider. Daß sie frei sein wollen wie die Schweizer, beisammenbleiben, Leib, Ehr, Gut und Blut einsetzen würden, müßten jetzt alle bei der Allerheiligsten Dreifaltigkeit beschwören. Dreitausend und mehr knieten in den frühen Schnee und reckten die Schwurfinger hoch. Laut beteten sie das neue Vaterunser. Dann gab jeder den Eidkreuzer.

Mit seinem Haufen zog Prunner tags darauf vor Weitra und belagerte es drei Tage. In Gmünd besiegelte er dem kaiserlichen Herold nach langem Verhandeln, sie würden jetzt alle nach Hause gehen, wie es das Generale verlange. Doch ließ er auf dem Rückmarsch in die Wachau das Schloß des verhaßten Rogendorf in Pöggstall besetzen. Als die Zusagen des Herolds und der kaiserlichen Kommissare, die er von seinem Hauptquartier in Emmersdorf bei Melk zäh mit immer neuen Forderungen schockierte, nicht erfüllt wurden, befahl der Schneider, wenn auch nur »ain geringhe persohn und reverendt nuer ain hosenflickher«, Persenbeug, das Schloß des gefürchteten Hoyos, zu besetzen. Ende Januar bemächtigten sich Bauern im Viertel unter dem Wienerwald des Ludwig von Starhemberg. Der Freiherr hatte im November, als er sich im Schloßhof von Steyr attackiert glaubte, die angeblichen Attentäter, zwei junge Burschen, ohne Verhandlung hinrichten lassen. In St. Peter in der Au setzte man Wilhelm von Seemann gefangen, Karlsbach, Seisenegg und Leutzmannsdorf fielen den Bauern in die Hände.

Erzherzog Matthias, der für seinen kaiserlichen Bruder das Regiment in Niederösterreich führte, und die Landstände zeigten sich der Lage nicht gewachsen, ebensowenig die Kommissare, wegen Rangstellung und Spesenersatz uneins und untereinander verfeindet. Man beschloß kurzerhand Truppen unter dem Generalobersten Morakschy zu entsenden. Bürger wie Bauern fürchteten seine »Schwarzen Reiter«, meist Heiducken, Wallonen, Spanier, mehr als die Türken. Unbeschreibliche Greueltaten sagte man ihnen nach.

Inzwischen war Mitte Februar Ruhe unter die Bauern gekommen. Obwohl ihnen nichts eine Änderung der Zustände garantierte, zeigten sie sich zum Einlenken bereit. Da wurde bekannt, Ehrenreich von Puchheim habe den Allentsteiger Bauernführer in Ketten legen, ins Verlies von Raabs werfen lassen und schnelle Entsendung von Truppen in die Waldmark gefordert. Ein allgemeines Aufgebot der Bauern brachte jetzt in Grafenschlag 30 000 Mann auf die Beine. Der 75jährige Schmied zu Kamp überfiel mit einem Haufen in Straß bei Langenlois die Kaiserlichen und machte 15 von ihnen nieder. Die Reiter rächten sich, mehr als 400 Bauern mußten ihr Leben lassen, Dörfer gingen in Flammen auf.

»Waß wir underweg angetroffen«, berichtete später einer der Soldaten, »denen sein ohrn und nassen abgeschnitten, auch ainesthailß erbärmlich erstochen, erschossen und mit partisan, hackhen und prigln erschlagen worden.« Erzherzog Matthias hatte an Morakschy, Herrn auf Litschau, einen Durchgreifebefehl und Anordnung für eine Strafexpedition erlassen.

Die »schöne Expedition« des Morakschy durch das Waldviertel und das Alpenvorland südlich der Donau dauerte zwei Monate, über 50 Todesurteile wurden gefällt, 46 an Ort und Stelle vollstreckt. So wurde Paul Vogtstatter, Schuster zu Neumarkt, »zum todt condemniert«, weil er »allß ein Mainaidiger und deß heilligen Römischen reichs vornemister Rebell das Fendl getragen ... der Freymann soll seinen leib in vier stueckh lebendtig schlagen und an vier wegstraßen henngken ...«. Dem Stephan Wolfsperger, gewesenen Richter von Scheibbs, schlug man die rechte Hand ab, mit der er dem Kaiser und seinem Grundherrn Treue geleistet hatte, nagelte sie an den Marktpranger und hängte den Delinquenten an einen dürren Baum »an seinen besten hallß, daß der windt über und unter ihm zusammen wahet«.

Nicht vier Monate nach dem Tag von Rappottenstein, am Morgen des

ZU SAGE UND GESCHICHTE   Ein Rapoto von Kuenring, der sich nach seiner Burg Schönberg am unteren Kamp nannte, ließ sich um 1170 am »Steinernen Weg«, an der alten Fernstraße von Böhmen zur Donau, nahe von Zwettl, unweit von Weitra, einen Turm mit Bering und Torbau errichten. Nach dem Sturz seines Geschlechtes wurde »Rapotinstain« zur sagenumwobenen Feste. Noch immer kämpfen in Geisternächten im alten Turm die Kuenringerbrüder um ein von beiden begehrtes Ritterfräulein.
Lehensleute der Kuenringer, die Dachsberger, besaßen im 14. Jh. die Burg. Die ihnen verschwägerten Starhemberger, ihre Erben, ließen die spätgotischen Zubauten und im 16. Jh. die Befestigungswerke gegen Feuerwaffen errichten. Sie waren Protestanten, ebenso wie die Herren von Landau, ihre Nachfolger, vor deren Burg im Dezember 1596 dreitausend aufständische Bauern zogen. Für 60 000 Gulden erwarb 1664 Ernst Reichsgraf von Abensberg und Traun den Besitz.

Der gotische Burgbereich zeigt reichen Freskenschmuck an den Wänden.

Unterhalb des keilförmigen romanischen Torbaues der Hauptburg — mit späterem Anbau zum fünften Hof — liegt das Einlaßtor zum ersten Hof. Über ihm Pecherker und Reste der einstigen Zugbrückeneinrichtung.

SEHENSWERTES Als 1596 die Bauern vor die Burg zogen, hatten die ersten fünf Tore noch Zugbrücken, Graben und z. T. auch Fallgitter. Der Besucher von heute betritt nach Passieren des ersten Vorhofes mit Brauhaus (1548) mittelalterlichen Bereich, die einstige Kuenringerburg erreicht er über die weiteren vier um sie herumgelegten Höfe. Im schmalen Innenhof auf leicht ansteigender Granitplatte steht er dem gewaltigen Bergfried des 12. Jh. mit Einstieg in 10 Meter Höhe und zwei nichtmittelalterlichen Obergeschossen gegenüber. In dieser Urburg mit Ringmauerwerk der Entstehungszeit sind rechter Hand in der Spätgotik »Knappenhalle« und »Küche« eingebaut beziehungsweise aus dem Fels geschlagen worden. Zum ältesten Bestand gehört die Burgkapelle im wuchtigen keilförmigen Torgebäude über der Einfahrt, 1379 geweiht, mit einem Altar des 15. Jh. Aus frühester Zeit stammt auch der »Archivraum«, die Fresken im Vorraum entstanden nach 1500.

Mehr bedrückend als sehenswert in dieser Burg sind die Verliese, weitläufige naßkalte Höhlen, die man im 15. Jh. in den Bergfriedfelsen sprengte. Das Landgericht Rappottenstein, zu dem 50 Ortschaften gehörten, unterzog hier in der Reckkammer und in der »Krummen Kuh« Gefangene der peinlichen Befragung. Oberhalb dieser Marterhöhlen lag der »Richtplatz«, auch »Turnierplatz« genannt (mit dem barocken Uhrturm). Über dem tiefen Brunnenschacht ließ man »Knebelreiten«, das hieß, Verurteilte so lange an einem schwankenden Knüppel baumeln lassen, bis sie in die Tiefe stürzten.

LAGE UND BESICHTIGUNG Südwestl. Zwettl. Eisenbahnstation Zwettl. Mai bis Aug. tägl., außer Montag. Ostern bis April und Sept., Okt. nur Sonn- und Feiertag.

10. April 1597, starb Wolf Kierbeck. Im peinlichen Verhör, als er eine Sprosse länger gezogen worden war, hatte er gestanden, im Ring vor Rappottenstein gesprochen zu haben. Am Baum neben und unter ihm, zu Kilb bei Obergrafendorf, hingen sieben Aufständische, unter ihnen auch Michel Kibhofer. Brüllend hatte er auf der Folterbank bekannt, er sei Obristwachtmeister bei den Bauern gewesen, weil die jungen Herren von Landau sein Haus geplündert hätten, als sie den Schmied zu Kamp bei ihm nicht fanden. In Emmersdorf bei Melk starb mit fünf andern auch Hans, der Prunnersohn. Im gütlichen und peinlichen Verhör hatte er zugegeben, er wäre Trommelschläger bei den Bauern gewesen. An einem Maimorgen exekutierte man Hans Aupergen auf der Jungfernwiese bei Zwettl.

Mit mehr als hundert Aufständischen, an Händen und Füßen gefesselt, nur zum peinlichen Verhör für die Folter losgebunden, lag im Gefängnis auf der »Lemengruben« zu Wien der Prunner. Das Urteil lautete: Vierteilen bei lebendigem Leibe und Köpfung. Der Spruch wurde gemildert, als der Schneider sich katholisch bekannte: er durfte zuerst geköpft und dann geviertelt werden. Sein Haus aber wurde niedergerissen und auf den Trümmern ein Galgen errichtet. Weib und Kind waren enteignet und leibeigen.

Herren, Raub- und Fehderitter

Ottenstein · Niederösterreich

Obwohl die Ottensteiner das Stift schädigten, wo sie konnten, verzeichnen die Annalen von Zwettl im 13. Jh. die Herren von Ottenstein als Wohltäter. Meist um Weihnachten nämlich plagte die Herren Reue, und in Sorge um das jenseitige Wohl beschenkten sie zum Fest des Friedens die Mönche mit Wein, Brot und Fischen. Für Wandlungskerzen, für ewige Messen überschrieben die Ottensteiner dem Stift einmal auch fünf Lehen mit Dorfgericht. Albero, der letzte Ottensteiner, war nach 1400 Mitglied des »Geräuns«, eines Schnellgerichtes gegen das überhandnehmende Unwesen der »landschädlichen Leute.« Dem Kollegium, das von Ort zu Ort zog, »raunten« die vornehmsten Einwohner zu, wer die Räuber und wo die Diebe seien. Die man fing, wurden vom »Greinmeister« allerdings oft ohne viel Verhandeln an den nächsten Baum geknüpft.

Dreißig Jahre später saß einer der gefürchtetsten Wegelagerer seiner Zeit, Tobias Rohr, als Burgherr auf Ottenstein, bis ihn ein Exekutionsheer bezwang. Albrecht, sein Sohn, setzte das väterliche Handwerk als »Fehderitter« fort. Er kündigte dem Kaiser den Gehorsam und plünderte dessen Besitzungen. Fußfällig vor Friedrich III. wurde er erst, als er sich nach dem Tode des Ungarnkönigs Corvinus seines Rückhalts beraubt sah.

Die Burg der Herren von Ottenstein, heute Restaurant, Hochzeitsburg und beliebtes Ausflugsziel am gleichnamigen Stausee, bietet noch immer einen durchaus mittelalterlich-wehrhaften Eindruck.

ZUR GESCHICHTE Nach Otto, dem Erbauer, urkunden 1178 ein Hugo, im 13. Jh. u. a. ein »Konrad der Esel«. Nach den berüchtigten Rohren und einem Lassla von Loskowitz zeichnen im 16. Jh. die Stodolik als Besitzer, seit 1536 die Herren von Lamberg, ein kunstverständiges, nach 1667 reichsgräfliches Geschlecht. Ihre Burg plündern im Dreißigjährigen Krieg einträchtig zu gleichen Teilen Katholiken und Protestanten. Die wertvollen Sammlungen und das kostbare Archiv gerieten zum Großteil jedoch erst nach dem Zweiten Weltkrieg »in Verlust«.

SEHENSWERTES Das »Stöckl« und eine Toranlage des 16. Jh. führen in den geräumigen Vorhof. Ihn umstellen restaurierte und modernisierte Bauten der Stodolik und Lamberg. Im Innenhof ragt ein zum Stiegenhaus umfunktionierter romanischer Bergfried empor, ebenso ist der romanische Kapellenraum erhalten. Die Barockkapelle erreicht man auch durch das Oratorium, das sogenannte »Päpstezimmer«, dessen Wände mit 241 Papstbildnissen aus dem 17. Jh. geschmückt sind. Die ehemaligen Repräsentationsräume wurden für den Restaurationsbetrieb und für Museumszwecke adaptiert.

LAGE Östl. Zwettl. BESICHTIGUNG eines Teiles der Burg möglich.

Inmitten der aufwendig adaptierten Burg ragt noch der Bergfried des 12. Jh. empor.

Burg in der Zeit

Rastenberg · Niederösterreich

Eine langgestreckte mittelalterliche Höhenburg mit Renaissancezubauten, im 18. und 19. Jh. ohne gewaltsame bauliche Veränderungen zum vorbildlich erhaltenen Wohnschloß ausgestaltet.

GESCHICHTLICHES UND SEHENSWERTES
Rastenberg ist eine der wenigen mittelalterlichen Höhenburgen, die eine (vermutlich echte) Inschrift mit dem Datum ihrer Begründung aufweist: 1188. Damals baute sich der Turse (↗ Lichtenfels) Hugo einen fünfeckigen Wehrturm mit wahrscheinlich klei-

Eines der romanischen Doppelfenster im ersten Stock.

Die kleine romanische Turmfeste auf dem Granitfelsen oberhalb des Kamp berannten im 15. Jh. die böhmischen Kriegsvölker. Die Neidegger, ihre damaligen Besitzer, sahen sich gezwungen, die stark beschädigte Anlage nach neueren Gesichtspunkten zu befestigen, vor allem den fünfeckigen Turm auszubauen und die Angriffsseite durch einen vertieften Halsgraben und Zugbrücken abzusichern. Doch erwies sich bald auch hier, daß romanisch-gotische Burgen solchen Zuschnitts den frühen Feuerwaffen unterlegen waren. Wilhalm von Neideckh zu Rastenberkh, Erbauer der Rastenfelder Kirche — er ließ sich in ihr auch an der Seite seiner vier Frauen bestatten —, entschloß sich deshalb, der mittelalterlichen Burg über dem Steilabfall einen dreigeschossigen Trakt mit Hof im Stil der Renaissance voranzusetzen.

Bis 1553 sicherten seine Söhne die Anlage mit beachtlichem Vorwerk, und zur Türkenzeit stand für den Fall der Fälle auch einiges schwere Geschütz bereit.

Dem ersten Ansturm des Dreißigjährigen Krieges mußte sich die moderne Renaissanceburg unter ihrem neuen Besitzer, dem Kriegszahlmeister Michael Zeller, stellen. Schon Andreas von Neideck hatte sich als Lutheraner bekannt, in die Burg des Michael Zeller flüchteten sich 1619 Frauen und Kinder der noch vor der Schlacht auf dem Weißen Berge geächteten evangelischen Landedelleute Niederösterreichs. Der kaiserliche Feldherr Bouquoy, dem auch die Expedition gegen den »Horner Bund« (↗ Rosenburg) übertragen worden war, glaubte die Angelegenheit Rastenberg mit 40 Musketieren »in Ordnung« bringen zu können. Doch überlebten von ihnen nur zehn den Versuch, Rastenberg zu erstürmen. Die Schmach zu rächen, erschienen bald darauf 4000 Kaiserliche vor der Burg.

Es ist nicht überliefert, wie diese Reiter Rache genommen, die Burg erobert und geplündert haben. Die Berichte vermerken nur, daß man die »Schloßleute« gefangen nach Krems lieferte. Wie die Soldateska katholischer und evangelischer Konfession damals um Rastenberg hauste, erfahren wir aus einem Bericht des Pflegers vom benachbarten Ottenstein, Martin Vischer, vom 19. Juni 1620 an seinen Herrn: »Rastenfeld ist halb abgebrannt, die Kirche ist halb und der Pfarrhof gar abgebrunnen ... das ganze Revier rundum ist durch die Niederländer als Wallensteinsche Reiter, item Sächs- und Nassauische Knecht ausgeplündert, das Vieh alles bei nächtlicher Weil abweg getrieben worden ... Diese Soldaten, wo sie einen deprehendieren, so raideln sie ihn, brennen, henkens, damit sie ihre Armuthey, was sie etwa vergraben haben, herfürzeigen. In Summa, es gilt alles gleich — katholisch und lutherisch — wird keines, er sei wer er will, verschont, wie mich dann die Niederländer selbst angegriffen und ausgeplündert, thut auch solches der Erbfeind nicht, was unsere Soldaten getan.«
25 Jahre später, in der Nacht vom 25. auf den 26. März, devastierten 70

Links: Deutlich unterscheiden sich vom romanischen Mitteltrakt mit Bergfried die Zubauten des 16.—18. Jh. Rechts: Altes Gemäuer im Innenhof.

schwedische Reiter — sie zogen gegen Ottenstein, Rappottenstein und Zwettl — Rastenberg vom Keller bis zu den Dachböden, gerade daß sich die Besitzer noch rechtzeitig mit Barmittel und Silberzeug in Sicherheit bringen konnten.

Als 1679 im Waldviertel die Pest ausbrach, entfloh der spätere kaiserliche Gesandte und Ritter des Goldenen Vlieses Leopold Josef Graf von Lamberg, an dessen Familie der Besitz im Frühjahr 1653 gekommen war, von seiner Burg Ottenstein auf das einsame Rastenberg. In bewegten Briefen schilderte er von hier seiner Mutter das große Sterben ringsum, wie seine Untertanen in die Wälder geflüchtet waren und in Nothütten hausten. Graf Leopold war bemüht, auf seiner Herrschaft, zu der auch Lichtenfels und Grünbach gehörten, die Kriegsspuren zu tilgen.

Allzu große Schulden zwangen seinen Sohn, Franz Anton, die Rastenberger Herrschaft mit Ausnahme des neuerrichteten Patronats über Grünbach abzustoßen, und erst unter Johann Christoph Freiherr von Bartenstein kam es nach 1754 zur barocken Erneuerung der alten Renaissancefeste. 50 Jahre später sahen sich Christophs Nachfahren gezwungen, das Dach der Burg an das Kloster Zwettl zu verkaufen, und 1804 verließ der letzte Bewohner den schon ruinösen Bau. Erst als 1817 ein Bartenstein den inzwischen von seiner Familie abgestoßenen Besitz zurückerwarb, die verfallenen Wirtschaftsgebäude in der Vorburg abtragen, Torbau und Hauptburg erneuern ließ, hatte die Burg ihre letzte tödliche Krise überstanden. Die Grafen Thurn-Valsassina, die 1872 in den Besitz der Herrschaft Rastenberg gelangten, haben das bau- wie kunstgeschichtlich unikale, im Kern bald 800jährige Bauwerk, um seine Instandhaltung besorgt, in einen vorbildlichen Zustand gebracht.

nem Palas. Die von Rastenberg starben um 1300 aus. Unter dem Verputz im Hof aufscheinendes Gemäuer erinnert zusammen mit einem schönen Türsturz an diese frühe Burg. Aus dem 15. Jh., aus der Zeit derer von Rappach — nach den Kirchbergern war der Besitz in der zweiten Hälfte des 14. Jh. landesfürstlich geworden —, besitzt Rastenberg in seiner einst romanischen Kapelle Reste eines gotischen Flügelaltars, des sogenannten »Altars des Londoner Gnadenstuhles« mit der »Muttergottes von Rastenfeld«. Romanische Doppelfenster mit mittelstehenden Säulchen und zierlichen Würfelkapitälen schmücken die Renaissanceloggien.

LAGE UND BESICHTIGUNG Südl. Burg Ottenstein am Ottensteiner Kamptalstausee. Nur mit Sonderbewilligung von Ing. (Graf) Thurn-Valsassina.

Der Mord in der »Umkehr«

Raabs an der Thaya · Niederösterreich

Die altehrwürdige einstige Reichsfeste Raabs am Zusammenfluß der österreichischen und mährischen Thaya war Sitz jener Grafen zu »Ragtz«, die über eine ihrer Töchter zu Mitbegründern des preußischen Königshauses wurden. Unter den Puchheimern waren Burg und Herrschaft Raabs ein Zentrum der niederösterreichischen Protestanten.

ZUR GESCHICHTE Die Böhmen nannten die Grafschaft Raabs im Mittelalter »Rakousko«, ein Name, mit dem sie später das Land hinter Raabs und bald ganz Österreich bezeichneten.

Die Herren von Raabs entstammten österreichischem Hochadel und besaßen als Burggrafen von Nürnberg das Land als reichsunmittelbare Grafschaft. Der in einer böhmischen Chronik um 1100 aufscheinende Gottfried von Rakouz ist urkundlich der erste des Geschlechts. Eine der Erbtöchter des letzten Grafen von Raabs heiratete gegen Ende des 12. Jh. Friedrich von Zollern. Ihre Nachkommen waren brandenburgische Markgrafen und preußische Könige.

Als der Böhmenkönig Ottokar, von österreichischen Adeligen gerufen, im Frühjahr 1251 gegen Wien zog, kamen ihm an der Grenze die Grafen von Plain-Hardegg entgegen, huldigten ihm und gaben ihm das Geleite. Sie erhielten Raabs zu Lehen. Neun Jahre später, nach ihrem tragischen Tod bei Staatz, wurde die Grafschaft für

Nebenstehend und rechts: Die Hochburg erreicht man durch das einst von Wappenlöwen flankierte Schloßportal (rechte Seite). Den Söller hoch oberhalb der Thaya betritt man aus den freskogeschmückten einstigen Prunkräumen der Burg.

Am 4. Mai 1591 fährt Johann Hiezscholt, Magister aus Raabs an der Thaya, mit einer Ladung Wein vom untern Land gegen den Markt zu. Auf der Höhe von Aigen überholen zwei Bedienstete der Kollmitzer Herrschaft seinen Wagen. Streitlustig witzeln die jungen Leute über den Knebelbart des Hiezscholt. Der bleibt ihnen kein Wort schuldig. Vor ihm herfahrend beschimpfen die beiden Niklas von Puchheim, seinen Herrn, und galoppieren davon. Bei Oberndorf kommen dem Magister die Söhne des Burgherrn, Andras und Hartmann, entgegen. Hiezscholt drängt es, ihnen zu berichten. Flugs wenden die jungen Herren, setzen sich den Kollmitzern auf die Spur und stellen sie außerhalb des Marktes. Ohne sich weitere Frechheiten der beiden anzuhören, überwältigen sie mit Hilfe ihres Dieners

kurze Zeit Stützpunkt der böhmischen Rosenberge.

Unter Rudolf I. und Albrecht I. von Habsburg ergab es sich, daß nach dem frühen Tod Friedrichs von Zollern Raabs und das inzwischen abgetrennte Litschau-Heidenreichstein an Österreich fiel, z. T. noch als reichsunmittelbares Land. Rudolf IV., der »Stifter«, nannte sich unter anderem auch einen Grafen »zu Ragtz«. Die spätere habsburgische Pfandschaft kam an die Maissauer, 1358 an die Puchheimer.

Dieses alte, schon im 12. Jh. mehrfach genannte Geschlecht besaß seit je großen Einfluß am Wiener Hof. Ein Nachkomme jenes alten »Puchheimers«, der Hermann von Landenberg vor Bernstein vergeblich vor einer Niederlage gegen die Ungarn gewarnt hatte, Albero von Puchheim, schloß 1358 mit Albrecht III. von Habsburg einen Vertrag, nach dem er seine Stammburg Puchheim — sie lag beim heutigen Attnang-Puchheim — gegen die Grafschaft Raabs eintauschte.

Georg, der Sohn und Erbe dieses Albrecht, Herr zu »Ragcz«, Heidenreichstein und Lichtenwerd, Obersttruchseß bei Hofe, avancierte nach einem Sieg über die böhmischen Brüder Sokol zum »Kriegsrat« der Habsburger. 1451 betraute ihn Kaiser Friedrich III. während seiner Romreise mit der Regentschaft in Nieder- und Oberösterreich. Drei Jahre später begann dieser Puchheimer jedoch eine aufsehenerregende Fehde gegen seinen Herrn und Kaiser. Er rechnete Friedrich im einzelnen vor, was er ihm nach verschiedenen Dienstleistungen schulde, und kam dabei auf die ungeheuerliche Summe von 28 000 Pfund, das war mehr als das doppelte Jahreseinkommen der Stadt Wien. Als ihm auf verschiedene Schreiben, Vorstellungen und Interventionen nicht hinreichend Genüge getan wurde, sagte er dem Kaiser am 17. April 1453 den Gehorsam auf und machte sich durch Plünderungen, Brandschatzung und Raub auf den habsburgischen Gütern aus eigenem bezahlt. Das war nach Auffassung der Zeit gutes Recht des Fehderitters. Damals hatte sich auch Georgs Vetter Wilhelm von Puchheim von Friedrich losgesagt. Er ließ 1466 vor ↗ Rau-

die Burschen, werfen sie auf ihren Wagen und stecken sie in den Hungerturm der väterlichen Burg.

Adam Freiherr von Hofkirchen auf Kollmitz, mit seinem Nachbarn Niklas Freiherr von Puchheim zu Raabs und Krumbach, Erbtruchseß in Österreich, seit je wegen umstrittener Grundnutzung und Jagdgerechtsame in Streit, von Natur aus jähzornig und rachsüchtig, beschließt die gewaltsame Befreiung der Diener, als seine Forderung nach Freilassung unbeantwortet bleibt. Er zieht Schwager Ferdinand von Schönkirchen zu Rate. Sofort ist ein Plan gefaßt, und man beschließt, schnell zu handeln. Auf Schloß Therasburg werden nicht gerade vertrauenerweckende handfeste Burschen, die Schönkirchen in Wien angeworben hatte, eingewiesen. Am Vormittag des 15. Mai geht von hier ein »Lakai« mit Brief und Order an Niklas Puchheim ab: Der Abgesandte des Herrn Obriststallmeisters Ottavio Gavriani erlaube sich, seinen allergnädigsten Herrn, den Obristhofmeister Ihrer Majestät, der Königin Elisabeth von Frankreich, den Grafen Alphonso von Montecuccoli, anzukündigen. Er sei auf einer Reise in allerhöchstem Auftrag unterwegs, lange des Abends in Raabs ein und bitte um Gastfreundschaft. Am Nachmittag dieses Tages verlassen drei Landkutschen, von sechs Dienern zu Pferde gefolgt, Schloß Therasburg.

Erfreut über die Ankunft so hoher Gäste, gibt Niklas von Puchheim Anordnungen zum geziemenden Empfang. Gegen 10 Uhr abends endlich meldet ihm der Wärter, drei von Reitern begleitete Wagen näherten sich vom Markt her der Burg. Von Dienern mit Windlichtern umringt, eilt Niklas den vermeintlichen Gästen im Vorhof, in der sogenannten Umkehr, entgegen. Da tritt ihm aus der Finsternis der Hofkirchen entgegen. »Gibst du mir meine Leute heraus oder nicht!« herrscht er den zurückweichenden Puchheimer an. Als der sich von Bewaffneten umstellt sieht, versucht er Zeit zu gewinnen. »Das läßt sich doch — am besten im Schloß besprechen!« »Nein! Gib sie sofort heraus, oder ich werfe dich auf meinen Wagen«, schreit der Hofkircher. Mit den Worten: »Da bin ich!« springt Niklas Puchheim jetzt den Eindringling an und versucht ihn aus dem Kreis zu drängen. Drei Schüsse krachen. Während die Diener sich um den sterbenden Burgherrn bemühen, entkommen Hofkirchen, Schönkirchen und Genossen. Noch in derselben Nacht wird Anton Stromair, Pfarrer der Gemeinde, aus dem Bett geholt und in der Burg unter strenge Bewachung gestellt. Seit Jahr und Tag hatte der protestantische Burgherr dem katholischen Pfarrherrn das Leben zur Hölle gemacht, ihn gedemütigt und bedroht, auch der Blutschande mit Schwester und Schwägerin bezichtigt. Mit 22 Beschwerdeartikeln, die er bei Hofe vorbrachte, hatte sich Stromair gegen den Puchheimer zur Wehr gesetzt. Doch war es nach einer erzherzoglichen Kommission dann nur noch schlimmer für den Pfarrer geworden. Immer häufiger schlugen jetzt Kugeln von der Schießstatt des Puchheim in Fenster und Dach des Pfarrhofes ein. Als der Priester am Fronleichnamstag 1589 mit einem Häuflein von Gläubigen, das sich um diese Zeit in Raabs noch katholisch zu bekennen wagte, wie alljährlich die Kirche verließ, um den Leib des Herrn in einer Prozession durch den Markt zu tragen, verstellte der Puchheimer mit einigen Rittern dem Zug den Weg. Gleichzeitig drang eine dritthalbhundertköpfige Menge Raabser Protestanten, mit Spießen, Gewehren und Stöcken bewaffnet, auf den Hirten mit seiner Herde ein und trieb sie unter Johlen und Geschrei in das Gotteshaus zurück. »... ich will noch lieber in ein Kloster gehen, als dermaßen getrungen sein, khainer glaubts alls der es erfahrt ... soll ich wegen der Religion sterben, so hoff ich ein merere

Verzeichung meiner sündt . . .«, hatte der Verzweifelte in sein Chronikal geschrieben. Nun stand er unter Mordanklage.

In Wien kam es zum Prozeß. Hofkirchen und Schönkirchen waren über Böhmen nach Polen geflohen. In contumaciam verurteilte man sie zum Tode. Von ihren Spießgesellen bezeugte einer, Pfarrer Stromair nie gesehen und nie von ihm gehört zu haben.

Nach zweijähriger Untersuchung, die seine völlige Unschuld erwies, sprach man den Geistlichen frei. Sechs Jahre nach der Untat jedoch ließ die Familie des Ermordeten in der »Umkehr« trotzdem die noch erhaltene Tafel anbringen, auf der es heißt, die Tat hätten vollbracht Ferdinand von Schönkirchen und Adam Hofkirchen »samt ihren Adhaerenten Banditen und andern herrnlos gesind, sonderlich Anthonius Stromair, derselben Zeit Pfarrer allhie, Verraetter und Khundschaffter gewesen . . . Dies hat aus schuldig khindlichen gehorsam und lieb Wohlgedachten einem geliebten Herrn Vater seeligen zu ewiger gedachtnuss der wohlgeborne herr h. Georg Ehrenreich v. Puchhaimb Freyh. zu Raabs und Krumb, Erbdrugsas in Österreich sein Elter Sohn aufrichten und machen lassen den Ersten tag July 1597«.

Im Vorhof, in der »Umkehr«, erinnert eine Inschrift aus dem Jahre 1597 an die Ermordung des Niklas Puchheim. Durch die Arkaden erreicht man über eine Steinbrücke, am »Hungerturm« vobei, den Torbau der Hauptburg.

henstein Elenora, die Gemahlin Friedrichs III., überfallen.

Die Puchheimer waren streitbare, gefürchtete Protestanten. Im Bauernaufstand 1595/96 spielte Georg Ehrenreich von Puchheim eine verhängnisvolle Rolle (↗ Rapottenstein).

Burg und Stadt Raabs eroberten zu Anfang des Dreißigjährigen Krieges die Bayern, 25 Jahre später hatten Kaiserliche die Herrschaft besetzt. Im 18. und 19. Jh. in der Hand verschiedener Adelsfamilien, kam die Burg 1942 in bürgerlichen Besitz.

SEHENSWERTES Der älteste Trakt hoch über dem Thayafelsen besteht im Kern aus romanisch-gotischem Gemäuer. Seine heutige Gestalt gaben ihm vornehmlich die Puchheimer des 16. Jh. Der riesige Rittersaal zeigt (z. T. freigelegte) großflächige Fresken, bunte Wandmalereien aus dieser Zeit. Vom Söller über der Kapelle bietet sich die Aussicht auf Markt und Umgebung. Die leicht zugängliche Westseite des Burgbereichs befestigten die Puchheimer durch einen riesigen Rundturm mit sechs Meter Mauerstärke südöstlich und zwei kleineren Rundtürmen (der eine heute verschwunden) westlich des fünfseitigen Bergfrieds, dessen Spitze sich gegen den Angreifer kehrt. Starke Torbauten, ein ausgedehntes Vorwerk und Zwinger sicherten die langgestreckte Anlage zusätzlich.

Renaissance, Barock und auch Rokoko haben den ursprünglichen Zweckbau, die mittelalterliche und die spätmittelalterliche Burg und Wehranlage zu einem malerisch ineinander verschachtelten Stilganzen verwandelt. Ein altes Tor öffnet den Weg in den innersten Hof, den das mittelalterliche Gemäuer, aber auch ein jüngerer Laubengang bilden. Hier findet sich linker Hand der Zugang zum 70 Meter tiefen Brunnen, mit einem sagenhaften unterirdischen Gangsystem verbunden, jedoch mit guterhaltenem riesigem hölzernem Radzugwerk noch versehen.

LAGE UND BESICHTIGUNG Nordöstl. Waidhofen a. d. Thaya. Täglich, Sonntag ab 14 Uhr, bei genügender Teilnehmerzahl.

Ulrich von Eitzing, ein Burgherr neuen Stils

Kaja · Niederösterreich

Das wuchtige Gemäuer auf dem Felsen inmitten der schönsten Thayalandschaft erinnert an die mächtigen Chiower, an den mährischen Raubritter Heinz von Lippa, vor allem aber auch an die buntscheckige Karriere des Ulrich von Eitzing im 15. Jh.

ZUR GESCHICHTE »... do kom der starke man von kyowe unde rande mich an: sin sper er durch den schilt min stach, daz man vil verre hort den krach ...«, berichtet Ulrich von Liechtenstein von seinem Tjost mit dem von Kaja zu Korneuburg im Jahre 1227. Wie angesehen die von Kaja waren, bestätigt auch eine Urkunde vom 5. März 1196, nach der Herzog Friedrich I. auf ihrer Burg vor 30 Adeligen und 24 Rittern dem bayrischen Kloster Osterhofen Mautfreiheit gewährte. Die Herren von Chiowe finden wir beim Aufstand gegen den letzten Babenberger, einer von ihnen weilt auch am Sterbebett der vom Böhmenkönig verstoßenen Margarete von Österreich auf Burg ↗ Krumau am Kamp. Niklas von Kaja verkaufte seine damals von Teichen umgebene Feste an Herzog Rudolf IV. im Jahre 1360. Ende des 14. Jh. von den Führern des tschechischen Adels, Johann und Heinrich von Lippa, erobert, kommt sie in den Ruf einer Raubritterburg. Den von den Habsburgern verpfändeten Besitz bedrohen und verwüsten Hussiten, bevor Ulrich von Eitzing sie mit kräftiger Unterstützung des Wiener Hofes neu befestigt. Über eine der Eitzingtöchter erhielten die von Trautson den Besitz. Als auch das Landgericht Kaja nach Schloß Nieder-Fladnitz verlegt wurde, verfiel die Burg, der Dreißigjährige

Der romanische Bergfried sicherte den Hauptzugang zur Kajaburg.

Der kleine Adelsmann aus dem bayerischen (heute österreichischen) Ried hatte vom ersten Tag an Glück in Wien. Seine Frau Barbara, eine Verwandte des herzoglichen Hubmeisters, hatte ihm den Weg zum Hof und in die Privatgemächer des Herzogs geöffnet. Nach sechs Jahren Wien hatte der bayerische Ulrich dem Habsburger — wie es später hieß, beim Spiel — Herrschaft und Burg Kaja abgewonnen. Als ihm einmal träumte, er stünde mit dem einen Fuß auf Burg Kaja, mit dem anderen auf der benachbarten Burg Neuhäusl, wußte Eitzinger seinen leicht abergläubischen Herzog Albrecht schnell davon zu überzeugen, daß auch dieser Besitz in seinen und seiner Brüder Händen am besten aufgehoben wäre.

Als Herzog Albrecht V. im Jahre 1438 als Albrecht II. deutscher Kaiser wurde, hieß sein neuer Finanzminister Ulrich — jetzt Freiherr — von Eitzing. Seine und der Brüder Ländereien reichten bereits bis an die böhmische Grenze, und in ↗ Schrattenthal bei Pulkau entstand jetzt ein Schloß, das gemäße Statussymbol des Burgherrn von Kaja und Ministers bei Hof. Da starb Kaiser Albrecht nach kurzer Regierungszeit.

Der Eitzinger, jetzt auf seiten des ziel- und planlosen Albrecht VI., sprang der Kaiserinwitwe mit beträchtlichen Summen bei und hortete dafür empfangene Kleinodien auf Burg Kreuzenstein. Als Sprecher ihres nachgeborenen Sohnes Ladislaus — Ladislaus Posthumus — eröffnete er mit seinen Anhängern eine zehnjährige Fehde gegen dessen rechtmäßigen Vormund Kaiser Friedrich III., während der weite Teile des Marchfeldes und des Weinviertels verwüstet wurden. 1450 lenkte Ulrich scheinbar ein und ließ sich am 8. August 1451 von Friedrich neu mit Kaja, aller Herr-

Noch während des Zweiten Weltkrieges war in dem mächtigen Gemäuer eine Kapelle und ein kleines Museum eingerichtet. Seit 1969 bemüht sich ein Verein um die Erhaltung der sagenumwobenen Ruine.

lichkeit samt Gericht, belehnen. Der versöhnte Kaiser tat das urkundlich seinem »lieben getreuen Ulrich Eytzinger von Eiczingen« für »getreun und vleissigen dinst ... so sy unns unverdrossenlich getan haben«. Am 24. Oktober desselben Jahres, während Kaiser Friedrich in Rom weilte, zettelte Ulrich in Mailberg eine Adelsverschwörung gegen ihn an. In Volksversammlungen hetzte er die Wiener auf, ließ die Hofburg besetzen und erzwang schließlich nach einer Belagerung von ↗ Wiener Neustadt die Herausgabe des Ladislaus Posthumus.

Nach diesem Triumph übergab man Ladislaus jedoch dessen Oheim Ulrich von Cilli, und ans Ruder in Wien kamen Gegner des Eitzinger. Um ihn zu versöhnen, verlieh Ladislaus seinem Befreier lebenslängliche Renten und neue Besitzungen, doch gelang es dem ehrgeizigen Emporkömmling, den Habsburgererben nochmals umzustimmen. Er ließ die Wiener Burg besetzen und zwang Ladislaus vor versammeltem Rat, Ulrich von Cilli zu entlassen. Als der unerfahrene junge Mensch das ein halbes Jahr später bereute, mußte Eitzinger wieder aus Wien, jedoch nur, um nach der Ermordung des Cilliers in Belgrad erneut in der Residenzstadt zu erscheinen und Bürgermeister samt Rat zu entheben. Nun ließ Albrecht VI., seines größenwahnsinnigen Parteigängers müde, ihn verhaften und unter Anklage stellen. Bald darauf starb Ulrich auf Schloß Schrattenthal.

Krieg tat ein übriges. Grafen und Fürsten von Auersperg versuchten das Gemäuer zu restaurieren.

SEHENSWERTES In die wohlbewehrte Burg des Ulrich von Eitzing gelangte man über zwei Zugbrücken, die ein inzwischen verschwundener Torturm auf dem Mittelfelsen trennte. Sowohl das mit Fallgitter gesicherte Tor zur Vorburg als auch den Zugang zur höher gelegenen Hauptburg deckte je ein Bergfried. Im östlichen Mauerwerk sollen sich die alte Kapelle und Küche befunden haben. Den ursprünglich schmalen Palas versuchte man durch einen späteren Anbau gegen den Hof zu verbreitern. Es ist kaum anzunehmen, daß der über den Stallungen liegende 12 x 5 Meter große Raum mit den Rundbogenfenstern den früheren Burgherren als »Rittersaal« diente.

LAGE UND BESICHTIGUNG Südöstlich Hardegg an der Thaya. Zutritt in Retz zu erfragen.

Tod an der Grenze

Hardegg · Niederösterreich

Die einstige Grenzfeste am Flußübergang nach Böhmen gilt heute als die schönstgelegene der Thayaburgen. Nach 1890 wieder neu aufgebaut und romantisch restauriert, bezeugt die Anlage große Vergangenheit.

ZUR GESCHICHTE Von der Burg des frühen 12. Jh. wissen wir wenig. 1187 werden auf ihr die Grafen von Plain-Hardegg urkundlich. Nach dem tragischen Tod der beiden Letzten ihres Geschlechtes, 1260, heiratete Witwe Wilbirgis einen der Herren von Rabenswalde-Schwarzburg, die später Retz gründeten. Einer ihrer Verwandten, seit 1314 im Besitz des Reichslehens Hardegg, war Burggraf von Magdeburg-Maidburg. Dessen Nachfahre Johann II. von Hardegg-Maidburg schloß mit den Habsburgern einen Erbvertrag, der in Kraft trat, als Michael, der Sohn Johanns III., des Verteidigers von Retz, kinderlos starb. Burg und Herrschaft kamen an die Günstlinge der Habsburger, die Brüder Prüschenk. Sie nannten sich Grafen von Hardegg und Machland.

Heinrich Prüschenk ließ die Burg nach einem Brand 1506 wiederaufbauen, »weil sie an der Grenze liegt, zum Schutz für Land und Leute«. Seiner Pflicht als Verteidiger der Grenze nicht gemäß handelte nach der Meinung eines Kriegsgerichtes Graf Ferdinand Prüschenk von Hardegg im Jahre 1594. Als Verteidiger des ungarischen Raab übergab er den Türken die Festung kampflos. Ein Kriegsgericht verurteilte ihn zum Galgen, doch begnadigte man ihn zum Tode auf dem Schafott.

Burg Hardegg ist im 17. Jh. kaum mehr bewohnt worden. Die Grafen Saint-Julien, die nach 1648 die Herrschaft Hardegg zu eigen hatten, und

In seinem Lager bei Laa an der Thaya wies König Ottokar die beiden kampflustigen Grafen ein. Sie sollten mit ihren tausend Mann bei Staatz lagern. Der Ungar hätte mit starker Heeresmacht bei Drösing die March überschritten. Vorsicht sei geboten! Drei Tage später, an einem Frühlingstag 1260, standen der Böhmenkönig und sein Gefolge vor den grausam verstümmelten Leichen der Grafen von Plain-Hardegg, Otto und Konrad, den Letzten ihres Geschlechtes. Trotz der Warnung des Königs hatten sich die Brüder im schluchtenreichen Ameistal in eine Falle locken lassen und waren mit über hundert Mann von Kumanen niedergemacht worden.

150 Jahre später: Klosterbruck bei Znaim war erstürmt, wertvolles Gut zerstört und geraubt worden. Das Hussitenheer zog gegen Retz. Tausende hatten sich in die Stadt geflüchtet. Herzogliche Söldner, Ritter, Bürger, Bauern und Handwerker, Verteidiger und Flüchtlinge sahen mit einiger Zuversicht, daß der alte Graf von Hardegg mit seiner Familie in die Retzer Burg gezogen war und die Verteidigung der Stadt übernommen hatte.

Am Morgen des 15. November 1425 nähern sich die ersten Böhmen dem

Znaimer Tor. Die Belagerten sehen, wie Mauerbrecher und Wurfmaschinen aufgefahren werden und sich das 100 000 Mann starke Heer in seinen Wagenburgen ringsum verschanzt, bald hören sie auch den dumpfen Knall der neuen Pulvergeschütze.

Mit Gesang und tausendstimmigem Schrei, aber auch mit Knüppeln feuern die Taboriten einander an, mit siedendem Pech, Büchsen, Bogen und kleinen Wurfschleudern, Spießen und Schwertern wehren sich die Eingeschlossenen. Der Pfeil eines Verteidigers trifft Boguslav von Schwanberg tödlich, die Angriffswut der Fanatisierten steigert sich zur Raserei. Im Nahkampf müssen sie aus den ersten Häusern über die Mauern zurückgeworfen werden. Gleich zu Beginn der Belagerung hatten Korybut und Hinko von Kosteinsky einen unterirdischen Gang gegen die Stadt vortreiben lassen. Am Vorabend des St.-Katharinen-Tages, am 24. November, dringen durch ihn Trupps in die Stadt, während die Masse der Hussiten zum Hauptangriff auf die Mauern ansetzt. Eine ganze Nacht hindurch und einen Vormittag morden, rauben und plündern entmenschte Kämpfer für einen Gottesstaat der Zukunft zwischen brennenden Häusern.

Die Klosterneuburger Chronik berichtet, daß nur drei von etwa 6000 Verteidigern in der Stadt überlebten. An die tausend trieb man als Gefangene weg, unter ihnen auch in Ketten Johann III. von Hardegg-Maidburg mit Frau und Sohn. Als ein für seinen böhmischen Bewacher verehrungswürdiger Greis starb Graf Johann zwei Jahre später im Verlies von Waldstein, der Burg des Kosteinsky. Die Sage berichtet, des Grafen jüngster Sohn Michael sei von einem als hussitischen Krieger verkleideten Diener in einem Faß aus der brennenden Stadt gerollt worden.

die Grafen Khevenhüller, die seit 1731 die Burg besitzen, bevorzugten das neuerbaute Schloß Riegersburg. Als 1764 Hardegg, die kleinste Stadt Österreichs, abbrannte, erhielten die Einwohner die Erlaubnis, sich zum Wiederaufbau ihrer 15 Häuser Steine und Gebälk von der damals noch unter Dach befindlichen Burg zu holen. Johann Graf Khevenhüller, Begleiter des unglücklichen Kaisers Max in Mexiko, ließ sie nach 1890 wiedererrichten. Am 4. April 1972 ist als Letzte der (Fürsten-) Familie Khevenhüller-Metsch Gabriele Viktoria Khevenhüller-Metsch in der Familiengruft der Burg bestattet worden.

SEHENSWERTES Für Besucher, die am vorgelagerten Uhrturm vorbei auf das Pförtnerhaus zu gehen, hebt sich linker Hand eindrucksvoll das Grundgemäuer der Burg um 1200 von dem im 19. Jh. darüber errichteten pseudomittelalterlichen Mauerwerk mit eingefügten romanischen und romanisch nachempfundenen Fensterleibungen und Säulchen ab. In der Hochburg, die man auf dem spitzwinkelig um den Palas gelegten Burgweg durch mehrere Tore erreicht — das dritte besitzt noch alte Flügel —, finden sich neben einer erneuerten Küche noch eine frühe mit hoher Esse, neben dem Neubau über der Gruft und der neuromantischen Kapelle ragt der fünfgeschossige romanisch-gotische Bergfried, nordwestlich von ihm das Gemäuer eines Sicherungsturms und des frühen Palas. Auf der höchsten Felsenkuppe findet sich Restmauerwerk einer frühmittelalterlichen Wehranlage unbestimmten Ausmaßes. Die Schauräume mit alten Eisen- und Holztüren bieten Waffen und Rüstungen des 15. bis 18. Jh., auch Stücke der Mexikosammlung der Khevenhüller.

LAGE UND FÜHRUNGEN Nordwestl. Retz. Eisenbahnstation Göpfritz. Ganzjährig täglich von 8 bis 18 Uhr.

Nebenstehend: Aus den Schauräumen der Burg. Linke Seite: Der romantisch restaurierten Grenzburg mit den drei Türmen ist der Stadt- oder Uhrturm von Österreichs kleinster Stadt vorgelagert.

Der Riese ohne Schwert

Heidenreichstein · Niederösterreich

Die großartigste Wasserburg Niederösterreichs, wenn nicht ganz Österreichs. Noch von Wasser umschlossen, ist die spätmittelalterliche Anlage vorbildlich mit passendem Hausrat museal eingerichtet.

ZUR GESCHICHTE Einer der Burggrafen von Gars-Eggenburg, Heidenreich, mit den Kuenringern verwandt, mag den ersten Turm, einen Grenzturm gegen Böhmen, errichtet haben. Das Gebiet gehörte mit Litschau zur Grafschaft Raabs. Nach den Heidenreichsteinern waren die Kuenringer, die Grafen Plain-Hardegg und die Rosenberg hier Lehensleute, bevor das Land an Herzog Albrecht I. von Habsburg fiel und die Herrschaft Heidenreichstein jetzt auch rechtlich endgültig von Raabs getrennt wurde. Von 1348—1636 hatten die Puchheimer den Besitz mit Landgerichtsbarkeit zu Lehen. Seit 1650 Grafschaft, war Heidenreichstein nach kurzfristigem Besitzwechsel vom 17. Jh. bis 1947 Eigentum der Grafen Palffy. Heute zeichnen die (Grafen) Kinsky als Besitzer.

SEHENSWERTES Zwei Torbauten mit Durchfahrt und Einmannpforte, mit Pecherker und intakten Zugbrückeneinrichtungen überqueren zwei Gräben und geben Einlaß in die Vorburg. Nach dem 15. Jh., als man die Wohnflügel der Hauptburg errichtete, entstand der Treppenturm, mit dessen Hilfe man den hohen Einstieg in den Bergfried und dessen Wehrgang erreicht. In diesem Hof weisen die rechteckigen spätgotischen Fenster, Renaissancekamine, Arkaden, Brunnen und Treppenanlagen auf die ver-

Eine der wenigen Zugbrücken, die noch funktionieren.

Das zyklopische Gemäuer mitten im kleinen Städtchen, in der flachwelligen Landschaft ohne Sensationen, ist ein überraschender Blickfang, von welcher Seite her auch immer man sich der Kuenringerfeste nähern mag. Seine düstere Wucht erhält der Vierkantbau durch die Rundtürme mit Kegeldächern und Holzgalerien, durch den Bergfried mit dem mittelalterlichen Walmdach, durch rundbogige Zinnenmauern und hochgezogenes Stütz- und Kaminmauerwerk. Steht man dann in dem schluchtartigen inneren Burghof, kommt keinen Augenblick Ritterromantik auf, es nimmt das jahrhundertealte Rundum gefangen. »Das ist die größte und besterhaltene Wasserburg...«, beginnt die halbstündige Führung. An die Superlative reihen sich Merkwürdigkeiten. Der romanische Bergfried mit dem 14 Meter über dem Erdboden liegenden Zugang stand allein, bevor man ihn im 15. Jh. mit gotischen Wohnflügeln umstellte. In seiner Mauerstärke bis zu fünf Metern sind Treppen eingebaut, die eine Stufenhöhe von 50 und 60 cm, eine Trittbreite jedoch nur von etwa 20 cm besitzen. Eine Stelle dieses nicht betretbaren, einst viltürigen Gangsystems ist so schmal, daß man sie nur kriechend und kletternd passieren kann.

Die beiden runden Treppentürmchen im engen inneren Burghof führen in den 40 Meter hohen quadratischen Bergfried und innerhalb des dreigeschossigen Wohnflügels zu einem ursprünglich 10 Meter hohen »Rittersaal«.

Im 15. Jh. überbaute man den mit schönen spätgotischen Fliesen versehenen »Rittersaal« in zehn Meter Höhe mit einem Dachgebälk, das sich wie der Rumpf eines riesigen Viermasters über den Raum stülpt. Im 18. Jh., als man eine solche Höhe nicht mehr ertrug und sie auch unpraktisch fand, wurde ein Boden eingezogen, und es entstanden zwei Säle. Ähnlichen, in der Spätgotik nur umbauten Raum, aus dem man erst im 18. und auch im 19. Jh. Räumlichkeiten schuf, besaß die Burg in allen Trakten.

Merkwürdig stiefmütterlich behandelt wurde auf Heidenreichstein die Kapelle, ein winziger Andachtsraum im Ostturm. Nicht weniger verwunderlich ist, daß diese Riesenburg keine nennenswerten Verteidigungsanlagen besitzt, kaum Schießscharten.

schiedenen Bauepochen zwischen dem 15. und 18. Jh. Die Burgkapelle im östlichen Rundturm mit flacher Holzdecke und Resten gotischer Malerei gehört zum ältesten Baubestand. Die Kreuzigungsgruppe ihres Altars zeigt man heute in einem der Schauräume, in denen Hausgerät, spätgotische Holzarbeiten und Stilmöbel vorherrschen. Dem Puchheimersaal gibt ein großartiger Kachelofen Ansehen.

LAGE Nordöstl. Gmünd, Waldviertel. Eisenbahnstation Heidenreichstein. Über Zwettl und Waidhofen erreichbar.

BESICHTIGUNG Mitte April bis Mitte Oktober, tägl. 9—12, 14—17 Uhr.

Gotische Burg mit Stalinorgel

Pürnstein · Oberösterreich

Das spätmittelalterliche Gemäuer der einstigen Passauer Verwaltungsburg mit 5 Rundtürmen wurde von einer gotischen Bauhütte errichtet.

LAGE UND BESICHTIGUNG 35 km nordwestl. Linz im oberen Mühltal, Gemeinde Neufelden. Ganzjährig tägl.

21 Geschütze sicherten die Feste der Passauer Bischöfe aus dem 15. Jh. hoch über der Großen Mühl. Noch im 18. Jh. ließ Kardinal Firmian von Passau fünf Zimmer in die Verwaltungsburg einbauen, die 1816 in bürgerlichen Besitz überging und 1866 ausbrannte.

Je nach Verhältnissen und Umständen vergab, verpfändete und besaß Stift Passau durch über ein halbes Jahrtausend die einstige Rodungsburg an der Großen Mühl. 1231 hatten hochfreie Blankenberger dem Bistum hier die Oberherrschaft eingeräumt. Als Passauer Burggrafen, Pfleger, Lehensleute auf »Birchenstain« — »Pürhenstein« siegelten in der Folge Kapeller, Harracher, Tannberger, seit 1402 die Starhemberger. Pfleger Erhard Marschalk von Reichenau ließ in den dreißiger und vierziger Jahren des 15. Jh. oberhalb der alten Burg einen sechseckigen Palas bauen und ihn von einem für Feuerwaffen eingerichteten, bis zu 4 und 5 Meter starken Wehrmantel mit Zwinger und sechs Rondellen umstellen. Es war das Werk einer spätgotischen Bauhütte, ihre Steinmetzzeichen finden sich im ganzen Ruinenbereich. Mit seinem »oberen« und »unteren Haus« war Pürnstein vom 15. bis zum 17. Jh. eine der größten und wehrhaftesten Verwaltungsburgen des Mühlviertels. In seinem kenntnisreichen Führer veröffentlichte der jetzige Besitzer der bewohnten Ruine, Dr. Hans Reichner, auszugsweise ein Inventarium von 1564, das einen ausgezeichneten Einblick in die Pürnsteiner Wohn- und Wehrverhältnisse des 16. Jh. gewährt.

Den südwestlichen Teil mit 21 Räumen bewohnten die Frauen, den nordöstlichen mit 31 Räumen — eingerechnet die des späteren Anbaues an der Außenmauer — die Männer. Durchschnittlich 33 Menschen hausten auf Pürnstein, 12 Gäste hatten gut Platz. Hauptaufenthaltsort, im Winter auch eine Art Gemeinschaftsraum für Herrschaft, Pfleger und Gesinde, war die »Tirnitz« im zweiten Stock des östlichen Burgbereiches. Über diesem Saal wohnte der Hausherr und lag die »Schuel« für seinen Sohn »Hänsl« — nahe beim warmen Rauchfang. Die Gemächer der Burgfrau gegenüber wiesen schlicht lutherisches Mobiliar und Bildwerk auf. Im vierten Obergeschoß lagen auf der Männerseite, durch Holzwände voneinander getrennt, Wachter-, Fischer-, Harnischkammer, Gast-, Pflegerkammer u. a., bei den »Frauenzimmern unterm Dach« Haarkammer und Haarstübchen, Jungfernkammer und Kinderstübchen, Mushaus (Eßraum) u. dgl.

21 Geschütze, unter ihnen auch »Der Narr«, ein Riesenkaliber von 30 cm, standen in den mit mehreren Wehrböden durchzogenen Türmen, aber auch zwischen ihnen, auf den Wehrgängen. Ein im Inventar verzeichnetes Fahrzeug mit 10 montierten, gleichzeitig abzufeuernden Doppelhaken mutet wie eine Vorfahrin der russischen »Stalinorgel« des Zweiten Weltkrieges an. Im nördlichen Pulverturm fertigte man Munition, im südlichen »Hungerturm« lag das Verlies. Vom auf Pürnstein seit 1480 aufbewahrten Corpus Christi zeugt noch das wunderschöne Sakramenthäuschen aus grobkörnigem, blaugrauem Marmor in der Kapellenruine.

An der Wende vom 16. zum 17. Jh., als Passau die Burg 45 Jahre verkauft hatte, entzündete sich hier der zweite oberösterreichische Bauernkrieg, wurde als Burgherr der Protestant Karl von Jörger des Landes verwiesen.

Selbstvertrauen, Ehrgeiz, Mut und Glück

Schaunberg · Oberösterreich

SHAUMBURG.

Die Burg der Schaunberger, im 12. Jh. erbaut, im 14. Jh. Mittelpunkt einer weitausgedehnten Grafschaft, war Zentrum der »Schaunberger Fehde«.

SEHENSWERTES Ein Gang durch das abgesicherte und vorsorglich betreute Ruinenfeld belehrt den Besucher: vier Gräben, zwei Zugbrücken, einen äußeren und einen inneren Torbau, eine ausgedehnte Vorburg hatte zu passieren, wer zum Bergfried und in den Palas wollte. Besonders jedoch das einst von Türmen geschützte Verteidigungswerk im Südwesten, mit einem zweiten Bergfried, mit einer 5 Meter starken Ringmauer, gab der alten Burg ihr Gepräge und läßt auch ihre Ruine noch so riesig erscheinen. Eine Aussichtswarte, die man neuerdings in den halb eingestürzten Bergfried einbaute, macht dem Besucher durch die herrliche Fernsicht erst den Namen der Burg verständlich: Schaunburg. Von hier aus bietet sich auch der beste Überblick über das Gesamtareal. Von der Großartigkeit der einstigen Schaunbergerresidenz, der heute mächtigsten Burgruine Oberösterreichs, wird jedoch nur unterrichtet, wer sich den noch erhaltenen gotischen Details widmet, die zum Teil auch Steinmetzzeichen der Bauhütte von St. Stephan in Wien tragen. Eine vorzügliche Broschüre, beim Eingang erhältlich, belehrt über Geschichte und Einzelheiten.

LAGE, BESICHTIGUNG Nördl. Wels über Eferding. Frühjahr bis Herbst.

Die Größe der unter den Starhembergern verfallenen Feste läßt der Stich des Georg Matthäus Vischer aus der Topographia Austriae superioris modernae, 1674, ahnen.

Selbstvertrauen, Ehrgeiz, Mut und Glück, Glück vor allem in Gestalt reicher, begüterter Frauen, die sie auf ihre Burg bei Aschach heimführten, hatten es mit sich gebracht, daß die Schaunberger ihren Besitz, mit Eferding als Mittelpunkt, bis Linz und an die bayerische Grenze, vom Attersee zum Mühlviertel und zum Hausruck hatten ausdehnen können. Sie sprachen von »terra nostra«, von »unserem Land«, hielten hof wie Herzöge und waren Landrichter im Donautal.

Noch am 14. März 1368 hatten die Herzöge Albrecht III. und Leopold III. ihren »lieben Oheim Graf Ulrich von Schaunberg« zu ihrem Rat bestellt, zwei Jahre später mußten sie zur Kenntnis nehmen, daß derselbe Ulrich von Schaunberg ein Schutz- und Trutzbündnis mit den bayerischen Herzögen gegen sie geschlossen hatte. Vergeblich belagerte zehn Jahre danach Reinprecht von Wallsee im Auftrage von Habsburg als Hauptmann ob der Enns ihre Burg. Schließlich zwangen Umstände die Empörer: ihre Verbündeten, die Rosenberger, ließen sie im Stich. 1383 mußte Schaunberg zu Lehen nehmen, 1385 auch ↗ Neuhaus, was sie gerne als unabhängiges »reichsunmittelbares« Land in eigener Machtvollkommenheit regiert hätten. Doch kam das Geschlecht auch nach dieser »Schaunberger Fehde« zu neuen Ehren, ihr Land genoß weiter Sonderstellung und Sonderrechte. 1402 vertrauten die Habsburger ihnen den gefangenen Böhmenkönig Wenzel an. Ihr Erbe kam 1559 an die Starhemberger.

65

Als es Mode war, ins Heilige Land zu ziehen

Vichtenstein · Oberösterreich

Hoch oberhalb des Donautals ragt die alte Burg der Passauer Bischöfe, die ihnen im 13. Jh. — nicht freiwillig — der Graf zu Wasserburg abtreten mußte.

LAGE Südöstl. von Passau, am rechten Donauufer. Eisenbahnstation Schärding.

Unten und rechts: Der freistehende mächtige Bergfried mit hohem Einstieg und Verlies, von dem aus die Passauer den Wasserburger überwachen ließen, stammt aus dem 12. Jh. Die dreieckige, zweihöfige Gesamtanlage mit drei Türmen, 16. Jh., hinter einem Halsgraben, der Mauer mit Torbau und Resten der Zugbrücke ist vielfach umgebaut worden. Der Privatbesitz ist nicht zu besichtigen.

Hedwig von Vichtenstein aus dem Geschlecht der Formbacher hatte ihrem Gemahl Engelbert, dem Grafen zu Hall und Wasserburg, Vichtenstein als Morgengabe mit in die Ehe gebracht. Engelberts Enkel Konrad glaubte sich wie fast alle seines Standes und seiner Zeit zu einem Zug ins Heilige Land verpflichtet. Bischof Ulrich von Passau borgte ihm 1218 für Ausrüstung und Reisekosten 6000 Silbermark. Bedingung war: Käme er, Konrad, nicht zurück oder bliebe er kinderlos, fiele der Besitz an Passau.

Konrad aber kehrte zurück, heiratete und machte seine Gemahlin zur Herrin auf Vichtenstein. Als die Passauer sich weigerten, die Burg herauszugeben, befehdete sie der Graf, sperrte die Donau und nahm dem Stift und den Kaufleuten, was ihm als Fehderitter zustand. Der Zufall spielte seinen Knechten auch den Passauer Bischof in die Hand. Er kam für 300 Silbermark wieder frei, aber Exkommunikation und Reichsacht waren die Folge. 1224 kam es zu einem Vergleich, nach dem Konrad der Palas eingeräumt worden war, im Bergfried hauste der Passauer Pfleger. Nach über 25jährigem Streit jedoch resignierte der Wasserburger 1245 schließlich und verzichtete endgültig zugunsten des Bistums auf Burg, Eigen und Ländereien, die sich bis an die böhmische Grenze erstreckten. 150 Jahre später kämpfte einer der Passauer Bischöfe um die dem Bistum widerrechtlich entzogene Herrschaft so lange, bis das Stift vor dem finanziellen Ruin stand.

Zawisch von Falkenstein, der böhmische Rasputin

Falkenstein · Oberösterreich

Tief im Tal der Ranna versteckt liegen die Trümmer der einstigen Burg des Zawisch von Falkenstein, dessen Rolle als Verführer und Liebhaber Franz Grillparzer in seinem Drama von König Ottokars Glück und Ende zeichnete.

ZUR GESCHICHTE Eine Tochter des Letzten derer »von Falkenstein« — um 1140 wird das hochfreie Geschlecht im Zusammenhang mit dem Passauer Bistum genannt — heiratete um 1217 einen Budiwoi von Rosenberg aus dem Geschlecht der Witigonen. Über das Schicksal ihres Sohnes Zawisch, des ungekrönten Königs von Böhmen, wird nebenstehend berichtet. Er nannte sich nach dem Besitz seiner Mutter, und auf ihn als der Sage nach Gefangenen in seiner Burg bezieht sich das auch im Zusammenhang mit der ↗ Rosenburg vielzitierte Lied: »Es steht ein Schloß in Österreich . . .«

Schon 1289, nach Ächtung des Falkensteiners, besetzte Albrecht I. von Österreich das Herrschaftsgebiet und befahl die Burg auszuhungern. Die Habsburger ließen den Besitz u. a. auch von den Wallseern verwalten. Als Pfandschaft löste Falkenstein Simon Oberheimer ein, der 1489 den noch erhaltenen sehenswerten Wehr- und Wasserturm erbaute. In Türkenzeiten war die wiederaufgebaute Burg Fluchtort. Erst als die Salburger den Besitz mit ihren Herrschaften Altenhof und Hochhaus vereinigten, verfiel er.

SEHENSWERT ist für den Normalbesucher eigentlich nur der 17 Meter hohe Wasserturm. Wer sich die Mühe nimmt, die viereinhalb Meter hohe Leiter empor- und unter dem Oberheimer Wappenstein in das fünf Meter starke Mauerwerk mit Kanonenfenstern und Schießscharten einzusteigen, erhält eine ungefähre Vorstellung vom Wohnen

Schon als Ottokar, von allen verlassen, auf dem Schlachtfeld bei Dürnkrut verblutete, hatte sich Kunigunde, seine Frau, mit Zawisch von Falkenstein getröstet, berichtet der steirische Reimchronist. Die Zangen der Liebe zwickten sie gar mannigfach, meint er, und ihres Witwentums überdrüssig, ließ sie den zärtlichen Draufgänger bald völlig gewähren und schloß mit ihm auch eine heimliche Ehe. Der neue Herr von Böhmen führte ein strenges Regiment. Gegen den Widerstand des empörten Adels besetzte er mit seinen Verwandten und deren Parteigängern die wichtigsten Ämter und die stärksten Burgen Böhmens. Sogar ihren jungen Sohn Wenzel verstand Kunigunde dem Stiefvater gefügig zu machen. Selbst gebildete Leute sprachen jetzt von Zauberei.

Im Mai 1285 vermählte sich Kunigunde offiziell mit Zawisch, doch drei Monate danach starb die Königin unerwartet.

Nach langem Schwanken hatte Wenzel seinen Stiefvater festnehmen lassen. Von der Gefangennahme in der Prager Burg berichtet der Rheimchronist: Der König wolle noch einmal mit ihm sprechen, hatten sie ihm vorgespiegelt, und er war mit kleinem Gesinde umgekehrt. Schnell versperrten sie das Burgtor und warfen auch die Turmtür ins Schloß, als er sie passiert hatte. »Was soll's? Wie meint ihr das? Freund oder Feind? Heraus mit der Sprache!« herrschte Zawisch die Geharnischten an, die ihn umstellt hatten. Drei unter ihnen hatten Schwestern von ihm zur Frau. Er sei Gefangener.

»Das ist noch nicht ausgemacht! Ob ich überhaupt will?« Mit einem Satz sprang der behende Mann auf den nächsten zu und entriß ihm das Schwert. Da warfen sich einige über ihn und begannen mit ihm zu ringen. Doch gelang es keinem, den bärenstarken Menschen auf die Erde zu zwingen. »Du mußt dich ergeben, Zawisch, oder wir erschlagen dich. Es gibt keinen Ausweg für dich!« Bald wäre es um den Mann geschehen gewesen, hätten die anderen den Wütenden nicht zurückgerissen. Endlich war der Tobende in die Ecke getrieben und gebunden. Vierzig Mann brachten ihn zu Spisla, dem Hasen, Kämmerer der Burg zu Prag.

König Wenzel fordere ihn auf, die königlichen Burgen auszuliefern. Er, Zawisch, denke nicht daran. Vor Laien und Pfaffen, das solle man dem König sagen, habe seine, König Wenzels Mutter Kunigunde, diese Burgen und anderes mehr ihm und den Seinen überantwortet. Niemand werde ihn zur Herausgabe zwingen können.

Da befahl Wenzel, seinen Stiefvater in den Turm zu werfen. Übel genug war hier das Verlies. Unten ausgemauert, oben eng wie ein Krug.

Als sich die Burgen mit den Anhängern des Zawisch nicht ergaben, befahl er, ihn unter ihre Mauern zu führen, und drohte den Verteidigern, den Gefangenen zu töten, ergäben sie sich nicht. Als Witigo, des Zawisch Bruder, trotzdem die Übergabe der Frauenburg bei Budweis verweigerte, ließ Wenzel den einst allmächtigen Mann am 24. August 1290 enthaupten.

FALCKHENSTAIN

Wir besitzen kein Bild vom einstigen Falkenstein. Der hier wiedergegebene phantasievolle Stich des 17. Jh. bringt jedoch zum Ausdruck, daß es sich um eine der bedeutendsten Burgen des Mühlviertels handelte.

Inzwischen hatte sich Herzog Albrecht der österreichischen Besitzungen des Zawisch in Österreich bemächtigt und die Belagerung der Stammburg Falkenstein begonnen. Vor Tannberg und vor Falkenstein sah man den Herzog ziehen, heißt es in der Steirischen Reimchronik. Große und kleine Gerüste aufzurichten befahl er, um die Burgen über den Haufen zu werfen. Die auf Tannberg begannen sich gleich zu biegen und zu schmiegen vor Angst. Sie bettelten um Frieden, befolgten, was der Herzog befahl, und übergaben die Burg. Die auf Falkenstein aber widerstanden, die Vermessenen. Sie wußten, ihre Burg war gut, der besten eine, die man in den Ländern finden konnte. Der Fürst aber mochte nicht verzichten, er wollte Falkenstein haben. Sofort hieß er seine Leute den Graben zuschütten. Dann bestimmte er, die vor der Burg liegen bleiben sollten: Herrn Eberhard von Wallsee — auf des Herzogs Geheiß sollten auch bald dessen fünf Brüder nachkommen —, Herrn Heinrich und Herrn Ulrich und Friedrich. Dann kehrte der Habsburger nach Wien zurück ...

und Kämpfen in einem solchen Wehrturm. Das unterste Gewölbe faßte eine Quelle, die möglicherweise auch die elf Meter tiefer liegende Hauptburg versorgte. Von ihr kann sich anhand der geringen Ruinenreste der Beschauer an Ort und Stelle nur mühsam ein Bild machen. Vom einst vier- oder fünfeckigen Bergfried auf der höchsten Stelle lassen sich nur Vermutungen anstellen, die 25 Meter lange ehemalige Palaswand zeigt noch Rundbogenfenster. Auch der obenstehend wiedergegebene Stich, verzeichnet und überhöht, kann wenig befriedigende Ergebnisse vermitteln.

LAGE Südöstl. Engelhartszell, am linken Donauufer nächst Burg Rannariedl. Zwanzig Minuten Fußweg von Altenhof im Mühlviertel.

...er hieß seinen Bruder Walchun nach Clam reiten

Clam · Oberösterreich

Schon der Anblick der Burg Clam erweckt Kindheitsträume. Ihre Mauern, Türme, Zinnen erscheinen uns wie in Zeiten erbaut, als »die Gottheit noch engelgleich in Paradiesen ging«. Wer auch könnte sich der farbenfrohen Darstellung aus dem Urbar von Kloster Baumgartenberg entziehen und geriete nicht zumindest für Augenblicke in Versuchung, hier Geschichte wirklich einmal aus »erster«, aus bildlicher Quelle zu entziffern?

Es hatte Gott gefallen, müßte es dann etwa heißen, daß der Herr über jenen fruchtbaren Landstrich zwischen der Donauenge bei Grein und der Aist- und Ennsmündung, Otto von Machland, hochangesehen im Österreich ob und unter der Enns, ohne Nachkommenschaft bleiben sollte. Seiner Ehe mit Jeuta von Peilstein, der Babenbergerin, blieb der ersehnte Kindersegen versagt. Reichlich waren von ihm schon die Chorherren von Waldhausen bei Perg, die Benediktinerinnen von Erla mit Land und Rechten ausgestattet worden. Als er nun das Ende seiner Tage nahen fühlte, hieß er junge Männer des Ordens der Zisterzienser zu sich kommen. Herzog Leopold III. hatte sie auf Anraten seines Sohnes, des Bischofs von Freising, ins Land gerufen, und von ihrem Rodungskloster Heiligenkreuz bei Wien aus hatten sie in rascher Folge im Herzogtum landwirtschaftliche Eigenbetriebe errichtet und weit über seine Grenzen hinaus als unternehmerische Kolonisatoren gewirkt. Otto von Machland übergab ihnen reiches Land und bat sie, von seiner Burg am Ulrichsberg aus ein Kloster zu gründen, Baumgarten am Berg. Seinen Bruder Walchun aber hieß Otto von Machland, nach Burg Clam zu reiten, die er eben hatte erbauen lassen, und das Werk derer von Machland fortzuführen. Hoch zu Roß, Schild und Helm mit dem Machlandwappen geziert, verläßt Walchun, begleitet von Hörnerklang und wildem Gekläff der Hunde, Baumgartenberg.

Noch bewahrt die heutige Burg Clam Gemälde Ottos von Machland und dessen Gemahlin, beide halten Kirchenmodelle von Baumgartenberg in Händen, das Bildnis des Burgenbegründers trägt die Jahreszahl 1147 und das Wappen derer von Machland.

Als Rudolf IV. von Habsburg, der Stifter, dem Lande ob der Enns, das im alten Herzogtum Österreich noch kein heraldisches Symbol besaß, ein Wappen verleihen wollte, wählte er das der Machländer. Die eine Hälfte des gespaltenen Schildes zeigt den Adler, die andere ist dreimal von Silber- und Rotstreifen gespalten. Der Schild trägt den oberösterreichischen Herzogshut mit Bügelkrone, das Rangabzeichen der »Erzherzoge« von Österreich. Im Landesverfassungsgesetz von 1930 hat die Republik Österreich den rotbezungten goldenen Adler neben der rot-weiß gespaltenen zweiten Hälfte zum oberösterreichischen Landeswappen bestimmt.

Oben: Aus dem Urbar des Stiftes Baumgartenberg, 1335.
Unten: Blick in den inneren Burghof mit bemerkenswert unregelmäßig gestalteten dreigeschossigen Lauben.

Die Burg, wie sie sich uns heute zeigt, war nach der erfolglosen Belagerung durch Hussiten im 15. Jh., den stürmischen Jahren des Dreißigjährigen Krieges und der Bauernkriege nur noch einmal in ihrem Bestand bedroht: als man 1878 den Wiener Dombaumeister Friedrich Schmidt beauftragen wollte, Clam neogotisch, mit Türmchen und Erkerchen, umzubauen.

Zu Füßen des alten Bergfrieds liegt der gotische Wohnturm, umgeben von Zu- und Umbauten des 16. Jh.

Die im Grundbestand über 800 Jahre alte Burg wird seit einem halben Jahrtausend vom gleichen Geschlecht bewohnt.

ZUR GESCHICHTE 1149, im Todesjahr des Hochfreien Otto von Machland, erbaut, kam die Burg über die Erbtochter von dessen Bruder Walchun an die Grafen Velburg. Ulrich von Clam-Velburg hatte, bevor er auf einem Kreuzzug »enhalb des mers« starb, »die grafschaft Chlam dem hertzogen Leopolden gedinget«. Ab dem 13. Jh. erscheint Clam als landesfürstliches Lehen der Holzer, Hauser, Zinzendorf, Wolfensteiner, Seusenecker und als Besitz der Prüschenk. Das Clamer Burgarchiv bewahrt den Kaufbrief, nach dem »die Veste Clam mitsamt dem Turm« bereits 1454 Eigen der späteren Reichsgrafen Clam wurde. Das Geschlecht, im 18. Jh. in den Linien Clam-Gallas, Clam-Clam und Clam-Martinic aufscheinend, kämpfte auf den Schlachtfeldern Europas.

SEHENSWERT in dieser von allen Kriegen wunderbarerweise verschonten Burg sind die erhalten gebliebenen mittelalterlichen Teile, der alles überragende Bergfried, der sechsgeschossige Wohnturm mit Pultdach und Zinnen. Imposant ist ebenso die architektonische Einheit der Gesamtanlage nach den Erweiterungsbauten des 17. Jh. Die erst 1951 völlig freigelegten Fresken der ursprünglichen Burgkapelle im vierten Geschoß des Wohnturms sind nicht zu besichtigen, in der 1491 geweihten zweiten Schloßkapelle mit beachtenswerten Kreuzrippengewölben befindet sich das Grabmal des Christoph Perger zu Clam. Die Museumsräume der Burg bieten wohl zuerst eine Chronik derer von Clam, sind jedoch ebenso ein Stück österreichischer Geschichte. Kenner bewundern eine ausgesucht schöne Sammlung von Alt-Wiener und Meißner Porzellan.

LAGE UND BESICHTIGUNG Westlich Grein an der Donau. 1. Mai bis 31. Oktober tägl. mit zweistündiger Mittagspause.

Groß und klein werden wir martern und töten

Forchtenstein · Burgenland

Das Burgschloß mit dem mittelalterlichen Bergfried und dem barocken Turm, traditionsreiches Symbol an der am längsten und am härtesten umkämpften Grenze Mitteleuropas, bestand 1683, während der zweiten Belagerung Wiens durch die Türken, seine letzte große Bewährungsprobe.

ZUR GESCHICHTE Die Herren von Mattersburg standen auf der Seite der Güssinger Grafen und verloren deshalb 1289, während der »Güssinger Fehde« Albrechts I., nach elftägiger Belagerung ihr »festes hus Mertinstorf«, zwei Jahre später mußten sie es schleifen. Schon 50 Jahre danach aber bauten sie an der neuen Burg Forchtenstein, nach der sie sich seit 1436 auch nannten. Diese Forchtensteiner neigten jetzt mehr den Habsburgern zu und verpfändeten 1445 die Grafschaft samt den Herrschaften Kobersdorf und Landsee an Albrecht VI. Unter wechselnden Verhältnissen und Umständen, auch mit Unterbrechung — Sigismund Weißpriach lieferte den Besitz zwischen 1466 und 1490 dem Matthias Corvinus aus —, blieb Forchtenstein 180 Jahre bei Österreich. Als König von Ungarn sah sich 1622 Ferdinand II. gezwungen, den Besitz dem Grafen Nikolaus Esterházy zu verpfänden, vier Jahre später zu verkaufen. — Kein Bild und kein Zeugnis verraten uns das Aussehen der Burg, die Nikolaus Esterházy de Galantha, Comes perpetuus de Frakno, wenig später niederreißen ließ, um sich rund um den alten Bergfried ein bequemeres, aber wohlbefestigtes Wohnschloß mit Zeughaus als Hauptstützpunkt seiner ausgedehnten Herrschaft zu errichten. Sein Sohn Paul, nach dem tragischen Tod des schönen Ladislaus gegen die Türken schon mit 17 Jahren Herr auf

Von Gottes Gnaden, des im Himmel waltenden Gottes, verpfänden Wir, Mula Muhamed, glorreicher und allmächtiger Kaiser von Babylon und Judäa, vom Orient und Okzident, König aller irdischen und himmlischen Könige, Großkönig von Arabien und Mauretanien, Gebieter und Herr vom Grabe des gekreuzigten Gottes der Ungläubigen und ruhmgekrönter König von Jerusalem, Dir, römischer Kaiser, und Dir, polnischer König, und allen Euren Anhängern Unser heiligstes Wort, daß Wir im Begriffe sind, Euere Ländchen mit Krieg zu überziehen. — Und führen Wir mit Uns dreizehn Könige mit einer Million und dreihunderttausend Kriegern an Fußvolk und Reiterei und werden, Kaiser, Dein Ländchen ohne Gnade und Barmherzigkeit von Hufeisen zertreten und dem Feuer und dem Schwerte überantworten lassen. — Vor allem befehlen Wir Dir, in Deiner Residenzstadt Wien Uns zu erwarten, damit Wir dort Dich köpfen können ... Groß und klein werden Wir zunächst der grausamsten Marter aussetzen und dann dem schändlichsten Tod überantworten.

Kriegsansage Mohammeds IV. an Kaiser Leopold I., 1683

Das Riesenheer des großen Kara Mustafa, das im Frühjahr 1683 donauaufwärts gegen Wien zog, hätte die eben wieder instand gesetzten Basteien und Wälle von Forchtenstein nicht im Sturm nehmen können. Mit einigem Hohn sahen Husaren und Besatzung auf die umherstreifenden »Tatern« — gefürchtete Reiterschwärme, die das Haupttheer als Vortrab und Seitenhut begleiteten —, die sich nicht einmal in die Nähe der Burg wagten. Um so verzweifelter starrten Flüchtlinge von den Mauern auf ihre Dörfer ringsum in der Ebene. Rauchsäulen, Feuer vom Hausberg und die Kanonenschüsse der »Zwölf Apostel« vom Bergfried Forchtensteins hatten sie alarmiert. Mit geringer Habe waren Häusler und Bauern hinter die schützenden Wälle geflüchtet, Vieh und Geräte mußten im Tal bleiben. Bewaffnete beschützten sie. Wenn kein Feind zu sehen war, wagte man sich auch an Erntearbeiten auf den Feldern.

Besatzung wie Flüchtlinge erboste, daß die aufständischen Madjaren mit den Türken gemeinsame Sache machten und sich die Ödenburger schon in den ersten Tagen dem Tököly unterworfen hatten, dem neuen Herrn Ungarns von Paschas Gnaden. Sie zögerten deshalb auch keinen Augenblick, überfielen Ödenburger, die sich nächtlicherweile aus Pöttelsdorf Wein holten, und taten sich gütlich an der Beute. Die Rache ließ nicht auf sich warten. Schon am 26. Juli machten sich Kuruzzen aus Deutschkreuz über die Bauern auf dem Feld, köpften ihre Bewacher und trieben Hunderte Stück Vieh weg. Als sich am 11. September wieder 30 Kuruzzen der Viehherde näherten, stürzten sich sofort mit Gabeln, Sensen und Flegeln bewaffnete Forchtensteiner auf sie, trieben die Räuber vor sich her und gerieten in einen Hinterhalt. Kriegsuntüchtig wie sie waren, wurden sie von 500 versteckten Türken niedergemacht, Mann für Mann, 150 an der Zahl.

Schon als der junge Emmerich Tököly 1662 mit seinen Madjaren Oberungarn besetzt hatte und vom Pascha in Ofen namens der Hohen Pforte zum König von Ungarn ausgerufen worden war, hatte Kaiser Leopold I. den österreichischen Ständen nahegelegt, sich der »Defensivveranstaltungen wider den Türken« zu erinnern. Der zwanzigjährige Waffenstillstand mit dem Reichsfeind lief aus, die Bemühungen seines Sonderbotschafters Caprara und des kaiserlichen Residenten in Konstantinopel waren gescheitert. Im Verein mit den Abgesandten des Sonnenkönigs aus Frankreich hatte der Ungar es verstanden, den ehrgeizigen Großwesir Kara Mustafa zu einem Angriffskrieg gegen Österreich zu überreden und ihm die Unterstützung seiner aufständischen Madjaren zugesichert. Noch bevor die bombastische Kriegserklärung des Mula Muhamed, König aller irdischen und himmlischen Könige, am Wiener Hof vorlag, hatte sich im März 1683 das türkische Heer, 200 000 Mann mit 300 Kanonen, von Adrianopel aus gegen Westen in Bewegung gesetzt. Von mißlungenen Entsatzversuchen vor Gran und Neuhäusl geschwächt, in Gefahr, umgangen zu werden, sah sich die kaiserliche Operationsarmee unter Karl von Lothringen, an die 40 000 Mann, gezwungen, Anfang Juli die Raablinie aufzugeben und sich vor den andringenden Horden abzusetzen. Am 12. Juli erreichte das für die damaligen Begriffe riesige Heer Wien. Innerhalb von acht Tagen fiel den »Rennern und Brennern« das Land bis Wiener Neustadt, bis an das Leithagebirge zum Opfer.

Trotz der kaiserlichen Mahnung und aller Vorwarnungen hatten es die österreichischen Stände und der Landtag an »Defensivveranstaltungen« gegen den Erbfeind fehlen lassen. Nach den Verordnungen von 1663 war jeder Untertan verpflichtet, zur Instandsetzung der Fluchtorte zwischen Bruck an

Forchtenstein, fügte diesem dreiachsigen »Niklasbau« nördlich und südlich neue Schloßräume, mächtige Säle mit großen Fenstern hinzu, den Küchentrakt mit Riesenherd hart am Bergfried. Er ließ die freistehende Burgkapelle zweigeschossig erweitern und umbauen, verbreiterte und verstärkte Bastionen, Wälle und Mauern auf das heutige Ausmaß. — Die Esterházys, Kämmerer und Geheime Räte am Wiener Hof, bald Reichsgrafen und Fürsten, waren erfolgreiche Feldherren gegen die Türken — Paul Esterházy, dessen Reiterstandbild im Schloßhof steht, in 15 Schlachten —, gegen Gabriel Bethlen, im Siebenjährigen Krieg und gegen Napoleon. Schon nach dem Wiener Kongreß zeigte man die Burg als eine Art Museum, doch

Das Schloßmuseum, eine der kulturgeschichtlich bedeutsamsten Sammlungen Österreichs, zeigt Porträts, Gemälde, Waffen, Parade- und Beutestücke aus vier Jahrhunderten Österreichisch-ungarischer Monarchie.

enthielt Forchtenstein bis zum Ersten Weltkrieg nicht nur das größte Waffenarsenal in privater Hand, sondern auch Europas reichste Schatzkammer.

SEHENSWERT schon von außen ist die Gesamtanlage am Hang des Rosaliengebirges, hoch über der Kleinen Ungarischen Tiefebene, in ihr besonders der »Schwarze Turm«, der im Grundriß runde, 50 Meter hohe Bergfried der Mattersburger mit 5 bis 7 Metern Mauerstärke. Er überragt das Esterházyschloß und steht mit der einen Kante genau gegen den Halsgraben und das Haupttor mit der einstigen (bis 1840) Zugbrücke gewendet. Sein oberstes zwölfeckiges Geschoß aus dem 17. Jh. trug 12 Kanonen, die »Zwölf Apostel«. Den frühen, geschoßhoch liegenden Einstieg betritt man heute von der Bastei aus. Noch zeigt in ihm der Schlußstein eines kleinen kreuzgewölbten Raumes mit gotischem Torgewände — auch Spuren der Schalungshölzer aus der Erbauungszeit sind hier erhalten — ein Adlerrelief mit Kreuz, wahrscheinlich das Wappen der Mattersdorfer Grafen, Vorwurf auch für das heutige Burgenlandwappen. Unter diesem Raum befindet sich das 14 Meter tiefe Verlies. Südwestlich des Bergfrieds liegt das nach Wien, Graz und Ambras größte österreichische Zeughaus mit Waffen und Gerät des 14. bis 19. Jh. Manches erinnert hier an die mittelalterliche Burg, das meiste an das wehrhafte Schloß. Die Saalfluchten des dreigeschossigen Schloßgebäudes zeigen den Besuchern neben Gemälden und Porträts die Ahnengalerie der Esterházy, vor allem Waffen, Fahnen und Beutestücke des 16. bis 18. Jh. In der Toreinfahrt steht der aus Eisenstadt hierher gebrachte fürstliche Wagenpark. Besuchersensation ist jeweils das Echo aus dem 142 Meter tiefen Brunnen, den zwischen 1660 und 1690 Türken aushoben.

LAGE UND BESICHTIGUNG Südöstlich Wiener Neustadt. Ganzjährig, täglich für Gruppen ab 10 Personen.

Die Grafen Esterházy standen mit bewaffneten Untertanen, später mit einem eigenen Regiment gegen die Feinde Österreichs, vor allem gegen die Türken, an der Seite des Kaisers.

der Leitha und dem Semmering drei Tage Robot zu leisten, jeder dreißigste, zwanzigste und zehnte hatte sich seinem Viertelshauptmann zu stellen. Vernachlässigt blieben vor allem die Warnstationen, wie Kirchschlag, Feistritz, Landsee, Güns, Pittenberg, Seebenstein. So kam es, daß die »Tatern« zahllose von Kreidfeuern und Rauchsäulen ungewarnte Dörfer und Ortschaften überfielen. So kam es auch, daß die Begleitung Kaiser Leopolds I. am 6. Juli den Monarchen bei Perchtoldsdorf südlich von Wien nur mit Mühe vor dem Zugriff einer türkischen Streifschar erretten konnte.

Im burgenländischen Raum — Eisenstadt, Forchtenstein und Wiener Neustadt waren die Hauptfluchtorte — sah sich die Bevölkerung außer von Türken und Kuruzzen auch von aufständischen Ungarn bedroht. Der weitaus größte Teil der Madjaren folgte der Fahne des Tököly.

Am 7. Juli, als die Gegend unsicher geworden war, reiste Paul Esterházy, der rechtmäßige Verweser Ungarns, unter starker Bedeckung nach Wien und übergab seinem Kaiser die St.-Stephans-Krone. An diesem Tag verließ Leopold I. Wien in westlicher Richtung, Graf Esterházy kehrte nach Forchtenstein zurück. Zwei Wochen später — man zählte auf seiner Herrschaft bereits 4000 Tote, Millionenschäden waren entstanden — verließ auch er das Burgschloß und begab sich zu seinem Kaiser nach Regensburg. Ringsum brannten jetzt die Dörfer, Forchtenau ging in Flammen auf, St. Margareten und die Orte um Eisenstadt. Was in den Häusern geblieben war, fiel unter dem Krummsäbel oder wurde verschleppt.

In Breitenbrunn starben allein 500 Menschen, Kroisbach wurde ausgerottet, nachdem man die Frauen vergewaltigt hatte. Außer Forchtenstein hielten sich nur Eisenstadt, Rust, Mörbisch und Donnerskirchen.

Da standen die Herren im Hemde

Bernstein · Burgenland

Die Burg der Grafen von Güssing ist längst verschwunden. An ihrer Stelle steht das basteiumgürtete Burgschloß, heute Hotel, Restaurant und Ausflugsziel.

ZUR GESCHICHTE Wie die Burg des 12./13. Jh. ausgesehen haben mag, wissen wir nicht. Friedrich der Streitbare eroberte sie für vier Jahre. Heinrich II. von Güssing übergab sie dem Böhmenkönig Ottokar. 1277 nahm sie Heinrichs Sohn Iban den Ungarn ab, die sie inzwischen sechs Jahre besessen hatten. Bevor Iban hier 1285 das Heer des Hermann Landenberg schlug, hatte ihn über einen Monat hindurch König Ladislaus von Ungarn vergeblich belagert. Während der »Güssinger Fehde« eroberte Albrecht I. von Österreich 34 feste Plätze, Bernstein war nicht unter ihnen. Erst als 1327 die Grafen von Güssing endgültig besiegt waren, kam die Feste wieder an die ungarische Krone, bis sie 1445 Kaiser Friedrich III. einnahm und österreichischen Ministerialen übergab. Von dieser gotischen Burg, die im 14. Jh. von den Kanizsay erbaut und von den Königsbergern im 16. Jh. zur starken Festung gegen die Türken erweitert wurde, wissen wir über Berichte. In der Mitte des heutigen Schloßhofes stand noch bis ins 18. Jh. der runde, zinnengekrönte Bergfried, den später mit großen Teilen der Burg eine Pulverexplosion vernichtete. Im 17. Jh. war Bernstein wie Güssing und andere Burgen »Kreutfeuer«-Warnstelle und Zufluchtsort. Vergeblich belagerten sie die Heiducken des Bocskay. Zwischen 1625 und 1627 verdrängte dann der Renaissancebau das mittelalterliche Gemäuer fast zur Gänze.
1864 übernahm die Familie (der Grafen) Almássy den Besitz.

Viele ehrbare Herren, Österreicher, Steirer, Bayern und Schwaben, trafen vor Bernstein zusammen. Als die Späher tausend und mehr Mann des Grafen Iban und dessen Bruder ausgemacht hatten, beriet Hermann von Landenberg, Oberbefehlshaber des Habsburgerheeres, mit seinen Herren im Zelt. Was sie vorschlügen. Als erster sprach der alte Puchheim: »Wir hier an der Grenze kennen die Ungarn und wissen, wie sie kämpfen. Es sind gute Schützen. Sie tragen keine Panzer. Wer sie zwingen will, muß sich aufs Jagen verstehen. Zum Drücken und Schlagen aber kriegt man sie nicht.

Im Burgschloß hoch über dem Tauchental geistert die »Weiße Frau«, Bernstein selbst ist durch seinen Edelserpentin bekannt.

Ich rate: Wollt ihr keine Niederlage einstecken, geht aus dem Land. Das ist keine Schande! Heute ich, morgen du, so geht's bei uns!« Der Marschall wandte sich an den Truchsessen, Herrn Perchtold. »Puchheim hat recht. Der Iban stellt sich nicht, ich kenne ihn. Er umgeht uns, beschießt uns von weitem. Wir kriegen ihn nicht!« Unlustig wandte sich der Landenberger an die Leute aus des Herzogs Umgebung, meist Schwaben. Sie waren einer Meinung: abziehen, ohne sich sehen zu lassen, das wäre die größte Schande. Einem Schwaben einmal Feigheit nachsagen können, er wäre geflohen, ohne angegriffen worden zu sein, das ist unvorstellbar. Der von Wagenberg: »Ich traute mich nicht mehr an den Hof. Ich weiß, die Österreicher neiden mir, daß ich in Samt und Seide gehe. Käme ich jetzt zurück, die Wiener schrieen mir auf der Gasse nach.« Der von Wartenfels: »Herr Marschall, ich muß bitten, hört nicht auf die von hier! Wer Angst hat, soll nach Hause gehen!« Der von Ried: »Der Iban soll nur kommen, wir werden ihn empfangen. Mit uns Schwaben kann man nicht so umspringen wie mit denen von der Grenze. Wenn ich einmal in meiner Platte und im Helmfaß bin, stört mich nichts.« Der von Magenbuch: »Schluß damit, heute wird gefochten! Mein Wirt in Wien wartet schon auf die ungarischen Beutepferde!«

Da meldet ein Wartmann: »Die Ungarn ziehn gegen uns!« — »Rossâ, Roß! Speera, Sper!« schreien die Schwaben. »Herr Marschall, gebt Befehle! Wer sich davonmachen will, soll's tun!« — »Jetzt kann ich nicht länger schweigen«, schreit da Gottschalk von Neideck wütend. »Ich weiß, dieser Feldzug schadet dem Herzog von Österreich, meinem Herrn. Ich sag euch: Eh ihr eure Geigen auch nur gerichtet habt, hat der Ungar seine Waffen in unseren Unterkünften hängen! Aber ihr sollt nicht sagen, wir sind davongelaufen.«

Von allen Seiten kommen jetzt die Ungarn, mehr geflogen als geritten, immer mehr und mehr. Wie die Valben schreien sie und reißen die Bogen hoch. Sehnen schnellen, Pfeile schwirren und Speere fliegen. Die Pferde schäumen, keiner kann sich schützen, von Pfeilen gespickt sind bald Roß und Reiter. Graf Iban zwingt die Deutschen, in der Rotte zu bleiben. Vorne und hinten, links und rechts umgeht er sie, hin und her. So wie man ein Netz um eine Schar Hühner zieht. »Daß mir keiner zu nahe kommt. Das wäre ihnen recht, den Deutschen. Die wollen nur schlagen und stechen!« Iban grinst in seinen roten Bart. Perlendurchflochten ist er.

Die fünfte Stunde halten die Deutschen im Pfeilregen. Einige meinen, der Telesbrunner solle zum Iban reiten. Unritterlich wäre das Schießen, sie seien bereit, mit Schwertern zu fechten. »Ich weiß nicht, seid ihr wirklich so kindisch, wie ihr redet«, erregt sich Herr Pernolt. »Ihr seht doch, sie sitzen im Hemde auf ihren Pferden. Legt eure Rüstung ab, dann werden sie schon mit euch kämpfen!« — »Die Rüstung hergeben? Wir nicht«, meinen die Schwaben. Als einer dem Marschall rät, um Frieden und freien Abzug zu bitten, wird er wütend. Ob er glaube, man habe es mit Franzosen zu tun? Wen der Iban in die Hand bekommt, dem nutze weder Bitten noch Beten. Wie alles endete? Wie es die Ungarn fertigbrachten, daß sich die Deutschen gefangennehmen ließen, ohne sich mit ihnen geschlagen zu haben? Als die Reiter des Iban sahen, daß die Ritter mürbe waren, näherten sie sich ihnen allmählich. Sie nahmen ihnen Harnisch, Rüstung und Kleider. Da standen die Herren im Hemde. Graf Iban teilte die Gefangenen, einen Teil bekam sein Bruder, die besten hielt er sich selbst. Die in Acht waren, die aufmuckten oder denen er nicht traute, wurden auf der Stelle erschlagen.

(Nach der steirischen Reimchronik)

Über dem vermauerten romanischen alten Tor sind im Gemäuer noch die Zinnen der alten Burg zu erkennen.

SEHENSWERTES Entlang der Pfeilmarkierung durch die Anlage können die »Alchimistenküche«, der »Tiefe Brunnen«, Pulverturm, Rüstkammer, Verlies und »Folterkammer« aus dem 16. und 17. Jh. mit Ausstellungsstücken und vorgeschichtlichen Funden aus der Umgebung besichtigt werden. Von der 36 Meter hohen Aussichtsbastei bietet sich an schönen Tagen eine Fernsicht bis zum Triglav. Der »Rittersaal«, heute einer der schönsten Speisesäle des Landes, weist eine Stuckdecke des 17. Jh. auf. Die Einrichtung der Kapelle stammt aus dem 18. Jh.

LAGE UND BESICHTIGUNG Nordöstl. Pinkafeld. Eisenbahnstation Oberwart. Ostern bis Ende Oktober.

Es ist ein Ding, der Gral genannt...

Lockenhaus · Burgenland

Der im Grundgemäuer tausendjährige Bau mit rätselhaftem Kultraum und einer in Österreich einzigartigen gotischen Burghalle, der berühmten »Templerbluthalle von Lockenhaus«, ist eine der geheimnisvollsten Wehranlagen Österreichs.

ZUR GESCHICHTE Die Sage berichtet von der Verteidigung der Burg durch die Templer und deren Ermordung auf der »Totenhauptwiese« bei ↗ Bernstein. Kein einziges Dokument bestätigt die Anwesenheit von Templerherren im heutigen Burgenland oder in Lockenhaus. Burg »Leuca«, wahrscheinlich um 1200 über einem alten Wehrbau entstanden, besetzte vorübergehend Friedrich der Streitbare, 1242 befestigte man sie gegen die Mongolen. Blutig verteidigte sie Torda 1260 gegen Österreich, zwischen 1270 und 1336 gehörte sie den Grafen von Güssing, in der Folge den reichen Kanizsay. Ihre Nachfolger seit 1535, die Nádasdy, erbauten das »äußere« oder »untere« Schloß. Erzsébeth, geborene Báthory, Schwiegertochter des Türkensiegers Thomas Nádasdy, die vielleicht größte Mörderin aller Zeiten, jung, schön, doch sexuell abwegig, folterte, verstümmelte und schlachtete junge Mädchen, nach einer Zeugenaussage beim Prozeß im Jahre 1611 insgesamt 650. Franz III. von Nádasdy, der Krösus von Ungarn, endete als Verschwörer gegen den Kaiser 1671 durch Enthauptung (↗ Pottendorf). Unter den Esterházy, die seit 1676 die Herrschaft besaßen, verfiel die meist unbewohnte Burg. Restaurierungsarbeiten zwischen 1902 und 1906, ausgedehnte Verwüstungen nach 1945.

Der Kultraum oder das »Observatorium«.

Nach einem Geheimbefehl Philipps IV. von Frankreich bemächtigte man sich am 13. Oktober 1307 schlagartig aller Mitglieder des Ordens der Tempelritter. Gegen die über ganz Europa verbreitete ritterliche Institution setzte eine erbarmungslose Verfolgungsjagd ein, ihr Riesenvermögen wurde konfisziert. 1312 hob Papst Clemens V. den Orden auf. Die Prozeßakten, 1810 angeblich noch in über 3000 Kisten von Avignon nach Frankreich verbracht, verschwanden seither zum Großteil. Geheimnis, Schuld und Unschuld des während der Kreuzzüge 1118 von fränkischen Rittern ursprünglich vor allem zum Schutz der Pilger im Heiligen Land begründeten Ordens

Die obere Burg weist Gemäuer und Räume aus dem 12. und 13. Jh. auf, das untere Schloß ist heute Pensionsbetrieb.

vom Tempel Jerusalems haben Europa durch alle Jahrhunderte bis in die jüngste Vergangenheit bewegt.

Dem johanneischen Christentum mit dem Kelch als Sinnbild der Bruderliebe und den Gelübden des Gehorsams, der Armut und Keuschheit verpflichtet, sind die Tempelritter auch mit der Sage vom Heiligen Gral, mit den »Templeisen« auf Montsalvatsch, in Verbindung gebracht worden. Grundrisse und Raumgestaltung der von den Templern erbauten Burgen und Kapellen — über 7000 — basierten auf der mythischen Zwölfheit und der gnostischen Acht. Zwölf Ritter umstanden jeweils die »flammende Schale« zu Füßen des Großmeisters, das achtspitzige rote Kreuz war ihr Zeichen. Der Kult inspirierte seit je geheime Orden und Logen templerischer Maurer. Eine Unzahl von Veröffentlichungen, nicht zuletzt die des berühmten Orientalisten Hammer von Purgstall, ließen im 19. Jh. eine Art Templeriomanie entstehen, und auch in Österreich forschte man nach geheimnisvollen Bauten und Schätzen. Klagende Geister ermordeter Templerherren spukten in den Ruinen am Kamp und an der Thaya, in Liechtenstein bei Mödling wie in Rotenstein bei Hainburg und in den Höhlen bei Seebenstein. Auch auf Burg Lockenhaus zeigte man die »Templerbluthalle« mit nie vertrocknenden Spuren vergossenen Templerblutes und zeigt sie — als rote Algenvegetation — noch heute. Lockenhaus aber ist die einzige Burg in Österreich, in deren geheimnisvollem Kultraum und gotischer Halle deutliche Hinweise auf den Orden der Templer oder der Johanniter-Hospitaliter beziehungsweise Malteser gegeben sind. Paul Anton Keller, gegenwärtig Besitzer von Lockenhaus, adaptierte mit großem Kostenaufwand nicht nur das »untere Schloß«, er ließ auch bereits beträchtliche Teile des mittelalterlichen Burgbereiches restaurieren. Seine Veröffentlichungen und durch ihn initiierte Forschungen verweisen auf hier bislang noch nicht enthüllte Geheimnisse.

SEHENSWERTES Vom Hof des hervorragend restaurierten und eingerichteten »unteren Schlosses« führen Stiegen zum alten Burgtor am Ostfuß des gewaltigen, sechsgeschossigen, jedoch aller Einbauten beraubten Bergfrieds. Quaderbau und Steinmetzzeichen verweisen auf die einheitliche Konzeption und gleichzeitige Entstehung von Turm, Palas und Kapelle, aber auch des unter dem unregelmäßigen polygonalen, noch mittelalterlich gegliederten Burghofes liegenden sogenannten »Kultraums«. Der rechteckige, quadergefügte Raum mit halbrunden Abschlüssen — Apsiden —, mit Lichtauge und unter ihm befindlicher Vertiefung stellt etwas wie die geheimnisvoll errechnete Raummitte der mittelalterlichen Burg dar. Die riesige zweischiffige gotische Burghalle mit acht mittelstehenden Säulen zeigt Merkmale sowohl von Zisterzienserbauten als auch von Kreuzritterburgen. Die ruinöse Kapelle weist ein romanisches St.-Nikolaus-Fresko auf, im mehrgeschossigen Kapellenturm führt eine schmale Schneckenstiege in die »Pfaffenstube«.

LAGE UND BESICHTIGUNG Südwestl. Oberpullendorf. März bis November tägl. mit Mittagspause. Frühstückspensionsbetrieb.

Wir, Andreas Pamkircher von Schlaining

Schlaining · Burgenland

Eine der eindrucksvollsten Ritterburgen Österreichs, verbunden mit der Gestalt des Andreas Baumkircher, den Taten, dem Geschick und Ende des steirischen Riesen in gotischer Zeit.

28. August 1452. Die 400 Reiter und 12 000 Mann des Ulrich Eytzinger hatten die äußeren Wehrzäune der Stadtbefestigung durchbrochen und bedrängten die Wagen mit den Steinschleudergeschützen beim Wiener Tor. Tschernahora und seine Leute sahen sich überrannt, Kaiser, Hof und die soeben in Wiener Neustadt eingetroffene hohe Geistlichkeit, der Erzbischof von Salzburg mit den Bischöfen von Regensburg und Freising, schienen aufs höchste bedroht.

Das war die Stunde des Andreas Baumkircher. Als sich die Rückführung der Geschütze verhängnisvoll verzögerte und ein Trupp des Ständeheeres schon auf das geöffnete Tor zusprengte, warf sich der riesige Mann den Andringenden entgegen, und mit fürchterlichen Schwerthieben mähte er nieder, was ihm entgegenkam. An der Spitze einer kleinen Schar gelang es ihm im Laufe des Nachmittags, den freigekämpften Raum vor dem Tor zu erweitern, bis die Wagen geborgen und die Zugbrücke hochgezogen werden konnte. Blutrot hatte sich in diesen Stunden die Leitha gefärbt, berichtet Äneas Silvius, der kaiserliche Kanzler und spätere Papst.

Der junge Ritter aus dem Krainischen, in Jugendtagen am Kaiserhof zum Kriegshauptmann von ungewöhnlicher Körpergröße und -kraft aufgewachsen, war seit 1445 Herr auf Burg Schlaining. Während er hier, im Tauchental, bemüht war, seinem Kaiser eine starke Grenzfeste zu errichten, stand er auch als Burggraf von Preßburg an der Donau seinen Mann. Die Tat vor Wiener Neustadt, bald Gespräch im Lande, machte ihn zu einer der angesehensten Gefolgsleute Friedrichs III. Der dankte dem verdienten Ritter auf seine Art. Gemessen, wortkarg stellte er ihm eine ansehnliche Belohnung in Aussicht. Der tatenscheue Cunctator auf dem Habsburgerthron, überzeugt, daß nur Geist und Gunst der hohen Stunde die Zeiger der Weltenuhr bewegen könnten, hatte für Kraftnaturen vom Schlage eines Baumkircher wenig Auge. Ja, er mißtraute solchen wenig großangelegten Charakteren, die nur vom Augenblick lebten, deren Einsicht nicht weit reichte, die nichts zu durchdringen und kaum etwas zu beherrschen imstande waren.

Um so stürmischer sah sich der gefeierte Baumkircher von dem soeben aus der Zucht des Onkels entlassenen Ladislaus Postumus umworben, nicht weniger auch von Matthias Hunyadi-Corvinus, dem unternehmerischen Ungarn. In einer Zeit, in der alles auf die Spitze des Schwertes gestellt war und nur die stärkere Faust auf die Dauer Recht behielt, wußten beide zu schätzen, was ein geborener Söldnerführer und Mann des Volkes für sie bedeutete, und sie beschenkten ihn reichlich.

Dezember 1462. Als der riesige »Pasemeyer Spang«, wie die Wiener Baumkircher als »Gespan« von Preßburg nannten, an der Spitze seiner Reiterei

An der Bergfriedmauer ließ sich der Burgherr und Stadtbegründer lebensgroß in voller Rüstung darstellen.

Auf riesigen Pfeilern ruhen die romanischen Kellergewölbe.

vor den verschlossenen Stadttoren Wiens erschienen war, Friedrich III. den Flegeleien des Bürgermeisters Holzer nur unerschütterliche Ruhe entgegengesetzt und die Öffnung der Tore erreicht hatte, wollte man noch einmal mit dem Kaiser verhandeln und ließ ihn an der Seite Baumkirchers in die Burg einreiten. Als Friedrich aber, von allem »geschray der gemain wider den Kaiser« unberührt, Holzers Forderungen ablehnte und auch das Angebot auf freien Abzug zurückwies — ». . . wenn auch die Burg mein Friedhof werden sollte« —, begann am 16. Oktober die Belagerung. In einem Tag-und-Nacht-Galopp mit 40 Pferden jagte Baumkircher am 23. des Monats nach Prag, um bei König Podiebrad Hilfe für seinen bedrängten Herrn zu holen. Einen Monat später lagerte mit anderen Söldnertruppen das Böhmenheer unter Prinz Victorin bei Korneuburg, und an der Spitze einer ausgesuchten Reiterschar drang Baumkircher in die Wiener Vorstädte und versuchte, den Kaiser in einem Handstreich aus der Burg zu befreien. Am 4. Dezember sah Bürgermeister Holzer sich gezwungen, die Belagerung der Burg aufzuheben.

Noch im Januar 1463 erhielt Baumkircher, nun zum zweitenmal Retter in höchster Not, vom Kaiser Nutzen und Renten der Stadt Korneuburg verschrieben. Er sollte sich mit ihnen bezahlt machen und mit den Einkünften zumindest einen Teil der ihm durch den Einsatz erwachsenen Schulden ab-

ZUR GESCHICHTE   Manches weist auf eine erste Burg über dem Tauchental schon im 12. Jh. In Chroniken scheint Szalonak — Zloymuk — Sluinic — Schlaining erst während der Kämpfe um das Land der Babenberger auf. 1269 mußte sie Heinrich II., Graf von Güssing, dem Böhmenkönig Ottokar ausliefern, 20 Jahre später nahm sie während der »Güssinger Fehde« Albrecht I. von Habsburg nach heftigem Kampf. Es blieb die einzige Eroberung in der bald 900jährigen Geschichte der Burg, doch fiel Schlaining schon ein Jahr später an die Güssinger, nach ihnen an die ungarische Krone. Kaniszay, Zarka de Pécel, Tornpeck de Orosvar u. a. hießen die Pfleger, bevor 1445 Friedrich III. sich des Gebietes bemächtigte und Burg Zolonok dem Andreas Pemkircher — Paumkircher, Pamkircher — überließ. Für seine Taten vor Wiener Neustadt 1452 und vor Wien 1462 erhielt dieser Sohn eines Krainischen

Hauptmanns, schon als Knappe am kaiserlichen Hof im Waffendienst der Erste, ein Mann von riesenhaftem Wuchs, von Friedrich III. die Erlaubnis, sich zur Burg, die er bereits als freies Eigen besaß, eine Stadt zu erbauen, hier auch nach kaiserlichem Schrot und Korn zu münzen und freien Handel zu treiben. Vom Schicksal dieses Erbauers von Burg und Stadt Schlaining wird nebenstehend berichtet. Nach seinem tragischen Ende 1471 besaßen Herrschaft und Burg Baumkirchers Kinder aus seiner Ehe mit Anna von Kaniszay, später die Nadásdy und Uljaki. Im 17. Jh. erweiterten Schlaining die Batthyány, seit 1544 Teilinhaber, seit 1574, endgültig erst seit 1648 Alleinbesitzer der Herrschaft. Noch vor dem Ersten Weltkrieg erwarben Bürgerliche die Anlage, nach dem Zweiten der Bezirksgemeindeverband Oberwart. Die 1956 als Flüchtlingslager verwendete Burg erwarb, völlig devastiert, Minister a. D. DDr. Illig. Es gelang ihm, sie in kürzester Zeit zu einer der besterhaltenen mittelalterlichen Wehranlagen Österreichs zu machen.

SEHENSWERT an der dreitorigen Anlage ist zuerst der mächtige Bergfried aus dem 11./12. Jh. In seine Wandung beim dritten Tor ließ sich Andreas Baumkircher das Relief mit Inschrift einmauern, in seinen Gewölben wurden die »Baumkircher-Pfennige« geschlagen. In der bis zu 9 Meter starken Mauer führt eine enge Wendeltreppe zu den Wachzimmern und auf die im 17. Jh. überdachte Wehrplatte. Hier bietet sich nicht nur ein Blick bis Bernstein, auch zur Riegersburg und nach Ungarn, von hier aus erhält man auch die beste Übersicht über das Werk des Baumkircher, seine Stadt mit Pfarrkirche und Ringmauer und seine Burg. Auch der mächtige Turm, der südwestliche Eckpfeiler der

Über den tiefen Halsgraben führt eine Steinbrücke zum ersten Tor, 1648, mit den Wappen der Grafen Batthyány. Den Zugang sicherte einst der riesige Bergfried.

tragen. Am 5. April gestand Friedrich dem Ritter ebenso zu, sich neben seine Burg Schlaining eine Stadt zu erbauen.

24. Juli 1463. 3000 Reiter halten vor der hochgezogenen Brücke des Wiener Tores in Graz. Die ungarischen Abgesandten, mit großem Gefolge erschienen, um nach dem Ausgleich von Preßburg die Stephanskrone in Empfang zu nehmen, sehen sich, statt festlich begrüßt, aus der Stadt gesperrt. Mit ihnen Freiherr Andreas Baumkircher — zum Adelsrang hatte ihm inzwischen der Ungarnkönig Matthias Corvinus verholfen. An der Spitze der Reiterei sieht er sich vor dem Tore halten, das er 11 Jahre vorher verteidigt, von jenem Kaiser ausgesperrt, den er vier Jahre vorher auf Burg ↗ Güssing noch zum König von Ungarn gewählt hatte. Nur 200 Mann der ungarischen Gesandtschaft gestattet der mißtrauische Friedrich den Einzug in die Stadt. In frostiger Stimmung verläuft die Übergabe, tags darauf ziehen die Ungarn mit Baumkircher wieder ab.

Frühjahr 1469. Am ersten Februar waren die Absagebriefe Baumkirchers und seines Anhangs in Wiener Neustadt eingetroffen, am 2. Februar schon, während sich der Kaiser auf seiner Rückreise von Rom noch zwischen Ferrara und Venedig befand, waren Hartberg, Fürstenfeld, Feldbach, Marburg, Windisch-Feistritz, Wildon und das Mürztal bis Bruck von Baumkircher-Leuten besetzt. Während Türkenscharen gegen Innerösterreich vorrücken, wird die Steiermark zum Schlachtfeld, plündern und morden böhmische Söldner die Gegend leer. Tausende fallen am 5. April bei Mürz-

zuschlag, Tausende am 19. Juli bei Radkersburg. Vermittlungsversuche im Februar 1470 in Wien scheitern, ein Ausgleich im Juni in Völkermarkt zeitigt keine Ergebnisse, unbezahlte Söldner plündern weiter, die Baumkircher-Fehde droht, die Steiermark in eine Wüstenei zu verwandeln. »Es geschah solcher Schaden im Land zu Steier, das unmöglich ist zu beschreiben.« 24. April 1471. Der Kaiser hat den »edlen, unsern lieben getreuen Andre Pamkircher, Freiherr zu Sleming« zusammen mit dessen Freund Andreas Greisenegger gegen freies Geleit zu neuen Verhandlungen nach Graz geladen. Die beiden Ritter haben gerade die zwei Murtore passiert, da umringen sie Kaiserliche, zerren sie von den Pferden, und binnen einer Stunde fallen auf offener Straße zwischen den beiden Toren die Köpfe beider durch das Schwert des Henkers. Noch am selben Abend begräbt man sie bei den Minoriten.

Das Flugbild zeigt deutlich den mittelalterlichen Kern der Burg rund um den halbkreisförmigen Bergfried aus dem 11. und 12. Jh. Er deckte einst den Palas oberhalb des Steilabfalls und die Kapelle. Vorgelagert ist diesem später beträchtlich erweiterten Wohnbereich die gotische Burg des Andreas Baumkircher mit dem von ihm erbauten rechteckigen Turm im Südwesten, rechts im Bild. Romanische und gotische Burg wird von den Renaissancebefestigungen, Basteien und Bastionen umschlossen. Über drei Brücken, durch drei Tore erreicht man den Innenhof.

Anlage, ist von ihm erbaut, im 16. Jh. erhöht, in barocker Zeit mit Dachhaube versehen worden. In seinen 90 Meter tiefen Schacht, das »falsche Gericht«, stürzte man Gefangene, die sich an herausragenden Messern und Spießen zerfleischten. — Vom inneren Burghof, dem »schwarzen Hof« mit romanischer Zisterne, führt eine Pforte aus der Erbauungszeit in die zwei Stockwerke tiefe Gruft unter der gotischen Burgkapelle mit barocker Ausstattung. Das Batthyányschloß, auf romanisch-gotischem Gemäuer errichtet, zeigt in zahlreichen Schauräumen Stilmöbel, Hausrat und Bilder, eine Gemäldegalerie, ebenso die bedeutende Kunsteisengußsammlung des gegenwärtigen Besitzers.

LAGE UND BESICHTIGUNG   Südöstl. Pinkafeld. 1. April bis 30. Oktober. Täglich mit Mittagspause. Mindestens vier Personen.

Der Königmacher und die kaiserliche Schlafmütze

Güssing · Burgenland

In der einstigen Burg der Grafen von Güssing, Herren in Westungarn, wurde 1459 Kaiser Friedrich III. zum König von Ungarn gewählt.

ZEITGESCHICHTLICHES / SEHENSWERTES
Erst wer auf dem steilen Burgweg vier Tore und drei einstige Brückenanlagen, den Bastionsgürtel des 16. und 17. Jh., passiert hat, steht vor dem Felsen, auf dem im 12. Jh. eine Holzburg stand. An deren Stelle ließ Heinrich I. von Güssing die Steinburg Német Ujvár, Deutsch-Neuburg, errichten. Dem romanischen Bergfriedrest hat man im Frühbarock eine Glockenstube und den Helm aufgesetzt, und über das aus dem Felsen gemeißelte romanische Grundgemäuer sind im 15. und 16. Jh. Schloßgebäude aufgeführt worden. Besuchern werden die neugotisch eingerichtete Kapelle, der »Rittersaal« mit Ahnengalerie der Grafen Batthyány, Rüstkammer und Museumsstücke gezeigt, u. a. die älteste Hausorgel Österreichs. Im 14. und 15. Jh. war Güssing neben Güns Zentrum der Unabhängigkeitskämpfe Heinrichs II. von Güssing und seines Sohnes Iban. In der »Güssinger Fehde« besiegte Albrecht I. von Habsburg nach einer schmählichen Niederlage bei Bernstein die kriegerischen Herren. »Zeitgemäß« gegen die Türken befestigt und schloßartig erneuert haben die Burg im 16. und 17. Jh. die Grafen von Batthyány. Schloß und Ort blieben auch während des 17. und 18. Jh. bedeutsam.

Nebenstehend und rechts: Auf dem Tuff- und Basaltfelsen, 100 Meter oberhalb des Ortes, ragen vom Burgschloß nur noch Basteien, eine Halbruine und der zum Kirchturm umfunktionierte Bergfried empor.

Prächtige Schlitten, Fähnlein von Reitern, Edelleute und Knechte waren seit Maria Lichtmeß in das tiefverschneite Güssing eingezogen. Mitten im Hochwinter 1459 hatte der reiche Niklas Uljak die Herren von ihren Schlössern und Burgen auf seine Felsenfeste am Strembach gebeten. Mit Baumkircher aus Schlaining, Berthold Ellerbach von Eberau waren auch die de Gara auf Rechnitz und die Kanizsay auf Lockenhaus gekommen. Am 17. Februar besiegelten 25 Magnaten und Herren auf Güssing die Wahl Kaiser Friedrichs III. zum König von Ungarn. Uljak sah sich am Ziel. Vergeblich hatte er, der Woiwode von Siebenbürgen, sich als Kronprätendent angeboten, nun war verhindert, daß der Emporkömmling Matthias Hunyadi zum Zug kam.
Zwei Wochen später: Friedrich III. läßt von seiner Wiener Neustädter Residenz aus feierlich verkünden, er habe seine Wahl zum König von Ungarn angenommen. Dankbar gestattet er Uljak, dem Königmacher, seinen eben geborenen Sohn, den späteren Kaiser Maximilian I., übers Taufbecken zu heben. Nicht zwei Monate später: Vor Matthias Hunyadi knien die Grafen Kanizsay und bitten um Verzeihung für den Verrat von Güssing. Wenige Jahre später: Mit Uljak, dem Königmacher, Baumkircher, dem reichbeschenkten Günstling des Kaisers, stehen alle Verschworenen von Güssing im Lager des Matthias Hunyadi-Corvinus. Friedrich III. selbst hatte sich mit dem tatkräftigen jungen Ungarnkönig arrangieren müssen. Wohl hatte er Titel und Wappen eines Königs von Ungarn behalten, die Stephanskrone und Ländereien um Ödenburg waren ihm jedoch verlorengegangen.

Es genügt nicht, von adeligen Voreltern abzustammen

Herberstein · Steiermark

Das für Österreich wohl einzigartige Beispiel einer Burg, die durch sieben Jahrhunderte von ein und demselben Geschlecht bewohnt, an der 500 Jahre gebaut wurde, deren Gemäuer heute noch so deutlich von der Geschichte ihrer Entstehung erzählt.

ZUR GESCHICHTE   Am 9. Dezember 1290 überließ der Lehensmann Ulrich der Roßekker für 40 Mark abgewogenes Silber »seinem lieben Swager

Günther war der einzige Sohn des Heinrich von Herberstein. Der wohlgestalte, begabte Jüngling machte am herzoglichen Hof zu Graz gute Figur und erwarb sich hier auch unter anderem die Freundschaft Ernsts von Lobming, eines mächtigen Ritters der oberen Steiermark. Der Lobminger begann sich damals, man schrieb das Jahr 1405, wie manche andere junge Glücks-

Unten und rechts: Noch steht auf dem steilen Feistritzfelsen das alte Turmhaus des 13. Jh. Der Burgteil um den »mittleren Hof« entstand im 14. und 16. Jh. Den »Florentinerhof« mit Arkaden, an der Ostseite von zwei alten Türmen begrenzt, mit Wohn- und Wirtschaftsgebäuden, erbauten im 17. Jh. die Reichsgrafen Herberstein. Aus dem 18. und 19. Jh. stammt prächtiges Schloßmobiliar (rechts).

hern Othen von harperg und machthilden seiner Hausfrawen datz Haus Herberstain« mit allem Land und allen Gütern. Ein halbes Jahr später machte Heinrich von Stubenberg, der Grundherr, kund, daß er das »Haus« für 50 Mark Silber dem Otto von Harperg »als rechtes Eigen zu dem Lande« verkauft habe. Nach diesem seinem nun »freien Eigen« »Herbegstain«, auch »Herweichstain« und »Herwaigstein« nannten sich nun Otto von Harberg und dessen Nachkommen »von Herberstein«. Die einstigen Einschildritter, die unter Bauern im Dorf gewohnt hatten, zählten bald — nicht zuletzt auch durch reiche Heiraten — zu den angesehensten Geschlechtern in Steiermark und Österreich.

»Datz Herbegstain« von 1290, ein zweigeschossiges Turmhaus über dem äußersten Felsen, steht noch heute. Eine Schneckenstiege in der Außenmauer verbindet die Gewölbe des Erdgeschosses mit einem saalartigen Raum im Obergeschoß. Diese Urburg Herberstain, mit einem kleinen Zwinger, dem »Höflein«, sicherten Otto von Harperg-Herberstein und dessen Söhne durch Turm und Graben, den noch stehenden Bergfried mit Einstieg im ersten Geschoß, einem Verlies, drei Wohngeschossen und einem Wehrgang, den man vom Dachboden aus erreichte. Nach dem Jahre 1400 deckte die so erweiterte Anlage gegen Osten hin bereits eine von zwei Türmen flankierte Schildmauer mit Graben, über den eine Zugbrücke führte. Die Wirtschaftsgebäude der Vorburg umschloß eine Ringmauer. Südlich, außerhalb von ihr, tiefer gelegen, stand die kleine quadratische Burgkapelle mit dem »Pfaffenstöckl«.

Nach Georg II. von Herberstein, Truchseß am Hofe Kaiser Friedrichs III., Befehlshaber des steirischen Aufgebots, erweiterte und befestigte das »äußere Haus« bei der Schildmauer und den »Mitterstock« beim Bergfried vor allem Georg III., 1529—1580, Landeshauptmann der

In der gotischen Katharinenkapelle im Südtrakt der alten Burg sind Fresken des 14. Jh. freigelegt worden.

ritter seines Landes, um die reiche, kaum zweiundzwanzigjährige Anna von Eberstein, soeben verwitwet, mit reichen Gütern in Steiermark, in Kärnten und Krain, zu bewerben. Er eröffnete sich dem feinen, gewandten Herbersteiner und bat ihn, in seinem Namen bei ihr für ihn vorzusprechen. Wie ihm geheißen, ritt Günther nach Ober-Mayerhofen, dem Gut der Umworbenen. Der Anblick des jungen Ritters, der Anstand, mit dem er sich seines Auftrags erledigte, nicht zuletzt wohl auch die bewundernden Blicke, die der hübsche junge Mann ihrer Schönheit zollte, bewogen Anna von Eberstein, ihm überraschenderweise zu antworten: Sein großes Lob — schön und gut. Aber — wäre er nicht ein ungetreuer Mann, wenn er einem andern mehr als sich selbst Gutes gönnt? Sei dem aber nicht so, ist er dann nicht wohl ein großer Lügner?

Betroffen, bewegt und auch betrübt verließ Günther das Gut der schönen Anna, die ihn so offensichtlich aufgefordert hatte, doch selbst um sie anzuhalten. Er sei mit seinem Geschäft nicht ganz glücklich vorangekommen, gestand er bedrückt dem Lobminger — kehrte hierauf kurz entschlossen um, eilte auf Gut Mayerhofen und hielt nun selbst um Anna an. Die schöne

Witwe ließ den jungen Herbersteiner erst gar nicht mehr von ihrem Schloß, und in kurzem wurde Vermählung gefeiert. Ernst von Lobming sah sich hintergangen. Er überfiel mit einer beträchtlichen Schar kurzerhand die Flitterwöchner und setzte sie gefangen.

Erst Herzog Ernst dem Eisernen gelang es, sie wieder zu befreien. Ritter Ernst von Lobming fiel in Pön und Acht, Günther aber, der seinem einstigen Freund und nunmehrigen Feind auf der Stelle verzieh, wurde Schloßhauptmann zu Graz und kam zu hohen Ehren.

Das rührendschöne Geschichtchen ist Geschichte. Nicht nur die Herbersteinsche Hauschronik überliefert sie als wahres Geschehnis, in einer Urkunde vom 13. November 1406 leistet Ernst von Lobming Urfehde und verzichtet nach der »harten Fehde mit Günthern« auf alle Ansprüche. Das Dokument sei im Wortlaut wiedergegeben: »Ich Ernst der Lobning Vergich und tun kunt offenleich mit disem brief Von der Vanknusse wegn, die ich an Günthern und Jörgn den Herberstainern getan umb alle die habe, die ich In und Annen des egen Günthern hausfrawn zu Mairhofen genomen hab, und umb die Scheden, darin ich von der sach wegen komen pin, daz ich darumb mit In genutzlich pin verricht, und sol und wil hinfür von der sach wegn Ir gut frewnd sein, und gelob und verhaizze bey meinen trewn an Aydesstat, daz ich, noch alle meine frewnde, helffer und diener, und auch alle die, die In von mein wegn abgesagt habent, und die Schulde daran habent, und sonderlich Jacob, der dem obgen Günthern von Kristoffs seines Knechts wegn hat abgesagt, gen denselben Herberstainern der egen Annen und Iren Knechten, die da mit In sind gevangen gewesen, und allen Iren frewnden, helffern und Dienern von der sach wegn hinfür ewiklich kaynerlay Veintschaft, Vordrung noch Zuspruch haben sullen noch welln mit Recht, noch an Recht, in khainen weg unverleich. Und des ze Urchund hab ich mein Insigel gehengt an disen brief. Der geben ist ze Gretz an Samstag nach sand Marteinstag kristi geburde Viertzehenhundert Jaer, darnach in dem sechsten Jar.«

Aus der Selbstbiographie Sigmunds von Herberstein, 1486—1553:

Es ist dem Adel nit genug, von adeligen und tugendlichen Voreltern geboren zu sein, sondern jeglicher soll sich selber durch sein Wohltun mit Tugenden edel machen, denn wer seiner Voreltern Guttaten erzählt und rühmt, der sagt anderer Tugend und nit die seine.

Das Lob des Adels gebührt nur denen, die den Namen tragen und adeligem Herkommen in Tun und Leben sich angleichen.

Falls mein Vater oder auch ich mit dem Ackerbau und Pflug gearbeitet und uns genährt hätten, wollte ich dasselbe in Wahrheit auch nicht vorenthalten. Ich wollte auch viel lieber der Erste adelig gemacht, als meiner Eltern unwürdig befunden werden.

Von meinen Eltern hab ich auch vernommen, gleichwohl haben sie nur vom Hörensagen geredet, daß da zu Herberstein sieben Ritter zu einer Zeit gewohnt haben sollen, darunter nur einer Hosen getragen, gleichermaßen auch vernommen, daß neun Herbersteinerinnen aus einem Mantel verheiratet worden seien. Jetzt will keiner ohne sieben Paar Hosen, auch keine ohne neun Mäntel zufrieden oder begütert sein.

Hab Müßiggang geflohen, alle ehrliche Arbeit willig und gern angenommen, die Gesellschaften, so mich zu unnützen Freunden und übermäßigem Trinken gezogen, gescheut . . .

Steiermark und Vater von 22 Kindern. Er ließ an der Burg einen Südtrakt errichten, das Renaissanceschloß. Diesen Schloßbau erweiterte Bernhardin von Herberstein, Geheimer Rat Kaiser Ferdinands II. und Obersthofmarschall. Doch erst Maximilian, sein Sohn, der erste Reichsgraf von Herberstein, 1644—1680, gab der Burg seiner Väter um 1650 seine heutige Gestalt. Er ist der Erbauer des »Florentinerhofes«, des »Rittersaales«, der jetzigen Kapelle und des Uhrturms.

Das Geschlecht derer von Herberstein erscheint schon im 15. Jh. in zwei Linien. Die jüngere mit Gütern in Istrien begründete Andreas von Herberstein, »der Glückliche«, sein Bruder Leonhard, zu Wippach im Krainischen begütert, war der Vater des berühmten Freiherrn Sigmund Herberstein, 1486—1566, den Kaiser Maximilian I. 1514 zum Ritter schlug und zu seinem Rat machte. Als Gesandter und Unterhändler in Moskau, Warschau und im türkischen Ofen für das Kaiserhaus unterwegs, wurde der gelehrte Mann durch sein Werk Rerum moscoviticarum commentarii, 1549, der ersten Beschreibung Rußlands, für die westliche Welt zum Entdecker des großen Reiches im Osten. Aus Herbersteins Selbstbiographie ist nebenstehend zitiert. Sigmund von Herberstein, sein Lebtag »mit ganzem Fleiß« ein treuer Diener Maximilians I., schildert das Ende des von ihm hochgeschätzten Herrn und Kaisers: »Der Khayser kham gen Wels, dahin warden auch alle, die in den Hoffradt sein solln, ervordert . . . Indem so erkhranckt der Khayser am sechstn, den neuntn versahe sich mit dem Sacrament, am zwelfftn umb drey uhr vor tags in Gott verschiedn. Am 16. Januarij (1519) hab ich, Gott wais mit beschwärtem leib, aber mit vil beschwärlicherm und bekümerlicherm hertzen und gemuet, den frumen Khayser auff meinem achseln geholffen in die khirchen zu tragen, der Seel der Allmechtige barmhertzig sein wölle.«

Lage und Besichtigung Südwestl. Hartberg, im Erholungsgebiet bei Stubenberg. Nach telefonischer Anmeldung.

Burgfried, Landgericht und Malefitz Persohnen

Rabenstein · Steiermark

Das schon von weitem sichtbare Burgschloß auf der Felsklippe an der Mur, eine der ansehnlichsten steirischen Wehrbauten aus früherer Zeit, bietet mit seinen gepflegten Innenräumen heute begehrte Erholung und Kunstgenuß.

ZUR BESITZ- UND BAUGESCHICHTE Mit einem oberen und einem unteren »Haus« sperrten die mächtigen Schenken von Rammenstein seit dem 12. Jh. das Murtal. Die alte Fernstraße, auf der schon die Römer nordwärts gezogen waren, führte lange Zeit durch den Burghof des »nidern hauß«. Im 14. Jh. verfiel das landesfürstliche Lehen. Kaiser Maximilian I. belehnte die Brüder Harracher mit dem »ausgebrunnen geschloß Rabenstein«. Während man die obere Burg als Ruine beließ — noch steht spärliches Mauerwerk von Wohnturm und Wohngebäude —, restaurierte und erweiterte man das untere Haus zu dem langgestreckten, mehrgliedrigen, östlich turmartigen Dreiecksbau mit unregelmäßigem Hof. Rabenstein bewohnten im 16. und 17. Jh. u. a. Pfleger der Windischgrätz und Schärffenberg. Die Herrschaft besaß niedere Gerichtsbarkeit und gegenüber Pfannberg nur einen kleinen Burgfried.

Zwischen 1670 und 1680 ließ Friedrich von Trautmannsdorf den zwei- und dreigeschossigen Haupttrakt barock erweitern und zwei Säle einbauen. Der kleinere, achteckig, mit kuppelförmiger elliptischer Stuck- und Freskendecke, nimmt sich wie ein Vorentwurf zum Prachtsaal des Fischer von Erlach im Schloß Frain in Mähren aus. Seit dem 19. Jh. ist Rabenstein Besitz derer von Reininghaus.

LAGE Südl. Frohnleiten, Murtal. Besichtigung nur nach Voranmeldung.

Der alte Pfleger beschwor den neuen Richter, sich der Forderung des Frohnleitner Landrichters zu fügen. Ob kleiner Landstreicher oder Gewohnheitsdieb, der Malefiziant müsse ihm morgen früh ausgeliefert werden, für diesen Fall wäre das Niedergericht Rabenstein nicht zuständig. Umständlich erklärte er dem jungen Mann, wie die Frohnleitner, seit ihnen anno 1559 die Privilegien verbrannt seien, sich beim geringsten Verstoß Vorteile zu erhandeln versuchten. Auch die Gösser Herrschaft habe einen Prozeß gegen sie verloren. Da sei in der Rotleuten eine tote Person gefunden und bei St. Katharinen beigesetzt worden, als der Frohnleitner Landrichter sie mit dem Gerichtsstab freigegeben hatte. Der Amtmann in der Gams jedoch war der Meinung, der Ort, wo der Tote »gehebt« worden war, unterstehe der Herrschaft Göß, dem Landgericht Röthelstein. Mit 150 Bauern sei er deshalb vor den Markt gezogen, um den »gehebten« Toten in seine Gewalt zu bekommen. Ganz schön abgewiesen hätten ihn die Frohnleitner! Neun Jahre habe dann der Prozeß zwischen Frohnleiten und Göß gedauert — Weisungen und Gegenweisungen habe es eine ganze Wagenladung gegeben —, aber die Äbtissin und die Gösser Herrschaft hätten den Prozeß verloren. Deshalb werde er auch die Burgfriedbereinigung, wie sie der Frohnleitner Landrichter angesagt habe, stark beschicken.

So unsinnig es dem fortschrittlichen jungen Richter auch erschien, die Übergabe des Malefizianten erfolgte nach Punkt und Beistrich des Weistums. Mit dem Pfleger, drei Leuten und dem Landstreicher stand er neun Uhr morgens beim Ferberhäusl, jenseits von ihm — ein Schritt mehr und es wäre Burgfriedverletzung gewesen — hatten der Frohnleitner Landrichter, zwei Ratsherren und der Gerichtsdiener Aufstellung genommen. »Mit heller Stimme«, wie verlangt, meldete er Namen, Ort und Art des »Verbrechens«, einmal, zweimal, dreimal. Dann löste der Knecht dem armen Lumpen die Fesseln und legte seine Arme auf den Rücken. Der Richter trat hinzu und umschlang die gekreuzten Hände, wie es Brauch war, mit einem Strohhalm. »Nur mit dem Gürtel umfangen«, stieß jetzt der Diener den Malefizianten über die Grenze. Drüben legte ihm der Gerichtsdiener Eisen an, würdevoll bestätigte der Landrichter die Überantwortung.

Nicht weniger formell verlief eine Woche darauf die Burgfriedbereinigung. Zur angesagten Stunde zogen Richter, Rat und viel Frohnleitner Bürgerschaft in Waffen einher, mit Richter, Dienerschaft und Untertanen der Herrschaft erwartete sie der Pfleger von Rabenstein beim Aukreuz an der Mur. Man rief sich an, verlas feierlich den Freiheitsbrief des Kaisers und bestätigte das Kreuz als Burgfriedsgrenze. Drüben führte man einen Knaben nach vor, zeigte ihm das Kreuz, nahm ihn bei den Haaren und beutelte ihn nachdrücklich. Dann erhielt er den Burgfriedbereinigungspfennig. Prügel und Wohltaten an bestimmten Stellen merkt sich jeder Mensch.

Rechts: Die breite Front des Burgschlosses beherrscht das Murtal.

Kein Feint noch Thirckn nicht firchten

Riegersburg · Steiermark

Als Grenzburg im Osten einst eine der »größten Festen der abendländischen Christenheit«, in der zur Türkenzeit an die 5000 Reiter lagerten, zählt die Riegersburg, der spätere Sitz der berühmten »Gallerin«, zu den großartigsten Baudenkmälern Österreichs.

GESCHICHTLICHES Auf dem riesigen Basaltfelsen, unvermittelt aus dem Gelände aufsteigend, errichtete vor mehr als 800 Jahren ein »Rüdiger« die erste Wehranlage. Im Mittelalter trug der Fels zwei Burgen, eine untere landesfürstliche, »Lichtenegg« — sie stand an der Stelle des heutigen »Grenzland-Ehrenmals« —, und eine obere, »Kronegg«, auf der die Herren von Rudkerspurch hausten, die sich später »Wildoner« nannten. Über die ihnen verwandten Kuenring-Dürnstein kam der befestigte Fels um 1300 an die Wallseer. Als während der nach ihnen benannten Fehde Herzog Ernst der Eiserne 1412 die »nider veste« erobert hatte, mußte sich auch die obere ergeben. Bald danach vereinigten die Wallseer die »peden vesten Ruggerspurg«. Unter den Freiherren von Stadl entstand im 16. Jh. die Befestigung, Fluchtort in Türkenzeiten und während der Heiduckeneinfälle. Verschuldet, fiel der Besitz im 17. Jh. an die reichen Urschenpeckh, 1672 an den vermögenden Freiherrn Seifried von Wechsler. Dessen Nichte Katharina Elisabeth, verheiratete von Galler, ließ die untere Feste abbrechen und mit ihrem Material in 16jähriger Bauzeit die Riegersburg in ihrer heutigen Gestalt erstehen. Ihr Schwiegersohn und Erbe Ernst Johann Graf Purgstall vollendete nach 1672 den Bau. Seit 1822 besitzen die Fürsten Liechten-

Sie sei eine »Pfaffenvettel« und »Mallefiz Person« von der übelsten Sorte, mit der man nun endlich Schluß machen werde, tobte die Burgherrin, während sich ihre Leute eines kleinen alten Weibleins bemächtigten, der Pfarrersköchin Katharina Hopfin, um sie ins Gefängnis nach Feldbach zu liefern. Dann ließ sich die Gallerin vom Büchsenmeister und acht Bewaffneten in den Pfarrhof geleiten. »Du verfluchter Schandpfaffe!« hörte man sie am Krankenbett des Pfarrherrn schreien. »Mit meinen Händen erwürge ich dich! Wie einen Spatzen! Und wenn ich mein Schloß darüber verliere!« Hauptpfarrer Strobl zu Riegersburg — der »sakramentalische Hund« — hatte es gewagt, wegen des von ihr beanspruchten Patronatsrechtes über acht Filialkirchen eine Eingabe an die Regierung zu machen.

Katharina Elisabeth war die Tochter eines Obersten. Schon das zwölfjährige »Freylle Liese« saß lieber im Sattel als am Nähtischchen. Es konnte sein, daß sie sich nach dem Frühstück auf das Pferd schwang und im 50 km entfernten Radkersburg pünktlich an der Mittagstafel erschien. Am Nachmittag präsidierte sie hier gern als Gerichtsherrin. Daß sich der ältliche Oberst Freiherr von Galler, ein behäbiger Genießer, der es bis zum Hofkriegsratspräsidenten brachte, nach den Flitterwochen nicht mehr viel in ihrer Nähe sehen ließ, verwunderte niemanden, wohl aber, daß die Freifrau nach zwölfjähriger Ehe dann doch noch Mutter wurde.

Was die junge Witwe, seit 1648 Alleinbesitzerin der Herrschaft, zuerst und vordringlich beschäftigte, war der Ausbau der Riegersburg. Inschriften, die sie überall im Burgbereich anbringen ließ, verkünden, wie sie sich verstanden wissen wollte: »Bauen ist ein schöner Lust, was es mich kost, ist mir bewußt.« »Was ich in 16 Jahrn hier hab lassen pauen — — Kain Haller mich nit reuen thuet — Ich mains dem Vaterland zu guett — —« Und dann: »Gott fier Alles alzeit ehrn — Den Röm. Kay. erkennen fier ein Schuz Herrn — Kein Feint noch Thirckn nicht firchten — —«

Was für ein gewalttätiges Naturell diese Frau besaß, wieviel Neidteufel und kleinkarierte Bosheiten sie plagten, ahnt, wer auch nur einen Blick in einige der Gerichtsakten getan hat, die uns von mehr als tausend Prozessen der Freifrau in eigener Sache erhalten geblieben sind. Sie prozessierte gegen Geistliche und Gutsherren, gegen Nachbarn, Militärs und Untertanen, meist gegen ein Dutzend und mehr zugleich, gegen ihren Todfeind, den Hauptpfarrer Strobl, ein Jahrzehnt lang.

Noch eine stattliche Erscheinung, sah sich die Witwe Elisabeth nach einem zweiten Mann von Rang und Stand um. Neben Herrn von Grattenau, dem Burgpfleger, dem sie während ihrer Witwenzeit die Gunst geschenkt und während einer Schäferstunde auch Teilung des Vermögens in Aussicht

Rechts oben: Kilometerlange Mauern um den Berg, neun Bastionen und sieben Torbauten sicherten die Hochburg. Rechts unten: Das Wenzelstor und der Barockbrunnen im Hof.

stein Burg und Herrschaft. Nach Elisabeths Tod, 1672, waren die Burg und das benachbarte Feldbach Schauplatz einer Hexenaffäre.

SEHENSWERTES Durch fünf Tore quert der Besucher die Bastionen des 17. Jh. und spätmittelalterliches Gemäuer. Ein in den Felsen gesprengter tiefer Graben sichert das sechste, ein zweiter Graben und das siebente Tor den Burg- und Schloßbereich. Er ist z. T. auf Schwibbogen über senkrecht bis überhängend abstürzenden Felsen errichtet. In das Schloß verbaut sind der Bergfried, die gotische Doppelkapelle mit Kreuzrippengewölbe um 1400, ebenso sonstige Teile der mittelalterlichen Burg Kronegg. Etwas vom Burgencharakter zeigen noch die beiden engen Innenhöfe mit Arkaden, den zweiten schmückt barockes Schmiedeeisenwerk über der 27 m tiefen Zisterne. Außer der Waffenkammer werden eine Flucht von Zimmern und Sälen gezeigt, mit wertvollen Decken, Intarsien, Stuck, Mobiliar, Bildwerk und Details meist des 17. und 18. Jh. Außer dem »Rauschsessel« gibt eine Inschrift am nördlichen Fenster Kunde von der Hauptbeschäftigung derer von Urschenpeckh: »anno 1635 den 6. April hat sich das Sauff angehebt und Ale Tag ein Rausch geben bis den 26 dtto.« Der Barocksaal birgt die bestaunte Hausorgel, 1672, und zeigt ein charakteristisches Gemälde der Gallerin. Hier hängen auch die Bilder der Brüder Urschenpeckh, die sich der Sage nach von den beiden Burgen des Bergs aus befehdeten. Um unabhängig zu sein, soll sich der auf »Kronegg« den sogenannten Eselsteig erbaut haben, einen einst durch Torbauten und Zugbrücken befestigten Zugang zur oberen Feste, auf dem man noch heute direkt zum sechsten Tor aufsteigen kann.

LAGE Nördl. Feldbach. Eisenbahnstation Feldbach oder Lödersdorf, Fürstenfeld oder Hatzendorf. Nächtigung im Ort.

BESICHTIGUNG 1. Mai bis 30. Sept. 8—17 Uhr, 1. März bis 30. April und 1. Okt. bis 15. Nov. 9—16 Uhr.

gestellt hatte — sie prozessierte deswegen dann sieben Jahre gegen den Galan —, wimmelte es von Glücksrittern um die üppige Endvierzigerin. Schließlich reichte sie einem Fünfziger die Hand, dem Freiherrn von Kapell, Obristlieutnant und nicht wie erwünscht zumindest General. Kapell war mehr im Feld als auf der Burg und stand auch in der großen Türkenschlacht bei Mogersdorf an der Raab seinen Mann. Sehr deutlich hörte man am Morgen des 1. August 1664 auf der Riegersburg den Kanonendonner. Unbewegt hörte die Gallerin vom Tod ihres Mannes in der Schlacht. Eine Stunde lang kniete sie in der Kapelle. Dann feierte man Tag und Nacht den großen Sieg des Montecuccolli über die Türken.

Zehn Monate nach dem Tode des Freiherrn von Kapell heiratete die 58jährige den 25jährigen Rudolf von Stadl, einen jüngeren Mann ohne viel überflüssigen Vorrat an Kenntnissen. Ihr lüsternes Auge war seinem geldgierigen nicht entgangen, meint der Biograph. Der Scheidungsprozeß, den Elisabeth mit 37 Artikeln über tätliche Beleidigungen gegen ihn eröffnete, endete erst drei Jahre vor ihrem Tod mit einem Vergleich.

Rechts: Sprünge und Risse im Vulkangestein gefährdeten die Hochburg. Unten: Hinter den Laubengängen lagen Kanzleien und der Gerichtsraum.

Lonsperg, die Verschwörerburg

Deutschlandsberg · Steiermark

Auf »Lonsperc« über der Laßnitzklamm, dem Hauptsitz des Salzburger Bistums im Steirischen, verschworen sich am Neujahrstag 1292 der innerösterreichische Adel mit dem Erzbischof von Salzburg gegen Albrecht I.

ZUR GESCHICHTE Die Lonsperger waren Ministeriale des Salzburger Bistums, das hier um 1130 das Zentrum seiner steirischen Besitzungen begründete. Nach den Lonspergern verwalteten Burggrafen den Besitz, neben Leibnitz der Lieblingsaufenthalt der Erzbischöfe zu Weinlese- und Jagdzeiten. Nach der Vertreibung der Ungarn durch Maximilian I. erhielten Reisperger und Weißpriacher Rechte auf Landsberg eingeräumt, 1595 verkaufte Erzbischof Wolf Dietrich den Besitz an die Khuenburg, doch war er zwischen 1630 und 1805 wieder in Händen Salzburgs. Die noch

Er müsse ihre Forderungen erst mit seinen Räten in Wien besprechen, eröffnete Herzog Albrecht die zweite Verhandlung mit den steirischen Adeligen in der Grazer Burg. »Es wäre gut, Herr«, nahm der Bischof von Seckau das Wort, »Ihr würdet ein paar Steirer beiziehen, die könnten Euch beraten.« — »Das traue ich ihnen ohneweiters zu«, wies Albrecht ihn ironisch ab.

»Wollt Ihr uns sonst nichts sagen, Herr?« fragte der steirische Bischof dringlicher. »Hielt ich es für gut, es wäre schon heute früh geschehen!« — »Wie Ihr wollt, Herr«, erklärte darauf der Seckauer. »Bestätigt Ihr unsere Vorrechte nicht, fühlt sich dieser Kreis hier, wir alle, nicht mehr an Eid und Verträge mit Euch gebunden. Richtet Euch danach.« — »Was wollt ihr eigentlich?« fuhr Albrecht auf. »Ihr habt doch dieselben Rechte wie unter dem Böhmenkönig, bevor mein Vater das Land von ihm befreite! Nicht mehr und nicht weniger!« — »Herr«, mischte sich jetzt der Stubenberger ein, »hätte der Böhme nicht soviel Unrecht getan, er wäre noch Herr im Lande. Wir haben uns notgedrungen um Hilfe an das Deutsche Reich gewandt!« — »Soll das jetzt eine Kriegserklärung sein?«

»Es bleibt, wie schon gesagt«, stellte der Seckauer unbeirrt fest. »Wir sind uns einig: Da Ihr nicht bereit seid, Eure Pflicht zu erfüllen, befolgen wir auch keinen Befehl von Euch mehr. So lange, bis Ihr einlenkt!«

Ohne sich von ihm zu verabschieden, verließen die Steirer ihren Landesherrn.

Albrecht I. hatte an diesem Novembertag 1291 eine bedeutende Anhängerschaft verloren. Vor dem Hintergrund der sich stillschweigend bildenden Opposition der deutschen Kurfürsten, der versteckten Gegnerschaft seines Schwagers Wenzel von Böhmen, dem offenen Widerstand des Metropoliten von Salzburg und Ottos von Bayern, bald auch des Patriarchen von Aquileia begannen sich in diesem Spätherbst 1291, nach dem Tode seines Vaters Rudolf von Habsburg, angeführt vom Salzburger Erzbischof, der steirische Adel, aber auch der Großteil des kärntnerischen gegen ihn und seinen Schwiegervater Meinhard II. von Kärnten zu formieren. Von der Adria bis zum Riesengebirge, vom Jura bis nach Ungarn bildete sich eine antihabsburgische Front.

Wie man in Österreich ober und unter der Enns, vor allem in Wien über den Sohn Rudolfs von Habsburg mit seinem meist schwäbischen Anhang, Höflingen und Gefolgsleuten, dachte, erfahren wir von einem Mann, der als Seifried Helbling, um 1300, in die Literatur eingegangen ist: Alles haben wir hier in Österreich schon mitgemacht, schreibt der Vorfahre des »Herrn Karl«. Wir können auch alles! Unter dem Herzog Friedrich — dem Streitbaren — sind wir wie Ungarn behandelt worden, dann sind wir böhmisch geworden. »Tobroytra! Kurvysine — Hurensohn, hohoho. Vitej pan poppomuz!« Wie uns das böhmakeln leichtfällt! Wir lachen auch schon wie die Böhmen, fressen wie die Bayern, halten uns für wilder als die Steirer, tanzen wie die Krainer und tragen Mäntelsäcke wie die Welschen. Nun hat uns zu guter Letzt der liebe Gott noch einen Schwaben als Herzog geschickt. Ihr Dienstleute, so reich wie unter ihm seid ihr nirgends anderswo geworden. Alles kauft ihr zusammen, was ihr kriegt. Sei's eine Weile so, aber dann schert euch wieder an den Rhein. Bei meiner Treu, das rat ich euch. Ihr trinkt und bezahlt Etzels Wein (den er den Gästen kredenzte, bevor er sie umbringen ließ).

Unter solchen Vorzeichen traten am Neujahrstag 1292 die Führer des steirischen Adels auf Lonsperc — Deutschlandsberg —, der Burg des Salzburger Erzbischofs, zusammen. Am 2. Januar besiegelten und beschworen sie zum Teil auch für ihre Verwandten, daß sie ihre alten Freiheiten gegen Albrecht von Habsburg verteidigen, den Erzbischof von Salzburg und dessen Besitzungen beschützen wollten.

Im Januar schlug der steirische Adel zu. Bruck, Voitsberg, Knittelfeld, Graz, Judenburg, Leoben und Wildon wurden berannt, um die habsburgischen Besatzungen zu vertreiben. Mit 200 Bayern stieß der Salzburger Erzbischof durch das Ennstal bis Admont und Leoben vor. Das kühne Winterunternehmen »Semmering« (↗ Bruck an der Mur) Albrechts I. machte die Pläne der Verschwörer bei Kraubath (↗ Kaisersberg, ↗ Kapfenberg), in ↗ Friesach und am Wallerberg (↗ Griffen) zunichte.

Mit unbeugsamem Willen und diplomatischem Geschick gelang es Albrecht, sich auch in Österreich und im Reich zu behaupten.

Der Stich von Matthäus Vischer zeigt den Zustand der Burg im 17. Jh. Seite 96 zeigt das habsburgische Hauswappen.

völlig intakte Burg als Staatsbesitz ersteigerte ein Bankier, 1820 erwarben sie die Fürsten Liechtenstein, seit 1870 verfiel sie zur Ruine.

SEHENSWERT in dem langgestreckten einstigen Burgbereich ist vor allem das mächtige Turmhaus. Von seiner gut abgesicherten einstigen Wehrplatte mit noch echten Zinnen bietet sich eine herrliche Aussicht ins weststeirische Hügelland am Fuß der Koralpe. Die z. T. handbehauenen Quadersteine sind ebenso wie das spitzbogige Torgewände und die Lichtschlitze aus dem 14. Jh., Torbau, Vorburg und sonstiges Gemäuer an der eineinhalb Meter starken Ringmauer meist aus dem 16. Jh. Aus dieser Zeit stammt auch der inzwischen abgetragene Rundturm im Nordosten und der Halbturm, der den Südteil der Vorburg abschließt.

LAGE UND BESICHTIGUNG Südwestl. Graz über Stainz. Frei zugänglich.

LANDSPERG

97

Des Teufels Kaplan

Strechau · Steiermark

Die Burg des 13. Jh. war habsburgischer Stützpunkt gegen Salzburgs Erzbischöfe. Im 16. Jh. Protestantenzentrum, wurde sie im 17. Jh. Sitz der Äbte von Admont.

Unten und rechts: Burg Strechau barg durch Jahre den sagenhaften Schatz Kaiser Friedrichs III., 1440—1493. Einen Begriff von der Kostbarkeit des kaiserlichen Hortes — er enthielt auch eine Kleinodiensammlung von unermeßlichem Wert — gibt der sogenannte »Corvinusbecher« (heute in Wr. Neustadt). Nur Legenden berichten von der Entstehung und Bestimmung des mit der Devise A E I O U und dem Monogramm des Ungarnkönigs Corvinus versehenen Pokals.

Im salzburgischen Stift Admont im Ennstal gäbe es Mönche und Laienbrüder, hieß es in der Bulle des Papstes Innozenz IV. vom 13. April 1252, die sich nicht scheuten, Hand aneinander zu legen, sich gegebenenfalls auch totzuschlagen, Brüder, die Aufruhr angestiftet, Parteiungen geschaffen und sich am Klostergut vergriffen hätten; Mönche, die jeden Gehorsam verweigerten und trotz des Bannfluches ihres Abtes die Sakramente spendeten und am Altare stünden.

Es war ein steirischer Bauernsohn aus der Gegend von St. Michael bei Leoben, der es, als er 1275 Abt des in Verruf geratenen Benediktinerstiftes wurde, in kürzester Zeit zuwege brachte, nicht nur den Orden, sondern auch den schwerverschuldeten Besitz der Salzburger zu sanieren. König Rudolf von Habsburg erkannte das Verwaltungsgenie und machte Abt Heinrich II. von Admont zum Landschreiber, zum Finanz- und Steuergewaltigen der Steiermark. Rudolfs Sohn Albrecht I. fand in ihm bald den einzig geeigneten Mann, den widerspenstigen steirischen Adel im Zaum und das Land in Ordnung zu halten. Er berief ihn neben Hermann von Landenberg, Berthold von Emmerberg, Eberhard von Wallsee und Ulrich von Taufers als fünften Mann in sein Geheimes Kollegium und ernannte ihn zum Landeshauptmann, zu einer Art Vizekönig der Steiermark.

ZUR GESCHICHTE Gut »Laznich-owe«, das heutige Lassing, schenkte im Jahre 1036 Kaiser Konrad II. dem Erzbischof von Salzburg. Die Traungauer ließen über dem festen Hof eine Höhenburg errichten. Die Doppelburg, nach deren Aussterben wieder salzburgisch, kam 1282 im Tauschweg mit Neuhaus, dem jetzigen ↗ Trautenfels bei Pürgg, an die Habsburger. Mit ↗ Gallenstein verwaltete den Besitz der berühmt-berüchtigte und vielverleumdete Abt Heinrich II. von Admont, aus dessen Leben und von dessen schrecklichem Ende nebenstehend berichtet wird. Strechau, im 14. Jh. das letztemal als Doppelburg genannt, verlieh Maximilian I. im 15. Jh. an seine Günstlinge, die Grafen Prüschenk. Endgültig verkauft Habsburg die Feste unter Kaiser Ferdinand I. im 16. Jh. an Hans Hofmann, vorerst Pfleger auf Burg Wolkenstein bei Wörschach im Ennstal, später, obwohl aus niederem Stand, in gehobener Stellung als Rat an der Seite des Landesfürsten tätig, einer der Köpfe der steirischen Protestantenbewegung. Sein Sohn Hans Friedrich, Wortführer der protestantischen Stände auf dem Reichstag zu Regensburg, ließ Strechau zum Wohnschloß erweitern. Nach der Vertreibung der Protestanten aus der Steiermark erwarb es Stift Admont. Zwischen 1629 und 1632 bauten es im Auftrag des Admonter Abtes Urban italienische Baumeister zum Herrensitz aus. Das spätere Eigentum des Wiener Theresianums diente nach den Weltkriegen als Fremdenpension und Kinderheim.

SEHENSWERTES Für den Besucher ist derzeit nur die z. T. stark devastierte und vernachlässigte Vorburg des 14. bis 16. Jh. mit Basteien und Rondellen zugänglich. Über einen ersten Abschnittsgraben, an einer Bastei mit Mordgang, Geschützstand und dem einstigen Torwächterhaus, am Hungerturm — wohl der einstigen Gerichtsstätte —, an Schüttboden, Pulverturm und Pflegerhaus aus dem 16. Jh. vorbei, erreicht er die Hauptburg. Ein überbrückter zweiter Halsgraben trennt sie vom Bergmassiv, noch ist die alte Zugbrückeneinrichtung zu

Abt Heinrich gehörte zu jener Art von geistlichen Herren, die persönlich, am liebsten an der Spitze einer Ritterschaft, gegen Unbotmäßige vorgingen. So belagerte und brach er im Namen des Herzogs die Burg des Otto von Pernegg, eroberte, konfiszierte, exekutierte, setzte gefangen, wie er es für richtig hielt. Nicht zu verwundern, daß der bäuerliche Kahlkopf mit den abstehenden Ohren bald landauf, landab als der böse Dämon, der tyrannische Treiber für den wegen seines schwäbischen Anhangs in Österreich und in der Steiermark geschmähten Habsburgers, als Leuteschinder übelster Art verschrieen war. Herzog Albrecht sah sich gezwungen, den Gottesmann unter seinen persönlichen Schutz zu stellen. Niemand in der Steiermark zweifelte daran: Was dem Land und seinem Adel, die sich von Kaiser Friedrich II. und König Rudolf I. etwas wie Reichsunmittelbarkeit mit einer Anzahl Privilegien hatten verbriefen lassen, zwischen 1284 und 1297 von Habsburg wiederfuhr, das war einzig und allein vom Admonter Abt, von des »Teufels Kaplan und Fensterbloch«, angezettelt.

Albrecht und seinem steirischen Landeshauptmann war besonders daran gelegen, die damals verworrenen Rechtsverhältnisse im Ennstal zu klären. Hier unterstand Salzburg neben viel Streubesitz auch die Grafschaft Ennstal. Noch zu Lebzeiten des Erzbischofs Friedrich von Walchen, einem Freund seines Vaters Rudolf, hatte Albrecht im Tausch gegen Neuhaus, dem heutigen Trautenfels, am Weg nach Aussee und in die Gosau, Burg Strechau bei Rottenmann eingehandelt, altes Salzburger Besitztum. Als der Herzog nach dem Tod des Bischofs, 1284, bei dessen Nachfolger Rudolf von Hoheneck wegen der Burgen Stäteneck bei Schladming und Wachsenegg bei Graz dringlich wurde, kam es zum Krieg zwischen Salzburg und Habsburg. Bischof Rudolf brach ins Ennstal ein, Albrecht rückte in Eilmärschen über den winterlichen Pyhrn, verscheuchte die Salzburger aus der Gegend von Rottenmann und hielt sich an Friesach und Fohnsdorf schadlos. Als nach einem Kriegsplan des Admonter Abtes Heinrich Sibot von Lampoldingen nächtlicherweise Burg Neuhaus-Trautenfels überfallen hatte und dabei neben dem Pfleger auch einige Leute der Besatzung über die Klinge springen mußten, versuchte es der Salzburger Oberhirte mit geistlichen Mitteln und sprach das Interdikt gegen Albrecht aus. Als sich niemand darum kümmerte, erregte das den zu Schlagfluß neigenden Seelenhirten über die Maßen, und er verschied 1291. Sein Nachfolger, Konrad von Lavant, ein geschworener Feind Habsburgs, verbündete sich am Neujahrstag 1292 auf der Burg Lonsperg (↗ Deutschlandsberg) mit dem steirischen Adel für fünf Jahre und zettelte eine weltweite Verschwörung gegen das Herrscherhaus an. 1292 schlug Albrecht die Verschwörer bei Kraubath, in Friesach und am Wallerberg. 1295, als man ihm Gift in die Speisen gemengt hatte und der Salzburger Bischof auf die Alarmnachricht, der Habsburger sei tot, sofort dessen Feste am Mandlingbach und die Salzsieden in der Gosau dem Erdboden gleichmachen ließ, zog Albrecht, von dem Attentat bald genesen, neuerlich gegen die Verschwörer. Doch belagerte er ein Jahr später noch immer vergeblich das von Salzburg hartnäckig verteidigte Radstadt. Da fiel Abt Heinrich von Admont einem Mordanschlag zum Opfer, und es kam endlich zum Frieden zwischen Salzburg und Habsburg.

Aus der Sicht der parteiischen Steirer erzählt weitschweifig der steirische Chronist die Vorgeschichte des Mordes an Abt Heinrich: Da war ein Dienstmann, Durinc Grießer, der hatte des Abtes Brudertochter zur Frau und besaß deshalb großen Einfluß auf die Geschäfte des Landeshauptmannes.

STRÖCHÄ

Bis Heinrich den Durinc verdächtigte, er habe sich an der Münze bereichert. Grießer, der die unerbittliche Haltung seines Verwandten kannte und fürchten mußte, gefangengesetzt zu werden, zog sich nach Burg Gallenstein zurück, wo er als Burggraf eingesetzt war. Er ließ dem Abt sagen, hier bleibe er, bis ihm Sicherheit zugestanden werde.

Die Sache aus der Welt zu schaffen, gewann Abt Heinrich den Bischof Leopold von Seckau als Vermittler. Nach langem Verhandeln verbürgte sich der Bischof mit seiner Person dem Durinc, daß er ungeschoren bleiben solle. Abt Heinrich wollte eine neue Rechnungslegung des Durinc abwarten, der sich für unschuldig erklärte, und versprach seinem Seckauer Amtsbruder, sich strikt an die Abmachung zu halten.

Kaum ein Jahr später, berichtet der Reimchronist, befahl der Abt seinen Leuten, den Durinc in Rottenmann einzufangen und ihn sofort auf Burg Strechau zu bringen. Vergeblich brachte Bischof Leopold von Seckau den Wortbruch des Admonter Abtes vor Herzog Albrecht. Jahrelang schmachtete Durinc in Fesseln gelegt auf Burg Strechau.

Merkwürdigerweise bricht der steirische Reimchronist seinen Bericht ab, bevor es zur Schilderung des Mordes an Heinrich von Admont kommt. Über ihn erfahren wir nach der Klosterneuburger Überlieferung, daß der freigelassene Durinc Grießer seinen Verwandten und Wohltäter am 25. Mai 1297, als er mit ihm über den Dietmannsberg ritt, erschoß. Nach der Continuatio Vindobonensis wurde der Statthalter Habsburgs mit einem Pfeil angeschossen, dann mit einem Schwert durchbohrt, hierauf mit einem Messer aufgeschlitzt und schließlich geköpft. In seinem Blute schwimmend, habe er sein Leben beendet, er, der so viele gemartert und auf verschiedene Arten hatte zu Tode bringen lassen.

Der Stich aus dem 17. Jh. zeigt die durch zwei Zugbrücken gesicherte langgestreckte Vorburg mit Hunger- und Pulverturm. Sie deckte die durch einen tiefen Abschnittsgraben vom Bergrücken getrennte, auf der äußersten Felsspitze liegende Hauptburg. Deutlich hebt sich der ins Schloß verbaute einstige Bergfried mit aufgesetztem Barockturm vom übrigen Gemäuer ab.

sehen. Nur mit Sonderbewilligung ist zu besichtigen: der dreigeschossige Arkadenhof, Treppenanlagen und Treppen, der Rittersaal und die 1579 eingerichtete Burg- und Hauskapelle im Ostflügel mit reichem, wertvollem Freskenschmuck aus dem 16. Jh. Die Inneneinrichtung — Holzvertäfelungen, Holzdecken, Türen, spätgotisches und barockes Mobiliar — schufen meist einheimische Handwerker.

LAGE UND BESICHTIGUNG Südwestl. Admont, bei Rottenmann im Paltental. Hauptburg nicht zu besichtigen.

Geblieben ist der hohe Mut

Frauenburg · Steiermark

Die Lieblingsburg Ulrichs von Liechtenstein, des obersten Landrichters und Landeshauptmanns der Steiermark, Minnesängers und deutschen Don Quichottes des 13. Jh. Hier diktierte der des Lesens und Schreibens unkundige Ritter einen Großteil seines 50 000 Verse und 60 Lieder umfassenden Lebenswerkes, hier, in seinem »Turm«, saß er aber auch über ein Jahr als Gefangener.

ZUR GESCHICHTE Wahrscheinlich in den dreißiger Jahren des 13. Jh. hat Ulrich von Liechtenstein die Hausburg oberhalb Unzmarkt erbauen lassen. 1248 ist er in ihr gefangengesetzt worden, 1269 ließ Böhmenkönig

Bald nach St. Bartholomä 1248, um die Mittagsstunde, fragen unten beim Tor Ulrichs Pächter Pilgrin von Katsch und sein ungeschlachter Diener Weinholt nach dem Burgherrn. Sie sind in Begleitung zweier Knappen.
Der Herr habe gerade gebadet, sich etwas zur Ruhe gelegt.
»Was für eine Bequemlichkeit! Geht, holt ihn, ich möcht mit ihm reden!«
Der Kämmerer klopft, berichtet. Schnell wirft sich Ulrich den Rock über, schlüpft in die Hosen, eilt hinunter.
»Gott grüß euch, liebe Freunde!« Er umarmt die beiden, zieht sie auf die Lindenbank vorm Tor. »Wollt ihr etwas essen?«
»Wer viel fragt, will nichts geben.«
Im Nu sind Essen, Met und Wein aufgetischt.
»Wollt Ihr nicht Vogelfangen gehn mit uns?«
»Eigentlich nicht. Nach dem Bade möcht ich's lassen.«

Rechts: Der als Frau Venus verkleidete Ulrich von Liechtenstein nach einer Darstellung der Heidelberger Liederhandschrift. Unten: Das Gemäuer zeigt unverfälscht den Typus der mittelalterlichen Hausburg.

Ottokar das »castrum« brechen. Nach kürzerer Gefangenschaft baute Ulrich den »Turm« wieder auf und verbrachte in ihm seinen Lebensabend († 1275). Unter den Stubenbergern erhielt die romanische Wohnburg im 15. Jh. gotische Zubauten und ein Vorwerk, das die mit der Burg erbaute St.-Jakobs-Kirche am Hang unterhalb mit einbezog. Zur Herrschaft und zum Landgericht Frauenburg gehörten damals 14 Ortschaften mit über 4000 Einwohnern. Im 17. Jh. kam der Besitz an die (Grafen und späteren Fürsten) Schwarzenberg, 1861 brannte der Bau aus, 1962 stürzte die hohe Westmauer ins Tal. Seither ist die Ruine abgesichert und mit einem Dach versehen worden.

SEHENSWERTES   Der Besucher muß erst die jüngeren Zubauten des 16. und 17. Jh. mit den einstigen vier Toren passieren, bevor er linker Hand die Ruine der Martinskapelle, 15. Jh., und südlich den Wohnturm Ulrichs von Liechtenstein vor sich hat. Der trapezförmige Bau ist vier Geschosse hoch, 16 Meter lang und mißt in der Breite 6 bis 10 Meter. Fast wie zur Zeit Ulrichs von Liechtenstein, als er seinem Schreiber vielleicht die Abenteuer seines »Frowendienst«, seiner Venus- oder Artusfahrt oder die Geschichte seiner Gefangenschaft diktierte, steht das zwei Meter starke romanische Mauerwerk noch heute. Mit einiger Phantasie mag man sich hier die Szenerie des Überfalls nach nebenstehendem Bericht vorstellen können. Die beiden mittleren Stockwerke mit den romanischen Doppelfenstern und gekuppelten Säulchen waren die Wohnräume Ulrichs und seiner Familie. Man entdeckt noch vermauerte Fenster und Kaminreste. Lange Zeit nahm man an, ein in der romanischen (im 15. Jh. umgebauten), noch mit frühen Freskenresten versehenen St.-Jakobs-Kirche eingemauerter römischer Grabstein mit deutscher Inschrift müsse mit dem Erbauer der Burg in Zusammenhang stehen. Doch sind die Worte HIE LEIT VLRICH DISES HOVSES REHTER ERBE auf den gleichnamigen Enkel des Minnesängers zu be-

»Ach, geht! Uns zuliebe. Wir haben zwei Sperber mitgebracht.«

»Gut, wenn ihr wollt! Schnell!« Ulrich ruft die Diener, das Federspiel und die Hunde.

Sie laufen auch gleich.

Kaum sind sie weg, winkt Pilgrin zwei seiner Knappen, und der Burgherr sieht sich mit einemmal umstellt und von gezückten Messern bedroht. Schon entreißt ihm auch Pilgrin den Pelzrock, wirft ihn Ulrich über den Kopf, würgt ihn am Hals und drängt ihn gegen den Turm.

»O weh, o weh, o weh, au weh, au weh, was hab ich Euch denn getan«, schreit er. »Ach Gott, laßt mich leben!«

Jetzt stürzen Knechte der beiden, die hinterm Hang gewartet hatten, in die Burg und treiben zusammen, was sie im Hause finden. Bald jagen sie den letzten Mann hinaus.

Mit entsetztem Gesicht kommt da Ulrichs Frau auf ihn zugelaufen. »O weh, was ist das alles?«

Die beiden drängen sie von ihm weg. »Frau, wenn Euch nichts geschehen soll, geht schnell vors Tor. Da, geht, dort sind die Eurigen. Der da, das alles gehört jetzt uns. Nichts mehr kriegt ihr davon.«

Die Gute sieht Ulrich tränenüberströmt an. »Geht, geht«, mahnt er sie. »Damit Euch nichts geschieht, steht nicht länger!«

»Frau!« ruft ihr jetzt der Pilgrin nach, »laßt uns Euern Sohn! Das muß auch sein.« Er nimmt ihr das Kind vom Arm, läßt sich Kleider und Wäsche geben, und ganz unritterlich reißt er der Frau dabei den Schmuck vom Hals. Dann treibt er sie zum Tor hinaus.

Die Kunde von diesem Ereignis verbreitet sich schnell. Mit dritthalbhundert Rittern rückten Ulrichs Freunde von Judenburg an. Das hätte ihm bald das Leben gekostet.

Als der Pilgrin sie kommen sieht, zerrt er Ulrich zum Fenster.

»Wollt Ihr am Leben bleiben, sagt ihnen, sie sollen sofort wieder abziehn!« Er legt ihm ein Seil um den Hals.

»Ich zieh Euch da am Fenster auf, sollte es ihnen einfallen, zu stürmen. Ich fürcht sie alle nicht um ein Ei!«

Ulrich schreit aus Leibeskräften hinunter. »Was wollt ihr? Wollt ihr mich töten? Das hab ich nicht verdient! Ihr könnt mich aus meinem Unglück nicht erlösen. Kommt ihr hier herauf, bin ich tot.« Er bittet, bis sie abziehn. Nachts lag Ulrich oft in großen Ängsten, wenn sie ihn mit Messern und Schwertern bedroht hatten: am Morgen wäre er tot. Ihm half jetzt sein Gottvertrauen. Fand er eine Brotkrume, nach der er oft vergeblich bettelte, kniete er nieder, klagte sich seiner Sünden an, nahm das Brot als Hostie, empfahl seine Seele Gott.

Pilgrin suchte ihn immer wieder zu erpressen. »Was wollt Ihr mir geben, wenn ich Euch leben lasse?«

»Alles, was ich habe, was ich einnehme. Es ist viel!«

Vielleicht bewog das den Pilgrin, Ulrich blieb am Leben. Doch ließ der Erpresser ihn jetzt in schwere Ketten legen. Sie waren angeschmiedet.

Die Not war groß. Wie lang wurden jetzt die Tage!

Ulrich flüchtete sich in Gedichte. Er besang seine schöne Frau: Nu hilf, wîbes guete! Mir ist not der helfe dîn ... Nun hilf mir, Frauengüte, ich brauche deine Hilfe. Das Hochgemute im Herzen will mir sterben. Frauengüte, wie herrlich du bist, hilf, daß er nicht jämmerlich verdirbt, mein hoher Mut.

Manchen mag es wohl verwundern, heißt es in Ulrichs Schilderung, daß er

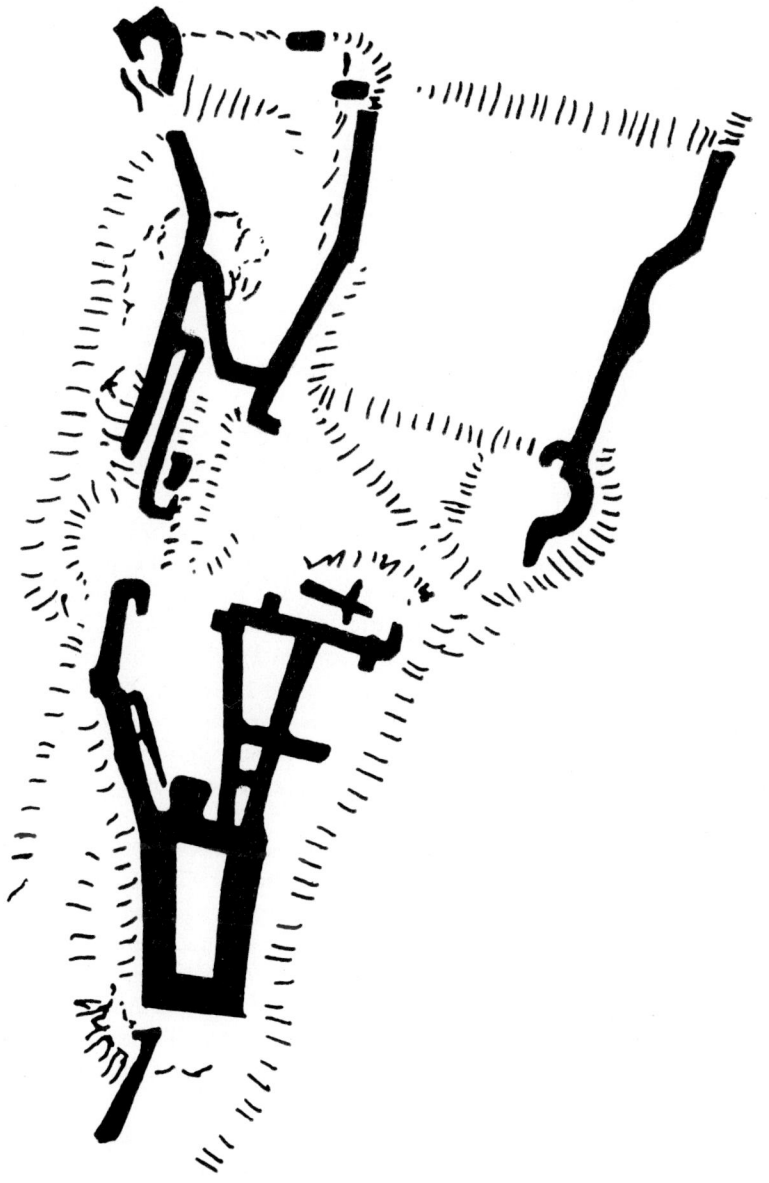

ziehen. Er selbst wurde mit seiner Frau Perchta, geborene Weißenstein, in der von ihm begründeten Liechtensteinkapelle des Stiftes Seckau begraben.

LAGE UND BESICHTIGUNG Nordwestl. Judenburg, oberhalb Unzmarkt. Ganzjährig, frei zugänglich.

in solchen Nöten Liebeslieder dichtete. Doch der Glaube an Reinheit und Güte half ihm, ja er wurde zum einzigen Trost in seiner Gefangenschaft. Sie dauerte ein ganzes Jahr und drei Wochen.

Eines Tages rückte Graf Meinhard von Görz, vom Kaiser als Herr der Steiermark eingesetzt, mit Heeresmacht gegen die Burg.

Ulrichs Befreiung gelang. Doch: »...ich mußt zu pfande aber lassen da, meine beiden Söhne und auch zwei Kind.«

Er tröstete sich: Viel Gut verloren. Was ist das schon? Geblieben ist der hohe Mut!

Schließlich erhielt Ulrich auch seine Burg wieder zurück. Wie das geschah? Ach, das ist nicht so wichtig. Davon will er gar nicht reden. Viel lieber will er wieder Neues von den Frauen singen:

Fraue, meiner Freude Frau, Frau, du über alles, was ich hab.

(Nach Ulrich von Liechtenstein)

Sechshundert Ritter waren da versammelt

Friesach · Kärnten

Das Turm- und Burgmauerwerk auf dem Petersberg, Hauptsitz der Salzburger Erzbischöfe diesseits der Alpen oberhalb des heute noch mit Mauer und Graben umzogenen Friesach, glich einst einer kaiserlichen Residenz.

ZUR GESCHICHTE Zu den Schenkungen König Ludwigs des Deutschen an das Salzburger Bistum im 9. Jh. ge-

Oben: Fresko des heiligen Romanus, Anfang 12. Jh. aus dem Gebhardschen Turm. Rechte Seite: Der Petersberg mit dem Kirchlein St. Peter, dem Konradschen und Resten des Gebhardschen Bergfrieds. Links dahinter Ruine der Burg Lavant, im 16. Jh. umgebaut, mit Zuschauerraum. Im Hintergrund Burg Geiersberg.

Um die Fastenzeit des Jahres 1224 hörte man, der Andechser Markgraf Heinrich von Istrien wolle gegen Herzog Bernhard von Kärnten zu Felde ziehen. Herzog Leopold VI. von Österreich bot sich an, beide an einem Tag in Friesach zu versöhnen.

Ulrich von Liechtenstein, der Minnesänger, schildert uns das Ereignis:

Als ich davon erfuhr, ritt ich zu meinem Bruder Dietmar. Wir vereinbarten, uns in Friesach ritterlich zu üben.

Es war Maienzeit, als unsere Boten ins Land ritten. Da blieb keiner gern zu Hause. Fast alle kamen, manche der Ehre wegen, manche, um etwas zu gewinnen, viele auch um der Frauen willen. Mit den Fürsten und Herren versammelten sich da sechshundert Ritter unter Schilden. Auch zehn geistliche Herren waren erschienen, um einen ewigen Frieden zu stiften.

Vor der Stadt ließen mein Bruder und ich zehn Hütten und ein Zelt aufschlagen. Vier Banner und fünfhundert Speere stießen wir ringsum in die Erde. 36 Ritter lagen da im Ring. Nach guter alter Sitte wollten sie sich um der Frauen willen in Ritterschaft üben. Kaum konnten sie den Beginn des Tags erwarten.

Als die Sonne aufging, ritten sie von allen Seiten her aus der Stadt auf uns zu, mit leuchtendem Panier, prächtig geschmückt. Wir sprangen auf die Rosse, und im Nu war ein gar schöner Kampf im Gange. Jeder mühte sich redlich, den anderen niederzustechen, so gut er konnte. Einige tjostierten zum erstenmal, um zu lernen. Sie lagen bald besinnungslos im Gras. Manche fielen mit ihrem Gegner zugleich, andre warf das Roß ab. Auf die so Abgesessenen stach man zum Spott ein, und sie bekamen manchen Tritt ab. Das ging so den ganzen Tag. Als es dämmerte, zogen alle wieder zur Stadt, Ich hatte an die dreißig Speere verstochen.

Auch anderntags war ich mit den Hochgemuten schon früh auf dem Felde und bestand zuerst einige, bevor ich mich heimlich davonschlich und auf den nahen Berg rannte. Hier hatte ich mein grünes Wappenkleid bereitliegen, auch Wappenrock, Decke, Schild, Helm und zwölf Speere. Alles in Samtgrün, auch die Knechte und ihre Pferde. Einen der grünen Speere in der Hand, ritt ich wieder zum Tjost. An die hundert Ritter fand ich da schon an der Arbeit. Niemand erkannte mich. Das freute mich riesig.

»Guter Ritter«, kam mir mein Bruder entgegen, »zuerst sollt ihr mich bestehn!« Aber ich schwieg und wandte mich von ihm ab. Bald bestand mich ein biederer Mann, Hugo von Taufers. Mann und Roß waren herrlich geschmückt. Wir fehlten beide nicht, er traf mich am Koller, ich ihn am Helm. Hoch flogen die Splitter. Schon liefen auch Leute herbei, um uns zuzuschaun. Zehn Speere verstachen wir aufeinander.

Da ritt Hadmar von Kuenring gegen mich an, in goldnem Rüstungsschmuck. Fest nahm ich mein Roß zu den Sporen. Unsrer beider Speere zersplitterten, die Schilde zerkloben, und die Knie prallten aufeinander. Der Tjost ging

hörte auch das Gebiet an der Metnitz. Neben das Kirchlein zu St. Peter auf dem *Petersberg*, zwischen 860 und 927 entstanden, ließ Erzbischof Gebhard 1077 eine Burg mit zwei Bergfrieden erbauen. In ihr verteidigten sich während des Investiturstreites die Anhänger des päpstlichen Bischofs Tiemo gegen die des kaiserlichen Rivalen Berthold. Der Kärntner Herzog belagerte in ihr den Salzburger Bischof von seinem Ort Friesach aus, der damals am linken Metnitzufer lag.

Das heutige Friesach am Fuß des Petersbergs entstand, als 1124 nach dem Verzicht des Kärntner Herzogs die Bischöfe von Salzburg und Gurk den Ort am linken Metnitzufer zerstören ließen. Damals erweiterte Erzbischof Konrad auch die Burg, ließ den riesigen Bergfried erbauen und befestigte die umliegenden Höhen. In dieser Burg Friesach nächtigten König Konrad III. und Kaiser Friedrich I., zu ihren Füßen turnierten, wie nebenstehend dargestellt, anläßlich des Fürstentags von 1224 sechshundert

---

Der Wohn- und Wehrturm Erzbischof Konrads I., 1124 bis 1130.

nicht ohne Schaden für mich ab. Er stach mich in den Arm. Ich fühlte, ich war wund, doch niemand merkte etwas. »Sperâ, here, Sperâ, Sper! Andre her!« riefen wir beide zugleich. Schon brachte man sie auch. Sieben Speere verstachen wir, bevor er den Helm abband.

Es kam dann Herr Wolfgang von Gars, und es bestand mich auch Herr Leupold von Lengenburg. Dann baten meine Knappen die Ritter stillzuhalten, und ich trabte vom Feld. Schnell entwappnete ich mich, anders geschmückt kam ich zurück. Sechs Speere verstach ich an diesem Abend noch. So ging es zehn Tage hindurch, bis Herzog Leopold meinte, das verdrieße ihn. Dazu sei er nicht hergekommen. Auch die Bischöfe klagten: Quartier und Kost kämen ihnen so teuer, man solle doch endlich Frieden schließen. »Wie soll ich's machen?« klagte der Fürst. »Ich kriege keinen vom Feld, die ich brauchte. Die Ritterei macht ihnen zuviel Spaß.«

»Ich geb Euch einen Rat«, meinte da der Fürst von Kärnten. »Wir kommen sicherlich am schnellsten zu einem guten Ende, wenn wir alle miteinander turnieren! Zu meiner Schande muß ich gestehen, es sind schon zehn Jahre her, seit ich das letztemal in einer Rüstung steckte. Jetzt lege ich eine an!« — Gesagt, getan. Man folgte dem Fürsten, das Tjostieren wurde eingestellt, Montag sollte ein Turnier stattfinden.

Als der Tag aufging, diente man zuerst Gott. Da und dort hörte man die Messe singen. Dann gab es ein Riesengedränge in allen Gassen. Posaunen, Flöten, Hörner und Pauken! Dazwischen riefen die Herolde: »Heraus, Ritter! Heraus aufs Feld! Mit lautem Schalle frisch heraus! Die Boten der Frauen beobachten Euch! Heraus! Dort liegt der Preis für die Verliebten!« Mit lautem Schall zog man aus der Stadt. Eifrig redeten die Rottmeister auf die Ihrigen ein: »Nur nicht unterkriegen, nur nicht in die Enge treiben lassen! Zusammenhalten! Es geht um unsere Ehre!«

Prächtig glänzte das Feld von den Bannern, bunt leuchteten die bemalten Speere und geschmückten Helme. Das stach in die Augen! Kaum richtig aufschauen konnte man, so strahlten die Rüstungen, blitzten die Schilde. Der von Österreich hatte dreihundert Ritter auf seiner Seite, Markgraf Heinrich von Istrien ebensoviel. Schon trabte der von Stubenberg mit seinen Leuten übers Feld. Gegen ihn kehrte sich Herr Hadmar von Kuenring mit den Seinigen. Sie stapften aufeinander zu, kaum einen Roßlauf entfernt voneinander, rannten sie an. Schon fielen da auch Roß und Mann. Mächtig krachten die Speere und prallten die Schilde aufeinander. Das setzte Stöße! Dem schwollen die Knie, der holte sich Beulen und Wunden oder verrenkte sich die Glieder. Die Panzerringe schmerzten. Man drang hin, drang her, wollte umkehren. Aber schon schmetterten Schwerter auf die Helme. Einige zerbrachen, Schilde zerbarsten. Dort drängte man sich um einen, den sie gefangennehmen wollten. Hadmar von Kuenring mit seiner Schar mußte weichen, gleich kam ihm der Reiche von Murecke zu Hilfe, dem Stubenberger half der von Orte. So manches Roß kam auf die Hechsen nieder. Noch hielt Fürst Leopold, mit ihm Markgraf Diepolt, ihm gegenüber Heinrich von Istrien, bei ihm der von Görz, doch kam jetzt das Turnier bald auf den von Österreich zu. Kampfbereit nahm er sein Roß zu den Sporen und sprengte mitten ins Getümmel mit seinem Gefolge. Wie das krachte! Hurtâ, Hurtâ! Ritterlich kämpfte der von Istrien und auch Graf Meinhard von Görz. Wenig Schilde blieben ganz. Die Rosse dampften, und die Rüstungen schmerzten. Es war ein hartes Ringen. Da drängte der Graf von Görz ritterlich an den von Österreich und nahm den Fürsten an den Zaun. Doch Leopold, nicht faul, nahm dem Grafen seinen Helm, schon auch kam

Die gotische St.-Anna-Kapelle der 1912 stark erneuerten romanischen Burg Geiersberg enthält Wandgemälde um 1400. Unten: Das Siegel Herzog Leopolds VI.

jetzt die Ritterschaft dem Fürsten zu Hilfe. Markgraf Diepolt führte sie an. Als der biedere Rudolf von Ras sah, in welche Bedrängnis jetzt Meinhard von Görz gekommen war, sprengte er mit fünfzig Rittern an und half seinem Herrn. War das ein Gedränge und Stoßen! Wohl an die zwanzig Speere verstach Wolfger von Gars an diesem Tag. Kühn und klug ritt Herr Ortolf von Graz. Wie immer war Ulrich von Murberg einer der Besten aus dem Steirerland. Ottaker von Wolkenstein glänzte engelgleich, wie ein Sturm brach er durch die Haufen. Mit Recht ein Mann, von dem die Frauen schwärmten. Der starke Heinrich von Kaja hatte den Grafen von Tirol von seiner Ritterschaft abgeschnitten. Vergeblich wehrte sich der brave Herr, er wurde gefangen. Doch kämpfte Otto von Maissau den Grafen wieder frei und zerschmetterte dem Starken den Helm. Tapfer ritten auch Hermann von Osterwitz und Reinher von Eichelberg.

Man verstach an diesem Tag wohl an die tausend Speere. Viele Ritter wurden gefangen, wohl hundertfünfzig verloren ihre Pferde. Müde band bald einer hier, bald einer dort seinen Helm ab, da saß einer traurig im Gras. Vielen aber waren der Tag und das Turnier zu kurz gewesen. Sie turnierten noch, als ob sie eben begonnen hätten. Ganz züchtig möchte ich verschweigen, wie mir selbst zumute war. Nur soviel: Der Beste war ich nicht, aber auch nicht der Schlechteste.

Es wurde Abend. Man zog zur Stadt. Die einen stiegen ins Bad, ohnmächtig müde sanken andere hin, andre ließen sich die Wunden verbinden oder salben. Wie tot lagen manche. Einige aber quälten sich insgeheim: Was habe ich da heute wieder gekämpft! Mich wundert's nur.

Und es brach der nächste Tag an. Da mußten sich viele Gefangene auslösen, zu den Juden gehen und allerlei Pfänder geben. Wieviel gute Pferde wurden da versetzt! Die Sieger aber strahlten.

Jetzt gelang Leopold von Österreich auch die Versöhnung des von Istrien mit dem von Kärnten. Nach drei Tagen trennte man sich in Frieden.

(Nach Ulrich von Liechtenstein)

Ritter. Nicht ganze 50 Jahre danach zerstörte der Böhmenkönig Ottokar Stadt und Burg, 18 Jahre später ließ Albrecht I. von Habsburg die Stadt in Flammen aufgehen. Erst 1323 entstand am Nordwestende des Petersbergs die Burg *Lavant*, Sitz der Lavanter Suffraganbischöfe des Salzburger Erzbistums.

Bis 1805 war Friesach salzburgisch, seither österreichisch. Ein Großbrand im 19. Jh. vernichtete Teile der Stadt.

SEHENSWERTES Der sechsgeschossige, 24 m hohe Bergfried der Burg des Erzbischofs Konrad ist der größte erhaltene romanische Bergfried auf deutschsprachigem Gebiet. Der Wehr- und Wohnturm birgt im vierten Geschoß die kreuzgewölbte einstige Rupertikapelle mit Resten romanischer Wandmalereien, 1140, von hohem Rang, im fünften Geschoß den saalartigen Wohnraum der Erzbischöfe mit Kamintorso und romanischen Doppelfenstern. Vom Palas an der Nordseite erhielten sich gekuppelte Fenster, die ehemalige Burghauptmannschaft mit der dreigeschossigen Laubenfront aus dem 16. Jh. weist einen gotischen Burgküchenraum auf.

LAGE UND BESICHTIGUNG Nördl. St. Veit a. d. Glan. Sommerüber.

Im Namen der heiligen Hemma

Straßburg · Kärnten

Burg und Residenz der Gurker Bischöfe bieten sich heute als weitläufige Schloßanlage oberhalb der Stadt Straßburg, 4 km nordöstlich vom Dom der heiligen Hemma.

ZUR GESCHICHTE VON BURG UND SCHLOSS   Von der Burg an der Straße, die Bischof Roman I., 1131—1167, erbauen ließ, zeugt noch Gemäuer des quadratischen Bergfrieds, des (vielleicht einst wirklich mit Messern gespickten) »Faulturms«, an dem vorbei der Besucher ins heutige Schloß gelangt. Noch ist auch am nordöstlich gelegenen rechteckigen Turm die romanische Apsis der einstigen Kapelle zu erkennen. Neben ihr lag der Palas der romanischen Feste. Über die frühe Burg mit gotischen Zubauten im Osten und Westen des Berges haben Renaissance- und Barockmeister die Residenz der Gurker Fürstbischöfe errichtet. Die Ringmauer mit Basteien entstand seit der Mitte des 16. Jh., italienische Architekten schufen den zweistöckigen Südtrakt und die Stallungen im Westen und Nordwesten. Erst unter Johann VIII., Kardinal Goëss, 1675—1696, jedoch erhielten der Hof die prächtigen Arkadengänge, die Kapelle ihre Ausstattung und Wandmalereien, die Tore Barockfassung und Wappen. Das Erdbeben von 1767 und ein Blitzschlag im Jahre 1858 machten Straßburg zur Ruine. 1952, nach mehreren vergeblichen Versuchen, dem endgültigen Verfall Einhalt zu gebieten, konnten Entschlüsse zur Absicherung, 1956 auch zur allmählichen Restaurierung gefaßt werden.

LAGE UND BESICHTIGUNG   Nördl. St. Veit a. d. Glan, im Gurktal. Heimatmuseum und Diözesanmuseum. Mai bis Oktober täglich.

Deutlich ist das Gemäuer von Bergfried und Palas (innerhalb der zweiten Burgwegschleife), ebenso das der romanischen Kapelle (im rechten oberen Bildteil) vom Schloßbau des 16. und 17. Jh. zu unterscheiden.

Nach dem Tode der Gräfin Hemma von Zeltschach fielen ihr Kloster und ihre Ländereien an das Erzstift Salzburg. In Sorge, der Reichtum könne in weltliche Hände geraten, begründete Erzbischof Gebhard ein von Salzburg abhängiges Bistum Gurk. Roman I. begann nicht nur den Bau des herrlichen Domes, in dessen Krypta er die Kärntner Nationalheilige bestatten ließ, an der Straße nach Gurk entstand auch eine starke Feste. Im Namen der Heiligen wurden hier auch bald Urkunden gefälscht, eigene Münzen geschlagen, und Gurk wählte sich einen eigenen Bischof. In einem zweijährigen blutigen Krieg zwischen dem von Gurk gewählten Hermann von Ortenburg und dem von Salzburg bestimmten Dietrich I. gingen Burg und Ort in Flammen auf und wurden zerstört. 1180 obsiegte Salzburg. 1208, nochmals 1535 bestätigte man die Rechte Salzburgs auf Mitbestimmung bei der Wahl des Gurker Bischofs. Das blieb so bis 1920.

Ein feste Burg ist unser Gott

Hochosterwitz · Kärnten

Georg Khevenhüller las im Reisetagebuch seines Vetters. Wie eine Theaterbühne, so schrieb der weitgereiste Barthelmä Khevenhüller, sei ihm in Valladolid das Gerüst vorgekommen, auf dem das Glaubensgericht Verurteilte justifizieren, vor großem Publikum verbrennen ließ. Als ihm dann der niederländische Goldschmied in Santiago de Compostela zuflüsterte, er, Barthelmä, und seine Begleiter würden von Leuten des Erzbischofs überwacht, mußten die fünf Männer befürchten, auch ihnen stehe ein Verhör vor der Grande Inquisition de la fede in Castillia bevor. Zu leichtsinnig hatten sie sich, Barthelmä mit Fabian Stosser, Caspar Then aus Salzburg, Pesserer und Kuelling, tags zuvor benommen. Während in der Kirche die Gläubigen vor den Reliquien niederknieten und, sich heftig an die Brust schlagend, »Misericordia« riefen, waren sie unbekümmert stehen geblieben. Eilends mußten sie deshalb jetzt Santiago verlassen und auf Nebenstraßen weiterziehen. In einem kleinen Bauernhaus aber wurden sie vor Mitternacht dieses Tages von Geistlichen aufgespürt, die von einer Schar Bewaffneter begleitet waren. Man durchstöberte ihr Gepäck und nahm ihnen alles ab. Am Morgen erschien ein Dr. Olstroa, der ihre Bücher nach ketzerischem Inhalt durchsuchte und, als er nichts Verdächtiges finden konnte, sie ins benachbarte Städtchen Padron eskortierte. Hier mußten sie

Das Wahrzeichen Kärntens, Österreichs schönstgelegene Burg. »Astarvizza«, die Feste der Schenken von Osterwitz, rettete während der Türkeneinfälle Tausenden von Kärntnern das Leben. Die 14-Tore-Burg, wie sie sich uns heute bietet, erbaute im 16. Jh. der fromme Protestant Georg von Khevenhüller, dessen Nachfahren sie noch besitzen.

ZUR GESCHICHTE Um etwa 1200 erscheint in einer Gurker Urkunde das erstemal ein »castrum«, eine Befestigung Osterwitz. Die Herren von Osterwitz bekleideten am herzoglichen Hof in St. Veit die erbliche Würde von »Mundschenken«, ihre Burg galt als die festeste im Lande. Der Letzte der Osterwitzer Schenken mußte den überschuldeten Lehensbesitz 1478 an den Kaiser zurückgeben. Mit kaiserlicher Unterstützung ließ der Gurker Bischof, der spätere Salzburger Erzbischof Matthäus Lang, die Höhenburg 1509 erweitern. Den großzügigen Ausbau der Feste jedoch begann erst Christoph Khevenhüller, der die Pfandherrschaft 1541 erhielt. Vierzehn Jahre nach seinem Tod erwarb sein Neffe Georg Khevenhüller Burg und Herrschaft als freies Eigen. Er baute Hochosterwitz, wie wir es kennen.

SEHENS- UND BEMERKENSWERTES Auf die mittelalterliche Anlage weisen noch Gemäuer des Bergfrieds und des Palas, auch die kleine Kapelle (mit jüngeren Fresken) der Hochburg. Die übrigen Bauten der zwei-

Das erste, das Fähnrichstor, mit den restaurierten Fresken, zeigt auch (unten rechts) das Steinrelief der Margareta Maultasch.

höfigen Anlage, von Rundtürmen geschützt, mit Laubengängen und Ziehbrunnen stammen zum Großteil aus dem 16. Jh., einzelnes aus dem 17. und 18. Jh. In den Schau- und Gasträumen finden sich Erinnerungen an die (Grafen und Fürsten) Khevenhüller, Sammlung und Rüstkammer zeigen Museumsstücke, auch Münzen und Medaillen. Zwei Marmortafeln im Burghof mit Worten Georg Khevenhüllers erinnern an den Bauherrn der 14 Tore, die in einer S-Kurve um den Felsen gestellt sind. Es sind Wehrbauten innerhalb eines ausgeklügelten Verteidigungssystems, mit Reliefs und Inschriften versehen. Jeder Torbau trägt einen Namen: Fähnrichs-, Wächter-, Nau-, Engel-, Löwen-, Mann-, Khevenhüller-, Landschafts-, Reiser-, Waffen-, Mauer-, Brücken-, Kirchen-, Kulmertor.

LAGE Östl. St. Veit a. d. Glan, Ktn.

BESICHTIGUNG UND FÜHRUNG März bis Okt. täglich ab 9 Uhr. Bei genügender Besucheranzahl stündlich.

sich vor dem Stadtgericht eine neuerliche Visite gefallen lassen. Als sich wieder nichts finden ließ, wollte sie Olstroa erst ziehen lassen, wenn sie bei ihm gebeichtet und auch kommuniziert hätten.

Sie wären einfache Reisende, erklärte Barthelmä dem Spanier jetzt, und hätten nur das bei den Deutschen so berühmte Santiago de Compostela besuchen wollen. Ihre Andachten hätten sie schon bei Antritt der Fahrt verrichtet. Doch der Abgesandte der heiligen Inquisition bestand darauf, sie sollten ihm das Vaterunser und das Credo vorbeten. Man schickte sich und betete. Warum sie das Ave Maria nicht sagten? Sie hätten das in Deutschland nicht so gelernt, bedauerte Barthelmä. Ob er glaube, wollte der Doktor nun wissen, daß der wahre Leib Christi im allerheiligsten Sakrament gegenwärtig sei? — Ja. — Ich weiß, du fürchtest dich vor dem Feuer, lachte Olstroa, sonst würdest du anders reden! — Nein, er bleibe dabei, versicherte Khevenhüller. Sag mir lieber, unterbrach der Inquisitor darauf das Verhör, gibt's denn hübsche Mädchen bei euch zu Hause? — Ja, schöne und häßliche, wie überall.

Drei Tage später standen sie vor dem spanischen Erzbischof, einem überraschend milden, demütigen Mann, der sie ähnlich examinierte, jedoch bei weitem glimpflicher behandelte als Olstroa. Den Tag darauf führte man sie dem Provisor vor. Er verhörte jeden einzeln. Mit welchen Leuten sie zusammengekommen wären? Mit wem sie in allen Städten zu tun gehabt? Welche Unterhaltung sie gepflogen? Ob nicht jemand lutherisch gewesen wäre? Ob einer von ihnen einen Ketzer nennen könne?

In einem Gewölbe, auf Stroh voller Ungeziefer, von Schergen streng bewacht, mußten sie dann auf die Entscheidung des Inquisitionsgerichtes in Valladolid warten, wohin Olstroa geritten war. Inzwischen ließ der Erzbischof den Gefangenen Trostworte bestellen, auch sandte er ihnen sechs gerupfte Kapaune, einen Sack voll Wein, Äpfel und Pomeranzen, wollte jedoch gleichzeitig wissen, warum sie bei ihren täglichen Gebeten noch immer das Ave Maria und die Nennung von Heiligen unterließen.

In den Nächten verzagte Barthelmä jetzt bisweilen, und in seiner Angst, am Ende doch noch vor die Inquisition gestellt zu werden, gelobte er, sollten sie jemals wieder den spanischen Gefängnissen entrinnen, wolle er nach Jerusalem pilgern. Die Zeugnisse der heiligen Stätten würden ihm den Weg weisen. Es war die Nacht zum 7. November 1559. Am 12. kam Olstroa mit der Botschaft zu ihnen, er habe Befehl erhalten, sie ziehen zu lassen.

Was Freiherr Georg von Khevenhüller hier in der Niederschrift seines Vetters las, kannte er in großen Zügen bereits. Im September 1560 hatte ihn der 21jährige blauäugige Draufgänger auf Hochosterwitz besucht. Er war gerade von seiner dreijährigen Reise nach Klagenfurt zurückgekommen und stand vor dem Aufbruch nach Palästina. Das war vor 15 Jahren gewesen. Seither hatte sich für beide manches geändert. Barthelmä, Herr auf Landskron, war der reichste und auch der freieste ihres Geschlechtes. Er selbst aber, Georg Khevenhüller, Herr auf Osterwitz, Landeshauptmann in Kärnten, Kaiserlicher Rat, Oberstkämmerer und Präsident der Hofkammer in Graz, war der gebundenste einer, der von niemandem beneidete Vermittler zwischen seinen protestantischen Standesgenossen und dem katholischen Hof in Graz. Seit er den Pfandbesitz Osterwitz als freies Eigen besaß, seit 1571, setzte er alles daran, die Burg zur wehrhaftesten des Landes auszubauen. Er meinte, das angesichts der türkischen Gefahr seinem Lande schuldig zu sein, nicht minder aber dem protestanti-

schen Bekenntnis, das er sich seit jenen Septembertagen 1560 in stetig
wachsendem Einvernehmen mit Vetter Barthelmä neu zu formulieren versucht hatte. Die Psalmworte, in deren Zeichen beide sich damals verständi-
digten, wollte er über das soeben vollendete elfte Tor der Burg, das ent-
scheidende »Mauertor«, setzen lassen: »Ich vertraue nicht auf meine Burg,
und mein Schwert wird mich nicht bewahren, sondern Du, o Herr, be-
schützest uns vor unseren Feinden. — Der Herr der Heeresscharen steht
vor uns, und eine feste Burg ist unser Gott.« Auf dem 12. Tor sollte es
dann nach dem Psalm und mit Bezug auf Barthelmäs Errettung heißen:
»Errette mich vor meinen Feinden, mein Gott, von meinen Gegnern be-
freie mich, und vor den Männern des Blutes beschütze mich.«

Vor dem Hintergrund der Reiseerlebnisse des Vetters, seiner Eindrücke in
Italien, in Frankreich, in den Niederlanden, in Deutschland und in
Palästina, nicht minder nach den politischen Erfahrungen beider Khevenhüller seither, hatten sie sich über Leben und Verhaltensweise des Gläubigen,
auch über Duldsamkeit und Gehorsam, über Obrigkeit und Untertanen geeinigt. Freilich waren sie mit ihren Grundsätzen seither besonders unter
den jüngeren Protestanten auf Widerspruch gestoßen. Allerorten drängte
man nach offenem Kampf und Konfrontation mit dem katholischen Hof.
Der Gott des festen, starken Herzens erschien den beiden Freiherren nach
den Worten des Reformators als die einzige »Wehr und Waffe« des wahr-
haft Gläubigen. Er war seiner Obrigkeit gegenüber zu Gehorsam verpflichtet, zu absolutem Gehorsam jedoch nur gegenüber dem Gott in der
eigenen Brust:

»Es ist unwidersprechlich, daß außer Gott niemand über unser Gewissen zu
gebieten hat.« Aufruhr aber und Bündnisse wider die Obrigkeit trugen ihrer
Meinung nach die gleichen Früchte wie jeder mutwillig vom Zaun gebrochene Krieg: Tod, Mord, Raub, Brand, alle Laster der Welt. Der Lohn
von Aufruhr und Krieg war immer derselbe: Witwen, Waisen, Krüppel,
Arme, Verachtete. Nur *einen* gerechten Krieg gab es für sie, den zur Verteidigung des Vaterlandes, den gegen den türkischen Feind.

*Die Protestantenburg Kärntens steht
in symbolischem Zusammenhang mit
einer Frauengestalt. Der lebensgroße
Akt des 16. Jh. im Burgmuseum trug
bis in jüngere Zeit ein Panzerhemd
und den angeblichen Hut der Margareta Maultasch, die — historisch
ohne jeden Bezug — der Sage nach
Hochosterwitz belagert haben soll.*

*Daneben: In den Burghof und seine
Gastwirtschaft kommen jährlich bis
zu 200.000 Besucher.*

*Links oben: Freiherr Georg Kheven-
hüller († 1587), der Erbauer der
14-Tore-Burg. Die Holzstatue, 16.
Jh., vor dem Altar der Kirche beim
gleichnamigen Tor, 16. Jh., war für
das Tumbengrabmal bestimmt.*

Schon 1570 hatte Georg Khevenhüller über dem achten Tor seiner Burg, dem Landschaftstor, die Inschrift anbringen lassen: »Kämpfe für Glaube und Vaterland. Keine Gefahr ist schrecklicher, als die dem Vaterland droht.« Auf dem siebenten Tor, das er seinem Geschlecht widmen wollte, gedachte der Bauherr festzuhalten, daß er »diese vaterländische Burg zur Zeit des Friedens, die Schäden des Krieges bedenkend, für sich und die Seinigen als gemeinsame Festung gegen den gemeinsamen Feind errichtet und vollendet« habe.

Alle Nationen, so hatte ihm der weitgereiste Vetter berichtet, hielten an ihren alten Bräuchen, am Herkommen, an Verehrtem und Hergebrachtem fest, nur nicht die Deutschen. Ein solcher Vorwitz, hatte Barthelmä ihm dargestellt, herrsche unter den Deutschen, daß jeder einzelne von ihnen, jede kleinste deutsche Landmark, darauf aus sei, sich äffisch Besonderheiten, extravagante Kleidung und modisches Gehabe beizulegen. Je unflätiger, je zerhackter alles wäre, desto schöner empfänden das die Deutschen, je heilloser, desto besser erschiene ihnen die Welt. »Wir zuzeln und saugen schier alle Nationen nach Neuem aus und sind das Gespött der ganzen Welt«, waren seine Worte gewesen. Barthelmä hatte auch von jenem Maler erzählt, der, als ihm sein Herr den Auftrag gab, alle Völker in ihrer Nationaltracht zu zeichnen, den Deutschen nackig darstellte, mit einem Stückchen Tuch auf der Schulter. Befragt, warum er den Deutschen nicht wie alle andern gemalt hätte, meinte der Maler, das könne er nicht, die Deutschen verkleideten sich alle Tage auf eine andere Manier.

Georg und Barthelmä waren sich auch darüber einig, daß der Bestand des Vaterlandes, ihrer Heimat Kärnten, an die gelebten Tugenden der Alten gebunden war. Über das neunte Tor, das Reisertor, sollte eine Inschrifttafel mit Sanduhr und Waage in lateinischer Sprache festhalten: »Sicherer Bestand der Tugend. Die Götter bestimmen, daß Tugend nur im Schweiße zu erreichen ist. Beschwerlich und lang ist die Reise zu ihr, es sind harte Pfade.«

Als auch der Grazer Hof der »strengen Richtung«, der gewaltsamen Bekehrung zum katholischen Glauben huldigte, nahm Georg Khevenhüller Abschied vom Hofe. Sieben Jahre später starb er. Obwohl Erzherzog Karl 1598 Barthelmä zusammen mit Franz Khevenhüller, Georgs Sohn, in Graz »verarrestierte«, als beide sich weigerten, einen katholischen Propst für eine ihrer Pfarren zu bestimmen, blieb Khevenhüller seinem Herrn lebenslang gehorsam, ja zugetan. Franz von Osterwitz, Rat und Kämmerer wie sein Vater, kaiserlicher Gesandter und Begleiter Maximilians II. in Polen, wurde in Villach das Begräbnis verweigert, als er 1607 gestorben war. Man bestattete ihn in der Kirche von Hochosterwitz.

Keiner dieser Protestanten alter Schule erlebte das kaiserliche Generalmandat vom 31. August 1628, das den österreichischen Adel evangelischer Konfession zur Auswanderung zwang. In ihm hieß es: »... so befehlen wir, daß sich jeder in Jahresfrist zu dem katholischen Glauben mit uns und der allgemeinen Kirche vergleiche. Wer sich nicht vergleicht, darf nicht im Lande wohnen und nicht seine Güter persönlich besitzen ...«

Unter den 754 Emigranten des innerösterreichischen Adels befanden sich 1629 drei Khevenhüller. Der Sohn des emigrierten Sigmund von Khevenhüller, Ehrenreich, Herr auf Osterwitz, wurde 1666 katholisch.

Ein ausgeklügeltes Verteidigungssystem von 14 Toren, das sich allerdings nie zu bewähren brauchte.

Tafelfreuden bei der schönen Omelia

Finkenstein · Kärnten

Die hohen Kielbogen und kleine stehengebliebene Details lassen noch etwas von der prächtigen Burg ahnen, die uns Paolo Santonino nebenstehend so lebendig vergegenwärtigt. Neben Hohensalzburg besaß Finkenstein den größten, wohl auch prächtigsten spätgotischen Saal in Österreich.

ZUR GESCHICHTE Herren von Finkenstein als Lehensleute der Kärntner Landesfürsten sind uns aus dem 12. Jh. bekannt. Einer der jüngeren Finkensteiner steckte den Bischof von Bamberg sechs Wochen ins Verlies der

Schon beim ersten Mauerring eilte ihnen Sigismund Schodel, der Burghauptmann, mit Junkern und Knechten entgegen. Ehrfürchtig küßte er den Ring des Bischofs, Abgesandten des Patriarchen von Aquileia, und mit aller nur vorstellbaren Dienstwilligkeit eines Gastgebers geleitete der Burgherr den hohen Besuch durch die vier von Leicht- und Schwerbewaffneten bewachten Tore den ansteigenden Fels empor in die prächtige Hochburg oberhalb des Faaker Sees. Im Hof trat den Gästen, begleitet von zwei Jungfern, Frau Omelia, geborene von Trautmannsdorf, entgegen. Auch sie küßte dem Bischof von Caorle den Ring und begrüßte ihn in wohlgesetztem Deutsch.

Die anmutige Schwester des Bischofs von Seckau hatte ihren Mann bei Hofe kennengelernt, wo Sigismund Schodel das Amt eines Bewahrers der kaiserlichen Kleinodien, des Gold- und Silbergeschirrs versah. Maximilian I., dem die beiden hübschen, zuverlässigen Leute gefielen, hatte sie verehelicht und ihnen, reich beschenkt, Finkenstein in Pflege gegeben. Es war die Burg, in der er als Zehnjähriger mit seiner Schwester Kunigunde frohe Tage verlebt, wo er sich in den nahen Karawanken das erstemal dem flüchtigen Gamswild auf die Spur gesetzt hatte.

Paolo Santonino, der Begleiter des Bischofs, sah hier oben in Finkenstein perlenübersätes Geschmeide, schweres, kostbares, silbergetriebenes Geschirr und Vasen, die in ihrer edlen Form korinthischen glichen. Diesem Paar und seiner Burg entsprach auch das Gesinde. Nur hübsche Jungfern und Mägde, schmucke Burschen und Diener konnte Santonino auf Finkenstein entdecken. Doch waren die Eheleute Schodel selbst kinderlos geblieben.

Solchem Reichtum und solcher Gediegenheit würdig erwies sich auch das Mahl, das man den Gästen des Abends auftrug. Georg Lebechers, des Kärntner Erzdiakons, Augen glänzten, und mit dem Bischof tat sich vor allem auch Daniel, der Kaplan, an den Leckerbissen gütlich. Entzückt von den leiblichen Genüssen zeigte sich jedoch vor allem der Tischherr der schönen Omelia, Santonino, der Sekretär des Patriarchen von Aquileia. Acht Gänge trug man auf: 1. Zwei gemästete Kapaune im eigenen Saft gedünstet. (Sie waren so fett, daß man kaum die Knochen finden konnte.) 2. Einen Hasen mit vielen Brathühnern und Lendenbraten vom Rinde. 3. Rüben mit Speck. 4. Fleisch vom jungen Bären in Pfeffersoße. 5. Eierkuchen, mit Milch in der Pfanne gebacken, mit Safran gefärbt, mit Schweinefett und Gewürzen abgeschmolzen und übergossen. 6. Hasenfleisch, Hühnerklein und Hühnerleber in einer aus Hühner- und Hasenblut gekochten und mit verschiedenen Gewürzen und ein wenig Essig versetzten Suppe. (Diese Speise nannten die Gastgeber ihrer schwarzen Färbung wegen »Fleisch in Dunkelheit«.) 7. Hirse, in fetter Fleischsuppe gekocht, in einer weiten Schüssel, darüber viele fette Wachteln. 8. Eine Schüssel Rahm, die besonders dem Herrn Bischof mit seinem allmächtigen Magen zu munden schien. Er hatte sich diesmal an erster Stelle wohl bedacht.

Auf seinen Reisen mit dem Bischof von Caorle durch die Kirchenprovinz Aquileia in den Jahren 1485 bis 1487 hatte der Sekretär des Patriarchen, Paolo Santonino, so manches Abenteuer zu bestehen, sich aber ebensoviel Interessantes aus dem Land der Barbaren, vom Leben und Treiben der Bewohner Osttirols, des Gail- und Rosentales und der Untersteiermark vermerkt. Während der Oberhirte visitierte, das Sakrament der Firmung spendete, von Türken entweihte Kirchen konsekrierte und in die Altäre Reliquien versenkte — es handelte sich u. a. um Partikel des hl. Kreuzes, Partikel der Apostel Matthäus und Andreas, des hl. Hiero und Genossen, der hl. Agnes und Walpurga, der Märtyrinnen Anastasia und Felizitas, der 11 000 Jungfrauen und vieler anderer Heiliger —, konnte Santonino seine Beobachtungen machen. Die Frauen erschienen ihm hier durchschnittlich schöner als die Männer, besonders im zweisprachigen, slawisch-deutschen Gailtal, doch hatten sie fast alle Kröpfe. Was ihm besonders bemerkenswert erschien: obwohl die Geistlichen fast alle mit jungen schönen Mägden und Wirtschafterinnen lebten, nahm daran niemand Anstoß, die Pfarrherren waren hoch geschätzt, geehrt und angesehen. Auch herrschte nirgends in Italien während der heiligen Handlungen und bei Gottesdiensten eine solche Zucht und Frömmigkeit wie in Kärnten. Die Friauler Bauern konnten sich ein Beispiel an diesen Barbarenmenschen nehmen! Besonders in Villach fiel Santonino die Religiosität und Andacht der Bewohner auf. In dieser Stadt, die ihm auch sonst gefiel und deren prachtvolle und reiche Jakobskirche sein Bischof mit der Überlassung der Partikel von der Milch der seligen Jungfrau ehrte, fand jeden Donnerstag eine feierliche Singmesse mit Prozession statt. Da sah man keinen einzigen Mann mit Hut, keiner redete mit seinem Nachbarn, jeder war nur mit seinem Gebet beschäftigt! Mit bewundernswerter Hingabe und Ehrfurcht folgte die Menge dem Sakrament. Der Anblick, meint Santonino, hätte auch Ungläubige zu Tränen hingerissen. Was der Italiener im Lande der Barbaren jedoch tragisch-heiter bis schockierend fand, war, daß es hier allerorten, sowohl auf den Burgen wie auf dem flachen Land, an Haarschneidern fehlte. Haarsträubend für Santonino war es, wie die völlig ungeübten Tolpatsche mit schartigen stumpfen Messern, die selbst für Büffel unerträglich schienen, hantierten. Von diesem Martyrium blieb ihm manche Narbe. Am unerklärlichsten für Paolo aber blieb, wie man sich hier dem Essen hingab, bei Festmählern und Trinkgelagen. Er hatte den Eindruck, das hörte Tag und Nacht nicht auf, und je mehr und je verschiedenere Gänge aufgetragen wurden, desto schneller erneuerte sich der Appetit der Barbaren. Nicht nur sein Bischof, alle diese Leute schienen ihm »allmächtige« Mägen zu haben.

Die Abendmahlzeit vom 20. September 1486 auf Burg Finkenstein stand deshalb auch in nichts der vom Vortag nach. Es wurden diesmal 9 Gänge serviert: 1. Mandelmilch und Suppe, in der aufgeweichtes frisches Weißbrot in kleinen Brocken schwamm. 2. Frische Fische, gesotten. 3. Gemüse mit gebackenen Forellen. 4. Suppe von ausgelösten Krebsen, in Wein mit Gewürznelken versetzt. 5. Feigen in bestem Reboliowein, mit herumschwimmenden Mandeln gewürzt. 6. Reis, gekocht, mit Mandelcreme übergossen. In der Mitte Mandelkerne eingesteckt. »Weltmutter« heißt die Speise. 7. Eine Masse Forellen, in Wein gesotten. 8. Eine Fülle Krebse von wunder-

Linke und rechte Seite: Die gotischen Kielbogenfenster oberhalb des einstigen Zwingergartens und das Kielbogentor der Dietrichsteiner am östlichen Zugang zur Burg.

Burg. Mit einer Handvoll Beherzter machte sich von hier aus Sigmund Kreuzer 1469 auf, um in einem Handstreich die ↗ Hollenburg bei Klagenfurt zu nehmen. 17 Jahre später bewirtete auf Finkenstein, wie nebenstehend berichtet, das Ehepaar Skodl (Schodel) den Bischof von Caorle und seine Begleitung auf fürstliche Art. Den seit etwa 1340 landesfürstlichen Besitz überließ Maximilian I. 1508 zusammen mit der Hollenburg seinem Günstling Sigismund von Dietrichstein als freies Eigen. Er hatte ihn mit einer seiner unehelichen Töchter verheiratet. Schon im 14. Jh. hatte Ulrich Weißenegger die Burg großzügig ausgebaut, unter den Dietrichsteinern erhielt sie ihre prächtige Ausstattung. Der Bau verfiel, als das Schloß Neu-Finkenstein an der Gailbrücke bezogen wurde.

SEHENSWERTES Von den vier Toren, von denen Santonino 1486 schreibt — das letzte, zum Burghof hin, war »ganz aus Eisen« —, hat sich nur die

Wölbung des einen erhalten, das die Wappen der Dietrichsteiner zeigt. Möglich, daß es der Italiener durchschritt, als er der schönen Omelia entgegenging. Ob zu Santoninos Zeit schon der riesige Palassaal mit den Kielbogenfenstern auf drei Seiten — erhalten haben sich die in der stehengebliebenen Westwand — bestand, ist fraglich. Sicherlich knieten beide in der gotischen Bartholomäuskapelle, deren Apsis im südlichen Teil des nicht besonders ausgedehnten Ruinenbereichs erhalten blieb. Von der hohen Wohnkultur hier heroben zeugt auch der kleine, noch mit Runddiensten ausgestattete, jedoch dachlose Innenraum der nördlichen Rundturmruine beim Aufgang. Den Blick durch die großen Fenster über ihm mag man schon im Mittelalter geschätzt haben. Der quadratische Bergfried des 12./13. Jh. gegenüber ist erst in jüngerer Zeit fast zur Gänze abgetragen worden.

LAGE Südl. Villach, 3 km südwestl. Latschach. ↗ Eisenbahnstation Finkenstein. Autobus von Villach, dort auch Unterkunft.

barer Größe, in Wein gesotten. 9. »Busserln«, »Plätzchen«, von der Größe zweier Hostien, in einer Schüssel mit Weinbeeren untermischt, zu einer Masse verarbeitet, dann mit Oblaten umgeben und in die Backpfanne eingelegt. Die Tellerportionen werden mit Staubzucker serviert. Nachtisch: Birnen verschiedener Art, Äpfel, Nüsse.

Wie es sich geziemte, bat nach dem Schmaus die Hausfrau, wieder assistiert von den beiden hübschen Jungfern, bescheiden um Vergebung, wenn sie mit ihrer Bewirtung den Gästen habe nicht Genüge tun können. Nirgends, versicherte dagegen der verwöhnte Italiener, habe er Besseres genossen und gesehen. Niemals, in keiner Zukunft, werde ihm je Besseres geboten werden. Er nannte Omelia eine zu allem geeignete Frau, die Königin dieses Landes. Nichts, aber auch gar nichts fehle ihr zu dieser Würde — außer vielleicht, daß sie etwas sehr jung sei.

Den Hochgenüssen auf Finkenstein folgte tags darauf im Hause des Pfarrers von St. Stefan unterhalb der Burg ein kläglicher Abgesang. »Er gewährte uns gute Gastfreundschaft«, berichtet Santonino, »soweit seine Kräfte reichten. Die Nacht verbrachte ich mit dem ehrwürdigen Erzdiakon von Kärnten ohne jeden Schlaf. Der Grund war das zu schmale Bett, in dem wir eng und ineinander sozusagen verschlungen lagen, desgleichen die unzähligen Flöhe, die, vom langen Fasten abgezehrt und deshalb aufs äußerste ausgehungert, uns anfielen und keine Gelegenheit zum Schlafen ließen. Traurig, mit dummen Köpfen standen wir beide des Morgens da.«

In der Burg oberhalb des Faaker Sees vergnügten sich einen Sommer lang die Kinder Kaiser Friedrichs III., der spätere Kaiser Maximilian I. und dessen Schwester Kunigunde. Wie Finkenstein damals aussah, davon berichtete 17 Jahre später Paolo Santonino.

Die Erbtruchsesse am Herzogshof zu St. Veit

Frauenstein / Kraiger Schlösser · Kärnten

Während seiner Venusfahrt von Mestre bei Venedig über Treviso und Gemona fand Ulrich von Liechtenstein am Morgen des 1. Mai 1227 auf einer Wiese bei Thörl Bernhard von Kärnten mit einem Ritterheer lagern. Der Kärntner Herzog hatte am Tage vorher Goldberg, die Burg der Görzer bei Kötschach im Gailtal, erstürmen und besetzen lassen, einer seiner vergeblichen Versuche, den Handelsweg über den Plöckenpaß nach Venedig unter Kontrolle zu bringen. Wohl an die hundert Ritter lagerten auf dem Anger zum Imbiß, wie der Herzog das so liebte, berichtet der Liechtensteiner. Nicht von der Hand zu weisen ist, daß auch sein Truchseß, der Küchenmeister, Herwich von Kraig, hier seines Amtes waltete und den Auftritt der Frau Venus miterlebte.

Der Anblick solcher Ritterschaft und ritterlichen Kraft ließ das Herz der Venuskönigin Ulrich höher schlagen, und sie hieß die Posaunen blasen. Verwundert sahen Herzog und Ritterschaft den närrischen Mann in Zöpfen, Röckchen mit viel Brust und Haarschleier einherreiten. »Buge vaz primi,

Frauenstein, ein spätgotischer Bau, einst eine Wasserburg, gehört zu den besterhaltenen und schönsten Wehrbauten des Landes.

Drei auf engstem Raum gelegene **romanisch-gotische Burgruinen mit z. T. noch vorzüglichem Mauerwerk des 12., 13., 14. Jh., spätgotischen und renaissancemäßigen Zu- und Ausbauten, 30 Minuten entfernt von einem der schönsten und besterhaltenen Burgschlösser aus der Renaissancezeit mit verbautem romanischem Turm und von spätgotischem Zuschnitt.**

ZUR GESCHICHTE der *»Kraiger Schlösser«.* Schon 1091 ist ein Dietrich von Kriwig bezeugt. Die Ritter von Kraig, Vasallen des Kärntner Herzogs, waren Truchsesse am herzoglichen Hof in St. Veit, auch erbliche Obersthofmeister von Kärnten.

Konrad III. von Kraig wurde Hofmarschall Kaiser Friedrichs III. Nach Aussterben der Kraiger, 1564, fielen ihre Burgen an die Hardegger, später an die Khevenhüller, im 17. Jh. an die Grotta, seit 1822 befinden sie sich im Besitz der Grafen von Goëss. Auch *Frauenstein* war zur Zeit der Kraiger eine romanische Turmfeste, über deren Ausmaße und Gestalt jedoch nichts bekannt ist. Der Letzte derer von Frauenstein starb 1386. Die Erbtochter heiratete einen der Herren von Verber, deren Tochter einen Herren von Hohenwart, von dem 1519 die Weltzer den Besitz übernahmen. Sie erbauten das (einstige) Wasserschloß zu seiner heutigen Gestalt. Im 16. und 17. Jh. war es Eigentum derer von Trautmannsdorf, seit 1636 derer von Gabelkoven. Nach wechselnden Zwischenbesitzern ließen die Grafen von Abensberg und Traun die Anlage zwischen 1863 und 1874 erneuern, seit 1909 gehört Frauenstein der Familie Wirth aus Villach.

SEHENSWERTES Die »*Kraiger Schlösser*«. Eine Wegstunde südwestl. der Ortschaft Kraig, unweit Frauenstein, erreicht man über die alte Römerstraße, die ein 10 Meter hoher Aquaedukt überspannt, nach kurzem Anstieg Niederkraig. Im oberen Teil der ausgedehnten Anlage ragt der mächtige quadratische romanische Bergfried mit geschoßhohem Einstieg und Signalfenstern empor. Etwas tiefer liegt die gotische Hochburg, im 16. Jh. ausgebaut und erweitert. Die Palasfenster zeigen Marmorkreuze. Niederkraig wurde erst im 17. Jh. verlassen. Den einzeln stehenden Turm über dem Felsabsturz baute man in barocker Zeit zur Kapelle aus. Hoch oberhalb Niederkraig, in nicht leicht zugänglichem Gelände, liegen Turm und Bering einer Vorburg, einige hundert Schritt von ihr entfernt die Hauptburg von Oberkraig. Das vorzüglich erhaltene Mauerwerk zeigt gotische Zubauten, unterhalb am Steilhang ragt die Ruine der gotischen Kapelle mit gedecktem Zugang. *Frauenstein* mit seinen schräg gegeneinandergestellten Ost- und Westtrakten, die einen trapezförmigen Hof

gralve Venus! — Grüß Euch Gott, königliche Venus!« grüßten die Knechte und die Umstehenden die Erscheinung in slowenischer Sprache.

Die noch kampfmüden Recken mochten dem tjostfreudigen Liechtensteiner nicht absagen, und gegen ihn auf freiem Feld ritt inmitten all der Ritterschaft der tugendreiche tapfere Hermann von Osterwitz. Mit dem Kraiger bekleidete er das vierte der Erbämter am herzoglichen Hof, das des Schenken. Es war ein schöner Tjost. »Weicha, weich!« rief man dort und hier. Die Speere splitterten, und Funken sprühten von den Helmen. Nicht weniger gut hielt sich Chol von Finkenstein, der nach dem Osterwitzer gegen die Frau Venus ritt. An Helm und Schild verstachen sie ihre Speere, und Ulrich verschenkte seine Ringlein.

An diesem ersten Mai erreichte Frau Venus mit ihrer Begleitung noch Villach. Der Herzog mit der Ritterschaft zog ins Rosental auf seine Feste Wernberg, die er über die neue Draubrücke unterhalb von Villach erreichte. Unter den 40 Rittern, die Ulrich in der Draustadt empfingen, war es mit anderen auch Swikker von Frauenstein, der gegen ihn anritt. In Feldkirchen traf er auf Zachäus Himmelberg im Mönchskleid, den Frau Venus erst in St. Veit an der Glan zum Spott aller in den Sand stieß.

Als Erbtruchseß am Hof des Kärntner Herzogs zu St. Veit an der Glan mag einer der Herren von Kraig auch an der Zeremonie am Herzogstuhl bei der Inthronisation Herzog Meinharts von Kärnten im Juni 1286 teilgenommen haben. Der Abt von Viktring berichtet uns über die Szene in seinem »Buch gewisser Geschichten« aus dem 14. Jh. In bäuerlicher Kleidung saß auf dem Stein inmitten des Zollfeldes bei Klagenfurt ein ländlicher Freisasse, einen gefleckten Stier und eine Stute an ihren Halftern haltend. Auch der Herzog, von Marschall, Kämmerer, Truchseß und Schenken begleitet, hatte seine fürstliche Kleidung abgelegt und näherte sich im Bauernkittel mit dem Grafen von Görz, dem obersten Paladin des Landes, dem Stein. Vor versammelten Grafen und Edlen beantwortete Meinhard in slowenischer Sprache die Fragen des Freisassen: Wer er sei, ob er ein gerechter Richter, ein Verteidiger des christlichen Glaubens sein wolle? Gegen Ablösezusagen und einen Backenstreich, den er dem Herzog geben durfte, räumte der Kärntner »Edling« den Stein. Auf ihm stehend, sein blankes Schwert nach allen Himmelsrichtungen schwingend, versprach hierauf der Herzog feierlich, ein gerechter Richter zu sein. In der Kirche von Zol weihte der Bischof den neuen Herrn Kärntens in Bauernkleidern. Auf Anordnung des Kämmerers wurden ihm hierauf fürstliche Gewänder angelegt, die Bauernkleidung jedoch an Arme verteilt. Beim folgenden Mahle walteten Marschall und Kämmerer, der von Kraig als Truchseß und der von Osterwitz als Schenke, ihres Amtes. Dann hielt Meinhard II. vom Herzogstuhl auf dem Zollfeld aus Gericht.

Meinhards Söhne Ludwig, Otto und Heinrich verzichteten nach der Belehnung mit Kärnten am 19. Mai 1299 in Speyer auf das Zeremoniell am Fürstenstein. Man feierte in der Herzogstadt St. Veit, in der sieben Jahre vorher der eine von ihnen, Ludwig, gefangengenommen worden war. An die fünfhundert Ritter sollen bei diesem Hoftag zu St. Veit turniert haben. Der Abt von St. Lambrecht konsekrierte und gürtete die jungen Herzoge von Kärnten mit dem Schwert. Unter großem Gepränge, von Marschall, Kämmerer, Erbtruchseß, Erbschenken und großem Gefolge umgeben, zeigten sie sich bei Gastmählern und vor dem Volke.

Reiche Schätze sind auf den Kraiger Schlössern noch zu heben, berichtet die

Links im Bild ist Oberkraig mit seinen beiden Türmen und der oberhalb des Felsabsturzes stehenden Kapellenruine zu sehen. In Niederkraig, rechts im Bild, ragt unterhalb des alten Turmes die gotische, im 16. Jh. umgebaute Burg. Die Barockkapelle auf dem Felsen war einst ein Turm der Vorburg.

Sage. Immer wieder hat man oben an allen möglichen Stellen das »Schatzbrennen« gesehen. Niemand jedoch war bisher berufen, die Schätze zu heben. Von Zeit zu Zeit erschien auf den Zinnen des alten Turms eine hohe Frauengestalt. Hochgestreckt stand sie, die Arme in die Hüften gestemmt, und schaute hinaus ins moorige Land. Gellend rief sie: »Die Gräfin vom Kraiger Schloß bin i. Drei Briaschäffer (Brühschaffe) voll Geld hab i.« Das ist, wie die Leute sagen, jene Gräfin von Kraig, die einst all ihr Geld versteckte und erst im Grab Ruhe finden wird, wenn der Schatz einmal gehoben ist.

Oben auf den Kraiger Schlössern hausten auch schöne, kluge Frauen, die allwissend waren, die Billeweiß. Man konnte sie öfter hören als sehen. In voller Gestalt erschienen sie nur, wenn sie die Leute im Tal warnen wollten oder ein Unglück bevorstand. Sie verkündeten singend, was sie wußten. Wenn der Bauer sie hörte, mußte er schnell tun, was sie befahlen. Das war immer ein Vorteil. Bei Nacht stiegen sie öfters auch in die Ortschaften herunter und sagten den Bauern an, was sie säen sollten. Wer ihnen folgte, hatte immer eine gute Ernte zu erwarten. Noch zeigt man in den Felswänden der Kraiger Schlösser bestimmte Höhlen, wo die Billeweiß gewohnt und ihre Wäsche aufgehängt haben.

umschließen, ist 1554 endgültig fertiggestellt worden. Deutlich ragt an der Südfront neben dem hochbogigen Anbau der in den Schloßbau einbezogene romanische Rundturm über die Dächer. Eine Treppe in seiner zwei Meter starken Mauer verbindet die Turmgemächer. Diesem »Fallturm« angeglichen wurden die drei Rundtürme an drei Ecken der Anlage. Zusammen mit Kapellenvorbau an der Südfront und der in Ansatz und Höhe ungleichen Dachlinie geben sie dem Äußeren des Burgschlosses das Gepräge. Wie hier in die Dachkonstruktion einbezogene Verteidigungsanlagen sind selten — Tratzberg weist sie auf —, der Dachstuhl des Westtraktes ist in seiner Art in Österreich einzigartig. Prächtig ausgestattete Zimmer, besonders sehenswert ist das »Zirbenkabinett«, Lauben und Arkaden machen das Schloß zu einem der schönsten des Landes.

LAGE Nordwestl. St. Veit a. d. Glan. BESICHTIGUNG von Frauenstein ist nicht möglich.

Die Burg der wunderbaren Geschehnisse

Stein · Kärnten

Das 800 Jahre alte Gemäuer hoch oberhalb des Drautales birgt die älteste und schönste mittelalterliche Doppelkapelle Kärntens.

ZUR BURG UND IHRER GESCHICHTE Stein ist etwas wie die Burg letzter Grafen. Die Herren von Stein waren Ministeriale derer von Ortenburg. Friedrich, dem letzten Grafen von Ortenburg, folgten im 14. Jh. hier die von Cilli. Von Ulrich, dem letzten Grafen von Cilli, kam der Besitz an den letzten Grafen von Görz, Leonhard, der in ↗ Bruck bei Lienz regierte. Durch einundeinhalbes Jahrhundert bestimmten dann die Herren von Graben, nach ihnen kaiserliche und landesfürstliche Pfleger das Geschick der Burg, bevor sie im 17. Jh. an die Grafen von Rosenberg fiel. Bergfried und Palas waren durch Wehrmauer und Zugbrücke miteinander verbunden. Steins berühmte Doppelkapelle entstand, als Barthelmä Vierthaler Ende des 15. Jh. auf die flachgedeckte romanische Valentinskapelle die gotische Martinskapelle setzte. Damals kamen der erweiterte Palas und ein kleiner Hof mit der Kapelle, geschmückt mit Fresken des Simon von Taisten, unter ein Dach.

LAGE   Südöstl. Oberdrauburg oberhalb Irschen. Nicht zu besichtigen.

Rechts: Die schmuck restaurierte Burg, 1214 erstmals genannt, ist bewohnt. Zu Seite 123: Den einst kleinen Palas mit Kapellenturm auf dem isoliert aus dem Abgrund ragenden Felsen sicherte im Mittelalter der diagonal gestellte Bergfried oberhalb des Abhangs — im Bild rechts aus dem Wald ragend — und Wehrmauern mit Wehrgängen, die den Abgrund überbrückten.

Schon eine der ältesten Sammlungen früher Begebnisse in Österreich, das »Buch gewisser Geschichten« des Johannes von Viktring, weiß zu berichten, daß sich während des Meßopfers in der Valentinskapelle vor aller Augen die Hostie in der Hand des Priesters Wolbert in Fleisch und Blut verwandelte.

Auch zwei Sagen erzählen Wunderbares. Weil sich drei seiner Töchter hinterrücks zum Christentum bekehrt hatten, stieß der wütende Graf von Stein sie vom hohen Burgfelsen. Doch die Jungfern blieben heil. Im nahen Dörfchen Irschen begründeten sie eine neue Heimat. Das Johanneskirchlein dort bezeugt das Wunder. — Ihrem tyrannischen Vater, dem Ritter Bibernell, der sie eifersüchtig bewachte, beschloß nach der zweiten Sage Tochter Emma in der Gestalt eines nächtlich umgehenden Geistes zu entfliehen. Sie hatte sich ihrem Geliebten, einem Schreiber in Greifenburg, versprochen. Doch das Mädchen verspätete sich, der Geist kam früher, und der junge Mann hob nicht sie, sondern das Gespenst auf sein Pferd. Erst bei der Dellacher Brücke sah er im Mondlicht, daß die Gestalt in seinen Armen einen Totenkopf trug.

Katharinas Ehekrieg

Heinfels (Heimfels, Heunfels) · Osttirol

Wer von Lienz durchs Pustertal nach Südtirol reist, muß an der »Königin des Oberlandes«, an »Heimfels« — besser »Heinfels« — vorbei.

Bau- und Zeitgeschichtliches / Sehenswertes Der Begründer, ein Gefolgsmann der Freisinger Bischöfe um 1240, nannte sich Welph de Hunenvels, und auch der spätere Sitz eines Landesgerichtes und militärische Stützpunkt der Grafen von Görz ist uns als »Huonivels« und »Heunfels« überliefert, als eine Burg

Unten und rechts: Über die Gliederung der nicht zu besichtigenden Burg auf dem Hügel nächst Sillian unterrichtet der Grundriß.

»Schau dir einmal an, wer da zu uns kommt!« Der Kaiser wies in den Hof, und Aenaeas Silvius, sein Sekretär, sah den Grafen von Görz mit unsicherem Schritt, schmuddelig, langhaarig, über den Burghof kommen. »Einen schöneren, einen saubreren Fürsten hast du sicher noch nicht gesehen!« meinte Friedrich III. kopfschüttelnd.

Von Heinrich IV., Pfalzgraf von Kärnten, Graf von Görz und Tirol, erzählte man sich, er trinke am liebsten mit Bauern und Leuten wie Guethentrunk, seinem Hofpfeifer. Kam er nachts nach Hause, weckte er meist seine Söhne und zwang die Knaben, mit ihm weiterzubechern. Weigerten sie sich oder erbrachen sie vor Ekel, beschimpfte der Betrunkene ihre Mutter Katharina. Eine Hure sei sie, schrie er, Kinder, die ohne zu trinken die ganze Nacht durchschliefen, könnten nicht von ihm stammen!

Neben Innichen, Toblach und Brunneck war es vor allem Burg Heinfels, auf die sich der Graf, müde des heimischen Ehekriegs, gerne zurückzog. Er ließ sich hier, vor allem auf reichliches Essen und einen guten Trunk bedacht, vom Pfleger versorgen, gleichzeitig jedoch auch vom Mautner in Lienz beliefern. Die Nahrungsmitteldepeschen aus Heinfels, alle mit dem vollen Titel »Pfalzgraf von Kärnten, Graf von Görz und Tirol« gezeichnet,

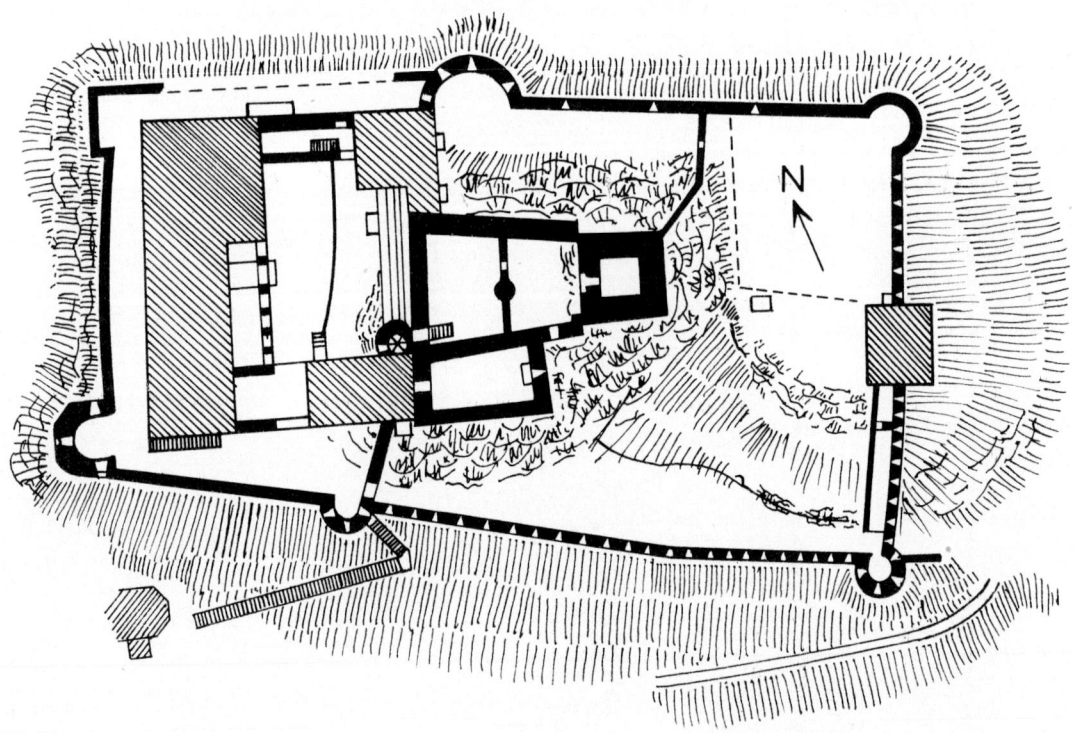

forderten von Lienz vor allem täglichen Nachschub frisch gefangener Fische. Graf Heinrich wünscht umgehend Anlieferung, nicht etwa, daß der Fang einmal eine Nacht in Lienz liegenbliebe! Auf faule Fische verzichte er, die solle der Mautner nur selber essen. Auch bei dem nächsten Hundert Heringe lege er auf weiße, harte Exemplare Wert, schwarze, stinkende verbitte er sich. Auch auf das »vassl guetts pier« und die Liter »guetten mett« solle man nicht vergessen.

Heinrich von Görz und Tirol ließ auch niemanden verhungern, Zechkumpane, Dienerschaft, ebenso Handwerker und Künstler erhielten reichlich, was ihm an Naturalzinsen von seinen Untertanen zufloß: Hofpfeifer Guethentrunk, weist er den Pfleger von Heinfels an, habe zwei Zentner Käse zu bekommen, Meister Mathe, dem Goldschmied, seien sechs Zentner zu liefern, drei vorjährige und drei heurige. Nicht nur den Arbeitern standen feste Rationen Wein zu, auch die Gefangenen im Heinfelser Verlies hatten sich nicht zu beklagen, sie erhielten täglich zwei Mahlzeiten, zur Jause Brot und Käse und auch ein Maß Wein.

Im Herbst 1443 versuchte Graf Heinrich sich seiner zank- und ränkesüchtigen Gemahlin zu entledigen und verwies sie des Landes. Die resolute Ungarin, Tochter des Banus Niklas de Gara, setzte ihn jedoch kurzerhand mit Hilfe einiger Leute in Heinfels gefangen. Er hatte sich gerade wieder mit einem »guetten trunk« und frisch gefangenen Fischen auf die Burg am Villgratenbach zurückgezogen.

Befreundete Fürsten zwangen Katharina kurz darauf allerdings, ihren Mann wieder freizulassen. Doch eröffnete die kriegstüchtige Dame nach

also, die man wahrscheinlich gegen die »Hunnen«, d. i. gegen die Mongolen, erbaute. Einer Sage nach hatte sich ein Trupp Hunnen, aus Friaul zurückkehrend, in der Gegend festgesetzt und den ersten Turm auf dem Hügel erbaut. Unter dem Herzog Tassilo II. erschien der Riese Hano von Toblach vor dem Turm und erstürmte ihn.

Es ist für den Besucher nicht schwer, schon auf den ersten Blick am Mauerwerk die mittelalterliche Burg des 13. Jh. auf dem höchsten Felsen von den Zubauten des 16. und 17. Jh. zu unterscheiden. Im ungefügen Palas mit dem davorgestellten unbewohnbaren, fast gleichhohen Bergfried hauste zwischen 1394 und 1454 zuzeiten Heinrich IV. von Görz, wie es nebenstehend dargestellt wird. Bisweilen mag er auch in der Kapelle (Freskenreste des 14. und 15. Jh.) die Messe gehört haben. Von den übrigen Trakten der Burg, so wie sie sich uns heute bietet, stand zu seiner Zeit noch nichts. Den Westteil von Heunfels, mit großem

Saal und stattlichem Haupthof, die Rondelle, Türme, Tore und den Zwinger errichteten nach 1500 die Brixener Burggrafen. Um 1600 ließ Dietrich von Wolkenstein, ein Nachfahre des letzten Minnesängers, die Wehranlagen mit den 38 charakteristischen Schießscharten anlegen und den sonst nirgends erhaltenen »Sturmpfählen« über ihnen. Sie sollten das Überklettern der Mauern verhindern.

Unter den Habsburgern, vom 16. bis 19. Jh., blieb die Burg Amts- und Gerichtssitz und war u. a. auch an das Adelige Damenstift von Hall in Tirol verpfändet.

LAGE   Südöstl. Lienz, im Drautal, oberhalb Panzendorf. Eisenbahnstation Sillian. Autobus von Lienz. Unterkunft in Sillian.

ZU BESICHTIGEN ist derzeit nur der östliche Vorhof.

Wahrscheinlich stand auf der höchsten Stelle des kleinen Hügels oberhalb von Panzendorf zuerst der wehrhafte Palas, bevor man merkwürdigerweise unmittelbar an ihn im 13. Jh. den gleichhohen unbewohnbaren Wehrturm stellte. Die Kapelle, 1338 geweiht, wurde der Burg südlich angebaut. Der tiefer liegende Westteil von Heinfels, der noch bis vor kurzer Zeit bewohnt war, ist erst um 1500 errichtet worden, die ausgedehnten Wehranlagen im Süd- und Ostteil entstanden um 1600.

Heinfels liegt strategisch nicht besonders günstig. Die Burg war nur gegen den Villgratenbach im Westen etwas wie sturmfrei. Die riesigen trichterförmigen Schießlöcher, Schießscharten und starrenden Sturmpfähle in der turmbestückten Ringmauer, Zinnen und Pecherker verliehen der Burg im Zeitalter der Feuerwaffen jedoch kaum mehr als ein etwas martialisches Aussehen. Das einzelstehende St.-Peters-Kirchlein zu ihren Füßen ist wahrscheinlich älter als die Urburg. Bedauerlich, daß dem Verfall des in bürgerlichem Besitz befindlichen historischen Bauwerks nur unzulänglich gesteuert werden kann. Besonders der mittelalterliche Teil mit dem eingestürzten Dach des Palas bedürfte einer umfassenden Restaurierung.

einer Zeit kurzer Aussöhnung bald darauf eine regelrechte Fehde gegen den ihr Angetrauten und brachte 1445 die görzische Feste ↗ Weidenburg im oberen Gailtal in ihre Gewalt. Mit Hilfe einiger ihrer Anhänger aus der »inneren Grafschaft Görz« gelang es ihr auch, Graf Heinrich ein zweites Mal festzunehmen. 1453 starb der Fürst als Gefangener seiner Frau.

Katharinas Versuch, nach dem Tode des Gemahls mit Hilfe ihrer Söhne und der Landstände die Regentschaft über die ganze Grafschaft an sich zu reißen, scheiterte jedoch. Die »vordere Grafschaft«, Kärnten und Tirol, stand zu ihrem angestammten Fürstenhaus, und einigen beherzten Männern gelang es, sich in Heinfels Katharinas zu bemächtigen. Da sie von Graf Heinrich im Testament übergangen worden war, zwang man die Selbsthelferin, auf alle Ansprüche zu verzichten, und hielt sie so lange fest, bis sie sich mit den Witweneinkünften und der ihr von Heinrich zugewiesenen Grünburg bei Hermagor (eine heute verschwundene Burg) als Wohnsitz zufriedengab.

Noch zu Anfang dieses Jahrhunderts, so wird berichtet, konnte man über dem Tor des Schlosses Bruck in Lienz an einem Fenster zwei gelbe Streifen sehen, die auch nach verschiedenen Übermalungen immer wieder zum Vorschein kamen. Ein Görzer Graf, so erzählten sich die Eingeweihten, habe seiner Gemahlin Gift gegeben. Da sie sich jedoch noch rechtzeitig erbrochen habe — die Streifen bewiesen das —, sei sie gerettet worden. Ob diese Sage mit dem Schicksal des unglücklichen Fürstenpaares Heinrich und Katharina in Verbindung gebracht werden könne, davon wußte allerdings niemand Bestimmtes zu sagen.

»Nit gut, Bischof!«

Bruck/Lienz · Osttirol

Ungeduldig wartete der kleine drahtige Mann im Nußdorfer Kirchlein unweit Lienz, bis der Bischof von Caorle sich endlich auch seinen Dienern näherte, um ihnen das Sakrament der Firmung zu spenden. Er hatte dem Abgesandten des Patriarchen von Aquileia mitteilen lassen, er, Graf Leonhard von Görz, wünsche seine Leute bei diesem Anlaß nicht wie üblich nur getätschelt, man solle ihnen vielmehr eine tüchtige Backpfeife geben.

Als der Italiener dann keinerlei Anstalten machte, seine segensgewohnte Hand durch einen Akt brutaler Gewalt zu entweihen, stampfte der Fürst wütend mit dem Fuß auf: »Nit gut, Bischof!« rief er zornig und verließ schnurstracks die Kirche. Wenig später, als der Seelenhirte auf den Vorplatz trat, um die hier Wartenden am heiligen Sakrament teilhaftig werden zu lassen, ging Leonhard von Görz auf seine Diener zu und ohrfeigte sie vor dem firmenden Bischof mit aller Gewalt. Dann schwang sich der gelenkige Fünfziger, die Hand nur am Sattelknauf abstützend, ohne die Steigbügel zu berühren, auf sein Pferd und ritt, den Bischof keines Blickes mehr würdigend, inmitten seines Gefolges ab. Einige der Ritter um ihn trugen Goldketten. Er selbst, in kurzem, schwarzem Rock, hatte zwei

Die einstige Residenz der Grafen von Görz und Tirol am Stadtrand von Lienz ist heute als »Osttiroler Heimatmuseum« in Verwendung.

ZUR GESCHICHTE   Als Graf Meinhard II. von Görz und Tirol Rudolf von Habsburg nach dessen Wahl zum deutschen König fragte, ob es unter

Unten rechts: Der Wohnbergfried deckte einst den mittelalterlichen Palas. Links: Im Bild des Simon von Taisten, 1495, schützt die Schutzmantelmadonna das Fürstenpaar Leonhard und Paola mit ihrem Hofstaat vor den Zornpfeilen Gottes.

diesen Umständen bei der Verlobung seiner Tochter Elisabeth mit Albrecht, Rudolfs Sohn, bliebe, soll ihm der Habsburger geantwortet haben: »Ein Graf von Görz ist immer von so hoher Würde, daß sich kein König schämen darf, eine Tochter von ihm zu nehmen.« Elisabeth von Görz und Tirol wurde die Stammutter der österreichischen Habsburger, sie gebar ihrem Gemahl Albrecht I. 22 Kinder. — Die Grafen von Görz, ein auch mit den Staufern, Wittelsbachern und Luxemburgern versipptes Geschlecht, hatten 1253 nach dem Tod des letzten Grafen von Tirol dessen Besitz, Nord-, Ost- und Südtirol, geerbt. Im 14. Jh. verlegten sie ihre Hauptresidenz vom Isonzo — ihnen gehörte ein eigener Hafen am Tagliamento — nach Lienz. Hier hatten sie sich schon im 13. Jh. auf dem Gemäuer eines Römerbaues eine Sperrburg an der Iselbrücke bauen lassen. Seit 1271 residierten in ihr die Burggrafen von Lienz. Als fürstliche Residenzburg der bald tief verschuldeten Grafschaft Görz verlor Bruck jede militärische, aber auch politische Bedeutung. Strategischen Rang erhielt sie als habsburgische Pfandschaft erst wieder im Kampf Maximilians I. gegen Venedig.

SEHENSWERTES Die doppelgeschossige romanische Dreifaltigkeitskapelle über dem Eingang zum Innenhof zeigt prächtige spätgotische Wandgemälde mit Abbildungen Paolas und Leonhards von Görz. Die beiden Görzer Altäre sind Sehenswürdigkeiten von Rang. Zur Zeit der Görzer stand außer dem Bergfried mit Wohngeschossen und Verlies anschließend an die Kapelle der Palas. Ihre heutige Gestalt mit Wohnbauten um den Hof, Vorburg und Rondellen erhielt Bruck unter den Wolkensteinern.

LAGE UND BESICHTIGUNG Am Stadtrand von Lienz. Tägl., außer Montag, 9—12, 14—18 Uhr. Im Winter geschlossen. Galerie mit Werken von Egger-Lienz, Defregger, Troger.

Rechte Seite: Die einstige Residenz ist heute im Besitz der Stadt Lienz.

Schwerter, ein kurzes und ein längeres, am Gehenke baumeln. Sein seidenes Barett schmückte ein Kranz aus grünen Weidenruten. Gräfin Paola, an seiner Seite reitend — sie hatte die Szene mit ärgerlichen, aber hilflosen Blicken verfolgt —, saß in einem dunklen, mit riesigen Perlen geschmückten Seidenkleid auf einer prächtigen golddurchwirkten Schabracke. Dem Zug voran ritten Kriegsknechte und vier Trompeter mit schallenden Instrumenten. Auch den Hofdamen und Jungfern am Ende des Zuges folgten lanzenbewehrte Knechte.

Es hatte einiger Überredungskünste bedurft, bis der vierzigjährige Reichsgraf Leonhard von Görz, von rauhem Gemüt und mit wenig Sinn für das geistige Wort begabt, sich zur Vermählung mit der 15jährigen hochgebildeten, aber kränkelnden Paola von Gonzaga aus Mantua bereit fand. Erst im November 1478 war er in Begleitung des Erzherzogs Sigismund von Tirol mit 500 Pferden und einem stattlichen Gefolge von Edelleuten der Braut bis Bozen entgegengeritten. Am 25. desselben Monats hatte der Bischof von Trient und Konstanz dem ungleichen Paar den Segen gegeben und es ins Ehegemach geleitet. Herzattacken fesselten dann die junge Frau ans Krankenbett, bevor sie am Sankt-Nikolaus-Tag in die düstere Alpenresidenz Einzug hielt. In zwei großen Truhen, die eine stuckvergoldet nach einem Entwurf Mantegnas, aus der Werkstatt des Donatello, die andere aus Elfenbein mit Darstellungen Mantegnas, führte sie kostbares Silberwerk, Geschirr und Geschmeide mit sich. In acht weiteren Truhen auf dem mit vier Rossen bespannten Brautwagen befanden sich neben Geschmeide und Privatschmuck erlesene Stücke ihrer Ausstattung und Garderobe. Paola von Gonzaga hatte auch eine kleine Bibliothek mitgebracht, Pergamentbände mit Werken des Virgil, Sallust, Ciceros »Über das Alter und die Freundschaft« und auch Dantes »Divina commedia«.

Im Vergleich zur väterlichen Residenz — der Hof der Gonzaga in Mantua rangierte gleich neben dem der Este in Ferrara, Mutter Barbara war eine Markgräfin von Brandenburg, Bruder Francesco Kardinal — glich die weltverlassene Burg bei Lienz einem bescheidenen Landsitz. Die Fürsten von Görz, einst die Ersten des Reiches, hatten längst abgewirtschaftet, die Grafschaft war über das übliche Maß verschuldet, Leonhards Vater, Heinrich IV. (↗ Heinfels), hatte das Seine dazu beigetragen. Zum Brucker Hofstaat gehörten damals etwa 30 Personen: ein Kanzler, der Burghauptmann, ein Amtmann, ein Mautner, ein Hofmeister, ein Stadt- und Landrichter. Sie hatten ihren Amtssitz in Lienz. Paola standen 15 Personen zur Verfügung, unter ihnen ein eigener Arzt und ein Kaplan.

Die Hoffnung Leonhards auf Kindersegen erfüllte sich nicht, Paola blieb lebenslang leidend. Die Briefe nach Mantua meldeten meist nur Krankheit und Ehestreit. Von einem Kuraufenthalt in Abbano, 1495, kehrte sie nicht mehr nach Bruck zurück. Fünf Jahre später starb Graf Leonhard. Am 12. April 1500 bestattete man ihn in der Pfarrkirche zu Lienz. Er blieb den Einwohnern unvergessen, hatte er doch ausschließlich in ihrer Stadt gewohnt. In durchaus nicht landesüblichem Aufzug war er in der schönen Jahreszeit oft täglich zur Jagd geritten. Dem zwölfköpfigen Gefolge voran ritten jeweils Falkner mit scharfen Habichten. Leonhards schwarzer Leibrock war mit Goldbuchstaben durchwirkt und die dunkle Wollmütze mit Fichtenästen umwunden, an denen goldene Schuppen hingen. Bewegte er den Kopf, schwirrten sie wie Fliegen um ihn. In die Stirn baumelte ihm ein Amulett, ein großer Karfunkelstein von hohem Wert.

Befiehlst Du mir, hier auszuziehn...

Mauterndorf · Salzburg

Rechte Seite und unten: Vor dem mächtigen Bergfried des 13. Jh. ragt der gotische und spätgotische Kapellenturm mit den Wohnräumen des Erzbischofs Leonhard von Keutschach. Unter der Kapelle und den Wohnräumen des Keutschachers hindurch führte einst die Mautstraße, die heutige Radstädter Tauernstraße, auf den Tauernpaß. Südturm und Südteil entstanden im 15., alles übrige im 16. Jh.

Als der junge Dompropst nach dem zehnjährigen Schreckensregiment der Ungarn 1494 in Mauterndorf einzog, lagen Burg und Markt einsam und verödet. Mit bescheidener Fracht aus dem Süden und nur vereinzelt zogen Säumer von hier auf dem schmalen Pfad, die Römerstraße entlang, dem Tauernpaß zu. Auf einen schier endlosen Zug der Karren und Tragpferde, der unter ihm die Mautstelle passierte, sah von seinen Zimmern über der Burgkapelle Erzbischof Leonhard von Keutschach, der Dompropst von einst, 20 Jahre später. Über Wien und Regensburg hinaus handelten die Salzburger mit der begehrten »Venedigischen Wahr«, Spezereien und Seiden aus dem Orient, die jetzt hier auf der von ihm neuerbauten Straße

Die einstige Mautburg der Salzburger Mönche an der Römerstraße über den Radstädter Tauern hat im Laufe der Jahrhunderte nichts von ihrer mittelalterlichen Wucht eingebüßt.

ZUR GESCHICHTE 1353 bewilligte Papst Innozenz IV. dem Salzburgischen Domkapitel, in seinem Markt Mauterndorf eine Burg zu errichten. An Bergfried und Palas mit Ringmauer fügte man Mitte des 14. Jh. östlich die Kapelle an. Ein Jahrhundert später ließ sich über ihr Erzbischof Leonhard von Keutschach einen Wohntrakt errichten. Die von Türken und Ungarn verwüstete Burg war schon unter dem Vorgänger des Keutschachers wiederhergestellt und um den Südturm erweitert worden, ihre heutigen Ausmaße erhielt sie zwischen 1546 und 1559. Nach 1803 als Staatsbesitz devastiert und bald Ruine, erwarb 1894 der preußische Stabsarzt Dr. Hermann von Epenstein den Besitz. Er ließ die Burg mit großem Aufwand wiederaufbauen. Seine 1939 verstorbene Witwe überließ sie testamentarisch Hermann Göring, der das Erbe nie antrat.

SEHENSWERTES Im Burghof, in dem man einst Hinrichtungen vollzog, fallen die beiden Christophorusfresken auf. Sie weisen auf die einst an der Burgmauer unter der Kapelle hindurchführende Mautstraße. Der 44 Meter hohe Bergfried und die Umfassungsmauer zeigen noch Wehrgänge, im ersten, frei zugänglichen Geschoß des Palas befinden sich jetzt die Schloßschenke, im zweiten Stock »Rittersaal«, Wohnräume und Stuben. Kostbares birgt die flachgedeckte Kapelle mit Freskenschmuck des 14. und einem Altar des 15. Jh. Hier werden auch von Leonhard von Keutschach gestiftete spätgotische Meßgewänder, unter ihnen die berühmte »Kaiserkasel«, aufbewahrt. Die Gemächer des Keutschachers zeigen Holzverkleidung und spätgotischen Freskenschmuck.

LAGE UND BESICHTIGUNG Westl. Tamsweg im Lungau. Burghof und Schenke sommerüber frei zugänglich. Führungen nur einmal wöchentlich.

nordwärts gekarrt und getragen wurde. Der »nasse Saum« aber, der in Tausenden von »Lagelen« links und rechts der Pferdesättel — ein Tier trug eineinviertel Hektoliter — und auf den zweirädrigen Ungetümen über den Tauern floß, füllte die Keller der Dompropstei und der Prälaten: der süße Reifal und der rote Terant aus dem Görzischen, der Muskateller und der Tschernicol, der Pinol und der rote Rafarsch.

Den neuen Reichtum des Bistums allerdings machte aus, was auf Karren und Pferderücken über den Tauern und »Käsperg« — den Katschberg —, auch über den Brenner, südwärts geliefert wurde: Salz, Erze, Waren und Stückgut, aus Schächten in Gastein, im Pinzgau, Pongau und auch hier im Lungau gefördert, in Hunderten von Werkstätten veredelt und gefertigt. Was der Handelsherr und Kaufmann in Gang gebracht hatte, nützte der zähe Diplomat: Erzbischof Leonhard von Keutschach war es gelungen, die Salzburger Kirchenprovinz nach der Zeit ihrer tiefsten Erniedrigung wieder in ihrer alten Größe erstehen zu lassen mit Besitzungen und Ländereien zwischen dem Inn bei Rosenheim bis Pettau im Krainischen, von der Donau bis ins Friaulische. Als reichster Fürst seines Kaisers und oberster Sparmeister seiner Untertanen hatte der Keutschacher auch zahlreiche Burgen und Schlösser im Land restaurieren, wiederaufbauen lassen und zumeist mit seinen zahlreichen Verwandten und Anverwandten besetzt. Es waren in Salzburg durch ihn vor allem die Herren mit dem ringtragenden Löwenkopf über ihrer Tür reich geworden, die Matsperger, Kaserer, Lasser, Brandstetter. Im deutschen Haus in Venedig besaßen sie die nach Augsburg und Nürnberg ausgedehntesten Lagerräume, weit größere als die der Wiener und der Regensburger. Mit dem Rat der Stadt hatten sie sich unlängst gegen ihn erhoben und waren von ihm im Namen des heiligen Rupert und Virgil in die Schranken gewiesen worden. Am nachhaltigsten gefördert jedoch war durch das Keutschachsche Wirtschaftswunder das Domkapitel, dem er bis 1506 vorgestanden war. Der Weinhandel der Mönche florierte, die Herrschaft Mauterndorf und anderer Besitz warfen beachtliche Erträge ab. Im Januar 1512 waren dem einst schwerverschuldeten Kapitel von Levi Hirschl letzte Schuldbriefe zurückgestellt worden. Der »Lindlwirt«, wie ihn die Salzburger nannten, hatte seinen Augustinerherren zu einer sorgenfreien Zukunft verholfen. Nun aber, im Jahre 1513, sah sich der Erzbischof gerade von ihnen tödlich bedroht. Die Herren wollten das Mönchsgewand ausziehen und hatten sich mit dem prunksüchtigen Verschwender Matthäus Lang verbündet, der ihnen zu einem vom Probsteibesitz unabhängigen »freiweltlichen« Pfründnerdasein zu verhelfen versprach. Der Lieblingskardinal Maximilians I., erfolgreicher Diplomat und Staatsmann, war ihm als Koadjutor und designierter Nachfolger aufgezwungen worden. Die Schreiben des neuen Papstes Leo X., dessen Breve vom 21. Februar, die Antwort vom 5. Oktober 1513 ließen Leonhard von Keutschach keinen Zweifel: Resignation, Rücktritt, versteckt war ihm mit Kirchenstrafen und Amtsenthebung gedroht worden, oder Kampf gegen Rom. Sechs Jahre bevor Leonhard diesen Kampf verlor und starb, ließ er vor seinem Mauterndorfer Wohntrakt über der Kapelle seine, Salzburgs und der Dompropstei Wappen mit den Jahreszahlen 1494, es war das Jahr seines Amtsantritts als Dompropst, und 1513, das Jahr der Entscheidung, anbringen. Über die Tür zum Schlafgemach aber ließ er schreiben: In tremenda mortis hora / Veni Jesu absque mora / Cum me iubes emigrare / Jesu chare tunc apare. In der Schreckensstunde des Todes komm, o Jesus, ohne Zögern. Befiehlst Du mir (hier) auszuziehn, teurer Jesus, dann erscheine (mir).

Die Lungauer Zauberer-Jackl-Bande

Moosham · Salzburg

Während die Kirche des 10. und 11. Jh. Hexerei und Zauberei als heidnischen Aberglauben verwarf — im Canon episcopi von 906 wird nur Gott Verwandlungskraft zugeschrieben und die Existenz von Hexen geleugnet, im Jahre 1080 verbietet Papst Gregor VII. die Tötung sogenannter Hexen —, stellte sich die Kirche der Inquisitionszeit in den Dienst einer grausamen Hexenjagd. Den Malleus maleficarum, den sogenannten »Hexenhammer«, ein Werk mit fast gesetzgeberischem Charakter, 1488 in Nürnberg erschienen, in 29 Auflagen, verfaßte der Dominikaner Institoris — als Coautor zeichnet sein Ordensbruder Sprenger —, war Domprediger und Lehrer der Theologie in Salzburg.

Zwischen den Jahren 1400 und 1750 sind in Österreich wegen des crimen magiae, des Verbrechens der Zauberei, 736 Anklagen und 367 Hinrichtungen aktenkundig geworden. Doch war die Zahl der Hexenprozesse weit höher, forderte doch der Mooshamer Zauberer-Jackl-Prozeß allein 140 Opfer.

Jakob Koller, Abdeckerssohn aus Mauterndorf, ein Vagabund, den die Sage zu einer Art alpenländischem Faust werden ließ, hatte Jugendliche, die

Salzburgs drittgrößte Burg, durch fast 400 Jahre Landgericht und erzbischöflicher Verwaltungssitz, war im 17. und 18. Jh. Schauplatz berüchtigter Hexenprozesse.

ZUR GESCHICHTE Wohl schon bald nach 1200 erbaut, wird Moosham erst 1256 genannt. Als Pfleger von Burg und Gericht sind Otto von Saurau, Keutschacher, Thannhäuser, Kuenburger u. a. genannt. Im Ungarnkrieg, 1479—1490, und im

In diesem jetzt museal ausgestatteten Raum verhörte der Landrichter die Hexen und Zauberer des Lungaues.

Hoch über dem Murboden, am Hang des Mitterberges, liegt das alte Landgericht des Lungaues, die heutige Museumsburg.

Bauernkrieg 1526 wechselte Moosham die Besitzer. Die mittelalterliche Burg ließen Erzbischof Leonhard von Keutschach und sein Nachfolger zwischen 1517 und 1577 umbauen und erweitern. Hier verbrachte Erzbischof Wolf Dietrich den letzten Tag und die letzte Nacht in Freiheit (↗ Hohenwerfen). Nach Auflösung des Gerichts, 1790, verfiel Moosham. 1866 erwarb Graf Wilczek den ruinösen Bau und gab ihm die heutige Gestalt.

SEHENSWERTES Im »oberen«, jüngeren Teil, 16. Jh., liegt der malerische Burghof. Die spätgotische, dann barockisierte Kapelle mit gotischem Detail ist nur mit Sondergenehmigung zu besichtigen. Der »Schüttkasten« mit seinen riesigen Getreidespeichern und gewölbtem Erdgeschoß trennt das »obere« vom »unteren« Moosham. Den einst niedrigen Wohnturm dieser älteren Burg des 13. Jh. ließ Graf Wilczek aufstocken. Auch der hölzerne Wehrgang entlang der Schildmauer mit Schießscharten, über den man diesen Burgteil erreicht, entstand wie der Zwinger im 19. Jh. Der Bergfried ist wahrscheinlich 1722 als »Hexenturm« abgetragen worden. Von der Hexenzeit Mooshams kündet das »Schörgen-Toni«-Zimmer, vor allem aber das »Sagenzimmer« mit Darstellungen vom »Zauberer Jackl«, von den vier Wölfen und Schörgen-Tonis Höllenfahrt. Die Gerichtsstube des Erdgeschosses, die Folterkammer mit den drei Einzelverliesen sind von Graf Wilczek mit entsprechenden Werkzeugen und Gegenständen ausgestattet worden. Der kleine Wohnturm dieses Teils zeigt einen »Waffensaal«, auch eine 60 Meter tiefe Zisterne. Aus dem Lungau stammende volkskundliche und kunstgewerbliche Geräte und Arbeiten, aber auch mittelalterliche Einrichtung bieten die übrigen Schauräume.

LAGE UND BESICHTIGUNG Westl. Tamsweg bei St. Michael im Lungau. Ganzjährig 9—18 Uhr.

ihm z. T. sexuell hörig waren, zu Diebstählen, aber auch zu Raub und Mord angestiftet. Als »Zauberer-Jackl« stand er seit 1675 im Mittelpunkt eines Prozesses, in den 180 Personen, meist Kinder, aber auch Greise, verwickelt waren. In den Hexentürmen von Moosham (1722 abgetragen) und Salzburg wurden die der Zauberei Verdächtigen in an den Gewölben hängenden Kupferkesseln gefangengehalten. Eine Berührung der Hexer mit dem Boden hätte ihnen neue Kraft vom Teufel gegeben. In der Gerichtsstube der Mooshamer Burg verhörte man die Verdächtigen, in der gegenüberliegenden Folterkammer unterzog man sie der »peinlichen Befragung«. Sie gestanden, vom Zauberer-Jackl gelernt zu haben, wie man sich in einen Wolf verwandelt, Wetter zaubert oder mit Besen aufs Steiereck zum Hexensabbat reitet. Unbußfertige verbrannte man auf dem Passegen bei Maria Pfarr lebendigen Leibs, »Bekehrte« erdrosselte man zuerst an einem Pfahl, bevor man sie ins Feuer warf. Der Großteil der in Salzburg Verurteilten, unter ihnen ein Zehnjähriger und eine Achtzigjährige, starb durch das Fallbeil. Koller, der Zauberer-Jackl, blieb unauffindbar.

Unter den 44 in Moosham zwischen 1584 und 1762 hingerichteten Hexen und Zauberern befanden sich die »vier Wölfe«, verwegene Wilderer, die gestanden, sich in Baumstrünke und Wölfe verwandelt zu haben. Die Staudinger Hexe, eine hübsche Lungauerin, bekannte sich zu Lustreisen aufs Geiereck. Im Mooshamer Bettlerprozeß brachte die Aussage des kretinösen Burschen Gradenegger zehn Landstreicher unters Fallbeil. Den »Schörgen-Toni«, den Gerichtsdiener Anton Heilmayer, holte der Teufel persönlich.

Lieb ist Laydes Anfangk

Hohenwerfen · Salzburg

Schon den 22. Oktober 1611, in aller Frühe, hatten sieben schwerbeladene Gefährte, mit Gepäck, Geräten, Schmuck und Kleinodien beladen, die Stadt Salzburg durchs Steintor verlassen. Den folgenden Morgen war ihnen Salome von Altenau mit ihrem jüngsten Nachwuchs und Verwandten, mit Kammerdiener Wenzel, Beschließerinnen, Knechten, Wagenhebern und weiteren Güterwagen von Schloß Mirabell aus gefolgt. Um diese Zeit rief Erzbischof Wolf Dietrich den Domdechanten zu sich und teilte dem Überraschten mit, er habe seinen Entschluß, zu bleiben und die Stadt zu verteidigen, geändert, er wolle sich vor den andringenden Bayern an andere Orte retirieren. Die allerbesten Gold- und Silberstücke, Edelsteine, Barschaft und Tapezereien waren schon zum Abtransport »eingeschlagen«, als er, weinend, ein Häufchen Elend, das Domkapitel empfing, um sich von ihm zu verabschieden. Er, Wolf Dietrich von Raitenau, wäre ein großer Fürst gewesen, klagte er den Herren, jetzt aber sei er kleiner und geringer als der letzte Diener. Alles stehe in Gottes Hand.

Mit Verwunderung sahen die Salzburger am Abend den Erzbischof, der sie tags zuvor noch mit allem Nachdruck persönlich dazu aufgerufen hatte, den Eindringlingen bis zum letzten standzuhalten, im Schein der Fackeln und Laternen, von Thomas Perger, dem Untermarschall, von 11 Dienern mit 23 Pferden begleitet, die Stadt verlassen.

Die Burg der Bischöfe zu Füßen des Hochkönigs, durch Jahrhunderte Gefängnis des Salzburger Erzbistums, ist vor bald einem Jahrtausend begründet worden.

ZUR GESCHICHTE Als Papst Gregor VII. Kaiser Heinrich IV. mit dem Kirchenbann belegt und der Salzburger Erzbischof sich seines Gegenbischofs Heinrich von Moosburg zu erwehren hatte, sicherte sich Gebhard 1077 auch den Südzugang zu seiner Residenzstadt. Die provisorische Feste erweiterte erst Konrad I., Erzbischof, Graf von Abensberg, im 12. Jh. Hier duldeten im Gefängnis 1252 die Grafen von Görz, 40 Jahre später der Kärntner Herzogssohn Ludwig.

1462 belagerten, 1525 besetzten Bauern die Burg. Ins 12 Meter tiefe Verlies des »Faulturms«, in dem der Schmied von Hüttau sieben Jahre schmachtete, in die »Schmiedkeuche«, warfen sie im Juli 1525 den steirischen Landeshauptmann Siegmund von Dietrichstein, den sie mit anderen Edelleuten bei Schladming gefangen hatten. Die in diesen Jahren verwüstete und teilweise ausgebrannte Burg ließen die Erzbischöfe Matthäus Lang und Johann Jakob von Khuen-Belasy zwischen 1529 und 1586 von italienischen Baumeistern zu einer gegen jede Feuerkraft und jeden Angreifer abgesicherte Festung mit zwei Vorburgen und ausgedehnten Bastionen erweitern. In sie kam als Gefangener Fürsterzbischof Wolf Dietrich von Raitenau, der nach einem Streit mit dem Bayernherzog um

Das türmereiche, von Basteien und Wehrmauern umschlossene Hohenwerfen oberhalb der Salzachenge ist eine der schönstgelegenen Burgen Österreichs.

Der weichliche Mann, den als Knabe »aus einer heimlichen und schier angeborenen Anmuetung und Inclination in- und allwegen zu dem Kriegswesen große Neigung und Lust getragen«, der dann aber »von seinen frommen und treuen Eltern selig der Kirche Gottes übergeben und zu dem geistlichen Stand erzogen worden«, erklärte sich, als man den Tauern überschritten und bei Burg Moosham im Lungau angekommen war, zu Tode erschöpft. In Atemnot, mit geschwollenen wunden Schenkeln, einer Ohnmacht nahe, brachte man ihn deshalb zu Bett. Nach einem Tag Rast jedoch trieb den Flüchtling um 6 Uhr früh die Kunde aus der Burg, der bayerische Oberst Hercelles mit 80 Reitern und 200 Musketieren habe bereits den Tauern passiert und folge ihm auf dem Fuß. Im Eilritt, nur von Bruder Hannibal, dem Vicedom von Friesach, Christoph von Welsperg und einem Diener begleitet, erreichte der spitzbärtige, fleischige Mann, in seinen geringen Kleidern jetzt eher einem Schreiber als einem Fürsten gleichend, über den Katschberg noch vor Mittag Kärntner Gebiet. Erlöst rastete die kleine Schar im Garten des ersten Wirtshauses von Rennweg. Am Zaun des Gartens stehend, beriet sich Wolf Dietrich mit dem Bruder gerade über das Wie und Weiter, als sich ihnen vier Reiter und einige Schützen näherten. Sie legten auf den Fürsten an, Hannibal griff zum Schwert, doch der Bischof wies ihn zurück und gab sich gefangen.

Um die Mittagsstunde des 29. Oktober 1611 hielt der Trupp bayerischer Reiter, den Erzbischof in ihrer Mitte, vor Burg Hohenwerfen.

Im Jahre 1905 entzifferte ein Besucher in dem Gemach, das dem Fürsten fünf Wochen als Gefängnis gedient hatte, bevor er zu fünfjähriger Haft nach Hohensalzburg gebracht wurde, an die Wand gekritzelt die Worte: »Lieb ist Laydes Anfangk über kurz oder lankh. W. D.« Daneben fand sich, nicht mehr recht lesbar, der Spruch: Gibt in der Welt vil Trug Tue recht und fürcht die Lug Damit ward ich betrogen Ich tat recht und ward . . . (verlogen).

Es bleibt uns überlassen, anzunehmen, Wolf Dietrich habe die Liebe zu Salome Alt beschworen, die der junge Geistliche zu seiner Geliebten, der Erzbischof zur Mutter von 15 Kindern gemacht hatte, die er samt ihren Kindern als Fürst vom Kaiser in den Reichsadel hatte erheben lassen. Ob die Worte an der Wand aber nicht auch jene Liebe des Genialen beschworen, den seit Jugendtagen der Glaube an eine Erneuerung der Welt im Zeichen des rinascimento beseelte? In diesem Glauben hatte er den größten Dom jenseits der Alpen einstürzen, hatte er ohne eine Spur von Pietät für das Gestern auch den letzten der Steine, die an seine bischöflichen Vorfahren bis zu St. Virgil erinnerten, in Schiefer zerschleifen lassen, hatte er auch befohlen, einen Großteil der gotischen Stadt Salzburg niederzureißen. Nicht allein, um, von der großen Kunst Italiens geblendet, die prächtige Residenz zu errichten, vor allem, um die von ihm geliebte Stadt aus ihrer gotischen Enge zu befreien, ihr eine neue, moderne Verwaltung zu geben, Elementarschulen und höhere Lehranstalten zu errichten, um mittelalterliche Zustände zu verändern. Es war nicht eine Fürstenresidenz im Sinne des Machiavelli, die dem Schöpfer des modernen Salzburg vorschwebte, eher Wohn- und Bildungsstätten für den nachkopernikanischen Menschen.

Der Gefangene auf Hohenwerfen führte außer seinem Brevier ein Martyrologium und das Buch von der Nachfolge Christi mit sich. Der große Brand von 1931 vernichtete die Worte an der Wand des Hohenwerfener Gefängnisses, aber noch das heutige Salzburg steht im Zeichen Wolf Dietrichs.

Berchtesgadener und Reichenhaller Salzrechte vor den anrückenden Bajuwaren geflohen und festgenommen worden war. Diente Hohenwerfen während des Dreißigjährigen Krieges meist als Fluchtort für Schätze, Kostbarkeiten und Urkunden, im 18. Jh. war die Feste vornehmlich Gefängnis. Der Kapuzinerpater Joachim Haspinger und der Salzburger Wirt Josef Struber bemächtigten sich 1809 der Burg durch Kriegslist. 800 Jahre nach ihrer Begründung, 1876, verlor Hohenwerfen seine Bestimmung als befestigtes Objekt. Den veröderten Bau erwarb 1898 der Hoch- und Deutschmeister Erzherzog Eugen. Der Brand von 1931 verwüstete die restaurierte Burg und vernichtete den Palas mit wertvollem Mobiliar.

SEHENSWERTES Durch eine Barbakane des 17. Jh. und Sperrbauten erreicht der Besucher die Vorburgen des 16. Jh. Eine gedeckte Stiege führt von hier zum Hochschloß, der steile Burgweg an den erkerbesetzten und wappengeschmückten Türmen, dem Waller-, Salzach-, Linden- und Marienturm, vorbei in den Vorhof. Ihn bilden die nördliche Palasfront mit dem Fallturm, Getreidekasten und Bering. Über die mächtige Weinstiege, am Eingang zur »Schmiedkeuche« vorbei, erreicht man den Innenhof. Der heutige Glockenturm mit der Löfflerglocke von 1568 im Südwesten, diagonal dem Fallturm gegenüberstehend, war als mittelalterlicher Bergfried um 5 Meter höher. Er sicherte damals einen niedrigen Palas und die freistehende Kapelle. Die heutige geschlossene Baugestalt der Hochburg mit Kapelle, Fürstenzimmern und Bastionen entstand im 16. Jh.

LAGE UND BESICHTIGUNG Südl. Salzburg bei Bischofshofen. Ganzjährig. Keine Besichtigung der Innenräume.

Links: Die Vorwerke der Burg — sie dient heute als Gendarmerieschule und Jugendherberge — vermitteln Eindrücke einstiger Macht. Ein Rundgang im Innenhof der Hochburg bietet Tiefblicke von Söllern und Wehrgängen aus.

Der Stier von Salzburg

Hohensalzburg · Salzburg

Die größte Stadtburg Österreichs, eine der mächtigsten europäischen Burgen. In dem Zweckbau auf 30.000 m² Felsgrund, 120 m über der Salzachstadt, sind Stilelemente und Bauformen von sieben Jahrhunderten zu einer vielbewunderten architektonischen Einheit geformt worden.

ZUR GESCHICHTE Das erste Burgenprovisorium entstand während des Investiturstreites unter Erzbischof Gebhard 1077. Spätestens nachdem sich Erzbischof Konrad I. von Abensberg, 1106—1147, in ihr verteidigen hatte müssen, begann man mit dem Ausbau der romanischen Feste. Die

Der Erzbischof hatte sie zum Frühstück und zu Tisch geladen, Virgil Schweiger, den Stadtrichter, Hans Matsperger, den neugewählten Bürgermeister, den Stadtschreiber und die vom Rat. Es war der 23. Januar 1511, Donnerstag vor Pauli Bekehrung. Einige der Herren hatten es sich, im Glauben, sie gingen nun zum langerhofften Versöhnungsmahl mit dem Keutschacher — »Leonhardi Bekehrung« orakelten sie —, nicht nehmen lassen und waren an diesem frostklirrenden Morgen in Festkleidung erschienen, mit Seidenmäntelchen, in modisch geschlitzten Schnabelschuhen.
Es dauerte dann nur wenige Minuten. Im Nu fanden sich die Herren von Trabanten umringt, an die Wand gedrängt und zu zweit aneinandergefesselt. Dann stand der Erzbischof vor ihnen, ganz so, wie sie ihn kennengelernt hatten in den neun Jahren Kleinkrieg: bedrohlich, unbeugsam, wie

Rechte Seite und unten: Die Bischofsburg an der Salzach mit Staatsbrücke, Rathaus und Dom. Vom Panzer der Außenwerke umschlossen, ragt der alte Palas — der »Hohe Stock« — empor.

das ganze Plateau umfassende Ringmauer ebenso wie das Außengemäuer des alten Palas aus jener Zeit sind zum Großteil noch erhalten. Gewohnt in der Burg hat als letzter Erzbischof Leonhard von Keutschach, 1495—1519, ihr bedeutendster Bauherr. Von ihm stammen die prächtigen Fürstenräume, die Kapellen und die spätgotischen Wehranlagen. Seinem berühmten Nachfolger Matthäus Lang von Wellenburg, 1519—1540, diente die Feste als Fluchtort. Er hatte es sich mit den Salzburgern verscherzt, und sie belagerten ihn mit Bauern der Umgebung. Es haben dann die beiden Bischöfe von Kuenburg und Jakob von Khuen-Belasy (zwischen 1554 und 1587), vor allem aber Paris Graf Lodron, 1619—1653, während des Dreißigjährigen Krieges dem Bau das Gepräge gegeben.

Noch zu Mozarts Zeit, als man in Salzburg die letzte Hexe verbrannte, erhielten Arrestanten in der Reckkammer bei peinlicher Befragung

zu allem entschlossen. »Ihr, Burgermeister und Raten«, begann er zornig, düster, sichtlich bemüht, der spektakulären Szene jeden Anschein eines persönlichen Racheakts zu nehmen. Wie unbeteiligt starrte er in die angst- und schmerzverzerrten Gesichter der Überraschten. Ohne Wissen und Willen der Gemeinde, gegen jedes Herkommen, hinter seinem Rücken, klagte er sie an, hätten sie diese Stadt des heiligen Ruprecht und Virgil sich selbst zu entfremden versucht; hätten sie das landesfürstliche Salzburg zu einer Reichs- und Freistadt und sich selbst zu deren Obrigkeit zu machen gesucht; hätten sie das Süße genossen, der Gemeinde und ihm aber das Saure gelassen; sie hätten wider Gott, Ehr, göttliches, päpstliches und auch wider das gemeine kaiserliche Recht gehandelt, sich ihm, ihrem rechten natürlichen Herrn verweigert, ja ihn am Leben bedroht.

Weder redegewandt noch redegewohnt, hieß er den Sekretär dann die vorbereitete Anklage verlesen. Ihn jeweils unterbrechend, nannte er Punkt für Punkt beim Namen, worin sie sich gegen ihn vergangen hätten.

Keine Stunde nach diesem Auftritt war Salzburg in hellem Aufruhr. Arbeiter und Handwerker liefen zusammen, Mittag stand die Bürgerschaft unter Waffen. Man schickte vier Bürger auf die Feste. Wie sie sich traun könnten, herrschte Leonhard die Abgesandten an, ohne Geleit zu ihm zu kommen! »Ich will euch die Grind abschlagen lassen«, bedrohte er sie und rief auch gleich nach dem Scharfrichter. Erst am Abend entließ er die um ihr Leben Zitternden. Morgen um acht sollten sie wiederkommen, mit einem Ausschuß. Er sichere allen freies Geleit zu und werde erklären, warum er den Rat gefangengesetzt habe. Gegen die Gemeinde hätte er keine Beschwerde.

Nach Mitternacht ließ Leonhard die Räte, paarweise rücklings aneinandergebunden, heimlich auf Schlitten durch den steilen, der Stadt abgewandten Weingarten hinab ins Nonntal schaffen. Vor Kälte und Angst zu Tode erschöpft, sahen sich die Männer vom Scharfrichter bis Radstadt begleitet. Hier zwang sie Leonhard, den Unterwerfungsakt zu bestätigen: Stadt und Bürger verzichten auf die Rechte, die ihnen der kaiserliche Freiheitsbrief von 1481 eingeräumt hatte. Wie in früheren Jahrhunderten gebühre es dem Erzbischof allein, eine Polizei zu errichten, eine neue städtische Ordnung aufzustellen usw. Erst als ihm die elf Urfehde geschworen hatten, entließ er sie.

Leonhard von Keutschach, Kärntner Landedelmann mit weißer Rübe auf schwarzem Feld im Wappen, Eberndorfer Augustiner Chorherr und Dompropst, seit 1495 erwählter, seit 1496 geweihter Erzbischof, hatte sich als Zucht- und Sparmeister alter Schule nicht nur bei den Untertanen durchgesetzt, auch Kaiser Maximilian I. wußte die immer vollen Kassen des Keutschachers zu nutzen. Der Rübentaler, die gewichtigen Salzburger »Patzen« und Pfennige standen ebenso wie die ungarischen und rheinischen Goldgulden aus seiner Münze im ganzen Reiche hoch im Kurs. Nach Maximilianischem Beispiel hatte Leonhard die Juden aus der Stadt verbannt, neue Werksordnungen belebten den ertragreichen Bergbau in Hallein, im Pinzgau und Pongau. Der Bauherr zahlreicher Burgen, Schlösser und Kirchen beschäftigte Handwerk und Handel. Der »Lindlwirt«, »Lindl der Pierwirt«, wie die Salzburger ihn als Begründer und Inhaber von Brauereien und Schankstätten nannten, hatte sich in Kürze ein kleines finanzstarkes

Das überlebensgroße Denkmal des Keutschachers im Burghof (rechts) und der Chor (links), der von ihm erbauten Leonhardskapelle im ältesten Teil der Burg.

*Von der Bastion am Fuß des mittel-
alterlichen Reckturms bietet sich einer
der vielen Blicke auf Salzburg.*

Leib-, Hals- und Armringe umge-
legt.

Festung war Hohensalzburg bis 1861,
als Kaserne und Gefängnis diente
die Burg noch bis 1945.

SEHENSWERTES Den steilen Festungs-
weg durch die Sperrbogen und Tor-
häuser, der 30 Meter hohen riesigen
Feuerbastei (1681) entlang, erspart
sich, wer die Festungsbahn benützt.
Das Rübenwappen Leonhard von
Keutschachs findet man im ganzen
oberen Festungsbereich. An der Wand
der St.-Georgs-Kapelle im Hof (mit
Schüttkasten, 1484, »Reiszug«, 1502,
Zisterne, 1539, und Linde) hat sich
der Bischof 1515 ein Denkmal setzen
lassen. Es zeigt ihn lebensgroß in vollem Ornat, die Hand segnend gegen
die Stadt hin erhoben. Großartige
Marmorreliefs aus dieser Zeit —
Christus und die Apostel, Kreuzi-

Feudalreich in spätgotischem Stil geschaffen. Bei der schwachen kaiserlichen
Position schien ihm ein nach außen abgesichertes, absolut regiertes Territorium allein geeignet, Land und Leute vor den tödlichen Reichswirren
und Rückschlägen in der hohen Politik zu bewahren. Unsummen verbaute
er in die wegen der »gutten lufft« zum Lieblingsaufenthalt auserkorene
Feste. Das Hornwerk, das er hier einrichten ließ, der »Salzburger Stier«,
sollte Stadt und Land morgens, mittags, abends an ihren Herrn erinnern.
Er habe zwei Kapläne im Reich, hatte sich Maximilian I. einmal vernehmen lassen, den einen könne er nicht aussäckeln, den andern nicht er-
sättigen. Der eine, Leonhard, war dem immer geldbedürftigen Kaiser noch
mit jeder gewünschten Summe beigesprungen. Der andere, Matthäus Lang,
sein prunksüchtiger Geheimschreiber, den er auch in höchster Mission als
kaiserlichen Statthalter verwendete, trieb einen schier ungeheuerlichen Aufwand. Auch immer nach neuen Würden und fetten Pfründen unterwegs,
hatte man ihn 1501 zum Bischof von Gurk, einem Suffraganbistum von
Salzburg, ausersehen, die von ihm ausgehandelte Versöhnung zwischen
Kaiser und Papst brachte ihm den Kardinalspurpur. Nun wünschte er sich
die Koadjuterie von Salzburg mit Nachfolgerecht.
Nach seinem Streich gegen die Räte war es daher des Keutschachers erste
Sorge, den nach den Salzburger Schätzen lüsternen Liebling des Kaisers
und ihm unterstellten Bischof in Schach zu halten. In einer von ihm ge-
schaffenen neuen Rangordnung der Suffraganbistümer rangierte Gurk nach
Freising, Regensburg, Passau und Brixen an fünfter Stelle, vor Chiemsee,
Seckau und Lavant. Doch es war dem jungen Kardinal Matthäus Lang

jeder Weg recht, um die heißersehnte Salzburger Position zu erreichen, auch der über ein Bündnis mit dem Salzburger Domkapitel, hinter dem Rücken des alternden Keutschachers. Er versprach den Augustinermönchen, ihnen zum begehrten Stand von mit guten Pfründen versehenen weltlichen Domherren zu verhelfen. 1514 verkündete dem Erzbischof ein päpstliches Breve, sein neuer Koadjutor und designierter Nachfolger hieße Matthäus Lang. Noch im September desselben Jahres hielt Leonhard von Keutschach auch die päpstliche Bulle in Händen, nach der seine Domherren sofort ein freiweltliches Kapitel von 24 Köpfen mit entsprechenden Einkünften zu bilden hätten, ihre Ordenszugehörigkeit habe aufgehört. Da verweigerte Leonhard den Gehorsam und strengte einen Prozeß an.

Im folgenden Frühjahr kam Matthäus Lang, in hoher Mission unterwegs, nach Salzburg — in Unterhandlungen leitete er zu dieser Zeit das Ereignis des Jahrhunderts in die Wege, jene Wiener Doppelhochzeit, die Habsburg für immer die böhmische und ungarische Krone sichern sollte. Schon beim Einritt in die Stadt mußte der Erzbischof seinem Kardinalkoadjutor den Vorrang einräumen, und in der Residenz scharte sich die geistige Welt um den gebildeten Humanisten. Während des Festmahls aber drehte sich der leichtfüßige Kardinal, Bote einer neuen Zeit, mit schönen Salzburgerinnen im Kreise. Noch gelang es Leonhard zu verhindern, daß dem Unersättlichen auch die einträgliche Würde eines Abtes von St. Peter zufiel.

Am 12. Mai 1519 drohte Papst Leo X. dem Erzbischof mit Entsetzung und Kirchenbann, falls er sich weiterhin weigere, sein Domkapitel zu verweltlichen. Am 9. Juni starb Leonhard von Keutschach auf seiner Feste.

gung, Christophorus — schmücken die Kapelle. Im innersten Festungsbereich, im »Hohen Stock«, dem romanischen Palas mit altem Ringgemäuer, erinnern an den Keutschacher der Erkervorbau seiner Leonhardskapelle, 1496, die prachtvolle Goldene Stube mit spätgotischem Schnitzwerk, mit Bibliothek, Schlafzimmer und dem einzigartigen Kachelofen, 1501, ebenso die Wappen der Suffraganbistümer; der Goldene Saal mit den vier gedrehten Marmorsäulen und der »Salzburger Stier«, 1502, die älteste Freiorgel Österreichs.

BESICHTIGUNG UND FÜHRUNG Ganzjährig, im Sommer alle 20 Minuten Führung durch Fürstenräume und Reckturm. Burgmuseum (Ausstellung mittelalterlicher Kunstwerke usw.) gegen Eintritt. Der sonstige Festungsbereich ist frei zugänglich.

Mit der Schönen Kathl, dem Purlepauß und Weckauf

Kufstein · Tirol

»Vil Buchsen und Kartaunen sah man im Felde stan, gen Kopfstein an den mauren, ließ man sie all abgan«, sang man im ganzen deutschen Reich nach der legendenumwobenen Belagerung der Tiroler Feste durch Maximilian I. im Jahre 1504.

ZUR GESCHICHTE An der alten Dingstätte, die bis Ende des 11. Jh. den Aribonen, dann dem Bistum Regensburg unterstand, mag früh ein »festes Haus« errichtet worden sein, wahrscheinlich schon 1133, als das Lehen Caofstein an Herzog Heinrich den Stolzen von Bayern überging. Jedenfalls gehörte das 1205 erstmals erwähnte »castrum Chuofstein«, eine kleine romanische Anlage mit Bergfried und Palas auf dem nördlichen Teil des Felsens, je zur Hälfte dem Bischof von Regensburg und dem Herzog Ludwig von Bayern, bevor es 1255 zur Gänze an Oberbayern fiel. Die königlich-bayerische Feste und Stadt erhielt 1329 Freiheiten und Privilegien, die denen der Stadt München gleichkamen. Belagert wurde Kufstein erstmals vergeblich durch den Markgrafen von Mähren, 1336. Als sechs Jahre später Markgraf Ludwig der Brandenburger die Margarete Maultasch ehelichte, kam Kufstein an Tirol. Im Schärdinger Frieden aber, zwanzig Jahre danach, fiel die Innstadt wieder an Bayern. Herzog Stefan III. und dessen Sohn waren sich der strategischen Bedeutung des Ortes bewußt, verliehen ihm weitere Sonderrechte und befestigten die gotische Burg, wie sie 1415 von Herzog Ludwig dem Gebarteten erweitert worden war, zur uneinnehmbaren Festung mit Rondellen. Das war 1500. — Als das niederbayerische Fürstentum ausstarb,

Die Böhmen standen wie eine Mauer. Hinter ihren riesigen Setzschilden hervor angelten sie mit widerhakenbesetzten Ahlspießen gegen die anstürmenden Ritter. Wäre Erich von Braunschweig, eben gerade selbst verwundet, dem König nicht beigesprungen, sie hätten ihn aus dem Sattel gezogen. Maximilian schwankte bereits, fiel aber nicht und siegte. Nach einundeinhalb Stunden war die Böhmenschlacht am Wenzenberg entschieden. Großzügig entließ der Habsburger den Rest der Überlebenden, die sich ergeben hatten. Er dachte jetzt nur mehr daran, das blutrünstige Gemetzel mit der Eroberung von Kufstein zu beenden. Gebrochene Verträge hatten diesen Krieg um die bayerische Erbfolge ausgelöst, Verrat und Heimtücke ihn angeheizt. Nun wollte er als letztes den Treubruch von Kufstein gesühnt sehen. Er war entschlossen, ein Exempel zu setzen.

Mit Hoheitsrechten im salzburgischen Zillertal und Wäldern um Kitzbühel waren König Maximilian am 2. April 1504 auch die Festen, Güter und Landgerichte Rattenberg und Kufstein — bisher im Besitz der Landshuter Wittelsbacher — zugesprochen worden. Da ihn der Krieg an der Seite der bayerischen Herzöge Albrecht und Wolfgang gegen die pfälzischen und oberbayerischen Wittelsbacher und deren böhmische Hilfstruppen nach Schwaben, Elsaß, in den Sund- und Breisgau rief, hatte Maximilian den Treueid des von den Bayern auf Kufstein eingesetzten Hans von Pienzenau entgegengenommen, den Mann als Pfleger auf der Feste belassen und ihn auch mit Geschütz und Munition des Innsbrucker Zeughauses ausgestattet. Kufstein war für Maximilian der »Schlüssel Tirols«, das strategische Zentrum der nun »abgerundeten« Grafschaft. Als er in Straßburg die Nachricht erhielt, der Pienzenauer sei zu den Pfälzern übergegangen, befahl er, die Belagerung Kufsteins in die Wege zu leiten.

Am 1. Oktober 1504 standen achttausend Tiroler zu Fuß, tausend zu Pferd am linken Innufer zwischen Zell und Unterlangkampfen. Drei Schüsse vom Zellerberg leiteten am vierten die Belagerung ein. Doch es blieben die Tore der Stadt geschlossen.

Der ersten Kanonade aus sieben Feldschlangen widerstanden Mauern und Wälle, ohne die geringste Wirkung zu zeigen. Doch hatten inzwischen achtzehn größere und eine Anzahl kleinerer Schiffe neues Geschütz und Belagerungsgerät innabwärts gebracht, hundert Zugpferde karrten Munition an. In direktem Beschuß versuchte Pienzenau die Schanzarbeiten und das Aufstellen der Batterien am Zellerberg zu stören. Mit Caspar, seinem besten Büchsenmeister, verlor Maximilian durch dieses Feuer wertvolle Mannschaft, doch am 10. Oktober begannen 24 Kanonen — vier Hauptstücke, sechs Kartaunen, vier Notbüchsen und zehn Feldschlangen — ihre Geschosse gegen Stadt und Festung zu schleudern. Es war bewährtes Geschütz: die »Burgunderin«, die »Türkische Kaiserin«, »Lew«, die »Schöne Kathl«, die »Kitzlerin« und »Erdbidmerin«. Schon am Elften bot Wampolt von Umbstadt, der Kufstein mit 200 Böhmen verteidigte, die bedingte

Übergabe an. Wer ihm jetzt noch zu einem friedlichen Abkommen rate, dem wolle er ins Gesicht schlagen, ließ Maximilian seine Umgebung wissen und wies jede Vermittlung zurück. Nach vierundzwanzigstündigem pausenlosem Beschuß, der die Türme am Innufer ins Wanken und Mauern zum Einsturz brachte, kapitulierte Kufstein. Mit einigen seiner Getreuen war Wampolt in die Festung geflüchtet, die gefangenen Böhmen befahl Maximilian unverzüglich freizulassen.

Am Abend des 12. Oktober zeigte sich auch Pienzenau zum Einlenken bereit und bat, auf Entsatz hoffend, um vier Wochen Bedenkzeit, ließ jedoch, während man verhandelte, eilig das beschädigte Mauerwerk instand setzen. Das Gegenangebot Maximilians — zwei Wochen — lehnte er nach eineinhalbtägigem Waffenstillstand ab. Inzwischen hatte der König die beiden stärksten Geschütze des Reiches innabwärts befördern lassen, »Purlepauß« und »Weckauf von Österreich«, Glanzstücke der Innsbrucker Waffenschmiede, Kanonen mit 50- und 60-cm-Kaliber. Ihre 100 kg schweren Eisenkugeln durchschlugen meterdickes Gemäuer. Eigenhändig richtete Maximilian, der Schöpfer dieser modernen »artelerey«, die Kanonen ins Ziel. Am dritten Tag lag die Festung Kufstein in Trümmern.

Pienzenau sandte zwei Edelknaben, bot die Übergabe an und bat um freien Abzug. Mit Spottvögeln wolle er sich nicht vergleichen, ließ der König ihm bestellen. Er habe sich in Trümmer schießen lassen, nun solle er in den Trümmern bleiben, sie behalten.

Die Belagerung Kufsteins durch Maximilian I. im Jahre 1504. Nach einem Kupferstich aus dem »Ehrenspiegel des Hauses Österreich«, 1566.

Maximilian I. den »Heimfall« Kufsteins an das Reich forderte, den Besitz erhielt und dafür Herzog Albrecht von Bayern im Erbfolgekrieg gegen die Oberbayerischen und Pfälzer Wittelsbacher unterstützte, mußte die Festung doch erobert werden. Damals ist der Bergfried der alten Burg zerstört worden. An seiner Stelle entstand zwischen 1519 und 1522 der gewaltige »Kaiserturm« mit 5 bis 7 Metern Mauerstärke. Die ihm vorgelagerte »Elisabeth-Batterie«, die »Carolibastion« mit dem Aussichtsturm, der heutige Konzert- und Festspielplatz, die sogenannte »Josefsburg«, sind zusammen mit den südlichen Vorwerken und Kasematten, mit Wällen, Toren und gedecktem Aufgang Bauten des 17. und beginnenden 18. Jh. — Nach einem fast 200jährigen Frieden rückten während des Spanischen Erbfolgekrieges die Bayern gegen Kufstein vor. Der besonders einfallsreiche österreichische Stadthauptmann Graf Wolkenstein ließ, um die Festung besser verteidigen zu können, einfach die Stadt in Brand stecken. In Kürze griff das Feuer auf die Hauptburg über, unter mancherlei Getöse flogen zuerst zwei Pulvermagazine und schließlich auch der mit Munition vollgepfropfte Kaiserturm in die Luft. Da der österreichischen Wachsamkeit auch noch entging, daß sich am hellichten Tage einige Bayern darangemacht hatten, den Burgfelsen von außen zu erklettern, war die Überrumpelung der schon mehrfach geschockten Besatzung dann nur mehr das Werk einiger Augenblicke. — Am 7. November 1805 übergab man Stadt und Festung einem französisch-bayerischen Kontingent kampflos. Als Kufstein 1815 wieder österreichisch geworden war, hatte die Innbastion bereits jede militärische Bedeutung verloren und diente jetzt meist als Kaserne, war auch ein gefürchtetes Staatsgefängnis. 1882 ließ man den »festen Platz« endgültig auf. Noch einmal, 1915, während des Ersten Weltkrieges, zogen von hier aus Tiroler Standschützen an die Südtiroler Grenze. Seit 1924 ist die Anlage Besitz der Stadt, Gedächtnisstätte mit Freiorgel.

SEHENSWERT ist wohl vor allem der ausgedehnte obere Festungsbereich mit Bastionsgemäuer um Bürger-, Kaiser- und Fuchsturm sowie Schloßrondell mit schöner Aussicht auf Stadt, Inn und Umgebung. Man erreicht ihn über den gedeckten Gang und neuerdings auch mittels Lift vom Aurachergarten aus. Ein 170 Meter langer unterirdischer Gang verbindet Fuchsturm und Josefsburg. Im dreigeschossigen Kaiserturm mit Zwischengeschoßwölbungen auf massiven Mittelpfeilern sind hölzerne Nachbildungen der bei der Belagerung durch Maximilian verwendeten Geschütze zu sehen. Das Heimatmuseum zeigt prähistorische, volkskundliche und lokalgeschichtliche Objekte.

LAGE UND BESICHTIGUNG Grenzstadt am Inn. Festungsbereich frei zugänglich, Führungen 1. April bis 31. Oktober, 9—12, 14—17 Uhr.

Rechts: Die einst heiß umkämpfte Festung der Innenstadt ist heute Museum und Gedächtnisstätte.
Unten: Über den Fundamenten des mittelalterlichen Bergfrieds erhebt sich der im 16. Jh. errichtete mächtige Kaiserturm.

Für den 17. Oktober, 11 Uhr vormittag, war der Sturm auf die Festung angesetzt. Mit der Einladung, er wolle ihm auf »Schloß Kufstein ein kurzweil machen«, hatte König Maximilian den Herzog Albrecht von Bayern aus Augsburg herbeiholen lassen. Doch blieb das Schauspiel aus. Die Besatzung wurde gefangen, der eine Teil bei einem letzten Ausfall, der andere beim Versuch zu entfliehen. Maximilian befahl ihre Hinrichtung vor versammelten Fürsten, Grafen, Herren und Rittern. In einem Bauernhaus ließ man die Verurteilten beichten.
Als erstem wurde Hans von Pienzenau der Abschiedstrunk gereicht, ein Glas Johanniswein, den man nach altem Brauch an jedem 27. Dezember zum Andenken an Johannes den Täufer weihte und dem kredenzte, von dem man Abschied nahm. Damit »es besser ging«, trank der Henker gleich mit. Dann fiel der Kopf des stattlichen 36jährigen Mannes, der vergeblich um ein letztes Wort gebeten hatte. Ihm folgten Wampolt von Umbstadt und der Kufsteiner Richter, der alte Dürrigl, der Trautenberger, drei Geschützmeister und die Reihe böhmischer Ritter und Knechte. Als man einen edlen Böhmen zum Schafott führen wollte, riß der sich los und begann mit dem Henker zu ringen. Auf ein Zeichen der versammelten Fürsten trat jetzt Erich von Braunschweig, der Maximilian auf dem Wenzenberg das Leben gerettet hatte, vor den König und bat im Namen aller um Gnade für die übrigen dreiundzwanzig. Maximilian erhob sich wortlos. Die Fürsten eilten herbei und befreiten die Gefangenen.

Mich wundert, dass ich so frelich bin

Tratzberg · Tirol

»Herr«, fragt ihn der Gefährte, »seid Ihr eigentlich schwindlig?« — »Nein, überhaupt nicht!«

»Das könntet Ihr doch einmal probieren, dort auf dem Rüstbaum! Es wäre eine Übung für Eure nächste Gamsjagd! Vielleicht geht Ihr so etwa anderthalb Schuh in die Waagrechte hinaus. Aber vorsehen müßt Ihr Euch schon! Ei, die Pest!« Der Begleiter zeigt bei einem Schloßneubau auf einen frei in den Tag hinausragenden Pfosten.

Im Nu ist Theuerdank-Maximilian oben auf dem Bau und geht gleich los

Das Gemälde des Leonhard Schäuflein in der Maximilanstube des Burgschlosses zeigt eine Turnierszene um 1520.

Der prächtige Patrizierbau aus spätgotischer Zeit, von Renaissance geprägt, durch keinerlei barocke Zutaten gestört, gibt vor allem Zeugnis von Kaiser Maximilian I., dem »letzten Ritter«.

ZUR GESCHICHTE Als im Mittelalter die Innwellen noch an den Berghang zwischen Stans und Jenbach schlugen, war der Wehrbau am Staner Joch noch Sperr- und Schutzburg am Ausgang des Achentales. 1410 haben sich hier Innsbrucker und Haller Bürger erfolgreich gegen die Bayern verschanzt, und noch im Kriegsjahr 1703 stellte Tratzberg seine Wehrhaftigkeit unter Beweis. Auf den Ausbau dieser 1288/89 urkundlich gewordenen Burg legten schon die Grafen von Görz und Tirol größten Wert. Ihre Pfleger, »die Tratzberger«, stammten aus Volders. Als Pfand übernahmen bis Anfang des 15. Jh. die benachbarten Freundsberger den Besitz. Ein Tölpel von einem Pfleger ließ »durch sein verwarlosung und unfleiss« das spätere Eigentum der österreichischen Erzherzoge 1490 einen Raub der Flammen werden. Vom Wiederaufbau Tratzbergs durch die reichen Brüder Tänzl, denen König Maximilian die Herrschaft auf Tauschweg abgetreten hatte, kündet die Wappentafel, der sich der Besucher gleich beim Eintritt in den Hof gegenübersieht: »1500 Veit Jacob und Symon Tentzl geprieder haben gepaut das Schlos.« Die Tänzl bauten die talseitige Front, den Osttrakt und den Torbau. Es war ein Renaissancebau mit noch burgenhaften gotischen Grundelementen, die auch nicht zur Gänze verschwanden, als nach 1554 Georg Ritter von Ilsung die Bergseite verbaute und den mächtigen

21

Sigmúnd der mútzreichilt har zú sein zeiten in miltikait übertroffen all fürsten Glückselig zú pertwerch Ein erúerer des frids Ein aúfrichter gemainer weg Gegen sein úntertanen valt gietig Aúch die venediger zú rofreit mit ain veltschlahen erobert vnd flüchtig gemacht Dem radi/ gúnd ein tochter karoli künigs zú frankreich zú verhiratn versprochn Darnach leonoram künig Jacobn vö schotn genden nach irn tod katherina hertzog albrechtn vö saxen tochter aúch zú gemahel verhirt vnd gemelte sigmúnd vnd leonora in der stift zú stams begraben

Viereckbau mit prunkvollen Zubauten und zeitgenössischer Einrichtung versehen ließ. Damals entstand auch die Innenbemalung des Hofes. Über ein Jahrhundert, bis 1657, gehörte Tratzberg hierauf den Fuggern, von denen noch Räume und Mobiliar

Maximilian I. zu Ehren, der in Tratzberg öfters zu Gast war, ließen die Tänzl im großen Habsburgersaal einen Stammbaum des Geschlechtes an die Wände malen, 148 auch kostümgeschichtlich interessante Porträts mit Sprüchen und verbindendem Rankenwerk. Unten: Das Burgschloß hoch über dem Inntal bei Saubach.

— da kracht es auch schon, der Pfosten bricht, gerade daß der Held in äußerster Not im Fall noch einen Baum erwischt. Der rettet das junge Leben. Als ob er helfen wollte, eilt Unfallo herbei. »Wer hätte geglaubt, daß er faul ist«, bagatellisiert der Gestürzte. »Ach, nun geht her, traut ihm nicht mehr!« heuchelt der Schalk. Genau hatte er gewußt, der Tram würde brechen.

Nirgends wird ausdrücklich erwähnt, daß diese Gamsjagdmutprobe, das 28. Abenteuer in Kaiser Maximilians autobiographischem Werk »Theuerdank«, sich auf Tratzberg zutrug, doch ist es wahrscheinlich und auch naheliegend. Als der König die abgebrannte Burg im Dezember 1497 mitsamt der Herrschaft im Tausch gegen Berneck den Brüdern Tänzl abtrat, hatte er in den vermögenden Innsbrucker Gewerken nicht nur bewundernde Geldgeber gewonnen. »Ich wird nit ain Künig des gelts, sondern ich will werden ain König des volks und aller, die gelt haben ...« Außer den kaiserlichen Revieren besaßen die Tänzl die meisten und auch besten Gamsgebiete des Inntals. Maximilian war hier oft zu Gast und borgte sich von Veit-Jakob Tänzl auch dessen ausgezeichnet dressierte Jagdhunde. Mit ihnen perfektionierte der König die von ihm kreierte Gamsjagd ohne Armbrust und Handbüchse. Die Hunde trieben das Wild in die Felswände,

Nach Tratzberger Überlieferung nächtigte Maximilian I. in dieser Stube, an deren Holzwand er auch seinen Leitspruch schrieb.

und der Kühnheit des Jägers war überlassen, nach oft stundenlanger Verfolgung die Gams auf unzugänglichem Grat an einem ausweglosen Ort zu stellen und sie mit einem bis zu vier Meter langen Gamsspieß durch einen tödlichen Stoß aus der Wand zu stechen.

Diese gefährliche Leidenschaft des Erzjägermeisters brachte den König um 1505 in die von Sage und Lied gemeldete Situation in der Martinswand. Der auch im Privaten immer auf Publizität bedachte Regent bevorzugte das Revier unweit von ↗ Fragenstein, der Burg seines Sekretärs und späteren Hofkanzlers Zyprian von Sernstein, in der er sich eine »Stube« hatte einrichten lassen. Schon weil ihm in der Martinswand bei gutem Wetter nicht nur Leute von der Straße her, sondern auch »das Fraunzimmer« von der Hofburg aus mit dem Glas bei seinen Waghalsigkeiten zuschauen konnte.

Den königlichen Jäger beherbergte während seiner Tiroler Pirschgänge sicherlich öfters auch Tratzberg, obwohl ihn die Historiker hier urkundlich nur am 11. und 12. November 1518 nachzuweisen vermögen. Vielleicht schrieb er damals seinen Leitspruch an die getäfelte Wand der nach ihm benannten Stube im zweiten Geschoß, wo man ihn heute noch lesen kann:

> Leb, waiss nit wie lang,
> Und stürb, waiss nit, wann,
> Muess faren, waiss nit wohin,
> Mich wundert, dass ich so frelich bin.

künden. Mitte des 18. Jh. kam die Herrschaft nach einigen Zwischenbesitzern an die Grafen Enzenberg, denen das inzwischen mehrfach — erst neuestens wieder — restaurierte Tratzberg noch heute gehört.

SEHENSWERT auf Tratzberg ist so gut wie alles, es sei jedoch vor allem auf die zahlreichen gotischen Details verwiesen, die schon der arkadenumzogene Innenhof zeigt. Eine wundervolle St. Katharina, Portal und Sakramentshäuschen aus gotischer Zeit, bietet die Kapelle, reiches gotisches Interieur und Mobiliar »Fuggerkammer«, »Fuggerstube«, die Rüstkammer, die »Maximilianstuben«. Die 148 Habsburgerporträts in der 46 Meter langen Stammbaumreihe mit Spruchbändern und Rankenwerk sind auch kostümgeschichtlich interessant.

LAGE UND BESICHTIGUNG Westl. Jenbach im Inntal. Ostern bis Allerheiligen. Führungen zur vollen Stunde, außer in der Mittagszeit.

149

Burg und Residenz des Letzten Ritters

Innsbruck · Tirol

An der Stelle der heutigen Hofburg stand einst die gotische Residenz Sigmunds des Münzreichen und Kaiser Maximilians I. Ihr Anblick wird uns in Albrecht Dürers Aquarellen überliefert.

GESCHICHTLICHES UND SEHENSWERTES
Die alte Burg der Grafen von Andechs und Herzöge von Meranien verwendete Kaiser Maximilian als Zeughaus. Auf ihrem Grundgemäuer steht die heutige Dankl-Kaserne nahe der Innbrücke. Als die Habsburger nach den Grafen von Tirol seit 1363 Herren des Landes geworden waren, adaptierten Leopold III. und Friedrich IV. in dem von ihnen zur Landeshauptstadt erwählten Innsbruck am heutigen Stadtplatz und an der Kirchgasse Bürgerhäuser zum »Neuhof«. Die Burgen der Andechser am Innufer — eine zweite stand an der Stelle des heutigen Weinlokals »Ottoburg« — waren ihnen zu eng geworden. Auch fühlten sich der schon zu Lebzeiten fast legendäre »Friedel mit der leeren Tasche« (↗ Landeck) und der joviale Herzog Sigmund am wohlsten inmitten ihrer Innsbrucker, am Platz, von dem aus man drei Stadttore im Auge behalten konnte. Sigmund »der Münzreiche« war ein Volksfürst von europäischem Format. Seine Bauten, die Erzeugnisse seiner Plattner, Goldschmiede, Handwerker wurden in aller Welt geschätzt, nicht weniger das ritterliche Treiben des jagdfrohen Fürsten. Der besonders bei Bürgersfrauen allseits beliebte Landesfürst — er tanzte gern mit ihnen, und wollte er vor Mitternacht in seine Burg zurückreiten, schnallten sie ihm die Sporen ab — hätte mit seinen über 40 natürlichen Söhnen und Töchtern eigentlich »der Kinder-

Tirol, das Jagdparadies, liebte Maximilian, der »Erzjägermeister«, Tirol als »groben Bauernkittel, der gut wärmt«, wußte der Staatsmann in permanenten Finanznöten zu schätzen, besonders wenn er sich wieder einmal gezwungen sah, die Schwazer Silber- und Kupferminen für Jahre zu verpfänden. Als »clausen, schilt und porten der Teutschen gegen Welscher Nation« verstand die »namhaft Grafschaft Tirol« der Heerführer und Kaiser deutsch-römischer Tradition. Sie war der Sammelplatz seiner Landsknechtsheere, die Waffenschmiede für seine geliebte »artelerey«.

Schon längst waren Ritterkampf und Rittertugend außer Kurs. Bauern und Bürger hatten ihnen mit Kolben und Knüppeln 1315 und 1386 bei Morgarten und bei Sempach den Garaus gemacht. Nur eine feudale Herrenschaft und die ritterliche Gesellschaft huldigten noch dem geharnischten Anrennen und Dreinschlagen auf Pferderücken. Ein halbes Jahrhundert schon hatte in deutschen Landen kein rechtes Turnier mehr stattgefunden, als, vom burgundischen Glanz am Hofe seines Schwiegervaters, Karls des Kühnen, geblendet, der junge Habsburger das romantisch-erotische Kampfspiel zu einer großartigen Spätblüte erweckte. Nach festen Regeln kamen der mittelalterliche Tjost, der Buhurt und das Turnier als Sport zu neuem Ansehen. Erfindungsreich beschäftigte der »letzte Ritter« eigene Plattnerwerkstätten, Meister und Sensenschmiede mit der Herstellung eigens von ihm entworfener Turnierausrüstungen, von Stech- und Rennzeug in allen

Während seiner ersten Italienreise 1494/95, hat Albrecht Dürer Innsbruck und seine Burg in Aquarellen festgehalten.

*Das Aquarell Dürers zeigt den Süd-
teil der einstigen Burg. Die »Hinter-
burg« jenseits der Quergalerie dürfte
schon zur Zeit Sigmunds aufgeführt
worden sein.*

reiche« heißen müssen. Um dem so
breitangelegten Leben den rechten
Rahmen zu geben, hatte sich Sigmund
seit 1460 im Osten der Stadt, an der
Stelle der heutigen Hofburg, durch
Hauskäufe eine zweite Residenz, den
»Mitterhof«, geschaffen. Das »Burgrie-
senhaus« in der Hofgasse neben dem
Haus seines Hofzwerges Tomele zeigt
noch den riesigen Leibwächter dieses
in so vielem imposanten Landesfürsten. Sein Neffe Maximilian erweiterte
die Burg nach 1490 zur langgestreckten Anlage, von der dann nach dem
Umbau unter Maria Theresia so gut
wie nichts stehenblieb.

Die Äußere Burg im Süden mit dem
von Maximilian stockhoch ausgebauten Wappen- und »Harnasch«-Haus
— an der Stelle des heutigen Damen-
stifts am Burggraben — besaß Repräsentationsräume mit vergoldeten
Ledertapeten, barg auch des Kaisers
reiche Sammlung von Jagdtrophäen.
Noch sind im Erdgeschoß des Stifts-
kellers interessante Fresken dieses alten Burgteils zu sehen. Im erweiterten
Trakt an der heutigen Hofgasse,
prächtig ausgestattet, lag im obersten
Geschoß eine Dachstube mit »Käm-
merlein«, in der Maximilian seine
Drehbank stehen hatte, »damit wir
mit dem dräzeug unser kurzweil ge-
haben mügen«. An den einstigen großen »Saggen- und Wappenturm«
schloß sich nördlich, die Rennbahn
entlang, die Vordere Burg, seit 1510
ausgebaut. In ihr befanden sich der
große Saal mit Holzdecke, Vorläufer
des heutigen Riesensaales mit Maul-
pertsch-Fresken, die Kapelle, Kanzleien, Tanzsaal und die »Paradeis-
stube«. — Zur Erinnerung an seine
Vermählung mit Maria Blanka Sforza
von Mailand in Innsbruck hatte sich
der Kaiser 1500 an die Front des
alten Neuhofes einen zweistockhohen
breiten Erker erbauen lassen, das
»Goldene Dachl«, in dessen Loggia
er den Festlichkeiten, besonders den
»Mummereien«, beiwohnte.

Spielarten. Wieder splitterten beim »Gestech im hohen Zeug« die Lanzen,
jetzt allerdings auf eigenen, von Maximilian erfundenen, an der Schulter
des Gegners befestigten »Stechtartschen«, wieder kollerten im »Gemeinen
deutschen Gestech« Roß und Reiter in den Sand und auf den Rasen, und
im »Welschgestech« ritt man durch eine Schrankenwand getrennt gegeneinander an. In zwölf Spielarten wurde auch der feldmäßige Zweikampf
zu Pferde auf nicht ungefährliche Art geübt: im Schweif- und Scharfrennen,
im Bund-, Wulst-, Welsch- und Krönlrennen, im Festangezogen- und
Pfannenrennen und in einer Anzahl Geschicklichkeitstouren wie dem Ge-
schiftscheibenrennen.

Auch seine großen Turniere erlebte Innsbruck unter Maximilian in den
Jahren 1492, 1497 und 1498. Vor dem Hof und dem Gefolge, vor Damen
auf Tribünen und in den Fenstern, vor dem Volk an den Schranken
sprengten Reitertrupps aufeinander zu, zuerst um ihre Lanzen zu zer-
splittern, im zweiten Lauf, um hoch zu Roß oder zu Fuß das Schwert
»sprechen« zu lassen. Im abgeplankten weiten Rund tummelten sich die
»Grieswärtel« und »Stengler«, bewerteten den Kampf nach festen Regeln,
erklärten zu Siegern, trennten oder disqualifizierten die Kämpfenden.

Im Kampf um die Herrschaft an Etsch und Inn

Friedberg · Tirol

Eine der besterhaltenen Tiroler Burgen mit interessantem Detail.

ZUR GESCHICHTE Der andechsische Besitz wird 1248 als tirolische Burg urkundlich, seit 1260 verwalteten Pröbste landesfürstliches Eigentum. Es waren Beamte, die in durch Ringmauern verbundenen Wohntürmen hausten. Unter den Habsburgern kam die Herrschaft im 14. Jh. an die Herren von Spieß. Auch nach seiner Parteinahme für Heinrich von Rottenburg belehnte Friedrich IV. von Tirol Heinrich Spieß neuerlich mit der Feste. Nach dem Aussterben derer von Spieß erhielt ein reicher Finanzier aus der Umgebung Herzog Sigmunds des Münzreichen die Herrschaft, bevor sie 1491 an die Fieger von Melans fiel, reichgewordene Gewerke, die Friedberg im 16. und 17. Jh. erweiterten und befestigten. Sie starben erst Anfang des 19. Jh. aus. Nach den Freiherren von Lochau erwarben 1845 die Grafen Trapp die Burg.

SEHENSWERTES Mit dem von ihm gedeckten Osttrakt der Anlage stammt auch das Grundgemäuer des Bergfrieds aus der Entstehungszeit im 12. Jh. Hans Fieger setzte dem Turm Anfang des 16. Jh. die charakteristischen vier Erker auf, den laternenartigen Abschluß erhielt er erst im 17. Jh. Zwei Stockwerke in ihm weisen noch spätgotische Wohngemächer auf. Unter den Fiegern des 16. Jh. entstand auch der Westtrakt und erhielt der Innenhof mit alter Zisterne, spätgotischen Galerien, Hofhalle und

Nebenstehend und rechts: 1969 entdeckte man in der Burg Wandmalereien aus der Zeit um 1500. Belagerung einer Burg, Szenen von Jagden, Turnieren, Festen (Bläsergruppe rechts).

Im Kampf um die Herrschaft an Etsch und Inn hatten den Turm auf steilabfallendem Hügel oberhalb der Volderer Brücke — er mag schon im 9. oder 10. Jh. errichtet worden sein — zuerst Ministeriale der Grafen von Andechs inne, nach ihnen die Grafen von Tirol und die von Görz. Deren Beamte machten sich Friedberg zum erblichen Besitz, bevor Rudolf IV. der Stifter 1361 Tirol an Habsburg brachte. Nun versuchten die Herzöge von Bayern rückgängig zu machen, was für sie bereits verloren war. Von einem ihrer Einfälle in Tirol zwischen 1363 und 1368 zeugt im unteren Stock von Burg Friedberg ein zum Teil noch gut erhaltenes Wandgemälde: Deutlich sind die weiß-blauen Fähnlein und Wämser der anstürmenden Bayern zu erkennen, die sich soeben eines der Vorwerke von Friedberg zu bemächtigen scheinen. Im Frieden von Schärding, 1369, ging Tirol für die nördlichen Nachbarn endgültig verloren.

Der mittelalterliche Bergfried mit reizvollen Zubauten um 1500 und im 17. Jh. stammt wahrscheinlich aus dem 12. Jh. Er deckte den östlich von ihm über dem Steilabsturz zum Inntal gelegenen Palas.

Treppenturm sein malerisches Aussehen. Von den Verteidigungsanlagen dieser Zeit fällt besonders der Geschützturm mit Scharten und Maschikulis am ummauerten Burgweg auf. Palas und Kapelle mit zahlreichen gotischen Details zeigen u. a. Freskenreste, zwischen Netzrippen bemalte Gewölbe und kostbare Decken. Erst 1969 legte man im »Rittersaal« bedeutende Fresken um 1500 frei.

Lage und Besichtigung Östl. Solbad Hall oberhalb Volders. Nur nach telefonischer Anmeldung beim Besitzer.

Den Versuch Heinrichs von Rottenburg, den habsburgischen Landesfürsten vom Adel abhängig zu machen, durchkreuzte Herzog Friedrich mit der leeren Tasche (↗ Landeck), indem er dem gegen ihn gerichteten Falkenbund — ihm hing der größte Teil des Tiroler Adels an — am 28. März 1407 in Bozen selbst beitrat und den Rottenburger zu seinem Sonderberater mit 500 Mark Gehalt machte. Zu gefährlich erschien ihm der adelsstolze Mann mit Burgen und Besitzungen in ganz Tirol, Hauptmann an der Etsch, auch Hauptmann des Stiftes Trient.

Als sich im Frühjahr 1410 die Trientiner jedoch gegen ihren Bischof erhoben hatten, Herzog Friedrich dem Trientiner Seelenhirten den Krieg erklärte und der Rottenburger sich an dessen Seite stellte, ließ Friedrich die Burgen des Aufrührers belagern. Heinrich von Rottenburg floh nach Bayern und bewog Herzog Stephan II. zum Einfall in Tirol. Die Bayern kamen am rechten Innufer bis Schwaz, am linken bot ihnen Friedrich schon bei Tratzberg Einhalt. Die Bayern flohen, Heinrich von Rottenburg wurde gefangen. Heinrich von Spieß, Herr auf Burg Friedberg, hatte sich auf die Seite des Rottenburgers gestellt. Friedrich nahm die Burg im Sturm. Am 8. Dezember 1410 wurde sie dem Habsburger mit denen im Etschland ausgeliefert.

Am 13. Februar 1411 entließ Herzog Friedrich den Gefangenen, wenig später starb der Gestürzte aus Gram über seine Niederlage.

Herzog Friedel mit der leeren Tasche

Die Welt um 1410 bot ein Schauspiel besonderer Art. Drei Kaiser versuchten zu regieren: Wenzel von Böhmen, Jost von Mähren und Sigmund von Ungarn. Drei Päpste waren gewählt: Benedikt XIII., Gregor XII., Johann XXIII. Den Zustand der Kirche signalisierte eine Stelle aus der Bulle Gregors XII.: ».... es huren auch viele Nonnen mit ihren Prälaten, Mönchen und Geistlichen und gebären in den Klöstern viele Söhne und Töchter ... Die Söhne aber machen sie zu Mönchen, die Töchter zu Nonnen ... viele dieser Nonnen vergessen ihre mütterliche Liebe und treiben,

Der geschnitzte Totenschild Ritter Oswalds von Schrofenstein (gestorben 1497) in der Pfarrkirche zu Landeck. Es ist der älteste Totenschild von Nordtirol und wurde 1497 von Sebald Bockdorfer angefertigt.

Was sich uns heute als Burg bietet, ist das Ergebnis von meist unglücklichen Zu-, Um-, An- und Einbauten nach dem verheerenden Brand im 18. Jh.

GESCHICHTLICHES UND BEMERKENSWERTES Es war eine kleine Anlage, die nach 1200 knapp oberhalb des heutigen Ortes entstand: auf der äußersten Felsspitze der mächtige Turm, etwas tiefer gelegen ein wahrscheinlich geringer Palas, beide mit

Das Grundrißschema der Landecker Burg.

Ringmauer verbunden und von ihr umschlossen. Keine Ritterburg, möglicherweise nur der Gerichts- und Verwaltungssitz einer Herrschaft, wahrscheinlich der Grafen von Ulten. Erst Herzog Meinhard II. von Tirol und Görz ließ sich im 13. Jh. den Ausbau der Feste angelegen sein. Als die Hauptmasse der Appenzeller 1405 den Arlberg überstiegen hatte und mit ihrem Ruf: »Friede den Hütten, Krieg den Zwingburgen!« über Wiesberg auch gegen Landeck zogen, stellte sich der Landecker Pfleger und versuchte, ihnen mit der Feste Landeck den Weg zu versperren. Nach Berichten trug sie »grosse merkliche scheden« davon, doch spielte sich der Hauptkampf mit den Aufständischen an der Brücke bei Zams ab. Hier fiel die Entscheidung. Der Landeshauptmann von Tirol erlitt eine Niederlage und ergriff die Flucht, 30 Tote blieben auf der Walstatt. Als wenig später die Landecker zu Füßen der Burg ihren Herzog Friedel beim Rate- und Reimspiel erkannten (siehe nebenstehend), bestand die große Halle im Erdgeschoß, mit der man 1500 den Hof überwölbte, noch nicht. Erst unter den Schrofensteinern war für Burg Landeck etwas wie eine »Blütezeit« angebrochen. In der beginnenden Feuerwaffenzeit befestigte

indem sie Böses durch Böses noch vermehren, ihre Frucht ab oder töten die zutage geförderten Kinder ...« Den Zustand der Welt widerspiegelte unter anderen auch das Land Tirol. Gegen die Bauern und Bürger, die zwischen 1405 und 1408 mit ihrem »Bund ob dem See« im wüsten Appenzeller Krieg auch in Tirol und Vorarlberg gesengt und geplündert hatten, bildeten sich Adelsbünde: 1406 der Elefantenbund unter den Wolkensteinern, ein Jahr später der Falkenbund unter Heinrich von Rottenburg. Untereinander uneins, machten sie gemeinsam Front gegen Herzog Friedrich IV. von Habsburg, dem die untereinander verfeindeten Brüder Leopold und Ernst Tirol und die Vorlande nur in der Absicht überlassen hatten, ihm den Besitz sobald wie möglich wieder abzunehmen.

Als Sigmund von Ungarn sich gegen seine Rivalen durchgesetzt hatte und auf einem Konzil in Konstanz der Kirche und dem Reich eine neue Ordnung zu geben, das Schisma zu beseitigen versuchte, verbündete sich Herzog Friedrich von Tirol mit dem Papst Johann XXIII. Auf spektakuläre Art verhalf er dem übelst Beleumdeten, nachdem er ihn nach Konstanz begleitet und hier beschützt hatte, zur Flucht aus der Stadt, als dessen Sache verloren erschien. Als der dann geächtete österreichische Herzog nach Konstanz zurückkehrte, demütigte er hier am 5. Mai 1415 Sigmund von Ungarn im Franziskanerkloster.

Die Tür öffnete sich, und die versammelten Fürsten, Herren, Erzbischöfe, Bischöfe und Äbte, die Abgesandten von Mailand, Genua und Florenz sahen den Herzog von Österreich im Büßergewand auf der Schwelle knien.

»Was will der Mann?« wandte sich König Sigmund von Ungarn an den bayerischen Herzog Ludwig, der hinter dem Knienden stand.

»Im Namen meines Vetters, des Fürsten Friedrich, Herzogs von Österreich, bitte ich des Königs Gnaden, ihm zu verzeihen, daß er Eure königliche Majestät und das Konzil von Konstanz beleidigt hat. Er übergibt sich mit Leib, Land und Leuten, mit allem und jeglichem in des Königs Gewalt.« Sigmund hieß den Knienden aufstehen und näher treten. »Willst du das wirklich?« wandte er sich an den Geächteten.

»Ja. Ich will halten, was mein Vetter gesagt hat. Ich bitte Eure königliche Majestät um Gnade, Verzeihung und Barmherzigkeit.«

Der König reichte dem Bittsteller die Hand. »Es tut mir leid, daß Ihr das alles verschuldet habt!«

Der Herzog siegelte die vorbereitete Urkunde. Nach ihr fielen seine Länder von Tirol bis ins Elsaß König Sigmund von Ungarn zu.

Trotz aller Eide floh Friedrich von Tirol zum zweitenmal aus der Stadt.

Idyllisch weiß die Legende zu berichten, wie der nun mit seinem König, mit seinem Bruder Ernst, mit dem österreichischen und Tiroler Adel, mit der Geistlichkeit und dem Patriziertum verfeindete, aller Länder beraubte »Friedel mit der leeren Tasche«, den als vogelfrei erklärten und exkommunizierten bei Todesstrafe niemand »hausen noch hofen« durfte, über den Arlberg floh und bei seinem Freund Hans von Mülinen auf Burg ↗ Berneck Unterschlupf fand. Nur Tirol, das einfache Volk, Bauern und Bürger hielten noch an ihrem Herzog fest. Sie waren ihm treu geblieben. Er hatte in Front gegen Adel und Ritterschaft für sie Partei ergriffen und sie in Schutz genommen.

So wagte sich der Gebannte und Geächtete an einem Sonntag in Pilgertracht zu einem Kirchweihfest nach Landeck. Dem Völkchen, das sich gerade bei Rate- und Reimspielen vergnügte, führte der Verkleidete mit seiner Begleitung ein Reimspiel vor, das die Geschichte eines vertriebenen Fürsten schilderte, der seine Länder verloren hat und im Unglück lebt. Die Tiroler ahnten bald, wußten und akklamierten schließlich, dann aber erkannten sie ihren Herzog »Friedel mit der leeren Tasche« und huldigten ihm. Von Ort zu Ort ziehend — so berichtet allerdings wieder nur die Legende —, gewann Friedrich bald Tirol und die verlorenen Länder zurück und wurde schließlich ein Friedrich mit der vollen Tasche.

man besonders den gefährdeten südöstlichen Burgbereich. Zum dreiseitig die Hochburg umschließenden Zwinger baute man zwei Vorburgen mit vier Rondellen. Das Eingangstor mit Pechnase datiert um 1570. Schon im 16. Jh. hören wir vom schadhaften Zustand der Anlage, und es mag die Burg nur der Sitz des Gerichtes vom endgültigen Verfall bewahrt haben. Landeck übte die volle »peinliche« Gerichtsbarkeit aus.

LAGE Oberhalb gleichnamigen Orts im Oberen Inntal.

Mit einem schmalen Trakt umfaßt der Palas, in zwei und mehr Meter Entfernung umgibt die Ringmauer den mächtigen Bergfried des 13. Jh., ein runder Turm in der Nordostecke verstärkt sie. Schmuckstück der Burg ist ein hoher, mit spätgotischem Netzgewölbe überspannter Saal, der durch die Überwölbung des einstigen Burghofes entstand.

Von der March bis an die Ill

Schattenburg · Vorarlberg

Die bedeutendste noch erhaltene Dynasten- und Stadtburg Vorarlbergs mit Bergfried und Palas aus dem 12. Jh. ist als Museum eingerichtet.

ZUR GESCHICHTE Häuser unter dem Burgberg, dem »mons fortis«, dem »starken Berg«, ließ Graf Hugo von Tübingen als Hugo I. »von Montfort« planmäßig zur Siedlung erweitern. Man übertrug auf sie den Namen der schon seit dem 9. Jh. bestehenden Ortschaft »Kirche im Feld« nördlich der Burg. Der bald wichtige Straßenmarkt und Verkehrsknotenpunkt erscheint 1218 als »civitas Veltkirch«, die Burg über ihm gewährt ihm »schate«, d. i. Schutz, und wurde bald »Schattenburg« genannt. Als Reichsritter verteidigten Feldkirch und seine Burg — den Bergfried mit südlich gelegenem Palas und Bering — die Montforter vom Herbst 1269 bis ins Frühjahr 1270 gegen Rudolf von Habsburg und die Werdenberger. Nach einem späteren Chronisten »transferierte« nach der geglückten Abwehr »Graff Ruodolphus der gar alte von Montfort und Herr zu Veldkirch ... sein Residenz, Sitz und Wohnung auf dem Berg zwischen Fraxern und der Clauss in dem Schloß Alt Montfort wie auch in der Claus New Montfort« auf die Schattenburg. Unter der Bedingung, daß seinen Untertanen alle bestehenden Rechte und Freiheiten bestätigt würden, verkaufte der Letzte von Montfort-Feldkirch, Rudolf IV., die Grafschaft an die Habsburger. Wie sich die Feldkircher des 14. und beginnenden

Der 21 Meter hohe Bergfried und der südlich gelegene Palas sind im 12. Jh. errichtet worden, die stadtseitigen Trakte im 15. Jh.

Die Masse der schweren böhmischen Reiterei drohte den rechten Flügel einzudrücken. Bedenklich wichen die Österreicher und Steirer gegen Dürnkrut hin aus. Schon sah man die von Pfannberg und von Pettau flüchtig werden. König Rudolf war gezwungen, das Gros seiner Reiterei hinter den Weidenbach zurückzunehmen. Als er selbst über das wasserarme Rinnsal setzte, sprengte ein thüringischer Reiter auf ihn ein. Der Habsburger fühlte das Streitroß unter sich wanken, vermochte sich gerade noch gegen einen Schwerthieb zu decken, bevor er ins Bachbett stürzte und, im Augenblick hilflos, nur zusehen konnte, wie sich einer seiner thurgauischen Reiter mit falkenhafter Eleganz dem Angreifer entgegenwarf. Im Nu fand sich auch der König wieder auf den Beinen und auf einem Pferderücken.

Ritter Heinrich Walter von Ramschwag hatte an diesem Augustvormittag des Jahres 1278 an der March den Fortbestand und die künftige Weltmacht-

15. Jh. gegen ihre neuen Herren zur Wehr setzten, ist nebenstehend geschildert. 1825, als man das Vogteiamt in die Stadt verlegte, kam auch das Burgärar an Feldkirch.

Aus der Entstehungszeit der Schattenburg vor 1200 stammen noch der mächtige fünfgeschossige Bergfried mit Sitzbänken in den riesigen Fensternischen, mit Wehrplatte und Zinnen, der südlich von ihm gelegene viergeschossige, im Grundriß trapezförmige Palas sowie Teile des einstigen Berings. Erdgeschoß, erstes und zweites Geschoß des Palas bildeten einst je einen Raum. Die beiden der Stadt zugewandten Trakte mit weiteren Um- und Zubauten sind im 15. Jh. unter dem bedeutendsten der habsburgischen Vögte, Friedrich von Togenburg, 1417—1436, und um 1500 unter Hans von Königsegg entstanden. Gegen die Feuerwaffen errichtete man die Ringmauer an der Bergseite und eine Barbakane, das nördlich des Bergfrieds gelegene zweitorige Vorwerk mit zwei halbkreisförmigen Türmen. Die weiteren Zubauten stammen aus dem 17. Jh. 1645 hielten Schweden die Schattenburg anderthalb Monate besetzt. Vor der Zerstörung retteten Feldkircher Bürger ihr Wahrzeichen, indem sie eine unerhört hohe Brandschatzungsablöse zahlten.

Das nach dem Ersten Weltkrieg in der Burg eingerichtete Museum ist 1972 erweitert und auch für Abendbesichtigungen eingerichtet worden.

SEHENSWERTES Mauerwerk in Riegelbauweise und hohe Umgänge lassen den Inneren Burghof mit Brunnen als besonders »malerisch« erscheinen. Die wuchtige Balkendecke auf den mächtigen Holzpfeilern gibt der »Ritterstube« im Erdgeschoß »Stimmung«. Hier ist auch eine Schloßwirtschaft. Die stadtseitigen Bauten zeigen gotische Zimmer und die ehemaligen Amtsräume des Herrschaftsvogtes. Im einstigen Palas sind neben dem »Kleinen Rittersaal« mit Ausstellungsobjekten vor allem Burgkapelle und Vorraum mit Fresken aus dem 14. Jh.

stellung nicht nur des Hauses Habsburg gesichert. Im Verein mit jenen 60 schweren Reitern unter dem Kapeller und dem Sumerauer, die, aus dem Hinterhalt hervorstürmend, die Schlacht für König Rudolf entschieden, hatte der Ramschwager auch jenes Imperium besiegen helfen, das der Böhmenkönig Ottokar zu errichten im Begriffe gewesen war.

Den Sohn eines einfachen Dienstmannes der Äbte von St. Gallen belohnte der König für die Errettung vor dem sicheren Tod mit 500 Mark Silber, Vater Ulrich von Ramschwag wurde Reichsvogt über die Abtei St. Gallen, und auch die Brüder des Ramschwagers blieben nicht unbedankt.

Gleich gefürchtet wie beliebt bei ihren Untertanen waren die Herren aus dem ruhe- und rastlosen Geschlecht derer von Montfort. Seit dem Frühjahr 1319, als man sich über die Aufteilung des Besitzes geeinigt hatte, suchten die jungen Herren, die Tosters erhalten hatten, immer in Geldnöten, ihren 80jährigen Oheim Ulrich auf der Schattenburg zu erpressen, schließlich nahmen sie ihn auch gefangen. Wieder freigelassen, flüchtete Ulrich von Montfort Feldkirch nach Lindau, widerrief alle von ihm erpreßten Zugeständnisse und verschrieb seine Grafschaft samt Stadt und Burg an den Kaiser und das Reich. Das war den Feldkirchern zuviel. Sie verbanden sich mit den Grafen von Tosters, verteidigten ihre Stadt und die Burg bravourös gegen die Reichstruppen und sangen Spottlieder auf Kaiser Ludwig von Bayern. Graf Ulrich sah sich genötigt, den entarteten Neffen die Grafschaft auszuliefern und sich mit einem Altenteil in Chur zu begnügen.

Der letzte Montforter, der leutselig-gute Rudolf IV., verkaufte den Besitz 1377 an die Habsburger. Überall im Lande, auch auf der Schattenburg, übernahmen österreichische Vögte das Regiment. An ihnen als den neuen

Die Burgkapelle zeigt gotische Wandmalereien. Das allgemeinverständliche Erkenntnismotiv wurde den Gläubigen einst durch Spruchbänder erläutert, zusätzlich durch ein junges Mädchen mit Haube, das zu einem Jüngling herabblickt.

sehenswert. Neben dem Adam-und-Eva-Motiv finden sich z. T. noch gut erhaltene weitere acht Motive. In der bergseitig gelegenen Kemenate sind ein »Feldkircher Zimmer« mit Stichen und Bildern und ein »Gräfinnenzimmer« eingerichtet. Im Bergfried wird eine der interessantesten Waffensammlungen Österreichs gezeigt.

Die 1972 adaptierten Räume sind für Sonderausstellungen von Malerei, Plastik und Möbel eingerichtet, zeigen auch Kunstschmiedearbeiten des 13. bis 18. Jh. aus Vorarlberg.

LAGE UND BESICHTIGUNG In Feldkirch, tägl. 9—11 und 14—17 Uhr. Führungen. Im Winter geschlossen.

Unterdrückern fanden die Feldkircher noch weniger Gefallen als an dem alten Herrn.

Als sich deshalb die Einwohner von Appenzell am Fuße des Sentis, vom Beispiel der Eidgenossen angestachelt, von Leuten aus Schwyz unterstützt, gegen ihren unerbittlich harten Landes- und obersten Gerichtsherren, den Abt von St. Gallen und dessen Vogt, den Ramschwager, erhoben, sympathisierte Feldkirch mit diesen frühen Demokraten.

So kam es, daß sich im Herbst 1405 Heinrich Walter von Ramschwag, der gleichnamige Nachfahre jenes Ramschwagers, der zweiundeinhalb Jahrhunderte vorher das Habsburgerreich an der March gerettet hatte, das Herrschergeschlecht nun als österreichischer Burghauptmann in der Stadtburg an der Ill gegen aufständische Bürger zu verteidigen hatte. 18 Wochen lang hielt der Ramschwager mit 40 Knechten den Feldkirchern, Untertanen der Grafschaft und Appenzellern stand. Während die Belagerer ihn auszuhungern versuchten, erstürmten und verbrannten sie die benachbarte Burg Tosters, am Nikolaustag 1405 legten sie auch Alt-Montfort, den Sitz ihrer einstigen Herren, in Schutt und Asche. Als es ihnen im Januar 1406 gelungen war, den Steinwald ob der Schattenburg mit zwei großen Bliden zu besetzen, zwangen die riesigen Steingeschosse, Hunger und Kälte den Ramschwager, Ende des Monats um freien Abzug zu bitten. Er schwor Urfehde. Dann ging auch die Schattenburg in Flammen auf. Wenig später eroberte Friedrich von Toggenburg die Burg. Als österreichischer Vogt errichtete er auf ihr ein Regiment, das auch in die Literatur einging.

Österreichs Burgen und Ruinen
Informationen über ihre Vergangenheit und Gegenwart

Österreichs Burgen und Ruinen

Admontbichl, nordwestl. von Obdach in der Steiermark. Der viereckige Bau mit runden Ecktürmen, Torturm und Arkadenhof war bis zum 16. Jh. eine Wehranlage. Im 16. und 17. Jh. wurde der Besitz des Stiftes Admont zum berüchtigten Schauplatz von Hexenprozessen; ein letzter fand — allerdings ohne Urteilsspruch — vor 130 Jahren statt.

Aggstein, Ruine, NÖ., siehe Seite 41

Ahnherrnschloß, Ruine, Stmk., ↗ Spangstein

Aichelberg, Ruine südl. Spittal, Ktn. Wahrscheinlich war jener Reinher von Eychelberc, den der Minnesänger Ulrich von Liechtenstein in seinem »Frauendienst« erwähnt, einst Herr der Burg, die heute nur mehr aus stark verwachsenem, zum Teil noch vier Stock hohem Gemäuer besteht. Wie ein Falke, heißt es im »Frauendienst«, stieß der Eichelberger beim Turnier von ↗ Friesach im Jahre 1224 auf die Schar der Gegner, und »so mancher ritter guot« wurde von seinen Lanzenstößen aus dem Sattel gehoben. — Nach Aichelberg nannten sich seit dem 15. Jh. die Khevenhüller »von Aichelberg«. Die Eichel als Wappenzeichen trug auch das 1691 gegründete altösterreichische Infanterie-Regiment Graf Khevenhüller, das 1945 auf Burg Hochosterwitz aufgelöst wurde.

Aichelburg, Ruine östl. Hermagor, Ktn. Die einst große Burg am Eichelhang bei St. Stefan im Gailtal — heute stehen nur noch wenige Mauerzüge — eroberte Kaiser Friedrich III. in seinem Krieg gegen die Görzer Grafen. Den dann kaiserlichen Besitz verlieh Maximilian I. 1500 samt Herrschaft und Landgericht an seinen Getreuen Viertaler, dessen Nach-

kommen sich »von Aichelburg« nannten. Ihre Burg brannte wiederholt ab und wurde schließlich als Steinbruch verwendet.

Aistersheim, westl. von Wels, OÖ. Hanns von Hohenfeld besaß die mittelalterliche Wasserburg noch keine fünf Jahre, als er sich 1471 in die verhängnisvolle Liechtensteiner Fehde verstrickt sah. Der gutgerüstete Haufen des Wolfgang von Schaunberg schoß Aistersheim mit den neuen Pulvergeschützen in kürzester Zeit sturmreif. Was von der einstigen Burg übrigblieb, kam zur Not wieder unter Dach, bevor die Hohenfelder um 1520 mit dem Neubau begannen. Um 1600 war das Wasserschloß, heute eines der schönsten Österreichs, vollendet. Die wenigen gotischen Bauteile, Torturm, Tore und Restgemäuer des durch zwei Stockwerke verlaufenden Rittersaales, erinnern kaum mehr an die Burg der Aistersheimer, denen sie vom 12. bis 14. Jh. als steirischen Ministerialen gehört hatte. 1620 eroberten die Bayern

die neue Feste, 1626 war sie Hauptquartier der Bauern.

Albeck, Ruine nördl. Feldkirchen im Tal der »Engen Gurk«, Ktn. Romanische Burgkapelle und Rundturm.

Albrechtsberg an der Großen Krems, Burgschloß nordwestl. Krems, NÖ. Auf den ersten Blick glaubt man, eine baulich nur wenig veränderte mittelalterliche Höhenburg vor sich zu haben. Aber nur die beiden mächtigen Türme im Westen und Süden mit Pechnasen, die Außenmauer mit Zinnen, Schießscharten und Wehrgangresten stammen zum Teil aus dieser Zeit. Das Schloß selbst mit den vier Höfen — der innerste zeigt Renaissancearkaden — ist erst im 16. Jh. auf den Grundmauern der alten Starhembergerburg des 13. Jh. errichtet worden. Die barocke Kirche neben ihm steht an der Stelle der einstigen Burgkapelle. — Mit einer Sondergenehmigung vom Schloßverwalter kann der Besucher den riesigen Felsenkeller, die kümmerlichen Reste der Folterkammer und die »Schwarze

Burgschloß Albrechtsberg a. d. Großen Krems, NÖ.

Küche« mit Kamin und wenig altem Geschirr sowie den sogenannten Rittersaal besichtigen. Von der großen Terrasse aus genießt man eine prächtige Aussicht zum Gföhler Wald hin. Wem gerne gruselt, dem wird eine Nische gezeigt, in der eine Nonne eingemauert gewesen sein soll, und er sieht in der Herrschaftsgruft offen in Holzsärgen liegende, bis zu 400 Jahre alte mumifizierte Damen und Herren von einst, unter ihnen auch den über zwei Meter langen Spindler.

Allentsteig, NÖ. Der Wachtposten vor dem Tor verwehrt jedem Zivilisten den Eintritt in die einstige Kuenringerburg und heutige Kommandantur des gleichnamigen Truppenübungsplatzes des Bundesheeres. Umbauten vom 16. bis 20. Jh. haben von der mittelalterlichen Wehranlage nur den auch von außen gut sichtbaren Bergfried und ein Spitzbogentor übriggelassen. Der Graben, der einst Burg und Kirche — sie waren Teile der Burgstadt — trennte, wurde zugeschüttet. In der 800 Jahre alten Grenzfeste gegen Böhmen herrschten berühmte Geschlechter, wie die Kammegger, Wallseer, Maissauer und Puchheimer. Um 1500 zogen in Allentsteig die berühmten protestantischen Hager ein. Siegmund Hager reiste von hier aus nach Wittenberg zu Martin Luther. In bunter Reihenfolge belagerten, eroberten, plünderten, besetzten und verließen im Laufe der Jahrhunderte die Burg wieder: Böhmen und Madjaren, aufständische Bauern, Kosaken und Wallonen, Schweden und kaiserliche Truppen. Im 19. Jh. waren es Franzosen und Preußen, im 20. Jh. Deutsche und Russen.

Almegg, südwestl. von Wels, bei Steinerkirchen an der Traun, war vor den Umbauten des 16., 17. und 19. Jh. eine vieltürmige Wehranlage im Besitz von Lehensträgern des Klosters Kremsmünster, zum Teil auch des Landesfürsten. Kenner bewundern den stimmungsvollen Hof und entdecken im Bau noch spätgotische Türstöcke und Kragsteine. Der Renaissancekamin um 1600 und Ledertapeten aus dem 17. Jh. sollen aus der Feste Hohensalzburg stammen. Vielleicht spukt in dem zum Teil noch alten Gemäuer auch der Geist jenes Herrn Aspan von Liechtenhaag und Wimsbach, den seine Brüder ermordeten, bevor sie 1493 mit den Brüdern Sachs auf Almegg vertragsschlüssig wurden; möglicherweise auch jener Annas von Albrechtsheim, die dreimal Witwe werden mußte, bevor Kaiser Ferdinand I. sie endlich mit der Herrschaft Almegg belehnte.

Altems, Ruine oberhalb Hohenems, Vlbg. Die Emser hatten es verstanden, sich als hohenstaufische Dienstleute gegenüber den mächtigen Montforter Grafen zu behaupten. Ihrer starken Felsenfeste oberhalb der Rheinfurche am »Schwäbischen Meer« vertraute deshalb Kaiser Heinrich VI. auch den sizilianischen Königssohn an, den er 1195 nach den fürchterlichen Massenmorden von Sizilien als Gefangenen mit nach Deutschland brachte. Er hatte dem jungen Wilhelm, um seiner sicher zu sein, die Augen ausstechen lassen. Daß späterhin einige aus dem Geschlecht der Emser sich doch als Dienstleute der Montforter verdingten, bestätigt der Minnesänger Rudolf von Ems, der sich als einen »dienest man ze Muntfort« bezeichnet und zwischen 1220 und 1254 Herr auf Burg Ems war. Sein episches Werk umfaßt 94 000 Verse. Neben dem »Guten Gerhard« und dem »Willehalm« fand vor allem seine »Weltchronik« weite Verbreitung, eine Art Laienbibel, in der die christliche Offenbarung als Kern und eine Art Leitfaden der Geschichte des Menschen dargestellt wird. — Mit der romanischen Burg der Emser, die im Appenzeller Krieg zerstört und nach Wiederaufbau und Erweiterungen verlassen wurde, als der Palast im 16. Jh. am Fuße des Berges entstand, stehen auch jene berühmten Handschriften C und A des Nibelungenliedes in Zusammenhang, die man im 18. Jh. in der Bibliothek des Hohenemser Schlosses entdeckte. — Heute bietet sich von dem Ruinenfeld aus — Mauern und Mauerreste des Palas, mehrerer Vorburgen und des Berings — eine herrliche Aussicht ins Rheintal und ein Blick auf die Burg ↗ Glopper-Neuems.

Altengutrat, Ruine, Sbg., ↗ Gutrat

Altfinkenstein, Ruine, Ktn., ↗ Finkenstein, Seite 116

Althaus, Ruine im Görschitztal, Ktn., hart an der steirischen Grenze. Von der einst zweitürmigen Burg steht noch bis vier Geschosse hohes Gemäuer.

Althofen in Vorarlberg, Bergfriedruine nördl. Bregenz bei Lochau.

Althofen in Kärnten, nördl. St. Veit a. d. Glan. Ein erneuerter Bergfried der einstigen Burg im gleichnamigen Ort.

Althohenwang ↗ Hohenwang

Altkainach, Stmk., ist eine eigenwillige Renaissanceanlage, die im 16. Jh. um einen vermutlich romanischen Wohnturm gebaut worden ist. Sie liegt unweit von Voitsberg und des berühmten Lipizzanergestüts von Piber. Der steirische Burgenverein hat die Räume mit Modellen, Illustrationen, einer kleinen Waffensammlung und einer Bibliothek adaptiert. Das Museum ist ganzjährig geöffnet.

Altkraig, Ruinen, Ktn., ↗ Frauenstein / »Kraiger Schlösser«, Seite 119

Altlengbach, NÖ. Im Bereich der heutigen Burgkirchenanlage aus dem 11. Jh. (mit Ringgraben) und des Pfarrhofs (mit Resten eines gotischen Wehrbaus) stand die heute zur Gänze verschwundene Burg der mächtigen Hochfreien von Lengenbach. Zur Ortschaft Altlengbach westlich von Wien gehören auch die Mauerreste einer spätmittelalterlichen Burg, die vor Außerfurth am Lengbach stand und 1683 von den Türken zerstört wurde. In den Kellern dieser Ruine trieben eine Zeitlang Falschmünzer ihr dunkles Handwerk. — Bei St. Christophen steht neben einer Burgruine mit Ringmauer ein dreigeschossiges Palasgemäuer und ein ebenso hoher, im 19. Jh. wiederaufgebauter und teilweise noch bewohnter Wehrturm mit zwei Meter dicken Mauern. Diese Burg *Vestenthurn,* heute *Unterthurn* genannt, besaßen im 15. Jh. die Ritter von Seebeck. 400 Jahre später veranstalteten »Ritter« des Ordens zum Grünen und zum Silbernen Humpen, eine Wiener und eine Neulengbacher Runde, hier Ritterspiele. Mit einem romantischen Neulengbacher Galanteriewarenhändler, der sich von 1902 bis 1909 hier als »Ritter von Kornthal« bewundern ließ, nahm der Spuk sein Ende.

Altleonroth, Ruine, Stmk., ↗ Leonroth

Altliemberg, Ruine, Ktn., ↗ Liemberg

Altmontfort, Ruine nördl. Rankweil, Vlbg. Die geringen Mauerreste auf dem steilen Hügel links der Straße nach Fraxern stammen von einem Ministerialensitz der Grafen von Montfort, die, wie die meisten Vorarlberger Burgen, 1405 dem Appenzeller Krieg zum Opfer fielen.

Altpernegg, Ruine, Stmk., ↗ Pernegg

Altpernstein, OÖ., ↗ Pernstein

Altschielleiten, Ruine, Stmk., ↗ Schielleiten

Altstarkenberg, Ruine nördl. Imst, Tirol. In der Salvesenklamm bei Tarrenz sind von der Stammburg des mächtigen Tiroler Adelsgeschlechtes der Starkenberger, 1218 erstmals genannt und 1423 als »Raubritterburg« zerstört, hinter einem Halsgraben nur

Ambras bei Innsbruck, Tirol, Rittersaal

mehr Mauerreste zu sehen. Nicht weit von ihnen entfernt finden sich Reste eines romantischen Turms des einstigen *Gebratstein*. Die 1317 von den Starkenbergern erbaute Feste *Neustarkenberg* im Ort Tarrenz steht heute, stattlich restauriert und umgebaut, als Bierbrauerei in Verwendung.

Altteufenbach, Stmk., ↗ Teufenbach

Altwartenburg, OÖ., ↗ Wartenburg

Amberg bei Feldkirch, Vlbg., ist ein 1502 aus mittelalterlichem Mauerwerk errichteter Bau (unweit von Ruinenresten einer früheren Burg), den Maximilian I. für eine Gräfin Helfenstein errichten ließ; sie war »concubina ut dicitur imperatoris« — wie es heißt, eine der vielen Nebenfrauen des Kaisers.

Ambras, liegt über dem Innsbrucker Stadtteil Amras in Tirol. Die Burg, im 10. Jh. erstmals genannt, wurde unter Erzherzog Ferdinand im 16. Jh. zum großartigen Lustschloß umgebaut und im 19. Jh. romantisch restauriert. Heute birgt Ambras noch die weltberühmte und einzigartige Waffensammlung des 15. bis 17. Jh., eine Kunst- und Wunderkammer, Gemäldegalerie, Bibliothek und das Kaiserschützenmuseum. Besichtigung: 13. Mai–15. Oktober, täglich 9—12 und 14—17 Uhr. Führungen: 1. Juni bis 30. Sept., täglich 14—18 Uhr.

Anschau, südwestl. Zwettl, bei Traunstein im Waldviertel, NÖ. Ruine einer romanischen Burg an der mittelalterlichen Fernstraße von der Donau durch den »Nordwald« nach Böhmen.

Araburg, Ruine bei Kaumberg, NÖ. Mit Entsetzen sahen die geistlichen Herren des Stiftes Lilienfeld und die Kaumberger, die in die Burg geflüchtet waren, am Morgen des 18. Juli 1683 vom Bergfried aus, wie auch das benachbarte Hainfeld in Flammen aufging. Ringsum in den Dörfern brannte es schon tagelang. Sogar die Getreidegarben auf den Feldern hatten die muselmanischen Renner und Brenner angezündet. Scharen von Bauern, zum Teil an Pferde gebunden, wurden in die Gefangenschaft geschleppt, und ringsum auf den Fel-

dern lagen die Leichen erschlagener Frauen und Kinder. Am 24. Juli, als sich die Hauptmasse der türkischen Horden aus dem Burgbereich etwas entfernt hatte und nur einzelne Trupps zu sehen waren, nahte den Hungernden auf der Araburg Hilfe. Stift Lilienfeld hatte eine Streitmacht von 150 Mann auf die Beine gebracht, die als Entsatz anrückte. Dennoch wurde die Araburg im Herbst desselben Jahres von den Türken überrannt und in Brand gesteckt. Mit diesem Jahr endete die Geschichte der Feste. — Die Araburger des 13. Jh. führten einen Adlerkopf im Wappen und waren gewalttätige, räuberische Herren gewesen, die sich — in Dauerfehde mit dem Stift Lilienfeld — gern am Klostergut vergriffen. Ihr mörderisches Treiben zwang schließlich sogar den Wiener Hof, sich mit dem Abt von Lilienfeld über Abwehrmaßnahmen zu einigen. Als die Herrschaft Araburg, vom 14. bis 16. Jh. im Besitz verschiedener Herren, der Ruckendorffer, der Eberstorff-Tiersteiner und des Sebald Pögel, schwer verschuldet in die Hand der reichen Jörger kam, begann eine neue Zeit für die Burg, die, »wie die leut allda sagen«, so hoch lag, daß man von ihr aus St. Stephan zu Wien sehen konnte. Helmhard Jörger war das Haupt der Protestantenpartei in Niederösterreich. Unter seiner Führung gewann der neue Glaube rasch an Boden. 1619 stand er mit Thonradl von Ebergassing vor Kaiser Ferdinand II. und forderte im Namen seiner Glaubensgenossen Freiheiten und Zugeständnisse (↗ Thernberg). — Vom Bergfried der Ruine sieht man heute weit ins Land. Palas, »Küche« und eine gotische Kapelle sind erhalten.

Arbesbach, Ruine südwestl. Zwettl, NÖ. Über einer besonders eindrucksvollen Massierung von Granitblöcken erhebt sich kühn die Ruine eines romanischen Bergfrieds. Er gehörte zur alten Kueringerburg, einem Vorwerk von Rappottenstein. Die zum Teil noch guterhaltenen Reste des Palas sieht man jenseits eines breiten Halsgrabens hinter einem Tor mit Fußgängerpforte. Der böhmische

Burgruine Arbesbach, NÖ.

Heerhaufen, der an einem Septembertag des Jahres 1480 von Königswiesen gegen Zwettl zog und die Burg zerstörte, muß die Besatzung überrumpelt haben, so uneinnehmbar erscheint uns der 800 Jahre alte Bergfried auf dem Felsenmassiv noch heute. Im 17. Jh., in der Türkenzeit, brannte man auf dem riesigen Turmrest, jetzt eine als »Stockzahn des Waldviertels« bekannte Aussichtswarte, Warnfeuer, sogenannte Kreidoder Kräutfeuer, ab. Sie warnten die Bevölkerung in Kriegszeiten, mit ihrer Hilfe konnten sich die Burgherren von der Donau her über Clam und Kreuzen bis Heidenreichstein untereinander verständigen. Bei schönem Wetter sieht der Besucher von der Warte bis zum Hochschwab, zum Dachstein, Priel und Ötscher.

Arbing, südöstl. von Perg, OÖ. Der Kirchturm war ein gotischer Bergfried.

Arnoldstein, Ruine, Ktn., an der österreichisch-italienischen bzw. jugoslawischen Grenze. Von der Burg des 11. Jh., die 100 Jahre nach ihrer Errichtung zu einem Benediktinerkloster umgebaut wurde, dessen Mauern in noch beträchtlichen Resten oberhalb des Ortes zu sehen sind, berichtet Paolo Santonino in seinem Reisetagebuch aus dem Jahre 1486, sie sei bei einem Türkeneinfall mit dem Dorf abgebrannt.

Arnstein, Ruine bei Raisenmarkt, NÖ., oberhalb des Raisenbachtales. Von der 1529 durch die Türken zerstörten Burg ragen noch stockwerkhohe Mauerreste empor.

Aspang an der Wechselbundesstraße, NÖ. Der Renaissancebau am Nordostende des Marktes besitzt noch die Grundmauern und Türme der Burg des 13. Jh. Sie sicherte mit Seebenstein, Grimmenstein, Thernberg, Thomasberg und Kirchschlag die wichtige Handelsstraße nach dem Süden.

Asparn an der Zaya, bei Mistelbach, NÖ. Die einstige Wasserburg ließ sich Hadmar von Sunnberg im 13. Jh. erbauen. Noch vermitteln das spätgotische Spitzbogentor mit dem Einmanneinstieg und das gotische Wappen der Wallseer mittelalterliche Eindrücke. Bei genauerem Zusehen entdeckt der Besucher im rechten Eckturm den einstigen Bergfried, der in die Renaissanceanlage, zu der die Burg im 15. Jh. erweitert wurde, eingebaut worden ist. Er trägt noch den Wehrgang auf Kragsteinen. Im Schloß ist heute das Museum für Urgeschichte Niederösterreichs untergebracht. Das Freilichtmuseum im Park zeigt prähistorische Wohn- und Wirtschaftsbauten. Besichtigung: 1. April—30. Okt., täglich 9—17 Uhr.

Aufenstein, Burgkapelle südl. Matrei a. d. Brennerstraße, Tirol. Angesichts der Burg seiner Väter am Eingang ins Navistal soll Heinrich von Aufenstein 1327 den Schwur getan haben, Königen und Kaisern und allen denen, die von oder nach Italien ziehen, die Straßen sicherzuhalten. Aus den Steinen der im 14. Jh. zerstörten Burg des mächtigen Tiroler Geschlechtes ist die Filialkirche zur hl. Katharina, 1474, gebaut worden. Neben ihr die (rekonstruierte) ehemalige Burgkapelle mit Fresken aus dem 14. Jh.

Außernstein, südöstl. von Perg, OÖ. Teile einer aus dem Felsen gehauenen Wehranlage des 12. und 13. Jh.

Baden bei Wien, NÖ. Die karolingische Pfalz des 9. Jh. »ad padun« ist verschwunden. Sie stand wahrscheinlich im Bereich des heutigen Schulgebäudes. Von den mittelalterlichen Wehranlagen dieses damals strategisch wichtigen Raumes um die Kurstadt haben sich neben dem Ruinendreieck ↗ Rauheneck, ↗ Rauhenstein und ↗ Scharfeneck noch Nachfolgebauten der Burgen Leesdorf und Weikersdorf erhalten.

Leesdorf, östl. der Stadt in der Leesdorfer Hauptstraße, heute ein Schloßbau vieler Stile, zeigt noch den sechsgeschossigen Bergfried und Teile des ehemaligen Palas. Er dient jetzt der österreichischen Meistermalerschule. Westlich der Stadt inmitten von Parkanlagen des »Rosariums« liegt das vielfach umgebaute und neuerdings wieder restaurierte Schloß *Weikersdorf,* die Wasserburg der Weikersdorfer im 13. Jh. Nur mehr der Stumpf des Bergfrieds, der nach der Zerstörung durch die Türken überblieb, erinnert in dem Renaissancebau an die mittelalterliche Vergangenheit der Anlage.

Baierdorf, nördl. Murau, Stmk. Der mächtige 24 m hohe Turm mit 2 m Mauerstärke an der Straße bei Schöder nächst der Einmündung der Sölkerpaßstraße, mit dem 8 m hohen Christophorusfresko an der Südaußenwand (um 1505), ist etwas wie eine »Urburg«. Aus solchen wehrhaften Wohntürmen um die Jahrtausendwende mit geschoßhoch liegendem Einstieg, zu dem eine abbrennbare Holztreppe führte, mit Schlitzfenstern, zinnenumstandener Verteidigungsplattform oder Wehrgangumläufen entwickelten sich die uns bekannten hoch- und spätmittelalterlichen Wehrbauten mit getrennten Wohngebäuden (Palas) und komplizierten Verteidigungssystemen um großräumige Höfe. Um diese Türme, die zur Sicherung von Straßen und Märkten als Fluchtorte und Verteidigungszentren dienten, war auch wie einst hier in Baierdorf ein kleiner Hof gelegt, den eine (heute nur mehr teilweise erhaltene) Ringmauer mit Wall und Graben bildete. Der Turm von Baierdorf ist um 1070 erbaut worden, eine Wehranlage bestand hier wahrscheinlich schon vor dem Jahr 1000. Ihn zerstörten nach der für die steirischen Adeligen entscheidenden Niederlage bei Kraubath im März 1292 (↗ Bruck a. d. Mur) die Truppen Albrechts I. Doch erhielt der Salzburger Erzbischof, zu dessen Bistum das Land schon seit dem 9. Jh. gehörte, bald darauf vom König die Erlaubnis zum Wiederaufbau der Wehranlage. Während des Ungarnkriegs war der Turm Fluchtort, im 17. Jh. wurde er als »Traidkasten« verwendet. Das überwölbte Erdgeschoß unter dem zwei Geschoß hoch liegenden Einstieg diente zeitweise als Gefängnis, das vierte und fünfte Geschoß wurde bewohnt, doch war es

kaum zu heizen. Die imposante Wehranlage krönte eine mächtige Zinnenmauer.

Berneck, Ruine südöstl. Landeck, Tirol. Die in jüngster Zeit erst verlassene Burg über dem Faggental bei Kauns mit Bergfried und Palas aus dem 13. Jh., einer gotischen Rundkapelle mit Kreuzrippengewölbe, herrlich gekehltem Portal, Fresken und Wappenreliefs aus dem 15. Jh. ist dem Verfall preisgegeben. Auf dem Stammschloß der Bernecker, der Burg des Hans von Mülinen (↗ Landeck), dem späteren Jagdschloß Maximilians I., mit spätgotischen Erkern, Fenster- und Türstürzen sowie größeren Zubauten aus dem 15. und 16. Jh., ist über dem Burgtor mit der Einmannpforte eine Inschrift des 15. Jh. zu lesen: S. Pardollmeuß pit fir uns (St. Bartholomäus, bitte für uns).

Bernstein, Bgld., siehe Seite 76

Bertholdstein, Stmk., ↗ Pertlstein

Bertholdstein, Ruine, NÖ., ↗ Hollenburg

Bideneck, südöstl. von Landeck, Tirol. Bergfried, Palas und Ringmauer der schon um 1200 nachgewiesenen Burg auf dem steilen Hang oberhalb Fließ stammen aus gotischer Zeit. Die Erweiterungsbauten der Schrofensteiner aus dem 16. Jh., Wohnräume, das

obere Turmgeschoß und die Außenmauer, fügen sich harmonisch dem alten Bestand an. Von der Terrasse, auf der sommerüber Besucher bewirtet werden, bietet sich ein schöner Blick ins Tal.

Bischofshofen, Sbg. Der quadratische Wohnturm neben der Pfarrkirche ist ein stehengebliebener Teil der Burg der Bischöfe von Chiemsee, die im 13. Jh. hier residierten und dem Ort den Namen gaben. Der »Kasten« diente durch Jahrhunderte als Getreidespeicher.

Bleiburg, Ktn. Kenner entdecken unschwer im mächtigen Renaissancebau oberhalb der gleichnamigen Stadt an der Jauntalbahn ostseitig den eingebauten gotischen Bergfried, an der Westseite Gemäuer und Turm der »Pliburch«. Hier saßen im 13. Jh. die Heunburger und die Pfannberger. 1368 setzten sich in ihr die Aufensteinerbrüder Friedrich und Konrad gegen die neuen Landesherren der Habsburger fast zwei Monate lang zur Wehr. Dann wurde die Burg zerstört, die zu ihr gehörigen Besitzungen geplündert, die Brüder als Gefangene nach ↗ Strechau bei Rottenmann gebracht. Dort starb Friedrich von Aufenstein. Konrad von Aufenstein schwor nach achtundzwanzigjähriger Haft Urfehde, zog nach Regensburg und beendete als Chorherr sein Leben.

Blumau, Stmk., ↗ Burgau

Blumenegg, Ruine nordwestl. Bludenz, Vlbg. In einer Kurve der Straße von Ludesch nach St. Gerold, am Eingang ins Große Walsertal, liegen, im Wald versteckt, die Mauerreste des 1774 abgebrannten Schlosses, das aus einer der ältesten und mächtigsten Herrenburgen des Landes entstanden war. Mit kaiserlicher Erlaubnis wurde die Werdenberger Feste nach ihrer Zerstörung im Appenzeller Krieg 1408 wiederaufgebaut und bot im Dreißigjährigen Krieg dem Hirsauer Abt Zürcher vor den Schweden Zuflucht. Nur mit Mühe rettete der geistliche Herr beim Brand von 1650 sein nacktes Leben. Die Hirsauer Annalen des Humanisten Johannes

»Turm« von Baierdorf, Stmk., Stich von Andreas Trost, aus: G. M. Vischers Topographia Ducatus Stiria, 1681

Trithenius, berühmte Fälschungen, glaubte man seit damals verloren; doch fanden sie sich später wieder. Mit diesen Vorgängen möglicherweise in Verbindung zu bringen sind die Sagenvarianten von einem vergrabenen Schatz und einem unterirdischen Gang, die neben einer Schimmelreiterlegende von der Burg Blumenegg erzählt werden.

Bockfließ, nördl. von Wien, NÖ., wird als Burg schon im 12. Jh. genannt. Auf sie weisen noch heute Ringmauer, Zinnen, Viereckturme und Grundgemäuer. Die Obergeschosse stammen aus dem 18. Jh.

Bregenz, Vlbg., ↗ Hohenbregenz

Bruck, Osttirol, siehe Seite 127

Bruck an der Leitha, östl. von Wien, NÖ., besaß im 13. Jh. eine Stadtburg, die im 16./17. Jh. zum Schloß umgebaut wurde.

Bruck an der Mur, Stmk. Als nach dem Tod des Habsburgers Rudolf I., 1291, die Steirer ihre Stunde gekommen sahen, verbündeten sie sich mit dem Bayernherzog und dem Erzbischof von Salzburg und begannen am 12. Februar 1292 Burg und Stadt Bruck mit starker Heeresmacht zu belagern. Im »castrum prukke« hatte der fürstliche Burggraf Hermann von Landenberg nur wenige Leute zur Hand. Rudolfs Sohn Albrecht, der noch im Oktober 1291 in Graz vergeblich um Gunst und Stimme der steirischen Adeligen geworben hatte, stand mit seiner Truppe in Wiener Neustadt. Starke Schneefälle machten das damals unwegsame Gelände über den Semmering so gut wie unpassierbar. Doch ließ sich der Habsburger kurz entschlossen von einigen hundert Bauern einen Weg durch die Felsen freischaufeln und stand am Sonntag, dem 2. März, mit seiner Heeresmacht bei Kapfenberg. Kampflos zogen die völlig überraschten Steirer tags darauf von Bruck ab und wurden am 5. März bei Kraubath vernichtend geschlagen. — Von dieser Burg zu »Prukke«, die 1265 erstmals urkundlich erwähnt wird und 1461 als Burg »Landskron« aufscheint, finden sich heute nur noch geringe Mauerreste

oberhalb der Stadt, ein wiedererrichtetes Burgtor und geringes Gemäuer, das zum Teil in das Haus Etzersteig 2/3 verbaut wurde.

Buchberg, Ruine in Puchberg am Schneeberg, NÖ. Der einfache, rechteckige Bergfried mit Zinnenmauer neben der Pfarrkirche von Puchberg am Schneeberg stammt wahrscheinlich aus dem 13. Jh. und verfiel Mitte des 16. Jh. Den Palas hat man im 19. Jh. abgetragen.

Buchberg am Kamp, südl. von Gars, NÖ., wird schon 1160 genannt. Noch immer überragt der wuchtige zinnengekrönte Bergfried die große zweihöfige Renaissanceanlage des 16. und 17. Jh.

Burgau, nördl. Fürstenfeld, Stmk. Nichts mehr erinnert an die Wasserburg des 12. Jh., die unter Leopold von Blumau, einem natürlichen Sohn des Babenbergers Leopold des Glorreichen, Mittelpunkt einer Rodungsherrschaft gewesen war. Manches weist noch auf die Wehranlage, die im 16. Jh. zweimal den Türken widerstand und in der sich im 17. Jh. eine Robotherrschaft von exemplarischer Unmenschlichkeit etabliert hatte. Georg Sigmund Graf Trautmannsdorf, der seine eigene Tochter auf Schloß Neuberg von dreißig Mann überfallen ließ und sie so lange in den Turm von Blumau einsperrte, bis sie den von ihm bestimmten Freier heiratete, war ein Bauernschinder sondergleichen. Als den Grafen — die Leute der Umgebung beschworen es — der Leibhaftige persönlich holte, war das einst rege Marktleben in Burgau längst vollständig zum Erliegen gekommen.

Burgschleinitz, südl. Eggenburg, NÖ. Schon im 12. Jh. hatten sich die »Sleunzer« am alten Handelsweg nach Norden ein durch Wassergräben geschütztes »festes Haus« errichtet. Die Witwe des Otto von Schleunz, der bei Staatz gegen die Ungarn gefallen war, gab einen Teil des Besitzes Herzog Albrecht I. von Österreich. Mitte des 14. Jh. kam auch die Burg an die Habsburger, die sie den Zelkingern zu Lehen gaben. Das Burg-

schloß, das in seiner heutigen Gestalt gegen Ende des 16. Jh. entstand, besaßen nach den Kuefsteinern die Freiherren von Sazenhofen. Nur der düster-gewaltige Eindruck, Graben und Brücke erinnern noch an die einstige Wasserburg.

Bürs, Ruine, Vlbg., ↗ Rosenegg

Clam, OÖ., siehe Seite 70

Deutschenschachen (Ehrenschachen), Ruine, Stmk., ↗ Schachen

Deutschlandsberg, Stmk., siehe S. 96

Dietrichstein, Ruine östl. Feldkirchen, im Glantal in Ktn., südlich des gleichnamigen Schlosses.

Dobra (Reichhalms), Ruine am gleichnamigen Stausee südwestl. Horn, NÖ. Das Ruinenfeld mit fünfseitigem romanischem Bergfried und Mauerzügen von Wehr- und Wohnbauten um drei Höfe ist heute ein beliebtes Ausflugsziel. Von dem Felsen auf der Landzunge bietet sich ein prächtiger Rundblick auf den See. Hier, über dem einstigen Kamptal, hausten im 12. Jh. die Herren von Dobra, später Gefolgsleute der Kuenringer, im 15. Jh. vom Kaiser bekämpfte »Fehderitter«. Als die Herrschaften Dobra und Krumau zusammengelegt und von Schloß Wetzlas aus verwaltet wurden, verfiel die Burg. Ihre Steine verwendete man zum Bau der Kirche von Franzen.

Dornach bei Lasberg südl. Freistadt, OÖ. Die kleine, noch z. T. erhaltene Burg ist eine von den fünf Adelssitzen im Feistritztal. Der 20 m hohe freistehende runde Bergfried und die Ringmauer mit einem viereckigen Torturm dürften im Kern nach 1400 erbaut, im 15. Jh. erweitert worden sein. Es war ein landesfürstliches Lehen, das 1505 dem kunstsinnigen Veit von Zelking, Herr auf Weinberg, überlassen wurde und dann verfiel.

Dornau, Ruine südl. Baden bei Wien, NÖ. Erst nach 1945 war man gezwungen, den Nachfolgebau einer Burg des 14. Jh. oberhalb des Triestingtales abzutragen. Mit dem zeitweise auch kaiserlichen Besitz sind viele bekannte Adelsgeschlechter in

Verbindung zu bringen: Wallseer, Herbersteiner, Starhemberger, Zinzendorfer, Liechtensteiner, Trautmannsdorfer u. a.

Dornbach, nordwestl. von Gmünd im Maltatal, war eine der wenigen Wasserburgen Kärntens. An der heutigen Renaissanceanlage erinnern noch der Wassergraben und die Schießscharten in der Ringmauer an den alten Bau.

Drosendorf, nördl. Horn, NÖ. Von der Burg, deren Verteidigung durch Stefan von Maissau dazu beitrug, daß sich der Aufmarsch des Böhmenkönigs Ottokar bei der Pfarrkirche von Jedenspeigen an der March verzögerte, steht keine Mauer mehr. Das heutige Schloß wurde nach dem Brand der schon im 16. Jh. umgebauten Burg nach 1694 neu errichtet.

Dürnstein, Ruine nördl. Friesach, Stmk. Auf der einst fast uneinnehmbaren, strategisch wichtigen Grenzfeste, nach 1122 erbaut, duldeten die Landesfürsten nur ihnen ergebene Burgherren. Das Geschlecht der Dürnsteiner starb Ende des 12. Jh. aus; es folgten ihnen Wildoner. Da diese neuen »Dürnsteiner« 1292 in den Adelsaufstand gegen Habsburg verwickelt waren, sahen sie sich am 24. Oktober 1299 gezwungen, Dürnstein an den Sohn Albrechts I. abzugeben. Liechtensteiner, Teufenbacher, Welzer, Khevenhüller und Ungnad erhielten nach ihm die Burg als Pfand. Im 15. Jh. wurde sie Sitz eines Landgerichtes. Heute bietet sich die einstige Mautburg als weitläufiges dreieckförmiges Ruinenfeld mit noch wuchtiger Wehrmauer, einem Torbau mit Rundtürmen und einem Burghof mit Gebäuderesten ohne Bergfried dar. Als Dürnstein 1608 in den Besitz des Bistums Gurk kam, verfiel es, doch benützte man das Gemäuer 1809 nochmals als Schanze gegen die Franzosen.

Dürnstein in der Wachau, NÖ., siehe Seite 38

Ebelsberg bei Linz, OÖ. Als Feste, die den wichtigen Traunübergang schützte, wird Ebelsberg schon 1159 genannt, als Sommerresidenz der Passauer Bischöfe dann im 13. Jh. Enea

Silvio, der spätere Papst Pius II., beschreibt 1444 das damals prächtig ausgestattete Schloß. Die im 16. Jh. erweiterte Anlage wird 1626 das Hauptquartier des Bauernführers Stefan Fadinger, und vor ihren Toren liefern die Österreicher 1809 Napoleon ein blutiges Rückzugsgefecht. Von der alten Burg kündet heute nur wenig romanisches Mauerwerk in der Torhalle.

Ebenfurth bei Wiener Neustadt, NÖ. Schon das feste Haus an der Furth über die Leitha, wahrscheinlich zu Anfang des 12. Jh. erbaut, sollte den Handelsweg ins Pittental sichern helfen. Von der Grenzfeste gegen Ungarn, die im 13. Jh. errichtet wurde, zeugen im heutigen Bau noch die vier Türme und das Außenmauerwerk im Südwesten und Südosten. Mit einiger Spannung mag in dieser Burg im Sommer 1487 Beatrix, die Königin der Ungarn, auf die Nachricht vom endgültigen Fall Wiener Neustadts gewartet haben. Am 7. August des Jahres ließ sie sich an der Seite ihres Gemahls, des Ungarnkönigs Matthias Corvinus, bei der feierlichen Übergabe der »Niwenstadt« durch den tapferen Hauptmann Hans von Wulfersdorf von dessen Gefolge und den Stadträten huldigen.

Eberau, nordöstl. Fürstenfeld, im Burgenland, nahe der ungarischen Grenze, besitzt eine für Österreich einzigartige historische Ortsbefestigung. Die gleichnamige Wasserburg mit drei Wällen und vier Gräben, bereits im 13. Jh. nachgewiesen, erhielt ihre heutige Gestalt durch Umbauten im 17. Jh.

Ebreichsdorf, südl. Wien, südl. des gleichnamigen Ortes, NÖ., ist eine im 16. Jh. zum Schloß umgebaute Wasserburg aus dem 13. Jh.

Edenfest, südöstl. Mauterndorf, Sbg. Die bescheidenen mittelalterlichen Ruinenreste über dem linken Ufer des Bundschuhbaches weisen auf die frühest nachweisbare Burg (1147) des Lungaues, die Leonstein oder Lewenstein hieß. Seit dem 14. Jh. gehörte Edenfest dem Erzstift Salzburg und wird auch »Gruberschlößl« genannt.

Eferding, OÖ. An der Stelle des heutigen Schlosses stand einst die romanisch-gotische Burg der Passauer Bischöfe. Nach dem Nibelungenlied hielt hier Kriemhild auf ihrer Brautfahrt zu Etzel Rast. Ein Modell dieser allerdings erst 1255 genannten Burg ist im Schaunberger Saal des Stadt- und Heimatmuseums zu sehen, das im alten Trakt des jetzigen Renaissanceschlosses untergebracht ist. Das Fürstlich-Starhembergische Familienmuseum (1. Mai—30. Sept., an Sonn- und Feiertagen und nach Anmeldung zu besichtigen) zeigt auch Requisiten des Türkenverteidigers von Wien, Ernst Rüdiger von Starhemberg.

Eggenburg, östl. Horn, NÖ. An die »Egenburch« des 12. Jh., Nachfolgebau einer wahrscheinlich karolingischen Burganlage, auf dem Felsen in der Schmiedaschleife, erinnern heute der im 16. und 17. Jh. baulich stark veränderte Bergfried sowie der zinnengekrönte Torbau, Burggasse 11.

Ehrenberg (Ernberg) bei Reutte, Tirol. Als Kaiser Lothar auf dem Weg von Italien zurück nach Deutschland 1137 in einem kleinen Bauernhaus bei Reutte einsam starb, stand noch keine Burg über der Ehrenberger Klause. Erst etwa 150 Jahre später ließ der Herzog von Kärnten und Tirol großes Mauerwerk auf dem »Erlenberg« oberhalb der Wegenge errichten. Die Burg sollte nicht nur die wichtige Fernpaßstraße unter Kontrolle halten, sondern auch Verwaltungs- und Gerichtssitz sein. Als das Land 1782 die Ehrenberger Feste versteigerte, waren im Laufe der Jahrhunderte im weiten Umkreis Vor-, Neben- und Außenwerke um die auch sonst erweiterte, umgebaute und neu befestigte mittelalterliche Burg entstanden. Sie bot jetzt Fassungsraum für 600 Mann, die hier durch zwei Jahre aus den Vorratsgebäuden verpflegt werden konnten. 56 Kanonenrohre waren allein von der zweihöfigen zentralen Anlage her, von deren Basteien und dem Turm gegen das Tal gerichtet. Im 16. Jh. widerstand Ehrenberg den Schmalkaldenern und Moritz von Sachsen, im 17. Jh. den Schweden. Am 3. Juli 1703 erstürmten Bayern die Feste, einen Monat später nahmen sie ihnen die Tiroler wieder ab.

Ehrenfels, Ruine bei Graz, Stmk. Zur Zeit, als sich die Herren von Graz am Schöcklhang bei Radegund eine Burg errichteten, im 13. Jh., führte ein im Mittelalter vielbenützter alter Römerweg an dem Gemäuer vorbei, dessen Reste heute einsam über die Waldwipfel ragen. Ein sechseckiger, vorerst dreigeschossiger Wehrturm richtete die eine seiner Mauerkanten unbezwinglich gegen die Angriffseite. Der dann um einiges später aufgestockte Turm schützte die südlich von ihm gelegenen Wohn- und Wirtschaftsgebäude der kleinen Anlage. Vom Schicksal der Burg wissen wir nicht viel mehr, als daß sie nach dem Aussterben der Ehrenfelser um 1400 an die ihnen verwandten Kraiger, dann an die Stubenberger kam. Sie verfiel, als die Herrschaft von Gutenberg aus verwaltet wurde.

Ehrenfels, Ruine, Stmk., ↗ Kammerstein

Ehrenhausen bei Leibnitz, Stmk. Ruprecht von Eggenberg, dem Türkenbesieger, von dem alle Welt sprach, war der Bau zu gering, als er nach den siegreichen Schlachten wieder in Ehrenhausen einkehrte. Die gewaltige Kriegsbeute sollte dem kaiserlichen Feldherrn dazu verhelfen, die schon vom früh verstorbenen Vater und vom Stiefvater Stadler beträchtlich erweiterte mittelalterliche Burg der Sponheimer, Pettauer und Schaumburger, die hier den Murübergang gesichert hatte, »zeitgemäß« zu erweitern. Er betraute mit der Ausführung renommierte italienische Architekten, die ihm nach 1600 in drei Jahren rund um den gewaltigen Bergfried den gewünschten Renaissancebau errichteten. Der Erlös aus der Beute reichte auch für ein Mausoleum, das sechs Jahre später am Hang des Berges erbaut wurde. Ein Nachfahre ließ es von Fischer von Erlach oder dessen Schule in die heutige Gestalt bringen. Ruprecht von Eggenberg gelang es jedoch nicht, die Herrschaft schuldenfrei zu machen. Der landesfürstliche Pfänder blieb Stammgast auf Ehrenhausen. — Im heutigen Renaissancebau hoch auf dem Hügel zeugen außer dem quadratischen Turm mit fast drei Meter Mauerstärke einige romanische Details im Innern der heute bewohnten Anlage von der Burg des 12. und 13. Jh.

Ehrenschachen (Deutschenschachen), Ruine, Stmk., ↗ Schachen

Eibenstein, Ruine nördl. Horn, NÖ. Beim sagenumwobenen Iwenstein, am alten Thayaübergang, ließ 1278 Ottokar von Böhmen seine Truppen auf dem Marsch zur Entscheidungsschlacht an der March gegen König Rudolf übersetzen. — Von der Ruine in der Flußschleife bietet sich heute ein schöner Blick ins Thayatal. Es stehen der dreigeschossige Bergfried mit Palas und spätromanischer Burgkapelle sowie Reste einer mittelalterlichen Küche, von Toren und Wehranlagen. Herren von Burg Eibenstein nannten sich zuerst die Grafen von Pernegg, dann babenbergische Gefolgsleute, später ritterliche Lehensleute der Maissauer auf Raabs und Drosendorf.

Eichberg, Ruine nördl. Hartberg, Stmk. Was nach den Verwüstungen durch Ungarn, Türken, Haiduken, Kuruzzen von der immer wieder aufgebauten Anlage noch stand, ist während der Endkämpfe im Jahre 1945 und durch die russische Besatzungsmacht zum größeren Teil zerstört worden. Strategisch in ungünstiger Lage und mangelhaft bewehrt, fiel die gotische Burg der Eichberger Angreifern immer wieder zum Opfer. Als sich die Brüder Steinpeiß — Grabmale der Steinpeiß finden sich in der einstigen Burgkapelle — 1476 mit steirischen Adeligen gegen Kaiser Friedrich III. erhoben, eroberte Hauptmann von Tierstein die Burg und ließ die beiden Verschwörer in Wiener Neustadt gefangensetzen. Von der einstigen Grenzburg der Eichberger des 12. bis 14. Jh. stehen nach der Zerstörung der Vorburg noch die Reste des Hochschlosses mit dem verbauten mittelalterlichen Bergfried und Türmen aus dem 16. Jh. sowie Teile der Wehrmauer.

Eichbüchl, südöstl. Wiener Neustadt, NÖ. Als Burg bestand das heutige Schloß im Burgenstil mitten im Ort Eichbüchl schon im 14. Jh. An sie erinnert heute nur der vielfach veränderte und verbaute Bergfried. Der im 16. und 17. Jh. erweiterte Bau, im 19. Jh. neugotisch adaptiert und aufgeputzt, hat eine Reihe interessanter Bewohner aufzuweisen: in den Apriltagen 1945 bewohnte der spätere Bundespräsident Dr. Karl Renner die Räume und fuhr von hier im Auftrag der russischen Besatzungsmacht nach Wien, um die österreichische Regierung zu übernehmen. Vor ihm hatten hier — nach den Sinzendorfern und den Hoyos — Caroline Murat, die Schwester Napoleons, aber auch die unglückliche Tochter der Marie Antoinette, die Herzogin von Angoulême, gewohnt.

Einöd, Ruine bei Knittelfeld, Stmk. Das Gemäuer — Ruinen eines Torbaues, eines Wohnturmes und von Nebengebäuden, Reste einer Kapelle und der Wehrmauer — stammt aus dem 16. Jh., im Kern wohl schon aus dem 12. Jh. Unter den Kainachern, die dem Bau die heutige Gestalt gaben, wurde der Hof »ze Aynod« Ende des 16. Jh. zum Zentrum des neuen Glaubens. Der spätere Sitz der Teufenbacher und Grafen Galler war bis 1945 bewohnt und verfällt jetzt rasch.

Emmerberg, Ruine westl. Wiener Neustadt, NÖ. Nach etwa 15—20 Min. Aufstieg von der Straße her überrascht den Wanderer auf dem schirmföhrenbestandenen »Eimerberg« am Ende der Prossetschlucht zur Neuen Welt hin die ungewöhnlich massige Hochburg mit der fast drei Stock hohen und fünf Meter dicken Schildmauer und einer zehn Meter langen Tordurchfahrt. In den hier noch gut sichtbaren Geleiserinnen auf dem ansteigenden Fels rumpelten einst schwerbeladene Karren in den Burghof. Das war lange Zeit nach den mächtigen Emmerbergern, Truchsessen der Babenberger, die hier vom 12. bis 15. Jh. Burgherren waren und

Ruine Emmerberg, NÖ.

einen Wassereimer auf blauem Feld im Wappen führten. Das Barockkreuz auf dem Schlachtfeld bei Dürnkrut und Jedenspeigen soll jene Stelle bezeichnen, an der Berthold IV. von Emmerberg, wie der steirische Chronist ausführlich berichtet, sich am 29. August 1278 persönlich am Böhmenkönig rächte und ihn erstach, weil dieser seinen Oheim Seyfrid von Merenberg auf scheußliche Art hatte hinrichten lassen. — Die nie bezwungen Burg Emmerberg, einst eine der wichtigsten Festen an der Grenze zur Karantanischen Mark, zerstört zu haben, blieb einem Grafen Heussenstein vorbehalten. Zwei Jahre nachdem er die Burg geerbt hatte, verkaufte er 1760 den kostbaren Dachstuhl aus Eichenholz. Achtzig Jahre später ließ ein Graf Wartensleben das beste Steinmaterial aus der Burg brechen, um sich am Fuß des Berges ein inzwischen längst verschwundenes Gebäude für sein Gestüt zu erbauen. Das beliebte Objekt romantischer Maler zeigt dem Besucher von heute noch schöngebildete Fenster- und Türleibungen, eigenwillig geformte Kragsteine und mächtig gewölbte Räume. Eine Schneckenstiege trennte einst den älteren, nördlichen, von dem südöstlich gelegenen etwas jüngeren Palas. An diesem Wohntrakt imponieren die riesigen Fensternischen in der Mauerstärke, die hier so groß wie kleine Kabinette sind. Von der frommen Ge-

sinnung der einstigen Herren zeugt die kleine, einst freskenverzierte romanische Kapelle vor dem Haupttor, die drei Seitenaltäre besaß. Von düsterer Grausamkeit hingegen spricht das Verlies am Südende des Palas, dessen Eingang unterhalb von zwei Abtrittserkern liegt.

Engelsberg, Ruinenreste auf einem Waldhügel bei Hopfgarten, südöstl. Wörgl, Tirol.

Engelstein, südl. Weitra, NÖ. An der einst wichtigen Straßenkreuzung bei Großschönau ließen schon im 12. Jh. die Herren des »Nordwaldes«, die Kuenringer, von einer Burganlage aus Lehensritter kontrollieren, wer 9 km südlich ihres Hauptsitzes in Weitra an ihnen vorbeiwollte. Von der im 13. Jh. auf dem Granitfelsen errichteten Engelsburg sind nach den schloßartigen Erweiterungen im 17. bis 19. Jh. nur noch Bauteile erhalten, u. a. der spätromanische Bergfried, eine vermauerte romanische Galerie, der Torturm und sonstige Details. In der Schloßkapelle thront eine gotische Steingußmadonna. Die jetzigen Besitzer bemühen sich, die im 19. Jh. durch die Anlage der Teiche romantisch verwandelte Burg durch Pensionsbetrieb und eine Reitschule lebendig zu erhalten.

Enns, OÖ. An der Stelle des heutigen Schlosses Ennsegg (16. Jh.) stand eine der ältesten Burgen Österreichs.

Enzesfeld, südl. Baden bei Wien, NÖ. In dem romanischen Turm, der heute noch die Anlage hoch überragt, schmachteten um 1258 zwei Brüder des deutschen Ritterordens, der Verwalter der Burg Starhemberg und der Comtur des Wiener Neustädter Ordenshauses, die der Engelschalksfelder Berthold II. widerrechtlich gefangenhielt. Darauf stand der Kirchenbann, doch der Burgherr löste sich von ihm mit Geldbußen und nach dem Tod mit erblichen Zehentleistungen an das Ordenshaus. — Burg Enzesfeld ist durch Erdbeben, Krieg und Plünderungen vielfach verwüstet worden, bevor es im 17. und 18. Jh. zum Schloß ausgebaut wurde. Außer den Hoyos, Zinzendorf und einer Linie der Khevenhüller waren in jüngerer Zeit auch die Rothschild Besitzer.

Eppenstein, südöstl. Judenburg, Stmk. Auf dem obersten Felsen der Kalkklippe, hoch über dem Granitzental, stand vor dem Jahre 1000 eine Holzburg, heute sieht man sich hier auf engstem Raum vom Mauerwerk der Ringburg des 12. Jh. umgeben. Auf der Felsstufe darunter ragt die Ruine der gotischen Burg mit Palasresten aus dem 14. Jh., im untersten Teil liegen die Sperranlagen der Renaissance. Von den mächtigen Eppensteinern kam sie in die Hand der Wildoner. Herrand von Wildon, an der Verschwörung gegen den Böhmenkönig Ottokar führend beteiligt, mußte es sich gefallen lassen, daß sein Besitz von einem Getreuen des Přemysliden besetzt wurde. Als nach der Niederlage an der March 1278 das Ottokarische Reich sein Ende gefunden hatte, ließ es sich der Wildoner nicht nehmen, seine Burg persönlich zurückzuerobern und die Besatzung eigenhändig über die Klinge springen zu lassen. In spätgotischer Zeit saßen die Teufenbacher als landesfürstliche Pfleger auf Eppenstein. Während damals durchaus üblicher Erbstreitigkeiten hatte 1480 ein Teufenbacher nach Übernahme des Besitzes seine Schwester in den Turm werfen lassen. Erst als zwei Jahre später Ungarn — wahrscheinlich durch Verrat — in die Burg eindringen konnten, befreiten sie die Frau. 1489 nahmen hier Ungarn den Bischof von Seggau, Matthias von Scheidt, gefangen. Der gewalttätige Teufenbacher fand in Christoph Alban von Saurau, seit 1637 Burgherr auf Eppenstein, einen Nachfolger. Der Burggraf, ein später Renaissancemensch, hatte einen Kohlenträger, der ihm nicht rechtzeitig aus dem Weg ging, kurzerhand erschlagen und eine Vierzehnjährige vergewaltigt, bevor ihm eine hohe Geldstrafe zudiktiert wurde, zu deren Bezahlung seine sämtlichen Güter eingezogen werden mußten. Zwei Jahre später starb er im Kerker auf dem Grazer Schloßberg. Als Mitte des 17. Jh. das (heute verschwundene) Schloß Neu-Eppenstein entstand, ist die Burg verlassen worden, sie verfiel zu den noch überaus sehenswerten Ruinenkomplexen, die man allerdings nur unter einigen Schwierigkeiten erreicht.

Ernstbrunn, nordöstl. von Stockerau, NÖ. Die Burg des 12./13. Jh., in der einst die Witwe Friedrichs von Zollern, Stammutter der Hohenzollern (↗ Raabs), gewohnt haben soll, ist von den Sinzendorfern des 17. und 18. Jh. zum vierhöfigen Schloß erweitert worden. Noch beherrscht der barock aufgeputzte Bergfried den im Kern romanischen nördlichen Teil der weitläufigen Anlage inmitten des Parks am Nordhang des Semmelberges.

Eschelberg, nordwestl. Linz, im Mühlkreis, OÖ. Die Ruinen der alten Burg der Herren von Esilberg aus dem Geschlecht der Trauner, Ministeriale der Passauer Bischöfe, liegen hinter dem heutigen Starhembergischen Schloß. In ihm haben Umbauten und Erneuerungen wenig vom mittelalterlichen Bestand übriggelassen. Es blieb das gotische Erdgeschoß. Noch 1594 zählte Eschelberg zu den verteidigungsfähigen Fluchtburgen des Landes.

Falkenberg, Ruine nordöstl. Krems, NÖ. An einem Augusttag 1299 erreichten Herzog Rudolf III. Boten seines königlichen Vaters Albrecht mit dem Befehl, unverzüglich Burg Falkenberg zu erobern. Für König Albrecht I. von Habsburg hatte sich der

Verdacht bestätigt, der auf Falkenberg bei seinen Verwandten sitzende Hadmar von Kuenring, angeklagt wegen Landfriedensbruches und Raubes, habe ihm nach dem Leben getrachtet. Als Rudolf nach ordnungsgemäßer Ansage der Fehde und Belagerung Falkenberg am 29. September 1299 zernierte und schweres Belagerungsgeschütz heranschaffen ließ, hatte Hadmar schon längst die böhmische Grenze erreicht und seinem Bruder Rapoto die Verteidigung der Burg überlassen. Herzog Rudolf ließ aus dem 20 km entfernten Steinbruch von Eggenburg auf 72 Wagen Steine herankarren. An die achttausend schwere und schwerste Steingeschosse krachten und prasselten, von riesigen Belagerungsgeschützen katapultiert, während der fast halbjährigen Belagerung auf Burg Falkenberg. Erst lebensgefährlich verletzt, leitete Rapoto Verhandlungen ein. Da der Hauptschuldige geflohen war, gewährte der Herzog am 25. März 1300 der tapferen Besatzung freien Abzug. Die Burg aber ließ er auf Befehl seines Vaters schleifen. Von ihr ragt heute über Gräben und Schutthügeln noch ein kleiner Palasrest über die Wipfel des Hügelwaldes im Strassertal.

Falkenstein, nordwestl. Poysdorf, NÖ. Es ist fast ausschließlich dünnwandiges Gemäuer aus dem 16. und 17. Jh., das auf der Felsklippe am Höllenstein hoch die Landschaft überragt, Reste von Wohngebäuden, einer Kapelle und des Berings. Hier aber, oberhalb des Ortes Falkenstein, stand wahrscheinlich schon 1050 eine Burg. Die um 1120 erstmals erwähnte vorgeschobene Wehranlage war bis zu dieser Zeit Reichsfeste in babenbergischem Besitz. Sie ist 1645 von den Schweden erobert und zerstört worden, dann Lehen der Falkensteiner, Liechtensteiner, später freie Grafschaft der Trautson, Auersperg u. a. gewesen.

Falkenstein, Ruine, OÖ., siehe S. 68

Falkenstein, Ruine und Burg, Ktn., ↗ Ober-(Nieder-)Falkenstein

Federaun, südl. Villach, Ktn. Die geringen überwachsenen Reste bezeu-

gen die bambergische Burg des 12. Jh., auf der im 13. Jh. Rudolf von Ras der Schrecken aller Kaufleute war. 1348 beim großen Erdbeben zerstört, doch bald wieder aufgebaut, beschreibt der Sekretär des Patriarchen von Aquileia, Paolo Santonino, 1485 den Felsen oberhalb der Gail als »furchteinflößend«. Von ihm aus »könnte leicht ein zahlreiches und starkes Heer am Übergang gehindert werden«. Die Burg selbst übertreffe viele »andere an Lage, Schönheit und Wehrkraft«. — Federaun wurde Mitte des 17. Jh. Ruine. Der verfallene Turm im Tal unterhalb der Anlage ist der Rest der ehemals zur Burg gehörenden Straßensperre.

Feistritz, südöstl. Wiener Neustadt, NÖ. Von der Burg der Herren von Vustrize aus dem 12. Jh., die von den Türken zerstört wurde, ist nach den Umbauten von 1685 und 1815 fast nichts geblieben. Der Bergfried (Hungerturm) mit Verlies, die Hauptburg mit Gerichtsstube, auch Burgkapelle und Ziehbrunnen sind zum Großteil späte Nachbildungen, doch birgt der gepflegte Besitz mittelalterliche Details von großem Wert und eine reiche Waffensammlung des 15. bis 18. Jh.

Feistritz, östl. Gleisdorf, bei Ilz, Stmk. Der mächtige viergeschossige Wohnturm inmitten des heutigen Schlosses ist im 14. Jh. an der Stelle einer romanischen Wasserburg errichtet worden, deren Grundmauerwerk und Graben noch erhalten sind.

Felberthurn bei Mittersill, Turm, Sbg. Dieses älteste Bauwerk des Oberpinzgaus, ein quadratischer »Kasten« mit ursprünglichem Einstieg im ersten Geschoß, hart neben der Kirche von Felben, erbauten 1150 die Herren von Velben. Wohnräume bestanden ursprünglich im dritten und vierten Geschoß. Später als Getreidekasten verwendet, birgt der wiedereingedeckte Turm heute das Bezirksmuseum des Oberpinzgaus.

Feldsberg, Ruine östl. Möllbrücke, Ktn. Das Gemäuer auf dem Felshügel bei Pusarnitz war als Salzburgisches castrum veltsperch unterhalb der nahen »Maria in Hohenburg« errichtet worden und wurde 1189 erstmals erwähnt. Vielfach umkämpft, sind in ihr im Winter 1459/60 die Verhandlungen zwischen Kaiser Friedrich III. und den Görzer Grafen geführt worden, die mit dem »Frieden von Pusarnitz« am 25. Januar 1460 hier ihren Abschluß fanden. Schon im 16. Jh. ist Feldsberg als Ruine erwähnt.

Fernstein, am Fernpaß, Tirol. Vom mittelalterlichen Wohnturm des 13. Jh. auf steilem Felsen und den zu ihm gehörigen Sperranlagen an der alten (ursprünglich tiefer gelegenen) Heeres- und Handelsstraße finden sich heute kaum Spuren. Das dreigeschossige Schloß, 1543 erbaut, enthält gotisch gewölbte Räume.

Festenburg, westl. Friedberg, Stmk. Die merkwürdigste Liaison zwischen Burg und Kirche hat sich in einem Waldtal des »Jogllandes«, südlich des Hochwechsels, vollzogen. Die alte fünftorige »Vöstenburg« aus dem 13. Jh. widerstand den Türken. Spätbarocke Vorstellungen von der kämpfenden Kirche versuchte ein Abt des Stiftes Vorau zu realisieren, in dessen Besitz die Feste 1616 gekommen war. Er ließ in ihr, kalvarienbergartig angeordnet, eine Folge von mit Illusionsmalerei und entsprechenden Plastiken ausgestattete Kapellen anlegen. Diese kirchenbarocke »Gralsburg« mit dem an das lutherische Kirchenlied von Gott als der festen Burg anklingenden Namen hütete bis 1928 der katholische Pfarrherr und Dichter vaterländisch-national-heroischer Gesänge, Ottokar Kernstock, dessen einstige Wohnräume dem Besucher der Burg gezeigt werden. Der priesterliche Barde lebte auf seiner Burg in einer Art spätromantisch verschnörkelter Nachfolge jenes spätmittelalterlichen Minnesängers Hugo von Montfort, der die einst von Stubenbergern erbaute Burg für kurze Zeit besaß und 1416 an die Saurauer verkaufte. Von ihnen kam sie dann zweihundert Jahre später an das Stift Vorau. Besucher finden nur nach genauerem Hinsehen verbliebene Teile der alten »Vöstenburg«: im verbauten Bergfried ist heute die Sakristei der Kirche untergebracht, die anstelle des Palas 1617 erbaut wurde.

Feuersberg, Ruine südl. Völkermarkt, Ktn., am Hemmaberg bei Globasnitz.

Finkenstein (Altfinkenstein), s. S. 116

Finstergrün, oberhalb Ramingstein, im Lungau, Sbg. Im 13. Jh. ist das Haus »ze Ramunchstein« nachgewiesen. Die erzbischöfliche Burg betreuten u. a. die von Moosham und die Kuenburg. Zwischen 1483 und 1490 hielten sie die Ungarn besetzt. 1841 vernichtete ein verheerender Waldbrand in dem engen Tal die Anlage. In der Absicht, sie wieder aufzubauen, erwarben Graf und Gräfin Szapary die Ruine. 1900/1901 entstand ein mit beachtlichem Geschick dem Stil des 13. Jh. nachempfundener Burgenneubau. Von der alten Burg erhielten sich außer Resten des Berings der Bergfried und der kleine Palas. Sie bilden, eigentümlich gegeneinandergestellt und durch einen Zwischenbau verbunden, zusammen mit dem engen Höfchen ein bügeleisenförmiges Fünfeck. Der zu besichtigende Privatbesitz birgt eine Anzahl interessanter gotischer Details und Exponate.

Flaschberg, Ruine bei Oberdrauburg, Ktn. Die vielleicht schon im 11. Jh. erbaute, allerdings erst 1154 erwähnte Burg auf einer Felsnase oberhalb des Drautales, Sitz von Görzer Ministerialen, beschreibt Paolo Santonino im Jahre 1485 als »wunderschön mit drei nebeneinanderliegenden Türmen«. Von diesen drei Türmen ragt heute innerhalb des Berings nur noch einer empor. Zuletzt im Besitz der Ortenburger, wurde Flaschberg (das althochdeutsche »vlaz« heißt neuhochdeutsch »flach«) im 17. Jh. Ruine.

Fohnsdorf, Ruine nördl. Judenburg, Stmk. Hier, am alten Handelsweg zu den Ausseer Salinen, stand seit dem 12. Jh. eine der wichtigsten Festen der Salzburger Erzbischöfe im Steirischen, eine fünftürmige Anlage. In dem Streit mit Habsburg fiel sie nach zwei vergeblichen Belagerungsversuchen 1291 endgültig Albrecht I. in die Hand. Er ließ die Mauern untergraben, Feuer unter sie legen und die Burg brechen. Die geringen Ruinenreste oberhalb von Fohnsdorf weisen heute auf eine kleine Burg des 14. Jh., die im 15. Jh. verfiel.

Forchtenstein, Bgld., siehe Seite 72

Forchtenstein am Neumarkter Sattel, Stmk. »Vest und stat Neumarkt«, an dem nach dem Brenner wichtigsten Alpenpaß, seit dem 12. Jh. urkundlich, hatten besonders während der

Burg Finstergrün, Sbg.

Ungarn- und Türkeneinfälle harte Zeiten zu überdauern. Im Frühjahr 1480 folgte einem Ungarnhaufen ein türkischer Trupp. Der Ungarnhauptmann bat den Stadthauptmann von Neumarkt, Ruprecht den Trienter, ihm Burg und Stadt zu öffnen, er wolle mit ihm gemeinsam gegen die Muselmanen kämpfen. Als der Türkensturm abgeschlagen war, blieben die Ungarn gegen ihre Zusage im Markt und auf der Burg. Erst sechs Jahre später konnten kaiserliche Truppen die Magyaren aus dem Markt drängen, die Burg unter einem Herrn von Seydlitz widerstand noch einen vollen Monat. — Das heutige »Europahaus«, oberhalb von Neumarkt, Fremdenpension und Tagungsstätte, hat mit der alten Stadtburg nicht mehr viel zu tun. Aus der Ruine des Jahres 1884, die uns eine Illustration anschaulich überliefert hat, entstand beim Wiederaufbau eine Pseudoburg, in der nur ein stark veränderter Bergfried und Palasteile an die Feste Forchtenstein, den Sitz eines landesfürstlichen Hochgerichts (die Galgenstätte und der Schöffenstab sind noch erhalten) erinnern. Auf Forchtenstein bestätigte im Mai 1235, in Gegenwart eines prächtigen Gefolges, zahlreicher Fürsten, Grafen und Ritter, Kaiser Friedrich II. auf seinem Zug von Italien nach Deutschland die Besitzungen des Stiftes Admont.

Fragenstein bei Zirl, Tirol. Von den weithin sichtbaren quadratischen Türmen stammt der noch mit Verputz versehene mächtige Bergfried wahrscheinlich aus dem 13. Jh. Der besser erhaltene obere Turm mit Resten einer eigenen Ringmauer wurde 1483 erbaut. Von den übrigen Teilen der Burg, einst Sitz der Fragensteiner, später beliebter Jagdaufenthalt Maximilians I. nächst der berühmten Martinswand, sind kaum mehr Spuren zu entdecken. Sie verfiel seit der Mitte des 16. Jh. und ist beim Bayerneinfall 1703 ausgebrannt.

Frauenburg, Stmk., siehe Seite 102

Frauenstein/»Kraiger Schlösser«, Ktn., siehe Seite 119

Freiberg, Ruine nordwestl. St. Veit an der Glan, Ktn. Für die aufständischen Adeligen völlig überraschend, hatte Albrecht I., der Sohn Rudolfs von Habsburg, im Hochwinter 1292 mit Heeresmacht den Semmering überschritten, hatte den Stubenberger am 5. März bei Kraubath vernichtend geschlagen und dann das salzburgische ↗ Friesach zerstört. Während er noch mit den Empörern verhandelte, überfiel Graf Ulrich von Heunburg, einer seiner Hauptgegner, mit einem Trupp St. Veit an der Glan — einige Stadtherren und Konspiranten öffneten ihm die Tore — und nahm Ludwig, den Sohn Herzog Meinhards II. von Kärnten, gefangen. Inzwischen belagerten vergeblich bayrische Söldner die herzogliche Burg Freiberg. Auf sie lud wenig später Otto, der zweite Sohn des Kärntner Herzogs, den der Vater geschickt hatte, um nach dem Rechten zu sehen, die früheren Parteigänger des Heunburgers, die sich dem Herzogssohn gegenüber loyal erklärt hatten, zu einem Gastmahl. Hier wurden sie festgenommen und einzeln peinlich verhört. Als sie gestanden hatten, ließ der Gastgeber sie an Pferde binden und über Berg und Tal nach St. Veit hinunterschleifen. Schon fast zu Tode gemartert, wurden sie auf dem Hauptplatz der Stadt hingerichtet. Die sechs Quadratklafter Hinrichtungsfläche schenkte Otto seinem Getreuen, dem Tiroler Aufensteiner auf Burg Karlsberg. Sie gehören noch heute zur Herrschaft Karlsberg. Von Freiberg, Sitz auch des einstigen herzoglichen Landgerichtes, stehen noch die Reste zweier romanischer Bergfriede, die Ruine einer romanischen Doppelkapelle und Teile des Berings.

Freienstein, Ruine westl. Ybbs, NÖ. Als Rudolf I. von Habsburg 1276 donauabwärts zog, um das Land, über das er zwei Jahre vorher König geworden war, in Besitz zu nehmen und als Lehen zu vergeben, öffnete ihm Konrad von Summerau die Tore der Stadt und Festung Enns. In der Entscheidungsschlacht gegen den Böhmenkönig an der March, zwei Jahre

darauf, entschied der Summerauer, als er mit Ulrich von Kapellen an der Spitze von sechzig Reitern aus dem Hinterhalt stieß, das Treffen endgültig für den Habsburger. Zum Dank dafür belehnte König Rudolf diesen Getreuen, dem er schon Burg ↗ Werfenstein verliehen hatte, auch mit Freienstein. Sechs Jahre später forderte Rudolfs Sohn, Albrecht I., als Regent in Österreich die beiden Burgen zurück. Als der so verdiente Parteigänger der Habsburger sich weigerte, zog Albrecht mit einem Heer vor Freienstein und zwang den Summerauer zum Verzicht. Habsburg hatte sich einen Todfeind geschaffen. Mit Leuthold von Kuenring wurde Konrad von Summerau Haupt der Verschwörung gegen das schwäbische Herrschergeschlecht und dessen Anhang. Am 25. November 1295, als sich im damaligen Österreich die Kunde verbreitete, Albrecht sei einer Vergiftung erlegen, sahen die Aufständischen ihre Stunde gekommen. Doch die unwahrscheinlich robuste Natur Albrechts siegte. Wohl verlor er durch falsche Behandlung ein Auge, doch schon im Februar 1296 hatte er die Revolte niedergeschlagen. Konrad von Summerau floh zum Gegenkönig Adolf von Nassau und starb in der Fremde. Von seiner im 15. Jh. umgebauten, im 17. Jh. von den Schweden zerstörten Burg Freienstein ragen hundert Meter unterhalb des isoliert stehenden Bergfrieds, heute restauriert und gesichert, unter anderem empor: Gemäuer des Palas mit Nebengebäuden, die besonders starke Schildmauer im Vorhof und Reste eines Turms. Es ist heute beliebtes Ausflugsziel mit schönem Blick ins Donautal.

Freienstein, Stmk., ↗ St. Peter-Freienstein

Freistadt, OÖ. Schon vor dem Jahre 800 sicherte hier eine Burg die alte Salzstraße nach Böhmen. Ihre Reste findet man im westlichen Teil der Stadt in der Salzstraße, Grundgemäuer und einen Stumpf im Ausmaß von etwa 8 x 9 Meter. Unter Rudolf dem Stifter entstand mit der Stadtbefestigung 1363 auch die neue

Burg. In etwas verändertem Zustand blieb ihr Bergfried mit Keildach und oberem Umgang über zugemauerten Maschikulis das Wahrzeichen der Stadt. Die heute über 600 Jahre alte Burg, einst Heiratsgut und Witwensitz der Herzogin Beatrix, Gemahlin Albrechts II., mit ausgedehntem Herrschaftsbesitz, hat zwei Stadtbrände, die Belagerung durch die Hussiten und Machtkämpfe zweier rivalisierender Habsburger erlebt. Nach einmonatiger Belagerung erstürmten sie 1626 aufständische Bauern. Heute birgt die noch mit der Burgkapelle (1400), gotischen Bauelementen und einer Säulenhalle des 16. Jh. versehene Burg Privatwohnungen und Ämter, auch das Freistädter Heimathaus.

Freundsberg, oberhalb Schwaz, Tirol. Erst fünf Jahre nachdem die Brüder Freundsberg, aus altem (12. Jh.) andechsischem, dann tirolischem Ministerialengeschlecht, ihre Burg samt Gericht an Erzherzog Sigmund von Tirol verkauft hatten und nach Mindelheim in Schwaben gezogen waren, wurde Ulrich von Freundsberg 1473 ein Sohn geboren, der sich als Feldobrist Kaiser Karls V. und berühmtester deutscher Landsknechtsführer Jörg von Frundsberg nannte. In das oberste Stockwerk des fünfgeschossigen romanischen Bergfrieds der Freundsberger ließ sich noch Erzherzog Sigmund von Tirol vier spätgotische Wohnräume mit (noch erhaltenen) Fresken — Jagdszenen und Rankenwerk — einrichten. An der Stelle des Palas entstand die später barockisierte Kapelle. Auch die mittelalterliche Vorburg wich im 17. Jh. einem Sakralbau, der heutigen Schmerzenskapelle. Seit 1939 Besitz der Gemeinde Schwaz und Heimatmuseum, ist Freundsberg beliebtes Ausflugsziel mit Gastwirtschaftsbetrieb und schöner Aussicht ins Inntal. Eine Besichtigung ist zur Zeit nur in Ausnahmefällen möglich.

Friedberg, Tirol, siehe Seite 152

Friedburg (Sulzau, Burgfried) bei Neukirchen am Großvenediger, Sbg. Die kleine Anlage auf der Gratrippe, die in einer Urform schon nach dem

Jahr 1000 bestanden haben muß, war baulich eine Meisterleistung. Ihre Erbauer mußten das gesamte Baumaterial auf die steil abfallende, fast unzugängliche Klippe hinauftragen lassen. Von dieser Burg der Herren von Sulzau und der Velber ist neben einigen Mauerresten die noch fünf Meter hohe und achtzehn Meter lange Nord- und ein Teil der Ostmauer zu sehen.

Friesach, Ktn., siehe Seite 106

Burg Freundsberg, Tirol

Frohnberg, Ruine westl. Wiener Neustadt, im Miesenbachtal, NÖ. Die spärlichen Trümmer der »Vronberc«, also der »Herrenburg« des 12. Jh., liegen auf dem isolierten kahlen Felskegel nördlich der Ortschaft Miesenbach. Nach den Froberchern war sie Mitte des 14. Jh. landesfürstlich und ist 1484 von den Ungarn zerstört worden.

Frondsberg, nördl. Weiz, Stmk. Als der Kreuzfahrer Leutold von Sankt Dionysen-Gutenberg, der Letzte seines Geschlechts, nicht mehr aus dem Heiligen Land zurückkehrte, fiel Vriuntsperg an das Erzbistum Salzburg. Wie viele andere Kreuzritter seiner Zeit hatte er seinen Besitz im Falle des Todes der Kirche gestiftet. Aus der ehemaligen Ringburg um 1200 entstand im 16. Jh. die Renaissanceanlage. Noch deutlich sind der verbaute Bergfried und der alte Palas

zu erkennen. Malerisch auf dem Bergkegel oberhalb des Feistritztales gelegen, erscheint Frondsberg trotz sonstiger Umbauten auch heute noch, in seinem Grundbestand unverletzt, als stattliche Höhenburg. Stadecker, Losensteiner und Montforter waren hier Burgherren. Der Torbau und der Innenhof mit den zweigeschossigen Arkaden stammen aus dem 16. und 17. Jh. Die zum Teil sehr wertvolle Inneneinrichtung (ein Rittersaal mit hölzernen Portalen und Intarsien, Kassettendecken, wertvollen Öfen u. a. m.) der heute noch bewohnten und nach Anmeldung auch zu besichtigenden Burg des Reichsfreiherrn Gudenus hat im Zweiten Weltkrieg schwer gelitten.

Fuchsberg, Ruine bei Poigen, NÖ., am bewaldeten Hang des Fuchsberges.

Gabelhofen bei Judenburg, Stmk. Der burgartige Komplex aus dem 16. Jh. mit Wassergraben und Details aus dem 15. Jh. am steilen Ufer der Pöls entstand aus einem Bauernhof. Eine Ringmauer mit Türmen und eine Toranlage mit ehemaliger Zugbrücke, die Reste eines zweigeschossigen hölzernen Wehrgangs und Schießscharten, die Zwingeranlage und der mächtige barockisierte Torturm weisen auf die einstige Wehrfunktion dieses Edelsitzes.

Gallenstein, Ruine nordöstl. Admont, Stmk. Der unternehmerische, gefürchtete und auch gehaßte Abt Heinrich von Admont hatte von König Rudolf von Habsburg im Frühjahr 1278 die Erlaubnis zum Burgenbau erhalten. Als Burggrafen wählte er sich seinen Verwandten During Griesser. 1291, als der salzburgische Erzbischof ins Ennstal einbrach und die Revolte mit den steirischen Adeligen gegen Habsburg eingeleitet wurde, flüchtete Abt Heinrich mit den Mönchen seines Klosters, mit Urkunden und Schätzen auf die entlegene Burg, die er erst im Herbst des folgenden Jahres wieder verlassen konnte. Inzwischen hatte Burggraf During die unsicheren Zeiten genützt und sich Unregelmäßigkeiten aller Art zuschulden kommen lassen. Als er nicht freiwillig quittierte, ließ ihn Abt Heinrich für kurze Zeit gefangensetzen. During Griesser konnte die Schmach nicht vergessen. Während er im Gefolge des Abtes am 25. Juni 1297 über den Dietmannsberg ritt, erschoß er ihn hinterrücks mit einer Armbrust. Er büßte die Tat mit dem Tode. Ein unruhiges Jahrhundert für Gallenstein wurde auch das 15. Jh. Ein Brand vernichtete die Burg, robotende Bauern, die sie wiederaufbauen mußten, bedrohten Stift Admont und erzwangen eine kulantere Besteuerung. Die Unruhe und Unordnung im Lande machte sich damals der venezianische Abt Antonio zunutze und versilberte einen Teil des Admonter Kirchenschatzes. Den Flüchtigen erwischte man noch in Arnoldstein an der Grenze und steckte ihn in den Gallensteiner Turm — man nannte das Gefängnis damals noch die »Herrenkammer« —, in dem er auch bald starb. Zur »Bauernkeuche« wurde das Verlies während der Aufstände der Bauern des 16. und 17. Jh. Einen Landstreicher, den man im 19. Jh., bevor Gallenstein wegen seines schlechten Bauzustandes verlassen wurde, in den Turm steckte, fraßen die Ratten bei lebendigem Leibe. — Die trotz ihres desolaten Zustandes heute noch immer imposante Ruine östlich oberhalb St. Gallen erreicht man, am Meierhof

vorbei, mühelos auf einem neuangelegten Fahrweg von Norden her. Der ehemalige Burgweg mit Resten der fünf Tore ist durch abgestürztes Mauerwerk vom dreistöckigen Palas, vom Grauen und vom Weißen Turm fast völlig verlegt. Nur der Rote Turm im Osten ragt noch mit beträchtlichem Gemäuer empor.

Gars/Thunau, Ruine südl. Horn, NÖ. Eine der ältesten, für Österreichs Geschichte auch eine der bedeutendsten Ruinen liegt, in fortschreitendem Verfall, oberhalb des Kamps unweit der Rosenburg. Während der babenbergischen Landnahme, Anfang des 12. Jh., regierte Leopold II., der Schöne, in Gars. Seine Gemahlin Itah lebte mit ihren sieben Töchtern und dem einen Sohn Leopold, dem späteren Heiligen, der hier in Gars wahrscheinlich auch geboren wurde, in jenem Gemäuer, das als Ruine der »alten Burg« heute inmitten des weitläufigen Schloßruinenareals liegt. Zweihundert Jahre später reimte der Wiener Bürger Jansen Enikel, dem die Mönche von den Schotten die lateinischen Quellenwerke übersetzten, in seinem »Fürstenbuch«: »Markgraf Leupolt wohlgemut / Der saß auch viel offenbar / Auf einer guten Burg fürwahr, / Die war Gars genannt, / Wie sie noch heute ist bekannt, / Sie liegt bei einem Wasser schön / Das hat

ein süß' Getön, / Das Wasser ist der Kamp genannt, / Wie mancher Mann es fließen fand / Zu Tal in Österreich...« An dieser Burgruine innerhalb der Schloßruine läßt sich durch die Umbauten des 18. Jh. Gestalt und Ausmaß der einstigen Babenberger Feste nicht mehr mit Sicherheit feststellen, doch geben die verfallenen, mit Schutthaufen angefüllten Mauerreste des Palas (8 x 11 m) aus dem 11. Jh. mit bis zwei Meter Mauerstärke, die ihn umschließende Wehrmauer, die tonnengewölbte Einfahrt und die Torfassung noch einen Begriff von ihr. Das Haupttor zu dieser Burg war der stark verfallene Turm im Süden, der »Fleischturm«. Kapitäle und Rundbogen über seinem einstigen Tor sind Reste der um 1100 gebauten Pankratiuskapelle, in der sich angeblich das Grabmal des 1095 verstorbenen Leopold II. befand. Bergfried dieser alten Burg war der Nordturm, später »Diebsturm« genannt. Den mächtigen romanischen Quaderbau mit dem sieben Meter hoch gelegenen Zugang hat man 1709 mit einem Zwinger umgeben, sein Burgverlies in den heutigen Durchgang von der neuen Zugbrücke her verwandelt. 1742 brannte die kuenringische, später maissauische und im 16. Jh. im Besitz des protestantischen Georg von Teufel befindliche Burg ab. 1809 zündeten die Bürger sie an, damit sie von den Franzosen nicht benützt werden konnte.

Gebratstein, Ruine, Tirol, ↗ Altstarkenberg

Geiersberg, Ktn., siehe Seite 109

Glanegg, Ruine östl. Feldkirchen, Ktn. Nur noch der dreigeschossige Bergfried mit Zinnen, der geschoßhoch gelegene Eingang und das Doppelfenster, vielleicht noch ein Teil der Umfassungsmauer, stammen von jener Burg, in der sich Herzog Heinrich III. im 12. Jh. den Truppen des Salzburger Erzbischofs Konrad und des Gurker Bischofs unterwarf. Daß aus der alten herzoglichen Eppensteiner Burg, die von den Ernauern als Pfandbesitzer im 16. Jh. umgebaut und erweitert worden war, die

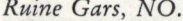
Ruine Gars, NÖ.

Ruine von heute wurde, hat ein Bregenzer Bürgermeister und Weinhändler des 19. Jh. auf dem Gewissen. Er kaufte den Besitz und ließ Glanegg einfach abdecken, um die Steuer zu sparen. Noch weisen interessante Details auf die alte Geschichte dieser vierhöfigen Anlage. Da ragen im oberen Teil fünf mannshohe viereckige Säulen empor, über deren einstigen Zweck man sich nicht einig ist, und an der Südseite des Bergfrieds findet sich wie auf Kraig, Liebenfels und Mannsberg eine Dreifenstergruppe, die Signalzwecken diente. Ein Saal zeigt noch ein gotisches Kreuzgewölbe auf achteckigen Pfeilern.

Glanegg bei Salzburg, Sbg. Die heutige Burg Glanegg wird im 14. Jh. erstmals genannt. Erzbischof Leonhart von Keutschach ließ die einst wichtige Grenzburg gegen Berchtesgaden zum Schloß ausbauen. Bis ins 17. Jh. war Glanegg Sitz eines Landgerichtes. Außer Sichtweite der Burg, beim heutigen »Pflegerwirt«, stand das Hochgericht.

Gleichenberg, Ruine beim gleichnamigen Badeort, Stmk.

Gleiß, Ruine nördl. Waidhofen an der Ybbs, NÖ. Die kümmerlichen Mauern auf dem grabenumzogenen Felsen hinter der Gleisser Pfarrkirche sind Reste einer Burg, die einst auf einer Insel inmitten der Ybbs lag und nur über eine Zugbrücke zu erreichen war. Hier in Gleiß, auf ehemals Passauer Boden, ist als Sohn des Grafen Seeburg jener Wichmann geboren worden, der Erzbischof von Magdeburg wurde und als Kanzler Friedrich Barbarossas dann Geschichte machte.

Glopper (Neuems), bei Hohenems, Vlbg. Die politisch wendigen Emser Ritter bewahrten auch nach dem Aussterben der Hohenstaufen, deren Dienstleute sie gewesen waren, ihre unabhängige Stellung. Ihr Territorium blieb reichsunmittelbar. Sie fanden Anschluß an König Ludwig von Bayern, der ihnen 1343 erlaubte, in Hinterems, auf dem Glober, eine zweite Burg zu bauen. Doch hatten sich die geschäftstüchtigen Herren von Ems, die es sich mit den auf-

Burg Glopper (Neuems), Vbg.

kommenden Habsburgern nicht verderben wollten, das Mißtrauen, bald die Feindschaft der aufständischen Appenzeller Gemeinden zugezogen, die mit den Schwyzern, reichsfreien Städten und Gemeinden des Berglandes im »Bund ob dem See«, die Burgen vor und auch hinter dem Arlberg bedrohten. Aus der Feindschaft wurde Haß, als die Emser zu Beginn des verhängnisvollen Krieges alle Appenzeller, deren sie habhaft wurden, in ihre Verliese sperrten und auch mit St. Gallener Kaufleuten nicht gerade zimperlich verfuhren. Im Mai 1407 brannten die Appenzeller das Dorf Ems nieder, und während der Belagerung der Burgen zermürbten sie mit ihren Sankt Gallischen »Donnerbüchsen«, die damals in Vorarlberg zum erstenmal eingesetzt wurden, die Besatzungen derart, daß Alt- und Neuems am 20. Juli kapitulierten. Als die Eroberer auf den beiden Festen Raubgut — Silbergeschirr, Büchsen, Pfeffer, Salpeter u. a. m. — fanden, das die Ritter ihren Kaufleuten abgenommen hatten, plünderten und brannten sie Alt- und Neuems nieder. Die Burg, die sich die Emser Herren dann beim Bergdorf Ebenit in der Emser Reute wiederaufbauen ließen, eben Burg Glopper, ist heute in bemerkenswert unverändertem Zustand zu sehen: eine kleine dreieckige Anlage mit länglichem, rund-eckigem

Bergfried, gedrungenem wohnturmartigem Palas, Vorburg und Halsgraben. Die von der Asphaltstraße her leicht erreichbare bewohnte, jedoch nicht zu besichtigende mittelalterliche Burg wurde im 18. Jh. habsburgisch und ist seit dem 19. Jh. im Besitz der Grafen Zeil-Hohenems bzw. Waldburg-Zeil.

Gmünd, Ruine nördl. Spittal an der Drau, Ktn. Das Schicksal der mittelalterlichen Burg Gmünd, in der 1252 nach dem Treffen von Greifenburg der Herzogssohn Philipp von Spanheim, der Erwählte von Salzburg, den unterlegenen Grafen von Görz einen Gewaltfrieden diktierte, war besiegelt, als der wankelmütige Salzburger Erzbischof Bernhard von Rohr, entgegen einer Absprache mit Kaiser Friedrich III., dem Ungarnkönig Matthias Corvinus in Burg und Stadt Gmünd das Besatzungsrecht einräumte. Sieben Jahre plünderten von Gmünd aus ungarische Scharen zusammen mit türkischen »Rennern und Brennern« ganz Oberkärnten, bis die Burg, mit schweren Geschützen — Kartaunen aus St. Veit — zum Teil in Trümmer geschossen, mit der Stadt am 21. Mai 1487 kapitulierte und kaiserlich wurde, bevor sie vorübergehend wieder in salzburgische Hände kam. Erzbischof Leonhart von Keutschach ließ zwischen 1502 und 1506 aus dem noch erhaltenen Mauerwerk ein gewaltiges

Renaissanceschloß erbauen, in das auch der dickwandige mittelalterliche Bergfried einbezogen wurde. Zwischen 1607 und 1615 baute man den gewaltigen Westtrakt an. Die heutige Ruine oberhalb der Stadt entstand, als die romanisch-gotische Renaissance- und Barockanlage, schon durch das Erdbeben von 1690 schwer beschädigt, 1886 völlig ausbrannte.

Gmünd, nordwestl. Horn, NÖ. Von der alten Burg der Kuenringer, Liechtensteiner und Puchheimer am heutigen Hauptplatz der gleichnamigen Stadt blieb nach dem Umbau in dem heute von Ämtern und Mietparteien belegten habsburgisch-lothringischen Besitz außer einer spätgotischen Spindeltreppe vielleicht noch der Torturm mit spitzbogigem Portal.

Goldegg, nordwestl. St. Pölten, NÖ. Die Ende des 13. Jh. genannte Burg der Goldegger bei Neidling ist Ende des 17. Jh. von den Trautson zum Schloß umgebaut worden, doch überragt der Bergfried noch immer die Hauptfront, und auch ein turmartiges Gebäude, ein Rundturm mit Kegeldach, und Ringmauerreste weisen auf die mittelalterliche Wehranlage.

Goldegg, südwestl. Bischofshofen, Sbg. Als sich Wulfing von Golegg auf der Burg der »Herrn von Pongau« während der Kämpfe um die deutsche Königswürde auf die Seite des von Salzburg befehdeten bayerischen Ludwig stellte, ließ der Erzbischof nach der Schlacht bei Mühldorf, 1322, die Burg kurzerhand brechen. Vom spätgotischen Bau, der das Jahr darauf entstand, bekommt der Besucher von heute trotz vielfacher Umbauten zwischen dem 16. und 19. Jh. noch einen Eindruck, wenn er vor den gotischen Holzkonstruktionen im ersten Stock des Baues steht oder die jüngeren Holzdecken und Fresken im Rittersaal bewundert. Hier hängen 137 Wappen aus Maximilianischer Zeit, neben dem Reichswappen, die Wappen der Reichsstände und die des Erzbistums und Erzstiftes Salzburg. — Als die Pongauer Bauern ein Jahr nach dem großen Aufstand von 1462 wieder

Burgschloß Goldegg, Sbg.

vor die Feste Goldegg zogen und sie fünf Tage belagerten, wurden sie diesmal von ihrem ehemaligen Anführer, dem Hauptmann Ulrich Dienstl, abgewiesen, der die Burg jetzt im Auftrage Salzburgs gegen seine Mitkämpfer vom Vorjahr verteidigte. Für seine Verdienste im großen Salzburger Bauernkrieg des nächsten Jahrhunderts, 1527, verlieh das Erzstift die Burg dem treuergebenen Grafen von Schernberg.

Goldenstein, Ruine östl. Kötschach-Mauthen, Ktn. Von den hier in 1000 m Seehöhe liegenden beiden Ruinen Goldburg und Goldenstein sind nur von der letzteren, als »Felsennest« weithin sichtbar, der quadratische Bergfried, Mauern des Palas, einer Kapelle und eines Wehrturms erhalten. Es sind die Reste einer im 14. Jh. genannten Burg, von der Santonino in seinem Reisebericht 1485 schreibt: »Die Burg liegt auf einem Felsen, der Staunen erregt, da er nirgends wegsam oder zugänglich ist, auch ganz vereinzelt dasteht und auf allen Seiten vom Boden bis zur Höhe Steinwände aufweist. Nur auf einer bewundernswert angelegten Holzbrücke, welche im Notfall leicht zum Absturz gebracht und eingerissen werden kann, gibt es einen Zugang.« Goldenstein, wechselnd im Besitz der Grafen von Görz und Cilli,

wurde 1459 zerstört und nach dem Frieden von Pusarnitz 1460 als kaiserlicher Besitz wiederaufgebaut. 1640 ist die Burg bereits Ruine.

Golling bei Hallein, Sbg. Der düstere kastenartige Bau auf der Felskuppe mitten im gleichnamigen Ort, im Kern noch mittelalterlich (13. Jh.), ist vielfach umgebaut worden. Er war Sitz der Herren von Kuchl. Während des Bauernaufstandes von 1462 Ort der Waffenstillstandsverhandlungen mit der Salzburger Regierung, 64 Jahre später kurze Zeit Hauptquartier des Schwäbischen Bundes und Ort wüster Plünderungen. Bis 1923 war Burg Golling Gerichtssitz.

Gomarn, Ruine in Bad St. Leonhard im Lavanttal, Ktn. Der Name der heutigen Ruine und einstigen Stadtburg ist vielleicht auf »Gaminare« zurückzuführen, wie im Mittelalter das ganze obere Lavanttal hieß. Von der Burg, die wahrscheinlich vor der Mitte des 12. Jh. auf Bamberger Grund entstand, blieb nach zwei Bränden die heutige Ruine eines Palas, eines Tor- und Rundturms aus dem 14. bis 16. Jh.

Gossam, Ruine nordöstl. Melk, NÖ. Von der mittelalterlichen Wehranlage im Felbringtal oberhalb der gleichnamigen Ortschaft sind Gräben und Ruinen der einstigen (im Kern romanischen) Burgkapelle erhalten.

Reste von Fresken aus dem 12. Jh. werden seit 1963 im Museum der Stadt Krems gezeigt.

Gösting, Graz, Stmk. Graf Attems saß gerade bei Tisch, wird berichtet, als am 10. Juli 1723 ein Blitz seine Burg in Flammen setzte. Das Ereignis mag dazu beigetragen haben, daß er sich am Fuß des Berges das große Rokokoschloß erbauen ließ. Auf dem Berg zurück blieb die bald sagenumwobene Ruine. Vom Felsen in ihrer Nähe, dem Jungfernsprung, stürzte sich ein Bauernmädchen, das sich dem Ritter von Gösting verweigerte. In einer ähnlichen Sage aus jüngerer Zeit heißt es, daß hier eine Wulfingtochter (um 1250) sich aus Gram über den Tod des im Zweikampf gefallenen Geliebten hinabstürzte. Auf dem steil ansteigenden Weg gegenüber Schloß Neugösting erreicht man nach halbstündigem Aufstieg die Ruinen einer der ausgedehntesten steirischen Burganlagen. Der romanische viereckige Bergfried mit den erneuerten Zinnen ist heute eine vielbesuchte Aussichtswarte. Die ihm östlich vorgelagerte doppelgeschossige romanische Burgkapelle St. Anna wurde in der Reformationszeit von beiden Konfessionen — oft gleichzeitig — benützt. Im Burgbereich, den ehemals eine mit Zinnen gekrönte Wehrmauer umgab, stehen noch Reste des alten Palas, teilweise erhalten sind auch noch Torbau und Barbakane. Der westliche Teil der Burg mit dem fünfeckigen Turm, Wohn- und Wirtschaftsgebäuden ist jüngeren Datums. Zur Zeit, als die Burg nachgewiesen wird, bewohnte sie ein hochfreies Geschlecht. Im Besitz der Landesfürsten blieb sie bis ins 17. Jh.

und wurde erfolgreich gegen Türken und Ungarn verteidigt. Unter den Habsburgern war Gösting meist Pfandbesitz. Trautmannsdorfer, Breuner, Schrottenbacher, Eggenberger sind mit ihr verknüpfte Namen.

Gozzoburg, NÖ., ↗ Krems

Grabensee, östl. Gloggnitz, NÖ., ist eine sagenumwobene kleine Ruine mit geringem, doch gut erhaltenem Mauerwerk.

Gradenegg, Ruine westl. St. Veit an der Glan, Ktn. An diese einstige Höhenburg westlich von Pulst, um deren romanischen Bergfried sich großräumig Palas und Wirtschaftsgebäude aus jüngerer Zeit gruppieren, die eine noch gut erhaltene hohe und starke Ringmauer mit Türmchen umschließt, knüpft sich die merkwürdige Tradition vom »Erbmähderamt«: solange der von den »Edlingern«, dem Bauernadel Kärntens, neugewählte Herzog von Kärnten während seiner Einsetzung auf dem Fürstenstein thront, kann der Herr auf Gradenegg alles Gras im Lande für sich mähen. Die Herren von Gradenegg sind 1192 nachgewiesen, doch schon seit bald 400 Jahren verfällt die Burg, obwohl sie noch bis um 1850 unter Dach war.

Graz, Stmk. Vom »castrum Graece«, der Burg des 12. Jh. auf dem Felsen oberhalb der Mur, in dem die Herren von Graz als Ministeriale der Markgrafen, zuzeiten die Markgrafen selbst wohnten, wissen wir nichts. Die mittelalterliche Burg, das »haus Grecz« des 14. Jh., hieß schon im 15. Jh. das »gesloss Grätz«. Von ihr aus beschossen, zogen 1532 die Türken vorbei, ohne die stark bewehrte Feste anzugreifen. 15 Jahre später wurde

sie abgebrochen und durch die weitläufigen Festungsbauten der italienischen Architekten ersetzt. Nichts erhielt sich vom hohen Bergfried, den Ecktürmen und Zinnenmauern außer einigen Details und dem Rest eines gotischen Wehrturms, dem heutigen Uhrturm, der auch die Armensünderglocke der mittelalterlichen Feste birgt. Ihn kauften die Grazer Bürger den Franzosen ab, bevor Napoleon die Festung Graz schleifen ließ. — Von der landesfürstlichen Burg unweit des Domes, im 15. und 16. Jh. an Stelle einer »Alten Burg« errichtet — einst die Residenz Friedrichs III. —, verblieben nach den Umbauten im 19. Jh. nur Reste der gotischen Kapelle und die gotische Doppelwendeltreppe aus Maximilianischer Zeit.

Greifenburg, im gleichnamigen Ort östl. Oberdrauburg, Ktn. Die romanische Burg des 12. Jh., die sich im Gemäuer des mehrfach veränderten, erweiterten und nicht immer vorteilhaft restaurierten marktbeherrschenden Baues verbirgt, war vielumkämpft. Im Spätsommer 1252 hatten sich die Grafen von Tirol und Görz, Albert und Meinhard, vor die Burg gelegt, um den Kärntner Philipp von Spanheim, den erwählten Erzbischof von Salzburg, in die Knie zu zwingen und sich des Landes zu bemächtigen. Doch besiegte vor den Toren dieser Burg in einem grausam geführten Treffen am 8. September 1252 der Kärntner Herzog seine Belagerer nicht nur, es gelang ihm auch, den Tiroler Grafen Albert III. gefangenzunehmen und während der Weihnachtstage 1252 in Lieserhofen einen Frieden nach seinen Wünschen

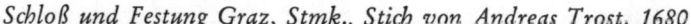

Schloß und Festung Graz, Stmk., Stich von Andreas Trost, 1680

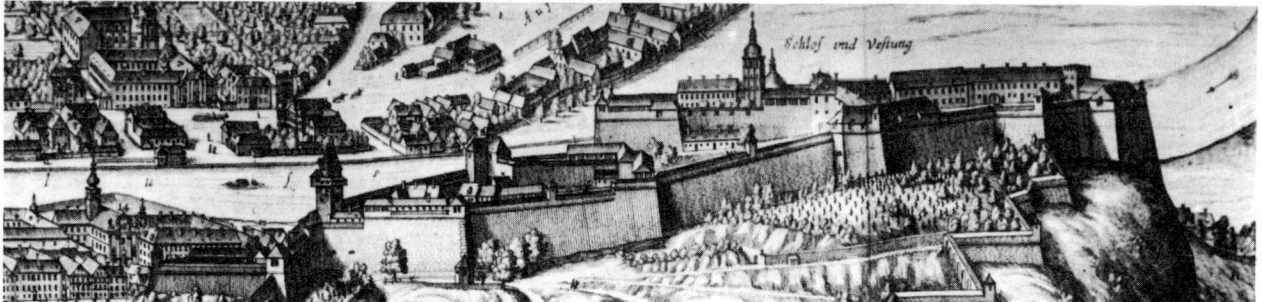

179

zu diktieren. Als Greifenburg im 15. Jh. dann habsburgisch geworden war, überfiel im Kampf um die Erbschaft der Grafen von Cilli nochmals ein Görzer, Graf Johann, die Burg und zerstörte sie. Der Friede von 1460 aber beließ die Greifenburg wieder bei Habsburg, allerdings nur, um zwanzig Jahre später von einem verräterischen Pfleger an die Ungarn ausgeliefert zu werden. Graf Rosenberg ließ Greifenburg, das im 16. Jh. mit Ringmauer und Basteien versehen worden war, im 17. Jh. zur heutigen Gestalt erweitern.

Greifenfels, Ruine südöstl. Klagenfurt, Ktn. Die geringen Mauerreste am Nordhang bei Ebenthal blieben von der Burg der Greifenfelser des 13. Jh. Bevor im 16. Jh. das neue Schloß Ebenthal gebaut wurde und Greifenfels verfiel, zeichneten u. a. die Schenken von Osterwitz und die Herren von Neuhaus als Besitzer.

Greifenstein, Ruine nördl. Wien an der Donau, NÖ. Bis zum »Hangintenstein«, wie man den Felsen an der Donau um das Jahr 900 bezeichnete, reichte die Macht des Passauer Bistums, das sich hier 1135 die Burg baute und einen ihrer Ministerialen namens Grifo als Burgverwalter einsetzte. Bis ins 17. Jh. Fluchtburg, später Gefängnis für widerspenstige Geistliche und Staatsfeinde verschiedenster Herkunft, wurde Grifonstein 1529 von den Türken, 1461 vom Söldnerführer Fronauer, 1477 von Corvinus erobert und verwüstet. Im 19. Jh. erneuerte Fürst Liechtenstein die Anlage nicht gerade glücklich im neuromantischen Burgenstil. Nach der neueren Adaptierung als Restaurant und Museum sehen wir von der alten Burg heute noch den wuchtigen Bergfried, die Vorhalle, die Knappenhalle und einen Teil des Berings, vielleicht auch des Torbaues. Das Museum (Schauräume mit historischen Waffen, Volks-, Rechtskundlichem und Kunstgewerblichem) ist vom 1. März bis 1. November täglich von 11 bis 16 Uhr geöffnet.

Greillenstein, westl. Horn, NÖ. Auf die Burg der Grellen aus dem 13. Jh. weist neben geringem altem Gemäuer

der prächtige in Renaissancemanier ausgeführte Bergfried über dem Haupteingang des jetzigen Schlosses, das im 16. Jh. von den Kuefsteinern über der mittelalterlichen Anlage errichtet wurde. Heute ist hier die Sammlung von Strafrechtsaltertümern des Niederösterreichischen Landesmuseums untergebracht. Im Schloß sind weiters ein originaler Landgerichtssaal, Renaissance- und Barockräume, die Bibliothek und neben verschiedensten Ausstellungsstücken auch eine Kapelle zu sehen. Besichtigung: 1. April bis 15. Nov., tägl. 9 Uhr bis Dämmerung, unter sachkundiger Führung.

Greinburg, im Strudengau an der Donau, NÖ. Das Burgschloß der Brüder Prüschenk, 1491 erbaut, wurde im 17. Jh. zum Schloß mit großem Arkadenhof ausgebaut. Aus der Zeit der Gotik stammt außer dem Torbau ein sonst in dieser Gegend nicht nachweisbares prächtiges spätgotisches Zellengewölbe. Das hier eingerichtete Oberösterreichische Schiffahrtsmuseum ist vom 1. Mai bis 15. Okt., außer Montag, tägl. von 9—12 und 14—16 Uhr zu besichtigen.

Greißenegg, Ruine, Stmk., ↗ Voitsberg

Griffen, Ruine nordöstl. Völkermarkt, Ktn. Die Feste auf dem Felsen, der die Gegend zwischen dem Griffener Berg und Völkermarkt sehr auffällig überragt, war Kaiser Barbarossa strategisch so wichtig, daß er dem Bamberger Bischof, der hier die Herrschaft ausübte, auftrug, sie niemals als Lehen zu vergeben. Während des Aufstandes gegen Albrecht I. von Habsburg besetzte Graf Ulrich von Heunburg in stillem Einverständnis mit den Bambergern die Burg. Nach der Gefangennahme seiner Mitverschworenen auf ↗ Freiberg und ihrer Hinrichtung in St. Veit an der Glan mußte der Heunburger nach der verlorenen Schlacht am Wallersberg und der Belagerung von Griffen, wohin er nach der Plünderung von St. Veit einen Großteil der Beute gebracht hatte, die Burg wieder an Bamberg zurückgeben. Schon im 17. Jh. war die Festung veraltet und

verfiel im 18. und 19. Jh. Von der großen, einst uneinnehmbaren Bamberger Feste des 12. Jh., die einen Teil der Ortsbefestigung bildete, stehen auf dem Felsen nur wenige romanische Mauern. Hangwärts finden sich Gemäuer von Verteidigungsanlagen des 14. und 15. Jh., Wehrmauer- und Rundturmreste.

Grimmenstein, südwestl. Wiener Neustadt, NÖ. Die von einem Neunkirchner Baumeister ausgebauten Mauerreste der Ruine »Vordergrimmenstein« auf halber Höhe des Kulmriegels, oberhalb der Bahnstation Petersbaumgarten, ist eine der drei hier nachgewiesenen mittelalterlichen Wehranlagen: »Hochgrimmenstein« auf dem Gipfel (Bergfried- und Palasreste), »Hintergrimmenstein« südwestlich des Hügels am Ende des Kreuzgrabens (geringe Mauerreste eines Bergfrieds). Vom Turm des nach dem Ausbau nun dreigeschossigen Vordergrimmenstein bietet sich eine gute Fernsicht. Im sogenannten Rittersaal ist ein Ausstellungsraum eingerichtet, eine kleine Gastwirtschaft betreut den Besucher. — Die Grimmensteiner, Schenken der steirischen Herzöge, sind im 12. und 13. Jh. nachweisbar. Die später landesfürstliche Drei-Burgen-Talsperre bzw. deren Ruinen wechselten über dreißigmal ihre Besitzer.

Groppenstein bei Obervellach, Ktn. Ein Rundgang um diese (nicht zugängliche) bestens erhaltene, jedoch nicht immer glücklich erweiterte und restaurierte Burg Kärntens zeigt auch dem unkundigen Wanderer: »alt« an dieser Burg ist eigentlich nur der mächtige fünfgeschossige Bergfried mit seinen drei Meter dicken Mauern. Es ist der 1254 genannte Turm »Croppensteine«, mit dem Philipp, der Erwählte von Salzburg, seinen »Swärenhouptel«, einen raffinierten Bogenschützen seines Gefolges, belehnte. Es waren Ministerialen der Ortenburgischen und der Görzer Grafen, die in diesem riesigen, heute in seiner Urgestalt nicht mehr identifizierbaren mächtigen Turm hausten. Die Zubauten, Wohntrakt und Wehrtürme um den frühen Turm zu Grop-

Ruine Greifenstein, NÖ.

penstein, die man heute über eine Betonbrücke betritt, sind ins 15. Jh. zu datieren und mögen zu einem Teil von jenem Grafen Schernperg errichtet worden sein, der die Tochter des letzten Groppensteiners geheiratet hatte. Das Wappen derer von Schernperg ist am Palas zu sehen. Als im 17. Jh. Barthelmä Khevenhüller und Friedrich von Hollenegg zwei Schernpergerinnen heirateten, fiel die Burg an diese beiden Geschlechter. Im 17. Jh. konnten sich Angehörige der Familie Lind Herren »auf Raggnitz und Groppenstein« nennen. Es hat dann im 19. Jh. ein Wiener Architekt die bereits stark verfallene Feste nach damaligen Begriffen »stilgerecht« wiederhergestellt und restauriert. Unterhalb der romanischen Kapelle am Burghügel ist heute die Grabstätte des vorletzten Besitzers und dessen Gattin, des bekannten Wiener Internisten Prof. Dr. Chvostek († 1944) zu finden.

Groß-Enzersdorf, NÖ., ↗ Sachsengang

Groß-Sternberg, Ruine, Ktn., ↗ Sternberg

Grub, Ruine nordwestl. Horn, NÖ. Die kühn auf dem Bergkegel oberhalb des Ortes aufragende fünfeckige Bergfriedruine gehörte jener Felsenburg über der Taffa an, die Herzog Albrecht I. im 13. Jh. vier Wochen

lang vergeblich belagerte und im 15. Jh. auch Kaiser Friedrich III. ergebnislos berennen ließ. Es gelang erst im Dreißigjährigen Krieg, wahrscheinlich kaiserlichen Truppen, die damals von Protestanten bewohnte Feste zur Ruine zu schießen. Von der Burg der Grueber, Matschacher, Rauber, Auersperg und Puchheimer, nach der Sage auch mehrfach von Raubrittern bewohnt, blieben außer dem Bergfried die Umfassungsmauer, gewölbte Räume und interessantes Gemäuer der Kapelle, ein Chorraum, gotische Fenster und Freskenreste des 14. Jh.

Grünburg, Ruine nördl. Klein St. Paul, Ktn., in 1000 m Höhe, im Grünburger Tal.

Grünfels, Stmk., ↗ Murau

Gutenberg, südwestl. Weiz, Stmk. Der Renaissancebau über der Raabklamm nördl. von Ober-Rossegg beschließt in sich die im 12. Jh. begründete Burg des Hochfreien Luitpold von ↗ Waldstein, der im Kreuzzug des Friedrich Barbarossa fiel. 1288 kam der Besitz an die Stubenberger, denen er noch heute gehört. Der romanische Bergfried, die Kapelle mit drei Emporen, Fresken aus dem 14. Jh., der kleine Innenhof mit Laubengängen, die Einrichtung des 17. und 18. Jh. sind vorbildlich restauriert, jedoch nicht zu besichtigen.

Güssing, Bgld., siehe Seite 84

Gutenstein, westl. Wiener Neustadt, NÖ. Die Geschichte der Burg spiegelt zentrale Ereignisse auch der Geschichte Österreichs. Der Babenberger Leopold VI. hat sie wahrscheinlich um 1200 erbauen lassen. Rudolf von Habsburg übergab sie seinem Sohn Albrecht, und nach dessen Ermordung kam hierher der Habsburger Friedrich der Schöne. Im Besitze der Reichsinsignien, auch mit dem Königstitel versehen, doch ohne politischen Einfluß, lebte er, die ersten Jahre noch mit seiner Gemahlin Isabella von Aragonien, bis zu seinem Tode 1330 hier in Gutenstein im Klostertal in völliger Zurückgezogenheit. Die Sage weiß zu berichten, daß Karthäusermönche seine Leiche zu Fuß nach der Mauerbacher Karthause, seiner Stiftung, trugen und ihn dort bestatteten. Gefangener in dieser Burg war 1430 Otto von Maissau, der oberste Schenk des Herzogtums, dem der Herzog Verrat an Österreich vorwarf, wenig später auch der Ungarnkönig Matthias Corvinus. Nicht nur in dem Streit um die Vormundschaft des jungen Albrecht V., auch während der Erbschaftsquerelen um Ladislaus Posthumus spielte die Burg eine Rolle. 1457 ließ sie der junge Herzog, dem sie nicht ausgefolgt wurde, einen Monat lang mit Steinkugeln beschießen. Ungarn nahmen Gutenstein noch während der Friedensverhandlungen mit dem Kaiser und behielten die Feste bis 1490, den Türken widerstand sie zweimal, ein Großbrand 1708 vernichtete sie dann zum Teil. 76 Jahre später las man die letzte Messe in der Katharinenkapelle, die Isabella von Aragonien gestiftet hatte, in einer bereits verfallenen Burg. — Unter Einsatz von Hubschraubern hat man in jüngster Zeit Baumaterial auf den schwer zugänglichen Felsen befördert, um die historische Ruine vor dem totalen Verfall zu bewahren, die beiden Vorhöfe, die dreieckige Vorburg, die Hauptburg mit Küche, das Gefängnis, mehrere Gebäudereste, den Bergfried mit der Katharinenkapelle im Obergeschoß und den starken Palas.

Burg Gutenstein, NÖ. Aus G. M. Vischers Topographia, 1672

Gutrat (Altengutrat), Ruine bei Niederalm, Sbg., auf steilem Felsen an der Straße Salzburg—Hallein.

Haag am Hausruck, OÖ., ↗ Starhemberg

Haichenbach (Haynbach, Kerschbaumer Schlößl), südöstl. Engelhartszell, in der Donauschlinge bei Schlögen, OÖ. Die Landzunge hatte sich schon im 12. Jh. zum Burgenbau angeboten. Passau hielt sich in diesem festen Haus die Eichenbacher, später die Haichenbacher. Aus unbekannten Gründen ist die romanische Wehranlage 1273 zerstört worden. Auf dem Felsen finden sich heute noch Reste des dreigeschossigen Wohnturms mit solchen der Vorburg. Die Anlage, im 16. Jh. verfallen, nannte man, als ihr Name vergessen worden war, nach einem in der Nähe befindlichen Bauerngehöft »Kerschbaumerschlößl«.

Haimburg (Heunburg), nordwestl. Völkermarkt, Ktn. Mit diesem Mauerwerk verbunden ist die Geschichte jenes ehrgeizigen Ulrich von Heunburg, der die Witwe des letzten Herzogs von Spanheim, Agnes, eine Babenbergerin, geheiratet hatte. Als ihn der Böhmenkönig Ottokar zwang, auf alle ihm aus dieser politischen Heirat erwachsenen Rechte zu verzichten, und ihn auch Rudolf von Habsburg mit Geldsummen abzufinden versuchte, wollte sich der ehr-

geizige Mann nicht zufriedengeben. Im Bunde mit dem Bischof von Bamberg, der ihm stillschweigend die benachbarte Feste ↗ Griffen einräumte, mit dem Erzbischof von Salzburg und den Bayern erhob er sich 1292 im Verein mit den steirischen Adeligen gegen den neuen Herrn, Herzog Albrecht I. Nach der Plünderung von St. Veit und der Gefangennahme des Herzogssohnes Ludwig, dem Blutgericht von ↗ Freiberg, büßte er 1293 nach dem Treffen am Wallersberg seine reichsunmittelbare Stellung ein. Haimburg kam an die Pfannberger und Görzer, nach dem Frieden von Pusarnitz an die Habsburger, 1749 brannte der mehrfach umgebaute Sitz ab, doch hausten noch im 19. Jh. Menschen in seinem Gemäuer. Von diesem einstigen Stammsitz der Heunburger, 1103 als »Huneburg«, als Burg der Hunnen, genannt, stehen auf dem einsamen Hügel noch geringe Palasmauern, die Torturmruine zeigt Barockfenster.

Hainburg, NÖ., siehe Seite 20

Halbenrain, Stmk., ↗ Klöch

Hall in Tirol ↗ Hasegg

Hardegg, Ruine, NÖ., siehe Seite 60

Hardegg, südwestl. St. Veit an der Glan, Ktn. Hier, auf einer der vielen Burgen rund um St. Veit, saß jener Seyfried von Mahrenberg, den der Böhmenkönig Ottokar mit Pferden

zu Tode schleifen ließ. Dieser Foltertod ist mit der Legende von der persönlichen Rache des Emmerbergers, eines Neffen des Merenbergers, an Ottokar in der Marchfeldschlacht verknüpft (↗ Emmerberg). Die Bamberger Bischöfe, die Herzöge von Kärnten und die Aufensteiner hatten auf Hardegg Besitzrechte, bevor nach 1900 eine Zellulosefabrik zeitweilig in dem Gemäuer produzierte. Die beiden turmartigen Bauten, die einen kleinen Hof umschließen, stehen an der Stelle der Burg des Meingotus de Hardeche, eines Freien, dessen Geschlecht vor 1150 nachgewiesen ist. Das starke romanische Mauerwerk im Norden reicht noch drei Geschosse hoch, hundert Meter südlich der Burg ragt ein romanischer Turm in bester Mauertechnik mit Einstieg in Geschoßhöhe empor.

Hartenstein, Ruine südl. Albrechtsberg, NÖ. Auf hohem Felsen, jedoch tief im Kleinen Kremstal liegt die einstige romanische Kuenringerfeste und heutige Kuranstalt. Die Burg ist eine Gründung des Heinricus de Hertensteine aus dem 12. Jh. Vor der letzten Jahrhundertwende wurde die Ruine zum Teil romantisiert, doch verlor sie außer einigen romanischen Bauteilen nicht viel vom ursprünglichen Stand. Oberhalb des massigen Bergfrieds mit vier Meter Mauerstärke beherrscht auch ein zwanzig Meter hoher Rundturm die Gesamtanlage. Im dreistöckigen Palas des 12. Jh. unterscheidet der Kenner alte Bauteile von denen des 16. Jh. Die Funktion der von zwei zinnengekrönten Türmen geschützten Vorburg vermag sich jeder Besucher zu vergegenwärtigen. — Wallseer, Maissauer, die Herrn Streun von Schwarzenau und von Neuhaus, seit 1726 die von Gudenus waren Herrn auf Hartenstein.

Hartneidstein, Ruine südöstl. Wolfsberg, Ktn. Als Lehen der Heunburger betreuten Hartneidstein die fehde-, rauf- und raublustigen Weißenegger. Obwohl Ministeriale des Bischofs von Bamberg, ließen sie sich doch vom Kärntner Herzog mit der Burg belehnen. Sie setzten alles daran, das benachbarte bambergische Wolfsberg zu schädigen. Mit den Bamberger Bischöfen in Streit lagen im 14. Jh. auch ihre Nachfolger, die Wallseer, noch heftiger Hermann von Cilli. Bis dann durch Tauschgeschäft das vielbegehrte Landgericht Hartneidstein 1425 doch den Bambergern zufiel. Erst im 17. Jh. wurde Wolfsberg Gerichtssitz. — Von der Burg bei Eitweg am Hartelsberg steht heute die Ruine des viergeschossigen, 25 m hohen Turmes mit Verlies und Einstieg im dritten Geschoß neben Palasmauern und gewaltigen Kellern. Im 16. Jh. widerstand Hartneidstein den Türken, im 18. verfiel die Burg.

Hasegg in Solbad Hall i. T. Die spätgotische Burg, obwohl von Mietsparteien bewohnt, bietet noch Mittelalter. Da ist der stimmungsvolle Burghof mit seinen durch die gedeckte Treppe und die vorgekragten Konsolen vielfach gestuften und gebrochenen Wänden. Der eigenwillig vielfältig umbaute Münzturm, der einstige Bergfried und das jetzige Wahrzeichen der Stadt, strebt ab der Dachhöhe in einem unregelmäßigen Zwölfeck in die Höhe. Zur Sankt-Georgs-Kapelle im ersten Stock führt ein wundervoll gekehltes Tor aus rotem Marmor. Das schöne Netzrippengewölbe, Torgitter und schmiedeeisernes Wappen des Raumes stehen hier allerdings in einigem Widerspruch zur Altarlösung. Mittelalter bieten auch die Außenburgseite gegen die Münzgasse, in die als Erker der Chor der Kapelle ragt, und das eigentlich zur Burg gehörige »Münzertor«. Es trägt Wappensteine des Herzogs Sigmund, das Relief mit dem österreichischen Bindenschild und das Tiroler Wappen. Es ist jener Herzog Sigmund der Münzreiche, der 1417 die Meraner Münzstätte nach Hall verlegte. In Hasegg wurden die ersten Goldsilbermünzen Europas hergestellt. Die Münzstätte bestand bis in die Zeit des Andreas Hofer.

Haßbach, Ruine südl. Neunkirchen, NÖ. In der Burg nahe von Steyersberg saß im 12. und 13. Jh. ein Geschlecht, das, als die Steiermark ein Teil Österreichs geworden war, Land-

richter, Truchsesse und Mundschenke am herzoglichen Hof stellte. »Ob ich sin recht gedenke, von Huspach der Schenke«, heißt es bei Ulrich von Liechtenstein, gegen den die beiden Haßbacher Brüder anritten. Von der einst ausgedehnten Burg, später Besitz auch der Stubenberger, blieben nach ihrer Zerstörung durch die Ungarn nur geringe Mauerreste.

Hauenstein (Hanstein), Ruine nordwestl. Voitsberg, Stmk. Die Turmburg am Hang der Gleinalpe in fast tausend Meter Seehöhe, um die sich bis ins 18. Jh. steirische Adelige bemühten, verfiel schon seit dem 16. Jh. Der ursprüngliche Eppensteiner, später St. Lambrechter Besitz, der den Saumweg ins Mur- und Liesingtal sicherte, zeigt heute noch drei Tore und in dem mit Ringmauer umschlossenen Innenhof den freistehenden dreigeschossigen rechteckigen Wohnturm. 1515 heißt es, daß »dasselb Haunstain gantz paufellig und darzue gar khain güllt hat« (keinen Herrschaftsbesitz hat).

Haunsberg, Ruine bei Salzburg. Unweit des »Stille Nacht«-Ortes Oberndorf an der Salzach liegt der Stammsitz der im 12. und 13. Jh. oft genannten hochfreien Haunsberger auf einer Felskuppe am westlichen Haunsberghang. Neben der nach

1700 erbauten Kirche St. Pankraz finden sich von ihm nur noch sehr spärliche Ruinen. Die seit dem 13. Jh. von Salzburger Pflegern betreute Feste verfiel im 17. Jh.

Heidenburg, Ruine östl. von Göfis, Vlbg. Auf dem Hochplateau östlich Göfis finden sich über Steilabstürzen spätrömische und frühmittelalterliche bis zwei Meter hohe Mauerreste, u. a. zweier rechteckiger Türme und eines Rundturms. Es wurden hier eine heidnische Kultstätte und eine spätrömische Befestigung nachgewiesen.

Heidenreichstein, NÖ., siehe Seite 62

Heinfels, Ruine, Osttirol, siehe Seite 124

Herberstein, Stmk., siehe Seite 86

Hermagor, Ktn., ↗ Priesenegg

Hernstein, Ruine oberhalb des gleichnamigen Schlosses nordwestl. Wiener Neustadt im Triestingtal.

Hieburg, Ruine bei Neukirchen am Großvenediger, Sbg. Der 15 m hohe, fünfeckige, fünfgeschossige, fensterlose Bergfried ist über einem alten Meierhof der Burg Sulzau im 13. Jh. errichtet worden und war dann Sitz der Velben. 1544 und 1661 brannte die Hieburg aus, 1944 und 1958 brachten zuerst Bomben, dann die Zeit die Südwest- und die Ostmauer zum Einsturz.

Burg Hasegg in Solbad Hall in Tirol

Himmelberg, Ruine nordwestl. Feldkirchen, Ktn. Nach der letzten Sprengung in jüngster Zeit ragt nur noch der Stumpf eines romanischen Bergfrieds von jener Burg empor, in der Zachäus von Himmelberg, der Minnesänger, hauste. Er stellte sich Ulrich von Liechtenstein während dessen Venusfahrt durch Österreich, als Mönch verkleidet. Ende des 14. Jh. erhielt Marchward von Pibriach vom Landesfürsten die Erlaubnis, sich die Feste Biberstein (an der Straße) zu bauen. Als sie Mitte des 16. Jh. die Khevenhüller als Erben der Pibriacher ausbauten, verfiel Himmelberg.

Hinterhaus, Ruine bei Spitz in der Wachau, NÖ. Die Herren auf Dürnstein und Aggstein, die Kuenringer, mit ihren weitläufigen Besitzungen im »Nordwald«, im heutigen Waldviertel, wollten vor allem auch Herren an der Donau sein. Um ihren Besitz hier abzurunden und das »Tal Wachau« für sich zu sichern, ließen sie sich von den bayerischen Herzögen, die das Gebiet besaßen, mit dem Land um den »Tausendeimerberg« belehnen, auf dem zuweilen »jährlich tausend Eimer Wein gekeltert werden«, wie es in einer Nachricht von 1785 heißt. Am Osthang dieses Berges, nahe Spitz, lag das »vordere« Haus, Vorgängerin des späteren Schlosses, am Westhang das »obere« oder »hintere« Haus, die heutige Ruine Hinterhaus. In welch strategisch wichtiger Position gerade Burg Hinterhaus für die Kuenringer lag, davon weiß auch die Sage zu berichten. Nur weil der Hahn auf dem Kirchturm von St. Johann im Mauertal auf dem gegenüberliegenden Donauufer im letzten Augenblick noch gekräht habe, konnte der Leibhaftige seine »Teufelsmauer« bei Hinterhaus nicht auch durch die Donau bis zum anderen Ufer ausbauen. (Diese »Teufelsmauer« ist als Naturgebilde noch heute zwischen Hinterhaus und Schwallenbach zu sehen.) Bis zum Aussterben der Kuenringer blieb die wichtige Burg in ihrer Hand und kam dann als Pfand an die Maissauer, bis die Herrschaft Spitz

unter Maximilian I. kaiserlich wurde und nach oftmaligem Besitzwechsel im 16. und im 17. Jh. verfiel. Vom beherrschenden romanischen Bergfried mit einer Stiege in der Mauer und einem erhaltenen Wehrgang bietet sich ein schöner Blick ins Donautal. Die nördliche und die südliche Vorburg zeigen Rundtürme, Pechnasen und Gebäudereste, die zinnengekrönte Außenmauer ist mit Schußlöchern und Scharten versehen.

Hochkraig, Ruine, Ktn., ↗ Frauenstein / »Kraiger Schlösser«, siehe S. 119

Hochosterwitz, Ktn., siehe Seite 111

Hochwart, Ruine, Ktn., ↗ Hohenwart

Hof, nördl. Eisenstadt, Bgld. Der »Thurnhof«, die viereckige Wehranlage mit Rundtürmen im Park des Ortes gegenüber der Schule stammt aus dem 13. Jh. Der alte Wehrbau ist heute einsturzgefährdet und nicht betretbar. In der ehemaligen Kapelle finden sich Freskenreste aus der Zeit um 1500.

Hohenberg, südl. Lilienfeld im Traisental, NÖ. Der Babenberger Leopold VI. schenkte im 13. Jh. den von seinem Haus wegen ihrer hervorragenden Verdienste als Kolonisatoren hochgeschätzten Zisterziensern von Lilienfeld Land, auf dem, oberhalb der »falschen Traisen«, die Burg des Dietrich von Hohenberg aus dem Geschlecht der Hohenstauf-Altenburger stand. Eine durch drei Jahrhunderte dauernde Fehde der Hohenberger mit dem Kloster Lilienfeld begann. Dietrich hielt sich an Knechten und Reisigen des Stiftes schadlos. Johann I. von Hohenberg zwang Lilienfeld im Streit um die Vormundschaft des jungen Albrecht V., mit ihm die Partei des Herzog Ernst zu ergreifen. Gegen Johann III. von Hohenberg, einen Parteigänger des Corvinus, mußte Kaiser Friedrich III. 1482 ein Aufgebot erlassen, da der Verräter den Ungarn nicht nur die Feste Hohenberg, sondern auch seine Burgen Merkenstein und Kreisbach geöffnet hatte und das Land südlich der Donau brandschatzte. Doch dem Kaiser mißlang die Belagerung von

Hohenberg. Erst 138 Jahre später, als die protestantischen Jörger auf Hohenberg saßen, schossen kaiserliche Truppen die Burg der Ketzer in Brand. Nach einem tagelang wütenden Feuer blieb auf dem Rücken oberhalb des Marktes die Ruine, seit 1627 mit der Herrschaft Besitz der Grafen Hoyos. Zu sehen sind heute von ihr der Bergfried, Reste der Hochburg mit umfangreichem Mauerwerk und doppeltem Bering.

Hohenbregenz (Gebhardsberg), in Bregenz, Vlbg. Die Legende berichtet, auf der Burg oberhalb der Stadt — die Ringmaueranlage ist noch zu sehen — sei der Hl. Gebhard, der spätere Bischof von Konstanz, geboren. 1723 verwendete man deshalb die Reste der damals noch stehenden Palasmauer für den Bau der Gebhardskapelle. Historisch gesichert ist, daß im 15. Jh. der Minnesänger Hugo von Montfort hier Burgherr war und nach ihm österreichische Vögte den Besitz verwalteten. Ohne den geringsten Widerstand besetzten die Schweden am 4. Jänner 1647 Hochbregenz und zerstörten die Burg. Ein gotisches Tor und Reste des Bergfrieds sind noch zu sehen.

Hohenburg (Maria in Hohenburg), Ruine östl. Möllbrücke, Ktn. Auf eine hier sehr früh oberhalb des Talbodens nördlich Pusarnitz erbaute Wehranlage der Grafschaft Lurn, die 974 erstmals erwähnt wird, weisen Reliefs aus dem 10. und 11. Jh. in der jetzigen Wallfahrtskirche »Maria in Hohenburg«. Hinter dieser Kirche, die an der Stelle der einstigen Burgkapelle steht, liegen die geringen Mauerreste eines Bergfrieds mit zwei Meter Mauerstärke, des Palas und einer Zisterne der späteren Feste des Salzburger Bistums. Hohenburg war Besitz und Lehen der Grafen von Ortenburg und von Cilli, des Herzogs Siegmund von Österreich und des Landesfürsten. Sie ist 1142 erstmals erwähnt und ist 1542 ein »öder purkstal«.

Hohenburg (Auf Rosenberg), Ruine nordwestl. Oberdrauburg, Ktn. Kaiser Maximilian I. übergab einem seiner Getreuen, dem Andrä von Hohenburg, das »Gesäß, genannt Rosenpichl«, im Jahre 1495. Die Hohenburger blieben bis ins 17. Jh. Herrn auf »Rosenpichl«, das bald Rosenberg, bald nach den Besitzern »Hohenburg« hieß. Von dieser »Hohenburg« im Lurntal, einer spätgotischen Anlage, ebenso später Besitz der Grafen von Ortenburg und Cilli, stehen Mauerwerk des teilweise eingestürzten, aber noch stockhohen, erkerbesetzten Wohnturms, Reste der Umfassungsmauer mit einem auch erkerbesetzten Eckturm. Seit 1842 ist Hohenburg Ruine.

Hohenegg, Ruine bei Hafnerbach, NÖ. Mit 39 Jahren war Raimund Montecuccoli als General der Kavallerie aus dem Dreißigjährigen Kriege gekommen. Die Heirat mit der vermögenden Margareta von Dietrichstein setzte den 48jährigen instand, den von den Eltern ererbten mittelalterlichen Besitz am Hang des Dunkelsteiner Waldes bei Hafnerbach, Burg Hohenegg, mit dem Geschmack des gebürtigen Italieners »modernst« auszubauen. Der einfache Wehrbau des 12. Jh., einst Sitz hochadeliger Geschlechter, im 16. Jh. von Albrecht Enenkel mit einer großen Vorburg versehen und weitläufig erneuert, wurde eine neuntürmige Riesenanlage. Nach den zwei Rundbastionen am ersten Tor schützten ein fünfstöckiger Achteckturm mit Ritterstatuen, ein Sechseckturm und ein Tor mit Fußgängerpforte den Zugang zum innersten Burghof und Palas. Als junger Feldmarschall ließ sich Fürst Raimund und Gattin im großangelegten Park mit Alleen und Grotten von einer auserlesenen Gästeschar feiern und als Hausherr bewundern. Der dann 1664 durch seinen Türkensieg bei Mogersdorf an der Raab, unweit der ↗ Riegersburg berühmt gewordene Feldmarschall fuhr jeweils sechsspännig, von einer Leibwache gedeckt, den Schloßberg hinan. So lange, bis das Geld alle war und hohe Schulden den späteren Fürsten und Kriegsminister zwangen, in den bescheidenen Witwensitz Mitterau zu übersiedeln. Hohenegg war noch eine Zeitlang kurzfristig Auf-

enthalt zur Jagd. 1796 schon verkaufte man die Dachziegel der Burg dem Stift Melk, mit dem Rest wurde die Wimpassinger Mühle eingedeckt. Das Marmorpflaster und die Gitter wanderten nach Mitterau, der Altar der gotischen Kapelle nach Sasendorf, die Turmuhr nach Haunoldstein. Das übrige besorgten Wind und Wetter, die aus der »Perle Österreichs« die heutige Ruine machten.

Hohenems, Vlbg., ↗ Glopper, Altems

Hohensalzburg, Sbg., siehe Seite 138

Hohenstein, Ruine oberhalb des gleichnamigen Ortes im Kremstal, NÖ. Die Burg der Hohensteiner des 12. Jh. ist erst im 14. Jh. nachgewiesen. Von der bereits um 1600 verfallenen Feste sind heute das Mauerwerk eines Bergfrieds mit Schartenfenstern und eines turmartigen Gebäudes mit Rundbogenfenstern zu sehen.

Hohenwang, Ruine westl. Langenwang, Stmk. Noch vor hundert Jahren konnte man in dem länglich ausgedehnten Ruinenfeld hoch über dem Mürztal einen Rittersaal mit mythologischen Bildern, eine Rüstkammer und auch eine Tretmühle sehen, mit deren Hilfe man während der Belagerungen Mehl erzeugte. Durch das Erdbeben von 1770 stark beschädigt, verfiel die mehrfach umgebaute Burg der Herren von Landesere — ihre Hauptburg war ↗ Landsee im Burgenland — endgültig, als sie 1788 verlassen wurde. Von der Urburg des 12. Jh. stammen heute wenige Details im Burghof und in der Restkapelle, vom späteren Besitz der Stadecker, Montforter und Schärfenberger steht noch das Gemäuer der Hochburg, ein Torbau mit Fußgängerpforte und Teile der Umfassungsmauer.

Hohenwart (Hochwart), Ruine nordöstl. Villach bei Köstenberg, Ktn. Auf dem Burgberg, an dessen Südwand im 17. Jh. noch Wein wuchs, stand jene Burg des 12. Jh., die der Mundschenk des Patriarchen von Aquilea, Pilgrim von Pozzuolo, um 1150 dem Kärntner Herzog Heinrich V. schenkte. Als 1161 Pilgrim

und Heinrich V. während einer stürmischen Seefahrt ertranken, übergab der zutiefst erschütterte Bruder des Kärntner Herzogs, Hermann, die Burg dem Bischof von Gurk. Im Testament des letzten Ortenburgers ist 1377 Hohenwart als »zerbrochene Feste Schwarzenstein« genannt, im Volksmund hieß sie seit je das »Schwarze Schloß«. Wahrscheinlich hängt diese Bezeichnung mit dem dunkelgrauen Mauerwerk der Ruine zusammen — man sieht von ihr heute noch einen mächtigen romanisch-gotischen Bergfried, Reste des Palas, Teile von Wirtschaftsgebäuden und einer Kapelle, einer Ringmauer um drei Höfe mit Toren. Im 14. Jh. wieder aufgebaut, kam der Ortenburger Besitz im 15. in die Hände des Landesfürsten. Wieder verfallen, erhielt Hohenwart im 16. Jh. einen Khevenhüller als Burgherrn, doch weder er noch seine Nachfolger bauten die Burg wieder auf.

Hohenwerfen, Sbg., siehe Seite 135

Hollenburg (Bertholdstein), Ruine südöstl. Krems, NÖ. Der von der Straße her sichtbare Stumpf eines quadratischen turmartigen Gebäuderestes im Schloßpark gehörte zu der um 1250 erwähnten, im 15. Jh. ausgebauten und Bertholdstein genannten Burg. Auf diesem Besitz der Freisinger Bischöfe wurde 1395 der Hollenburger Vertrag geschlossen, in dem sich Albrecht IV. und Wilhelm, Senior der Leopoldinischen Linie der Habsburger, über gemeinsame Regierung und Teilung des Besitzes und der Einkünfte einigten. Während der Habsburger Fehden des 15. Jh. saß in der Burg der bald kaisertreue, bald beutegierige Söldnerführer Fronauer. Nach ihm errichtete von hier aus der Vöttauer eine Donausperre und plünderte, die nicht zahlen wollten. Die Ungarn des Matthias Corvinus verloren die Hollenburg bald, nachdem sie sie besetzt hatten, wieder an eine Räuberbande. Erst die Ruine konnte Kaiser Friedrich III. dem Freisinger Bischof wieder zurückgeben, der sie aber prompt noch einmal an die Ungarn verlor.

Hollenburg, südl. Klagenfurt bei Ferlach, Ktn. Den Kurzbesucher beeindruckt die 80 m lange gedeckte Auffahrt zum frei zugänglichen Burghof mit Arkaden, Laubengang und frommen Sprüchen. Von ihm gelangt man durch eine Tür auf die kleine Terrasse hoch über dem Rosental. Die Hollenburg beherrschte seit der ersten Hälfte des 12. Jh. den Drauübergang an der Brücke, um den noch 1813 Österreicher und Franzosen kämpften. Die alte Burg der Pettauer kam an die Stubenberger, 1469 an Johann von Stubenberg, der mit Andreas Baumkircher auf Burg 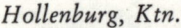 Schlaining gegen Kaiser Friedrich III. konspirierte. Um seine Kinder in solch unruhigen Zeiten und bei der drohenden Türkengefahr in sicherer Hut zu wissen, hatte der vielgeprüfte, doch immer fatalistisch zuversichtliche Habsburgerkaiser Friedrich den Sohn Maximilian und Tochter Kunigunde dem damaligen Kärntner Landeshauptmann und Pfleger des der Hollenburg benachbarten ↗ Finkenstein am Faaker See, Sigmund Kreutzer, in Obhut gegeben. Im Auftrag seines Herrn, wahrscheinlich über die alten Zugänge zur Hollenburg im Norden und Süden (der heutige Burgaufgang besteht erst seit dem 17. Jh.), erkletterte der Beschützer der Königskinder an der Spitze einiger beherzter Klagenfurter in einer Frühjahrsnacht dieses Jahres 1469 die Burg des Stubenbergischen Verräters und überrumpelte die Besatzung. Die Hollenburg war damit kaiserlich und blieb in der Hand von Pflegern, bis sie an die Dietrichsteiner kam, die sie nach einem verheerenden Erdbeben und dem Brand in der Türkenzeit ausbauten. Ihr Wappenzeichen, zwei gekreuzte Winzermesser, ist auf der Hollenburg zu sehen, am Tor links und im Hof (als Doppelwappen Dietrichstein-Starhemberg) wie auf Finkenstein. Von der mittelalterlichen Hollenburg ist nur noch wenig zu entdecken. Die Steinbalken über den Türen des Hofes tragen die Jahreszahlen des Umbaues 1516, 1529, 1559, 1588. In den Umbau miteinbezogen wurden nur Reste des abge-

tragenen Bergfrieds. Die Kellergeschosse mit mehr als zwei Meter dickem Gemäuer zeigen kreuzgewölbte Decken auf gotischen Säulen und spitzbogige (meist vermauerte) Fenster, auch die Kapelle besitzt noch gotische Details mit Fresken aus dem 14. Jh.

Hollenegg, südl. Deutschlandsberg, Stmk., war eine bedeutende Burg der Salzburger Bischöfe, die im 16. Jh. zum prächtigen Schloß umgebaut worden ist.

Hornburg (Hoch- und Niederhornburg), Ruine südl. Klein St. Paul, Ktn. Die einstige Zwillingsburg Hoch- und Niederhornburg liegt oberhalb der gleichnamigen Eisenbahnstation und war im Mittelalter Ministerialenburg der Görzer Grafen. Später habsburgisch, gehörte sie seit 1461 dem Kaiserlichen Rat Hans Andrä Greißenegger, der mit Andreas Baumkircher unter dem Schwert endete. In 900 m Höhe sieht man heute von dem im 17. Jh. zur Ruine gewordenen Besitz den mächtigen, noch zweigeschossigen, wohnturmartigen, romanischen Bergfried mit bestem Mauerwerk und rundbogigem Einstieg im Obergeschoß. Er steht innerhalb einer hohen gotischen Ringmauer mit Turm und Wehrgang, westlich der Burg liegt die gotische Kapellenruine. Niederhornburg, westlich auf einem Bergkegel gelegen,

besteht aus einem zum Großteil verfallenen Wehrturm.

Hundsheim, Ruine südöstl. Bad Deutsch-Altenburg, NÖ. Der gotische Wehrturm im Oberort der sogenannte Thurnhof, mit Kreuzrippengewölbe im Obergeschoß, ist einer der fünf in Hundsheim ehemals nachgewiesenen Wehrtürme.

Innerstein, nordwestl. Grein, bei Klam, OÖ., auch »Kaiserstein« genannt, weist in einigem auf die Burg des im 12. Jh. urkundlich genannten »Chunrad de Staine«. Das später bis ins 18. Jh. liechtensteinische Lehen kam an die Grafen Clam-Martinic und ist heute Privatbesitz.

Innsbruck siehe Seite 150

Itter, südöstl. Wörgl, Tirol. Wütende Bauernhaufen hatten die alte Burg der Salzburger Bischöfe, Sitz einer ausgedehnten Herrschaft und des Hochgerichts, 1525 niedergebrannt und verwüstet. Als das Bistum die Gemeinden zwang, die Feste wieder aufzubauen, war es bestrebt, das mittelalterliche Mauerwerk zu verdrängen und durch grazilere Renaissancelösungen aufzulockern. Als nach 1809 mit Salzburg auch die Herrschaft Itter an Bayern fiel, nützte man die alten Räumlichkeiten für Einquartierungszwecke und hielt sich an der noch mit zwei mächtigen Bergfrieden versehenen Burg schadlos: ein Großteil ihres wertvollen Gesteins ver-

Hollenburg, Ktn.

schwand im Mauerwerk von Häusern der Gemeinden. Der Ruine nahm sich dann 1884 die Musikprofessorin am Petersburger Konservatorium, Frau Sophie Menter, an. Sie drang darauf, den Burgenrest mit möglichst viel (neugotisch verstandenem) Mittelalter wieder aufzuputzen. Es entstand das heutige Burghotel Itter. In dieser »Burg« ließ Hitler im Zweiten Weltkrieg so prominente Gefangene wie die französischen Staatsmänner Daladier und Reynaud sowie die Generale Gamelin und Weygand internieren.

Jagdberg, Ruine bei Schlins, Vlbg. Innerhalb der hohen Ringmauer mit zwei Toreingängen und Resten eines Palas hat man 1908 ein Schwimmbecken angelegt. Die Ruine bildet die Überreste einer montfortisch-werdenbergischen, seit dem 14. Jh. österreichischen Burg aus romanischer Zeit. Nach ihrer Zerstörung im Appenzeller Krieg ist sie, wiederaufgebaut, Pfandschaft verschiedenster Geschlechter gewesen.

Johannstein, Ruine, NÖ., ↗ Sparbach

Kainach, Stmk., ↗ Altkainach

Kaisersberg, Ruine bei St. Michael, Stmk. Als sich die Pfannberger mit den steirischen Adeligen gegen den Böhmenkönig verschworen, nahm er ihnen Kaisersberg. Nach der unglücklichen Schlacht bei dem unweit von dieser Burg gelegenen Kraubath verloren die Pfannberger ihre Burg an Albrecht von Habsburg. Kaisersberg wechselte die Besitzer noch oft und verfiel im 18. Jh., als das neue Schloß im Tal gebaut worden war. 1805 und 1809 verwüsteten Franzosen noch einmal die Ruine. — Das langgestreckte Trümmerfeld auf dem steilen Waldhügel oberhalb der gleichnamigen Ortschaft zeigt im Mauerwerk nicht mehr viel von der Burg der Pfannberger um 1250, die wahrscheinlich nur aus dem Bergfried, dem Palas und kleinen Nebengebäuden bestand. Von der im 15. Jh. entscheidend erweiterten und veränderten Burg ragen heute noch die zwei Tortürme zum inneren Hof und Reste des hohen Palas sowie Reste

zweier Wohnbauten empor. Auf einem Felsen südlich steht noch ein fünfeckiger Wehrbau.

Kaja, Ruine, NÖ., siehe Seite 58

Kamegg, südl. der Rosenburg im Kamptal, NÖ. Von der einst wichtigen Feste der Herren von Kaja-Kamegg, die schon 1150 erwähnt ist, später schloßartig ausgebaut wurde, ragen auf dem ziemlich steilen Felskopf an der Kampbiegung nur noch die Reste eines Bergfrieds mit einem Spitzbogentor auf.

Kammerstein, Ruine westl. Perchtoldsdorf, NÖ. Das »castrum Chemerstain«, wie es Thomas Ebendorfer nennt, ist wahrscheinlich wie die Burg Perchtoldsdorf im ersten Viertel des 12. Jh. entstanden und wurde von Dienstleuten der Perchtoldsdorfer bewohnt. Zu Ende des 13. Jh., während des Adelsaufstandes, ist die Feste zwischen Bierhäusl- und Parapluieberg zerstört worden. Man sieht heute von ihr mitten im Wald die Reste eines starken, drei- bis viergeschossigen Bergfrieds mit Teilen der Ringmauer und eines an sie angebauten Palas.

Kammerstein, Ruine nordwestl. von St. Michael in der Obersteiermark. Von ihren beiden Burgen im Liesingtal aus verwüsteten die Herren von Ober- und Niederkammern, den heutigen Ruinen Ehrenfels und Kammerstein oberhalb Kammern, im 13. Jh. die Güter des Klosters Admont. Als im Jahre der steirischen Adelserhebung, 1292, die siegesgewissen Haufen der Salzburger und der Bayern von Rottenmann gegen Bruck an der Mur zogen, öffneten ihnen die Ehrenfelser Brüder ihre »vesten ober- und nyderkamer«. Das schwer zugängliche Gelände unter der Gfäller Wand in 1000 m Seehöhe, von den Einheimischen »in der Höll« genannt, im Bereich der gutbefestigten Burgen war ein idealer Stützpunkt auch für große Heerhaufen. — Die Burgen der Nachfahren der Herren von Graz und eines Otto Ernvelser de Chamer (1260—75) boten für die Brüder Otto und Heinrich Ehrenfels 1375 Gelegenheit zu einer Entführungs- und

Erpressergeschichte. Von allen Kanzeln der Salzburger und Passauer Kirchen wurde in jenem Jahr Sonntag für Sonntag verkündet: Otto und Heinrich von Ehrenfels, Herren auf Ober- und Niederkammern, die sich wider jedes Rechts bei St. Pölten der Person des ehrwürdigen Bischofs von Passau, Albrecht von Winkel, bemächtigt hatten, während er zur Vermählung Albrechts, des Herzogs von Österreich nach Wien reiste, und ihn auf ihrer Burg ebenso wider alles Recht festhielten, sind mit dem Kirchenbann belegt. Die Ehrenfelser blieben ungerührt. Die Kirche erhielt ihren Bischof erst, nachdem sie ein beträchtliches Lösegeld erlegt hatte. — Die heute unweit des Mauterner Wildparks gelegenen Ruinen sollte nur ein sich im steilen Gelände sicher fühlender, mit bergfestem Schuhwerk versehener Wanderer besuchen. Von dem durch einen von Norden her in den Felsen gehauenen Gang zugänglichen Ehrenfels-Oberkammern findet er nur spärliche Reste des Bergfrieds aus dem 13. Jh. Ruine Kammerstein selbst, das »Niederhaus«, über einen schmalen Steig und nur kriechend durch eine niedere Passage erreichbar, ist auf steil abfallendem Gelände im Mauerinnern begehbar. Über dem Felsabsturz im Hochtal stehen der viereckige fünfgeschossige Bergfried, Reste des Palas, zweier viereckiger Türme und der Ringmauer, alles Mauerwerk des 12. und 13. Jh. mit geringeren Zubauten des 14. und 15. Jh., aus welcher Zeit auch die wenigen Reste von Wehrtürmen der Vorwerke stammen. Das Geschlecht der Ehrenfelser und Herren von Kammern ist 1422 ausgestorben. Ihren Besitz erhielten die Herren von Kraig, ein Geschlecht, das bei St. Veit an der Glan zwei ähnlich liegende Burgen, Ober- und Niederkraig, die ↗ »Kraiger Schlösser« besaß. Im 15. Jh. war Kammerstein kaiserlich und von Pflegern der Hardegger und Dietrichsteiner besetzt. Seit dem 16. Jh., nach dem Ausbau des Talschlosses, verfiel die Burg.

Kapfenberg, nördl. Bruck an der Mur, Stmk. An einem Maitag 1227

ritt Ulrich von Liechtenstein auf seiner Venusfahrt durch Österreich, von Leoben kommend, auf Alt-Kapfenberg, die Burg des Wulfing Stubenberg, zu. Über Empfang und Tjost in Kapfenberg schreibt er: »Er empfing mich ritterlich. Mit ihm kamen wohl dreißig Ritter zu Rosse, gekleidet nach Ritterssitten, niemals ward ich besser empfangen, als wie mich der Tugendreiche empfing... Auf dem Felde hielt köstlich gezimirt der von Stubenberg gegen mich. Sein reiches Wappenkleid glänzte wie die Sonne. Er ritt mir seinen Tjost so nahe, daß der Stoß kaum vermieden wurde. Beide Speere bohrten ein Loch durch die Schilde, laut erklang der Tjost, und die Splitter fielen nieder und zum Teil die Schilde. Beide Arme hatten Wundmale und einige Ringe vom Harnisch waren verschnitten. Alle, die den Tjost mitangesehen hatten, sagten, das wäre ritterlich geritten. Da band der von Stubenberg seinen Helm ab und forderte ein Ringlein von mir, das gab ich ihm mit Freuden.« Dieser tapfere Wulfing zog das Jahr darauf in den Kreuzzug ins Heilige Land. — Das Schicksal seines Geschlechtes ist, bunt genug gemischt, österreichisches Schicksal: 1254 standen die Stubenberger an der Seite des Ungarnkönigs, wenig später auf der des Böhmenkönigs Ottokar. Noch in den sechziger Jahren desselben Jahrhunderts aber erhoben sie sich mit den Steirern gegen den Přemysliden und stimmten auf der Adelsversammlung vom 19. September 1276 in Stift Reun für den Habsburger Rudolf I. Doch war Friedrich von Stubenberg einer der ersten, der sich 15 Jahre später gegen Rudolfs Sohn Albrecht erhob und im steirischen Adelsaufstand von 1292 an vorderster Front gegen die Habsburg-Truppen kämpfte. Bei Kraubath, im März des Jahres, wurde sein Haufen trotz wütender Gegenwehr vernichtend geschlagen, er selbst gefangen. Als ihm Albrecht verzieh und er schon wenig später Burgen und Herrschaft zurückerhielt, blieben der Stubenberger und seine Nachfahren habsburgisch, bis im 15. Jh. ein Sohn des damaligen

Burgschloß Ober-Kapfenberg, Stmk.

steirischen Landeshauptmannes Leutold von Stubenberg mit seinem Schwiegervater Andreas Baumkircher wieder gegen die Habsburger aufstand, diesmal gegen Kaiser Friedrich III. Nach der Niederlage bei Mürzzuschlag verlor er Kapfenberg und einen Teil seiner Besitzungen, um sie wenig später auch von diesem Habsburger wieder zurückzuerhalten. — Mehr als acht Jahrhunderte besitzen Herren von Stubenberg Herrschaft und Feste »Chaffenberch«, das »obere« Haus Alt-Kapfenberg des 12. Jh., dessen Ruinenreste auf dem steilen Burgberg oberhalb des heutigen Burghotels, bei der Loretokapelle, liegen, und das »nidere« oder untere Haus, das wahrscheinlich schon im 13. Jh. bestand, im 16. Jh. dann von jenem Wulf Stubenberg, dem der Vater Lebensregeln mit auf den Weg gegeben hatte, zum Renaissanceschloß erweitert wurde. Heute als Hotel adaptiert und restauriert, bietet ein Besuch auf Ober-Kapfenberg herrliche Fernsicht. Eine Art Vorburg, der Renaissancehof mit Wehrgalerie und museal aufgestelltem Burginventar, ebenso die Westseite des Baues zeigen noch altes Gemäuer.

Kapfenstein, südöstl. Feldbach, Stmk. Auf dem jäh emporragenden Basaltfelsen unweit des westl. gelegenen Bad Gleichenberg, von dem aus man weit bis nach Ungarn sieht, hatten

sich die Kapfensteiner im 12. Jh. eine Burg gebaut, Vorläuferin des heutigen Wohnschlosses des 16. und 17. Jh. Die frühen Kapfensteiner verwüsteten das Land in einem Maß, daß sie der steirische Landrichter zu beträchtlichen Ersatzleistungen verurteilte. Verschuldet und heruntergewirtschaftet, kam die Burg im 15. Jh. an Siegmund von Wolfsau, der in einer nach ihm benannten Fehde gegen den Salzburger Erzbischof die mittlere Steiermark, in der 1418 und 1425 die Ungarn schlimm gehaust hatten, plünderte und ausraubte. Erst als durch ihn, der sich auf seinen Raubzügen auch der Hilfe ungarischer Adeliger versicherte, ein regelrechter Krieg entfesselt und er über die Grenze gejagt worden war, kam das Land zur Ruhe. Eindringlich geben einige Zitate aus Berichten wieder, was das Land um Kapfenstein, das im 15. Jh. als landesfürstliches Lehen, seit dem 16. Jh. als Besitz der Weißenegger aufscheint, von Ungarn, Türken und Burgherrn durch die Jahrhunderte zu leiden hatte: »Alls was zwischen St. Anna, Rakherspurg, Muregg und Stratten (Straden) gelegen, Stehet nun in vollem feuer. Und brenn die Curruc Enter der Muhr, die ganze Gegent ist voller feuer, rauch und großes donner, welches woll erschröckhlich anzusehen, noch erbärmlicher aber ist es, daß sie alls Lebentige darniter hauen. Bei Gott waß for ein noth is ym Erbtumb Steyer.« Von der alten Burg künden auf Kapfenstein heute nur die in den Felsen gesprengten Keller, Tür- und Fensterfassungen aus gotischer Zeit.

Kaprun, südl. Zell am See, Sbg. Besuchern zeigen kundige Einheimische das am nördlichen Abhang vom Schloß führende »Lindgaßl«, wo die Raubritter auf ihre Opfer, die durchziehenden Samer und Kaufleute, Vorpaß gehalten haben sollen. Hier lauerte nach »authentischem« Bericht auch Ekke von Velben, der berüchtigtste von den Velbern, die Kaprun zusammen mit den Walchen im 13. bis 15. Jh. besaßen und bewohnten, auf reiche Beute. Seine Gestalt taucht heute noch als Mittelpunktsfigur bei ländlichen Festumzügen auf. Die einfache mittelalterliche Anlage ist um 1600 von einem Pfleger der Salzburger Bischöfe, die Kaprun seit 1480 besaßen, mit einem Reck-, einem Feuer- und einem »Messer«turm erweitert worden. Als die aufständischen Bauern 1562 Kaprun bis auf die Grundmauern niedergebrannt und zerstört hatten, mußten die Gemeinden die Burg in den folgenden Jahren wieder instand setzen. Bis 1600 Gerichtssitz landesfürstlicher Pfleger, verfiel die Burg später. 1945 verlor sie auch ihr Dach.

Karlsbach, Ruine südl. Ybbs, NÖ. Die Chornspacher sind im 12. Jh. nachgewiesen. Von ihrer Burg finden sich oberhalb des neuen Schlosses (18./19. Jh.) im gleichnamigen Ort nur noch Ruinen einer Renaissanceburg mit vier Rundtürmen und einer Toranlage.

Karlsberg, Ruine südwestl. St. Veit an der Glan, Ktn. Drei große Adelsgeschlechter besaßen und verloren die Burg Karlsberg, heute Ruine mit einem wegen Baufälligkeit gesprengten Bergfried aus dem 12. Jh., Resten einer romanischen Burgkapelle und einem noch etwas besser erhaltenen Wachtturm oberhalb des Schlosses (17. Jh.). Als sich Wolflinus von Karlsberg, ein Bruder des Marschalls von Kärnten, am Aufstand von 1292 beteiligt hatte, verloren die Karls-

berger Besitz und Würden. Ihre Nachfolger, die Aufensteiner, wurden als Aufständische in Bleiburg gefangen und ihres Besitzes für verlustig erklärt. Als dann nach einem Zwischenbesitz Paul von Khevenhüller Karlsberg erhielt, mußte auch er als Protestant bald wieder auf Burg und Herrschaft verzichten und außer Landes gehen. Nach dem Bau des Schlosses verfiel die Burg.

Karlstein, nordöstl. Waidhofen an der Thaya, NÖ. Der Blick von der Thaya empor zum runden Bergfried und den großflächigen Mauerzügen des Wohntraktes der Burg Karlstein läßt Besucher auf den ersten Blick hin an eine interessante mittelalterliche Anlage denken. Doch es blieb von der ursprünglich romanischen Burg Chadelstein nach den Zu- und Umbauten des 15. bis 17. Jh., aus der gotischen Zeit außer einer verzierten Spindeltreppe und kleinen Erkern und Fenstern im stimmungsvollen Hof nur die schöne spätgotische Kapelle mit Sternrippengewölbe, Säulen und Empore. Die landesfürstliche Burg widerstand als Schloß den Schweden, bot in der Türkenzeit Zuflucht und hatte im Laufe der Zeit viele Besitzer. Heute ein Pensionsbetrieb.

Katsch, Ruine nordöstl. Murau, Stmk. Das Gemäuer hoch oberhalb der Mündung des Katschbaches in die Mur, im 12. Jh. als Straßen- und Brückensicherung erbaut, war durch mehr als zweieinhalb Jahrhunderte zäh verteidigtes Freisinger Lehen der Stubenberger. Obwohl Friedrich von Stubenberg nach dem verunglückten Aufstand gegen Albrecht I. bei Kraubath im März 1292 verwundet und gefangengenommen worden war, erhielt er Katsch bald wieder zurück. Als er starb und der Freisingische Bischof von Burg Rothenfels bei Oberwölz her, wo er sich gerade aufhielt, die Nachfolger aufforderte, den Sitz freizumachen, blieben sie noch 145 Jahre auf der Burg und verteidigten sie auch gegen den Straßer, der sie im Auftrag des Stiftes Sankt Lambrecht vergeblich berannte. Erst als Katsch über Hans von Stuben-

berg an dessen Schwiegervater Baumkircher kam und dieser Rebell gegen seinen Kaiser und Herrn den kürzeren gezogen hatte, wurde »das slos Ketsch aus Andree Paumkirchers als eines Kaiserlichen Gnaden abgesagten veinde handen mit gewaltigen swerte« erobert. Das gewaltige Schwert, die große Kartaune aus St. Veit an der Glan, mit der die Kaiserlichen auch bei anderen Burgen Erfolg hatten, brach die riesige, zwei Meter starke Ringmauer und beschädigte die turmlose Anlage beträchtlich, bevor sie eingenommen wurde. Den Ungarn widerstand Katsch. Es waren die Windischgrätzer, die Katsch im 16. Jh. entscheidend erweiterten. Doch verschuldete der Besitz, bevor er an den Fürsten Schwarzenberg kam. Seit 1838 verfällt Katsch zunehmend, es finden sich innerhalb der Ringmauer noch Reste der gotischen Kapelle im inneren Burghof, ein Treppenhaus und eine tiefer gelegene Vorburg mit Ruinen des Wohngebäudes.

Khünburg/Khünegg bei Hermagor, Ktn. Von der Khünburg der Grafen von Bogen aus dem 12. Jh., dem später bambergischen Besitz des 13. und 14. Jh., steht heute, eine Stunde Fußweg von Hermagor entfernt, noch der mächtige Bergfried. Zur Aussichtswarte ausgebaut, bietet er einen herrlichen Fernblick ins Gailtal und in die Karnischen Alpen. Die zweitorige Burg brannte im 16. Jh. ab, und es blieb um einen Vorhof und einen kleinen Burghof Gemäuer des Palas, von Wirtschaftsgebäuden und des Berings. Wir wissen wenig aus der Geschichte dieser mittelalterlichen Feste, um so mehr aber vom Burgschloß *Khünegg* in Egg, südöstl. Hermagor, die man sich nach dem Brand der Khünburg ausbaute. Sie wird noch heute, soeben restauriert, bewohnt.

Kienburg, Ruine südöstl. Matrei, Osttirol, auf isoliertem Felshügel am rechten Iselufer.

Kirchschlag in der Bucklingen Welt, südl. Wiener Neustadt, NÖ. Wildoner im 12. Jh., Kuenringer im 13. Jh., Pottendorfer im 14./15. Jh. und Puchheimer im 16. Jh. waren Herren auf dieser wichtigen Grenzburg, die zweimal auch von den Ungarn erobert wurde. Im 16. und Anfang 17. Jh. ist Kirchschlag zur starken Festung erweitert worden. Trotzdem nahmen sie 1683 die Türken ein und zerstörten die Anlage. Der noch gut erhaltene quadratische fünfstöckige Bergfried auf dem südöstlichen, durch Graben von der einstigen Burg getrennten Felskopf war ehemals über eine Leiterbrücke erreichbar. Er beherrscht die bedeutenden Reste der einst zehntürmigen Ringmaueranlage (ursprünglich mit anschließenden Wehrmauern zum Ort versehen). Um einen Hof gruppieren sich im unregelmäßigen Viereck angeordnete Gebäudemauern und Gewölbe, zum Teil im Kern noch aus romanisch-gotischer Zeit. Die marktseitig gelegenen Reste einer größeren Toranlage aus dem 16. Jh., mit Fußgänger- und Reiterpforte, weisen auf den einen der beiden Eingänge, die seinerzeit in die Burg führten.

Klamm, Ruine oberhalb Schottwien am Semmering, NÖ. Der »Cerwald« war bis ins 12. Jh. ein gefürchtetes, unwegsames Gebirge. Den Saumpfad, der über den späteren »mons Semernik« führte, baute man erst nach 1192 zum Handelsweg aus, als auf dem Steinfeld zum Schutze der Straßen nach dem Süden die »niwenstadt«, das spätere Wiener Neustadt, gegründet worden war. Die Felsenzunge

oberhalb des Weißenbaches befestigten die Herren von Klamm als Ministeriale der Grafen von Pitten, deren Herrschaftsgebiet sich weit bis in die heutige Steiermark ausdehnte. Die seit dem 14. Jh. landesfürstliche Paßsperre wurde im 15. Jh. von Corvinus, dem Ungarnkönig, im 16. Jh. von Türken eingenommen und von ihnen auch verwüstet. Von den Franzosen 1805 zerstört, restaurierte Fürst Liechtenstein im 19. Jh. das Mauerwerk teilweise. Auf S-förmig angelegtem Pfad gelangt man zwischen Felsen über Abstufungen zur ehemaligen Vorburg, zum unteren und oberen Hof und zur Hochburg. Vom Doppelbergfried — sein Grundriß (zwei sich schneidende Kreise in Form einer Acht) ist ohne Beispiel — bietet sich eine herrliche Fernsicht. Die restaurierte Kapelle hat noch spätgotische Ausstattung. Auch Felsenkeller, Turmschacht und Wendeltreppe stammen aus mittelalterlicher Zeit. Einige Räume sind mit guten Antiquitäten ausgestattet.

Klammstein, Turmruine bei Dorfgastein, Sbg., am Zugang zur Gasteiner Klamm.

Klaus, Ruinen bei Kirchdorf an der Krems, OÖ. Das mittelalterliche Restgemäuer — ein Torturm mit gotischem Türsturz und Gußerker — hinter dem Schloß in Klaus (16. Jh.) war vom 12. bis 15. Jh. eine wichtige landesfürstliche Wehranlage an der

alten Römerstraße und dem späteren Handelsweg nach Venedig. Sie wird 1170 erstmals genannt und sicherte den Pyhrnpaß, auf dem an der Straße nach Liezen die Steirer den sogenannten Klausturm angelegt hatten, der seit dem 13. Jh., mit landesfürstlichen Dienstleuten besetzt, mehrfach umgebaut worden ist.

Klauseck, Ruine nordöstl. Tamsweg, Sbg. Zum viergeschossigen Bau oberhalb der Straße an der steirischen Grenze mit Resten der Umfassungsmauer, eine landesfürstliche Grenzburg des 14. Jh., gehörte auch die »Klause«, die heutige Ruine der Straßensperre mit dem späteren Torwarthaus (17. Jh.).

Klingenberg, Ruine nordwestl. Pabneukirchen, OÖ. Auf den Türmen der alten Burgen brannten im 16. und 17. Jh., sobald sich ein Feind nahte, »Kreidfeuer«, mit denen man die Bevölkerung des »Nordwaldes« warnte. Mit solchen Feuern aber verständigten sich auch die Burgherren untereinander. Ein Feuer auf Burg Clam leuchtete südwärts bis Perg und ins Machland, man sah es aber auch auf Burg Kreuzen, und über Klingenstein und Rottenstein gingen die Signale nach Arbesbach und Rappottenstein und zu den Grenzburgen Weitra und Litschau. Klingenberg auf der bewaldeten Felskuppe nordöstl. St. Thomas am Blasenstein gehörte noch im 16. Jh., in der Türkenzeit, zu den verteidigungsfähigen Fluchtburgen des Landes. Sein Bergfried ist heute zur Hälfte eingestürzt. Die dreigestufte Anlage, im Erbweg vorerst an die Grafen Clam-Velburg, dann an die Babenberger gefallen, später Pfand- und Lehensbesitz, zeigt heute noch hinter der hohen Zinnenmauer Ruinen zweier Vorburgen mit Tor und Torbauten, Wohn- und Wirtschaftsgebäuden. Die Hauptburg auf der obersten Felsstufe überrascht durch ihr wuchtiges Quaderwerk, noch ragen die Kragsteine eines einstigen Wehrgangs an der mächtigen Ringmauer. Wir stehen hier oben auf der Stelle der einstigen romanischen Burg, die sich die Machländer im 12. Jh. errichteten. Im 17. Jh., im

Ruine Klamm, NÖ.

Besitz des verarmten Klosters Waldhausen, später des Linzer Domkapitels, ist die Burg dem Verfall überlassen worden.

Klingenstein (Salla), nordwestl. Voitsberg, Stmk. Unweit Salla, an der alten »Reisstraße«, unterhalb des heutigen »Gaberls«, liegt, waldverdeckt in einer Straßenkurve, die ehemals zweitürmige Kleinburg mit langgestrecktem, verteidigungsfähigem Palas. Hof und Mauer machen sie zur geschlossenen Wehranlage. Wahrscheinlich ist sie erst im 14. Jh. von einem der Grafen von Montfort auf Eppensteiner bzw. St. Lambrechter Gebiet erbaut worden und später, im Besitz der Grafen von Saurau, im 17. Jh. verfallen.

Klöch, nördl. Radkersburg, Stmk. Burg und Herrschaft der Wolfsauer waren vom Beginn an, auch als späteres Lehen der Landesfürsten, verschuldet. Die Wolfsauer, ebenso wie ihre zeitweiligen Nachfolger, die Herren von Emmerberg, plünderten schon Anfang des 15. Jh. die Bauern der Umgebung und die Radkersburger Bürger. Sie mußten sich dann auch erst am landesfürstlichen Gefolge vergreifen, bevor der Herzog sie zum Gehorsam zwang. 1418 fielen in Klöch die Ungarn ein und verwüsteten Burg und Herrschaft. »Mord, diprey, raubrey« blieb auch an der Tagesordnung, als Burg Klöch das Blutgericht verliehen wurde und sie mit *Halbenrain* (die mittelalterliche Burg ist verschwunden) eine Herrschaft bildete. Das 16. Jh. brachte Klöch die Religionswirren. Als man im November 1598 den katholischen Pfarrer am Altar zu steinigen versucht und aus der Kirche gejagt hatte, sprengte im Winter darauf die Reformationskommission das Gotteshaus, verbrannte Bücher, verjagte den Prädikanten und hielt sich an Getreide und Wein schadlos. 1605 kamen die Türken wieder, nahmen 144 Menschen und 300 Stück Vieh mit und ermordeten unzählige, während sie die Umgebung niederbrannten. Anfang des 18. Jh. fielen wieder die Ungarn ein. Am 21. März 1706 heißt es in einem Bericht, daß die Klöcher

Ruine Kollmitz, NÖ.

»gahr in Grund abgebrennt, alle Vahrnuß und Vich nebst villen gefangenen Undterthanen abgeführt worden«. Von der zum Teil dreifachen Ringmauer und einer 2,5 m starken Schildmauer, dem 8 x 8 m großen Wohnturm sind bedeutende Teile erhalten. Die nicht gerade behaglichen, tonnengewölbten »Wohnräume« im Turm zeigen Freskenspuren des 15. Jh. und Fensternischen mit Steinsitzen. Von der Kapelle finden sich nur geringe Reste. Südöstlich begrenzt ein einzeln dastehender Gebäuderest den Kern der alten Burganlage.

Kollmitz, Ruine südöstl. Raabs a. d. Thaya, NÖ. Diese größte Burgruine des Landes erinnert an den Böhmenkönig Podiebrad, der sich im Herbst 1448 durch einen Handstreich der Hauptstadt Prag bemächtigt hatte und auf seinem Weg zur böhmischen Königswürde, im Streit um die Wahl des Ladislaus Posthumus, 1451 auch in Österreich einfiel und Burg Kollmitz an der Thaya vergeblich belagerte. Der Versuch der Böhmen scheiterte an der ein Jahr vorher errichteten 160 m langen turmbewehrten »Böhmischen Mauer«, dem eigentlichen Signum dieser Ruine. Die zinnenbewehrte, heute noch mit Resten des Wehrganges versehene zyklopische Mauer verriegelt die Landzunge in der Thayaschleife und die hier liegende Hauptburg mit dem runden

Bergfried. Die Ruine zeigt noch die beiden Tortürme und den turmgeschützten Palas sowie eine Reihe spätmittelalterlicher Bauelemente und Details. Sie unterscheiden sich deutlich von den Zubauten des 17. Jh. Als der angesehene Protestant und Herr auf Burg Kollmitz Hans Adam von Hofkirchen seinen Nachbarn Niklas von Puchheim im Hof seiner Burg ↗ Raabs ermordet hatte, verlor er, des Hochverrats beschuldigt, Burg und Herrschaft. 1620 eroberten die kaiserlichen Truppen die Burg. Die Ruine entstand, als man die dann in geistlichem, später wieder freiherrlichem Besitz befindliche Anlage um 1860 aus steuerlichen Gründen abdeckte.

Königstein, Ruine bei Passau, OÖ. Im Auftrag des bayerischen Herzogs hatte Heinrich von Wernberg 1410 im strategisch wichtigen Donau-Inneck zum Mißvergnügen der Passauer Bischöfe eine Burg erbaut. Als sich die Passauer beim Kaiser Rückendeckung geholt hatten, nahm Bischof Leonhard Königstein nach siebentätiger Belagerung mit 1500 Mann, viel Geschützen und Belagerungsgerät im Sturm und ließ die Burg schleifen. Das war 25 Jahre, nachdem sie gebaut worden war. Kaum noch ragen heute Mauerreste des kreisrunden Bergfrieds über den Boden.

»Kraiger Schlösser« (Alt-, Hoch-, Niederkraig) siehe Seite 119

Kranichberg, südöstl. Gloggnitz, NÖ. Die Straße führt durch die ehemalige Vorburg der im 16., 17. und 18. Jh. vielfach erweiterten und umgebauten Burganlage des 12. Jh. Zwischen dem fünfgeschossigen mittelalterlichen Bergfried und der (frei zugänglichen) Burgschloßkapelle des 15. Jh., mit Sakramentshäuschen, liegt der dreigeschossige Renaissancebau. Außenmauer, Zwinger und Graben der Anlage stammen aus dem Spätmittelalter, am »Kirchberger Tor« sind noch Pechnasen und der anschließende Wehrgang zu sehen. Der Besitz der Herren von Craneberch, seit dem 12. Jh. derer von Wallsee, der Stadecker und der Montforter, ist im 15. Jh. vom Ungarnkönig Corvinus erobert worden, den bereits landesfürstlichen Besitz wählten seit dem 18. Jh. die Erzbischöfe von Wien als Sommersitz. Er barg bis 1957 auch die Grabstätte des Fürsterzbischofs Kardinal Piffl.

Krempelstein, östl. Passau, oberhalb des Donauufers, OÖ. Die schmucklose kleine Anlage erinnert in noch manchem an frühe Zeiten. Römische Münzen, die man an seinem Fuß fand, lassen sogar an ein spätantikes Fundament des um etwa 1200 errichteten Turmes denken. Der einstige Einstieg liegt stockhoch, und unter dem Dach finden sich noch Reste eines hölzernen Wehrganges. In die Gemächer des viergeschossigen Baues führen Treppen und Gänge in der Mauerstärke, in sie sind auch Sitznischen vor einst hohen schmalen Lichtschlitzen gebaut. Im ersten Geschoß lag die Kapelle mit gotischem Kreuzgewölbe und Portal, im obersten findet sich noch ein gekuppeltes Fenster aus der Erbauungszeit. Der als Wohnturm in Verwendung stehende Wehrturm des Passauer Bistums — noch sind auch Reste der einstigen Ringmauer in der Umgebung zu sehen —, meist durch Pfleger und Burghüter von Vichtenstein betreut, erhielt im 16. Jh. den zweigeschossigen Palas angebaut. Es ist nur eine Sage, daß auf diesem »Chraemarestein« im 16. Jh. der von seinem Glauben abgefallene Passauer Dompropst Ruprecht von Moosham fünf Jahre ein-

gekerkert war und hier Selbstmord verübte. Eine Sage ist auch die Geschichte vom armen Schneider, die Krempelstein zum Namen »Schneiderschlößl« verhalf. Nach ihr sei Meister Zwirn, als er seine verendete Ziege über den Felsen hinab in die Donau habe werfen wollen — ». . . als er sie schleudern will hinein . . .«, heißt es im Gedicht des Grafen Platen-Hallermünde —, von dem Tier mit in die Tiefe gerissen worden. — Die heutige romantische Gaststätte ist vom Parkplatz bei Pyrawang bequem zu erreichen.

Krainegg, Ruine an der Straße auf den Wurzenpaß, südl. Villach, Ktn.

Krems an der Donau, NÖ. Teile der Stadtburg des 10. bis 12. Jh., der ehemaligen Babenbergerburg, finden sich heute noch in den gotischen Häusern Hafnerplatz Nr. 3—5. Hier sind der ursprüngliche Palas, ein dreigeschossiger Bau aus dem 14. Jh. mit gotischem Tor zu suchen, ebenso der fünfgeschossige, quadratische Wehrturm des 13. Jh. und auch die ehemalige Burgkapelle, von der sich noch mittelalterliche Fenster erhalten haben. Die Burg Krems, im 14. Jh. Besitz des Klosters Lilienfeld, wurde später bürgerlich. — Die *Gozzoburg* am Hohen Markt bzw. in der Margarethenstraße ließ sich der Kremser Stadtrichter und Bürgermeister Gozzo, ein Parteigänger des Böhmenkönigs Ottokar, nach 1258 erbauen. In Häusern am Hohen Markt befindet sich noch der alte Burghof. Deutlich erkennbar sind der verkürzte, unter das Gebäudedach einbezogene Bergfried, die Burgkapelle (jetzt Wohnung) und der Wehrgang (jetzt Arkaden). Zu dieser Gozzoburg gehört der großartige frühgotische Saal aus der Entstehungszeit mit Fresken des 14. Jh. im Hause Margarethenstraße Nr. 14. Der im 14. Jh. landesfürstliche, im 15. Jh. städtische Besitz ist seit dem 16. Jh. privat. Die Gozzoburg ist in den Jahren 1958 bis 1964 restauriert worden und besitzt Schauräume.

Krems, Ruine südöstl. Voitsberg, Stmk. Aus der mittelalterlichen Burg, einst Besitz der angesehenen »Chrem-

ser«, später der Wallseer, Stadecker und Montforter, schuf sich Otto Heinrich von Herberstein, dessen Vater Sigmund Friedrich die Feste oberhalb der Kainachtalenge und die dazugehörige Herrschaft erworben hatte, ein großangelegtes, prächtig ausgestattetes Schloß. Zu ihm, dessen Wände mit »guldin Leder« tapeziert waren, gehörte auch ein nicht viel weniger aufwendig ausgestatteter Tiergarten im Tal. Der junge Herr hatte seine finanziellen Möglichkeiten überschätzt. Den völlig verschuldeten Besitz ließ der steirische Landeshauptmann pfänden und kaufte ihn dann mit der gesamten Einrichtung. Als Herr von Meilleg, ohne die nötigen Barmittel für den Ankauf zu besitzen, sich auf Krems festgesetzt hatte und vom Landeshauptmann Grafen Saurau aufgefordert wurde, das Burgschloß zu räumen, tat er das, nicht ohne sämtliche Einrichtungsgegenstände im Werte von etwa einer Million Schilling mitzunehmen: die Rüstkammer mit einer Unzahl von Waffen und Geräten, mit Geschütz, Munition und Pulver, ebenso die »güldenen« Tapeten an den Wänden und das in der »Kuchl henckennde Glöggl«. Alleruntertänigst gehaltene Schreiben über die vielen Kinder in seinem Haus und seine gänzliche Armut und Not bewogen den Grafen Saurau, das Delikt ungesühnt zu lassen. — Auf der höchsten Höhe des Felsens ragt heute noch der romanische Bergfried mit einem Zugang in 8 m Höhe inmitten von zum Teil aus Stein gehauenen Gebäuderesten. Etwas tiefer liegt der innere Burghof mit Palas, einem Wohnturm des 14. Jh., Gebäude- und Torgemäuer des 16. und 17. Jh. Die Ringmauer von Krems zeigt Reste des Wehrgangs, Scharten und Schießlöcher. Unter den Besitzern der Burg, die nach dem Bergsturz von 1817 zur Ruine wurde, finden sich neben den Herren von Saurau auch Erzherzog Johann und Franz Graf von Meran.

Kreuzen, Ruine nordwestl. Grein, OÖ. Von der gotischen Doppelburg, seinerzeit eine der größten Wehranlagen des Landes, steht oberhalb der Straße nach Pabneukirchen heute noch (östlich der Kuranstalt) die Ruine des »vorderen« Hauses. Um 1200 war die Burg freies Eigentum der Herren von Crucen, im 13. Jh. war sie landesfürstliche Feste und Fluchtort, später zeichneten als Pfleger und Besitzer die Brüder Prüschenk auf der Greinburg und die Meggauer. Mit der Greinburg und Burg Rottenstein vereinigt, wurde Kreuzen im 17. Jh. Mittelpunkt einer Grafschaft. Aus der Erbauungszeit stammen noch die Reste des Turmes. Der Torbau, die Ringmauer und der baufällige (jedoch noch teilweise benützte) Wohntrakt sind jüngeren Datums. Mauerreste und Erdwälle des »hinteren« Hauses lassen die einstige Größe der Burg erahnen. Schon im 18. Jh., vollends im 19. Jh., als die Kaltwasseranstalt entstand, verwendete man Teile der vorderen Burg als Steinbruch. Ein Brand vor der Jahrhundertwende beschleunigte den endgültigen Verfall.

Kreuzenstein, NÖ., siehe Seite 31

Kronburg bei Zams, Tirol. Die riesige Waldkuppe inmitten des Inntals hatte sich seit frühester Zeit für Befestigungswerke geeignet erwiesen. Sie bot sich vor allem den Herren von Starkenberg an, als zur Zeit der spätmittelalterlichen habsburgischen Teilungen, seit 1379, die Chancen für den um Freiheit und Machtstellung bemühten Tiroler Adel wuchsen. Die Starkenberger, die auf ihrer Stammburg bei Tarrenz saßen und ebenso ausgedehnte Besitzungen um ihre Südtiroler Burg Greifenstein innehatten, widerstanden dem »Friedel mit der leeren Tasche«, Herzog Friedrich IV., dann auch am längsten, als er sich als Herrscher in Tirol und in den Vorlanden Anfang des 15. Jh. durchzusetzen bemühte. Der Herzog konnte die eigenmächtigen Herren erst nach Belagerungen und als sie sich auch der Felonie — des Verrats am Lehensherrn — schuldig gemacht hatten, 1426 niederringen. — Auf dem Waldberg im Inntal, den man von Rifenal und dem Weiler Kronburg oder von Schönwies her erreicht, bietet sich neben der herrlichen Lage

auch Steinwerk der einst großen, nach 1500 von Lehensleuten Kaiser Maximilians erweiterten Starkenberger Feste: Reste zweier Vorwerke mit rund- und spitzbogigem Tor, eines viergeschossigen, wohnturmartigen Bergfrieds (mit Fensternischen und gotisch gewölbten Räumen), einer Zinnenmauer um den Hof, des schmalen Torbaues und des Palas (mit Halle) sowie Spuren von zweistöckigen Holzgalerien und eines Wehrganges. Die Anlage befindet sich seit dem 18. Jh. im Verfall.

Kronest, Ruine südl. Freistadt, OÖ. Drei zweigeschossige Mauern eines Wohnturms stehen von der Burg noch, die sich Schrautolf, Landrichter in Freistadt, im 14. Jh. unerlaubterweise westlich von Lasberg auf dem Grund des Klosters St. Florian erbaute. Nach längerem Streit mit den geistlichen Herren verglich er sich über das »Chroneste«, das Krähennest. Es war schon nach dem 16. Jh. ein »ödes Stöckl« und verfiel dann zusehends.

Kronsegg, Ruine nordwestl. Langenlois, NÖ. »Chranzek« hieß im 13. Jh. die Lehensburg der Markgrafen von Brandenburg am Loisbach. Ihre Ruine, die entstand, als man im 17. Jh. ins Schloß Schiltern zog, ist heute ein beliebtes Ausflugsziel und in gewissem Sinn auch eine Sehenswürdigkeit. Innerhalb der ausgedehnten rechteckigen Drei-Tore-Anlage mit drei Höfen und zwei Bergfrieden finden sich neben dem hohen Palas Reste einer Küche mit Esse, interessante architektonische Details des 13. bis 15. Jh., ebenso eine zweigeschossige, gotische Kapelle mit Kreuzrippengewölbe, Spitzbogenfenstern und Freskospuren um 1400 im ersten Geschoß eines Turmes.

Kropfsberg, südwestl. Rattenberg, Tirol. Auf dem Hügel, Ort einer alten heidnischen Kultstätte, ragen drei Bergfriede empor — der mittlere, 30 m hoch, wurde zur Aussichtswarte ausgebaut. Der Palas weist zwei Bauepochen in romanischer Zeit auf, doch findet sich auf Kropfsberg kein gotisches Mauerwerk. Erst nach 1500 sind die späteren Zu- und Umbauten

entstanden. Nie ein Ort kriegerischer Auseinandersetzung, ist Burg Kropfsberg noch im 16. Jh. stark befestigt, mit neuen Mauern und Bastionen umgeben worden. Über einen Kilometer lang ist der an drei Seiten doppelte zinnenbewehrte Bering, 2 bis 4 m stark das Mauerwerk. Die einst stattliche Salzburgische Grenzburg war im Mittelalter und auch zu jüngerer Zeit mehrfach Ort politischer Entscheidungen und Verhandlungsort für Tirol, Salzburg und Bayern. Als die Ruine 1816 von Bayern wieder an Österreich kam, versteigerte man den Besitz und demontierte ihn. Die heutigen Inhaber sind nach den Beschädigungen der Burg während des Zweiten Weltkriegs um die Erhaltung des sehenswerten Baues bemüht. Sie unterhalten eine sommersüber geöffnete Gaststätte.

Krumau, Ruine oberhalb des gleichnamigen Ortes am Kamp, NÖ. Am 11. Februar 1252 wurde die über vierzigjährige Königinwitwe und Schwester des letzten Babenbergers Margarethe in der Burgkapelle von ↗ Hainburg dem 22jährigen Böhmenkönig angetraut. Sie ahnte damals nicht, daß sie mit dem Beinamen »die Tränenreiche« neun Jahre später auf die einsame Burg am Kamp verbannt werden würde. Die kinderlos gebliebene Ehe wurde 1261 geschieden. Margarethe von Österreich starb sechs Jahre darauf auf ihrem Witwensitz Krumau und ist in Lilienfeld, an der Seite ihres Vaters, Leopolds VI., beigesetzt worden. Von dieser Kuenringerburg des 12. Jh. hat sich nichts erhalten. Der landesfürstliche Pfandbesitz ist später von den Maissauern, Puchheimern, Neideggern und Rogendorfern verwaltet worden, bevor ihn Gregor Rauber als »Herr zu Krumbnau« im 16. Jh. ausbauen ließ. Nach Zerstörungen, Wiederaufbau und neuerlichem Verfall im 17. und 18. Jh. hat die niederösterreichische Landesregierung, seit 1959 Besitzerin, die Burg restaurieren lassen.

Krumbach, südl. des gleichnamigen Ortes in der Buckligen Welt, NÖ. Durch fünf Torbauten gelangt man in den innersten Hof der um 1200 (an Stelle eines älteren Turmes) erbauten, im 16. Jh. zum neuntürmigen Schloß erweiterten Grenzburg der Krumbacher. Der sechsgeschossige Bergfried in der von zwei Ringmauern umgebenen, fast quadratischen Anlage stammt in seinem Kern aus der Erbauungszeit der Burg, der halbkreisförmige »Hungerturm« aus dem 16. Jh. An die vergebliche Türkenbelagerung von 1683 erinnert das Türmchen mit einem Halbmond. — Im 14. Jh. übergab der letzte Krumbacher Burg und Wappen den Puchheimern, die dann 300 Jahre deren Eigen blieben. Nach ihnen wechselten die Besitzer rasch. Heute ist Krumbach privat und Sitz einer Forstverwaltung. Die Höfe sind zu besichtigen.

Kufstein, Tirol, siehe Seite 144

Kundlburg, Bergfriedruine bei Kundl, Tirol, am Eingang zur Kundler Klamm. Verfiel Anfang des 15. Jh.

Laa an der Thaya, nordwestl. Mistelbach, NÖ. Welche Bedeutung der Babenberger Leopold V. dem Markt an der böhmischen Grenze beimaß, zeigt, daß er das Land im Norden seiner Residenzstadt, am Einfallstor aus dem mährischen Raum, um 1190 käuflich erwarb. Allerdings konnte erst sein Sohn und Nachfolger, Leopold der Glorreiche, die Pläne in die Tat umsetzen und an die Wasserburg in der Nordostecke eine planmäßige Stadtbefestigung anschließen. Die Burg hatte dann das Schicksal von Grenzlandburgen. Schon unter den letzten Babenbergern war sie Streitobjekt, Ottokar der Böhmenkönig gedachte sie zu einem Angelpunkt in seinem regnum Ottocarium zu machen, und als Albrecht I. das Gebiet Johann von Böhmen übergab, mußten sich merkwürdigerweise einige Bürger von Laa zur Sicherstellung bereit erklären und durften die Stadt nicht verlassen, bevor sie nicht dem Treuhänder des minderjährigen Luxemburgers übergeben worden war. Mährische Raubritter, Hussiten, Ungarn, Schweden, Preußen, Franzosen und Russen haben im Laufe von acht Jahrhunderten Burg

Ruine Landsee, Bgld.

und Stadt zugesetzt. Der runde, mit Kragsteinen für den Wehrgang noch bewehrte Turm aus dem 13. Jh., von dem man weit ins mährische Land sieht, diente als Sperrwerk für die Wassergräben und ist erst später zur Wohnburg ausgebaut worden.

Landeck, Tirol, siehe Seite 155

Landsee, Ruine südl. Wiener Neustadt, bei Kobersdorf, Bgld. Auf der höchsten Stelle innerhalb der riesigen Ruine über dem Stooberbachtal erhebt sich inmitten der Mauerringe schiffbugartig emporragendes Gemäuer, das in direktem Zusammenhang mit dem frühesten Wehr- und Wohnturm steht, die die Herren von Landesere bewohnten. Hier auf der Linie Kirchschlag—Forchtenstein sicherten sie die Einbruchstelle zwischen Ödenburg und Güns. Die ursprüngliche Burg, wahrscheinlich bald durch Gebäude (heute mit Küche und Kapelle) um den kleinen Hof erweitert, wurde schon vor 1263 ungarisch und blieb es, obwohl sie Albrecht I. 1289 im Rahmen der »Güssinger Fehde« für Habsburg wiedergewonnen hatte. Der ungarischen Krone pflichtig blieb Landsee nach kurzem Zwischenbesitz auch im 14. Jh. Von ihrem späteren Schicksal ruft man sich gern ins Gedächtnis, daß die Witwe des Ulrich von Weißpriach, der sie besaß, sich des Räuberhauptmanns Franzl Magusch bediente, bevor sie ihr Vergehen mit dem Tode büßte. Man erinnert

sich auch ihres Sohnes Hans, der Landsee an Erasmus Teufl, seinen Schwiegervater, den Kaiserlichen Rat, Gespan und Hauptmann, brachte, den die Türken dann besiegten, gefangennahmen und in Konstantinopel hinrichteten. Das war alles zur Zeit, bevor Landsee im 17. Jh. zur siebentürmigen Riesenburg ausgebaut wurde, die dann 1707, wahrscheinlich nach einer Pulverexplosion, abbrannte und, notdürftig instand gesetzt, 65 Jahre später nochmals endgültig zur heutigen Ruine ausbrannte. Die mächtige Anlage des 17. Jh. kann im Gemäuer bald von der Urburg unterscheiden, wer sich daranmacht, das heutige labyrinthische Ruinenfeld langsam abzugehen und eventuell dabei auch einen Grundriß oder einen Stich aus früherer Zeit betrachtet, der Landsee im Türme- und Beringschmuck zeigt.

Landskron, Ruine nordwestl. Villach, Ktn. Die einstige Krone der Burgen im Lande imponiert auch als zum Nobelrestaurant umfunktionierte Ruine. Vor allem ein Gang die friesgeschmückte Außenmauer entlang, zu den Feuerbasteien und Befestigungstürmen überzeugt, daß Landskron weniger durch seine Details als durch seine Gesamtanlage beeindruckt. Von der einstigen Burg unterrichten uns Stiche von Merian, Valvasor u. a. m. Nachdem Habsburg schon siebzehn Jahre vorher die Herrschaft ↗ Finkenstein am Faaker See zugefallen war, erwarb Albrecht II. von Habsburg am 25. Juli 1351 auch den Berg Landskron mit den Gütern von Gratschach und übergab sie dem Grafen von Cilli. Das war nicht gut getan. Eine aufstrebende Handelsstadt wie Villach konnte einen Burggrafen nicht dulden, der in ihrer Nachbarschaft die Landgerichtsbarkeit besaß, dessen Burgfrieden in ihr Stadtgebiet reichte, der sich unterstand, ihnen seit je geübte Maut- und Geleitrechte abzusprechen und Nürnberger Kaufleute einfach überfiel, die sich unter ihren Schutz gestellt hatten, sich im übrigen auch Villacher Gut auf seinen Berg holte, wenn er es für richtig hielt. Der Graf, nicht weniger erbost über die renitenten Villacher, brach schließlich einen Krieg vom Zaun und belagerte — freilich vergeblich — die freien Bürger. Das war den Habsburgern zuviel, Landskron kam an die Stubenberger, später an den St.-Georg-Ritterorden zu Millstatt, freilich mit dem Ergebnis, daß Burg und Herrschaft Landskron verfielen. Es war dann ein Khevenhüller, der wie im Falle Osterwitz die Burg zur »Krone des Landes« machte. Ferdinand I. hatte 1542 Christoph Khevenhüller, seinem Rat, dem Landeshauptmann von Kärnten, das nach einem Brand zur Ruine gewordene Landskron samt Vogteien und Landgericht verkauft und ihm schon ein Jahr später zugestanden, sich »Herr zu Aichelberg und Landskron« zu nennen. Zehn Jahre danach war Kaiser Karl V. Gast auf Landskron. Nach Christoph versuchte seit 1557 sein Sohn Barthelmä mit allen Mitteln — sie flossen ihm vor allem aus dem Bergbau zu —, Landskron zu einer luxuriös ausgestatteten Prunkburg auszubauen. Diesem Khevenhüller ging es vor allem um die Modernisierung der Wehranlagen. In Kanonen, Feldschlangen, in die Rüstkammer und das Zeughaus steckte er ein Vermögen. Trotz seines evangelischen Glaubens behielt er Landskron bis zu seinem Tod. Erst sein Sohn Hans mußte als Protestant außer Landes. Als er in schwedische Dienste trat, wurde gegen ihn ein Hochver-

ratsprozeß eröffnet, und der Besitz verfiel der Beschlagnahme. Landskron erhielten jetzt die Dietrichsteiner, bereits Herren auf Finkenstein und Hollenburg. Von Pflegern und Verwaltern besetzt, ist aus der allmählich verfallenen Burg zuerst viel verkauft worden, zum Schluß wurde auch das wertvollste Gestein abwärts gekarrt. Bis ein französischer General 1809 jeden weiteren Abbau der Burg durch Bauern verbieten mußte. Aber ein Blitzschlag beraubte Burg Landskron 1812 aller Dachstühle, und es blieb die Ruine. Noch 1912 stand der baufällige Bergfried. Die beim Eingang in den Burgbereich erhältliche Broschur »Landskron in Kärnten« unterrichtet vorzüglich über Details, auch über die hier gefundenen keltischen und römischen, frühchristlichen Steine, über den prächtigen Grabstein des Barthelmä Khevenhüller und gibt eine instruktive historische Übersicht über die seit 1953 gesicherte, restaurierte und ausgebaute Ruine.

Laudeck, südöstl. Landeck, Tirol. In der kleinen romanischen Burg hoch über dem Inntal tagte seit dem 13. Jh. das Landgericht. Es war zuständig für das Gebiet zwischen der Innschlucht hinter Landeck bis zur Klause von Finstermünz. Um den riesigen Zinnenturm ist gegen die An-

griffseite eine Ringmauer mit Eckturm gezogen. Den unscheinbaren Palas baute man erst später an. In der kleinen Wehranlage, die, von welcher Seite man sich ihr auch immer nähern mag, die Blicke auf sich zieht, hat sich seit 1945 ein Privatmann in zwei Geschossen äußerst wohnlich eingerichtet.

Lavant, Ruine bei Lienz, Osttirol. Am Hang des Hügels über dem Drautal finden sich Fundamentreste zweier Türme und Mauerteile des Berings einer Fliehburg aus der Völkerwanderungszeit (5. Jh. n. Chr.). Darüber erheben sich Säulen und Mauern eines Sakralbaues derselben Zeit, wahrscheinlich der späteren Residenz (6./7. Jh.) des Bischofs von Aguntum (Lienz). Von der Burg, wie sie im 15. Jh. bestand, schreibt Santonino, der Begleiter des Bischofs von Caorle: »Der Lavantberg fällt rings in steilen Wänden ab und gewährt nur einen einzigen Weg, besser gesagt Aufstieg für die Leute; der ist sehr steil und eng. Ein wenig vor der halben Höhe ist das Tor, durch Mauerwerk und Quadern befestigt. Wenn es verrammelt wird, ist der Ort uneinnehmbar. Auf der Spitze ist eine Kapelle des hl. Petrus gegründet.«

Laxenburg, südl. Wien, NÖ. Herzog Albrecht mit dem Zopf hatte die

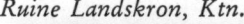

Ruine Landskron, Ktn.

Wasserburg der Lachsendorfer im 14. Jh. umbauen lassen und sie mit Kunst- und Einrichtungsgegenständen aus der aufgelassenen Klosterneuburger Residenz ausgestattet. Der Monarch oblag, ähnlich wie 400 Jahre später sein Nachfahre Franz II., hier in Laxenburg gärtnerisch-botanischen Ambitionen. Beide Habsburger huldigten im übrigen einer Lebenshaltung, die Kaiser Friedrich III. in einer Inschrift im heutigen »Alten Schloß« in Stein meißeln ließ: »Rerum irrecuperabilium suma felicitas est oblivio« — Das höchste Glück ist, die nicht erreichbaren Dinge zu vergessen. Die ursprüngliche Wasserburg ist heute ein zweihöfiger Renaissance- und Barockbau. Bergfried, Palas und gotische Kapelle sind in ihm verbaut worden. — Die *Franzensburg*, als »gotischer« Bau von Kaiser Franz II. in klassizistischer Manier aufgeführt (1798—1801), wurde später erweitert. Bauteile und Einrichtung stammen aus österreichischen Burgen, Schlössern und Klöstern (Klosterneuburg, Greillenstein u. a. m.). Als Museum ist die Burg zwischen Ostern und Oktober tägl. von 8—18 Uhr zu besichtigen.

Leesdorf, NÖ., ↗ Baden

Leibnitz, Stmk., ↗ Seggau

Lengberg, südöstl. Lienz, Osttirol. Die mittelalterliche Burg oberhalb des Ortes, seit dem 12. Jh. Salzburger Besitz, ist im 16. Jh. und im 19. Jh. völlig umgebaut worden. Es birgt das turmlose Lengberg auf dem Hügel bei Nikolsdorf mit seinem malerischen Hof und dem söllerartigen Wehrgang, den Resten einer Zugbrücke auch einige spätgotische Elemente jener Burg, in der 1485 der Bischof von Caorle mit seinem Begleiter Paolo Santonino einkehrte. Sie wurden vom »edlen Ritter Virgilius von Groben« fürstlich bewirtet. Nachdem der Burgherr seinem hohen Gast, als Zeichen seiner Untertänigkeit, die Schlüssel der Burg übergeben hatte, setzte er ihm am ersten Tag Äschen vor, ein Stück über zwei Pfund schwer, und andere Fische, besonders auch Aalruten, die, nach Santoninos Bericht, die Kärntner von

damals den Forellen vorzogen. Auch ein zuckerbestreuter Pfannkuchen, zum Teil mit Salbeiblättern, zum Teil mit kleinen Äpfeln gefüllt, wurde den Gästen aufgetischt. Am nächsten Tag bewirtete sie der Burgherr, angetan mit einem golddurchwirkten Kleid und einem grünen Barett, das mit einem perlenbesetzten Weinlaubkranz bestickt war. Der erste Gang bestand aus Kuttelfleck vom älteren Kalb, gut gerichtet und mit Safran gewürzt. Als zweiten Gang wurden gesottene Fische, Rutten, Äschen und Forellen aufgetragen. Als dritte Speise kamen Hühner, Krähen und Lämmernes am Spieß. Der vierte Gang bestand aus Kraut in einer Schüssel, darüber Speck und ein Kranz von Hauswürsten. Es folgte gekochtes Gemsfleisch mit kleingeschnittenen Äpfeln und Zwiebeln darüber, mit Gewürz überstreut. An sechster Stelle gab es Rindfleisch und ausgezeichnete Hühner in fetter Suppe. Die vorletzte Speise war Fleischsuppe mit Gerste, der Nachtisch bestand aus mildem Käse, frischen Nüssen und süßen Birnen.

Leoben-Massenburg, Ruine südl. der Stadt, Stmk. Das Burgschloß auf den mittelalterlichen Fundamenten, die 1937 freigelegt wurden, war als Pfandbesitz nicht immer in Händen nobler Herrschaften. Streitende Erben hatten schon 1609 Peter Zollner — Nachfahre jenes Veit Zollner, der die romanische Burg zur großzügigen Wehranlage hatte ausbauen lassen — als seiner Sinne nicht mehr mächtig erklären lassen. Nicht besser ging es Maria Johanna Franziska, seit 1683 Herrin auf der Massenburg. Als Witwe hatte sie den alten Neuhaus geheiratet und gleichzeitig ein Liebesverhältnis mit dem jungen Ernst von Teufenbach begonnen. Mit gezogenem Degen jagte der cholerische Jüngling den Alten aus dem Bett und den Burgberg hinunter, nachdem er schon dessen Diener in das Verlies hatte sperren lassen, in jenen berüchtigten fünfeckigen Turm — er ist heute zum Teil noch erhalten —, in dem er auch eigenhändig Kritiker seines Liebeslebens verprü-

gelte. 1694 endlich die Gattin des Geliebten geworden, mußte sich Maria Johanna Franziska nicht ganze zwei Jahre später »in gar kläglichem Aufzug« von einer Kommission bestätigen lassen, ihre Klage, sie werde von ihrem dritten Mann geschlagen, bestehe nicht zu Recht, sie sei vielmehr wirklich irrsinnig, so wie das ihr Herr Gemahl behauptet. — Das konservierte Grundgemäuer der Massenburg kann nur zum Teil mit der um 1260 erbauten Burg der Massenberger in Verbindung gebracht werden. Sie entstand zusammen mit der damals neu angelegten Stadt und ist im 15. Jh. vom Landesfürsten verschiedenen Adeligen in Pflege gegeben worden. Während der Bauern- und Türkenkriege wurde sie allmählich zur prachtvoll ausgestatteten Wehranlage der Grafen Stürgkh und Wurmbrandt erweitert. Nie erobert, verfiel sie seit dem 19. Jh. und wurde dann abgebrochen.

Leobenegg, Ruine nördl. Gmünd, Ktn., figuriert mit der einst gegenüberliegenden Burg Kronegg (verschwunden) als Bestandteil der Gründungssage der Stadt Gmünd.

Leonroth (Alt-, Neuleonroth), Ruine bei Voitsberg, Stmk. Als im 17. Jh. die protestantischen Kainacher ihre Burg und das Land verlassen mußten, verkauften sie ihren Besitz an das Kloster Stainz. Da aber der Bau auf dem Boden des Klosters St. Lambrecht stand, erhob sich um die bald ausgeplünderte und dem Verfall überlassene Feste ein damals nicht unüblicher, jedoch deshalb nicht weniger grotesker Streit zwischen den beiden Klöstern. Wer durfte in der gänzlich ausgeräumten St.-Katharina-Kapelle, in der nur noch ein Kruzifix hing, die Messe lesen? Die Herren aus Stainz oder die Herren aus St. Lambrecht? Nicht weniger als 25 Jahre wurde um den Tisch des Herrn gestritten, bis man sich endlich einigte: Beide durften lesen! Von Altleonroth sind nur wenig Mauerreste beim Weiler Stangl-Großwöllmiß südlich Voitsberg übriggeblieben. Von Neuleonroth oberhalb der Gößnitz, im Teigitschgraben, stehen noch stark verwachsene, schwer identifizierbare Teile einer Wehrmauer, von den Torbauten, Palas und Gebäuden aus dem 13. bis 16. Jh.

Leonstein, Ruine bei Pörtschach, Ktn. Die Burg, heute eine Ruine knapp südlich der Autobahn, mit dem vierstöckigen Bergfried, Palasgemäuer und der Ringmauer auch um tiefer gelegene Gebäude, war im Mittelalter Sitz eines Hochgerichtes oberhalb des Wörther Sees und bildete mit der unweit südlich von ihr gelegenen *Seeburg* (heute geringe nicht identifizierbare Reste) eine Zwillingsanlage. Nach dem Neubau des Schlosses am Ortsausgang von Pörtschach verfiel die Burg.

Leonstein, Ruine bei Kirchdorf an der Krems, OÖ. Die Rorer, Nachfolger der Herren von »Lewensteine« auf der uneinnehmbaren Burg, dachten im 14. Jh. nicht daran, sich ihre alteingesessenen Rechte beschneiden zu lassen und verschworen sich gegen Habsburg. Auch der herzogliche Geleitbrief konnte sie nicht daran hindern, sich der Gesandtschaft des Salzburger Erzbischofs zu bemächtigen und sie als Faustpfand auf ihrer Burg zu behalten. Drei Monate belagerte der kaiserliche Feldhauptmann Zacharias Haderer Burg Leonstein, bis es ihm durch ein Überraschungsmanöver gelang, den Rabenstein zu besetzen und hier eine der damals gerade aufgekommenen modernen Steinbüchsen aufzustellen. Nach dreitägigem direktem Beschuß fiel am 2. November 1390 die Burg. Doch nach dem kühnen Verteidiger ließ Hauptmann Haderer die Burg vergeblich durchsuchen, Wilhelm von Ror hatte sich durch einen heimlichen Ausgang rechtzeitig empfohlen. Von Leonstein, wahrscheinlich der ersten Burg in Österreich, die mit Hilfe der neuen Feuerwaffen gebrochen wurde, finden sich über dem steilabfallenden Felsen geringe Mauerreste auf dem Heuberg.

Lichtenberg bei Saalfelden, Sbg. Am Abfall des Steinernen Meeres hatten sich um die Mitte des 13. Jh. die Herren von Walchen eine Höhenburg errichtet, derer sich dann die Velben bemächtigten, die sie dem Erzstift Salzburg überließen. Im 16. Jh. erweiterten sich die Bischöfe die Anlage mit der kleinen Vorburg, einem quadratischen Turm, einer gotischen Kapelle und einem Zwinger zum Schloß. Schon während des Bauernaufstandes 1462 hatten sich die gegen die Salzburger revoltierenden Bauern der Burg zu bemächtigen versucht, 1625 zerstörten sie die Anlage, mußten sie allerdings sieben Jahre später wieder aufbauen. Im 19. Jh. wurde Lichtenberg Privatbesitz.

Lichtenfels, Ruine östl. Zwettl bei Friedersbach am Ottensteiner Stausee, NÖ. Das Geschlecht derer von ↗ Rauheneck, das sich ab 1200 den Beinamen »Tursen«, das heißt »Riesen« gab, hatte Anfang des 12. Jh. in der damaligen Waldwildnis am Kamp, als Nachbarn der Kuenringer, vom deutschen König Besitz erhalten und rund um eine Burg eine Rodungsherrschaft begründet. Von Heinrich Jasomirgott, dem Babenberger, erhielten sie den Besitz als Lehen bis ins 14. Jh. Die dann landesfürstliche Burg diente in ihrer Abgelegenheit zur Zeit der Husseneinfälle Zwettler Mönchen und dem kostbaren Klostergut als Fluchtort. Im 18. Jh. verfiel sie. Man betritt heute die romanische Anlage durch einen Torturm des 17. Jh. Das Tor zum Innenhof, der hohe Bergfried, im Kern auch die Ruinen von Palas und Kemenaten, sind jedoch romanisch. Der Turm der Burgkapelle (mit noch romanischer Apsis) ist neu eingedeckt worden.

Lichtenhag, Ruine westl. Gramastetten, OÖ. Der fünfeckige, noch dreigeschossige, spätgotische Wohnturm oberhalb des Großen Rodltales, mit Felsenkeller (Verlies?), Fensternischen im Obergeschoß, der Ringmauer um den engen Burghof mit Gebäude und Kapelle, ist heute gut erhaltener Privatbesitz. Die wahrscheinlichen Erbauer, die Hager (spätere Namen »Aspan von Lichtenhag«) sind seit dem 12. Jh., die Burg erst Anfang des 15. Jh. nachgewiesen. Der dann starhembergische Besitz wurde von Eschlberg aus verwaltet und verfiel.

Lichtenthann, Ruine östl. Henndorf, Sbg. Von der Höhenburg der Herren von Thann, 13. Jh., deretwegen es im 14. Jh. zwischen Salzburg und Bayern zum wüsten »Thanner Krieg« kam, stehen heute mitten im Wald noch ein Mauerzug mit Türfassung, geringe Reste des Berings und eines Torbaues. Hier unterhielten die Salzburger ein Pflegegericht. Anfang des 17. Jh. mit Altenthann (einer heute verschwundenen Wasserburg südöstl. von Henndorf) vereinigt, verfiel die Burg und war für die Bauern der Umgebung ein willkommener Steinbruch.

Lichtenwörth (Lichtenwert), südwestl. Rattenberg, Tirol. Im 12. Jh. stand die Burg auf einer Insel im Inn und war die einzige echte Wasserburg Tirols. Die hochummauerte romanische Vorburg mit den Wirtschaftsgebäuden, der frühe Bergfried mit dem ehemaligen Palas sind noch gut erhalten. Der zweite (heute niedrigere) Wehrturm, ein Wehrgang, im Mauerwerk noch sichtbare rundbogige Fensterleibungen, eine vermauerte Bogenfenstergalerie, die gotische (mehrfach veränderte und restaurierte) Kapelle und gotische Holzarbeiten geben der durch alle Jahrhunderte bewohnten (heute zum Teil modern eingerichteten) Burg ein noch ganz mittelalterliches Gepräge. Die Lichtenwerter waren wahrscheinlich Freundsberger Dienstleute. Ein Freundsberger jedenfalls verschrieb 1312 den Besitz dem Salzburger Erzbischof und erhielt ihn als Lehen zurück. Seit dem 15. Jh. wechselten die Besitzer rasch, die Burg ist heue Privatbesitz.

Liebenfels, Ruine südwestl. St. Veit an der Glan, Ktn. Charakteristikum der eindrucksvollen Ruine sind die beiden vier- und sechsgeschossigen Bergfriede im Osten und Westen der langgestreckten, dreieckförmigen Anlage. Ihr Mauerwerk aus spätromanischer Zeit ist bestens erhalten. Eine zinnentragende, spätgotische Wehrmauer mit Ecktürmen und Tor, zum Teil eingestürzt, umschließt den großen einstigen Burgbereich mit altem Palas und neuen Wohn- und Wirtschaftsgebäuden (15./16. Jh.). Wie in Kraig, Mannsberg und Glanegg zeigen der östliche Bergfried, hier aber auch der alte Palas, trichterförmige Nischen für die Verständigung von Burg zu Burg mit Lichtsignalen. In der gotischen Doppelkapelle oberhalb des Ostabfalls, in Resten noch erhalten, beteten einst die Liebenberger, herzogliche Lehensleute, später auch Herren von Osterwitz. Im 15. Jh. nahmen Ungarn die von einem Mann besetzte Wehranlage kampflos in Besitz und zogen von hier unter dem Tschechen Hans Haugwitz von Biskupitz und dem gefürchteten Sigemund Schwuski zu ihren Raub- und Plünderungszügen aus. Während ihrer sechsjährigen Besatzung erweiterten die Ungarn Liebenfels: »Sie paueten zwo pastein ob dem geschloß auf die puhl und teckten die allten thurn und gantzen Zwinnger und paueten neu stuben und guet pehemisch zeun umb das schloß. Darzue notten sy das arm volck mit großer rabat.« In jüngerer Zeit fiel Liebenfels dann an die Perneckher, die Ungnad, die Grafen Attems und Goës.

Liechtenegg bei Wartberg, Stmk. Am 3. Februar 1395 erlaubten die Herzöge Wilhelm und Albrecht dem Hans Liechtenegg »seinen obristen Hof zu Liechtenegg zu erhöhen und zu befestigen« und gaben der Hoffnung Ausdruck, es möge sich durch diesen Bau sein Verhältnis zum Landesfürsten nicht ändern. Schließlich hätte ihm ja der Landesfürst »den hoff und das gesäß« verliehen. Doch es scheint sich nach Ausbau der Burg das Verhältnis der Liechtenegger zum Hause Habsburg doch geändert zu haben. Möglicherweise hat sich Peter der Liechtenegger dem falschen der im Zwist befindlichen Habsburger Brüder Ernst und Leopold angeschlossen. Jedenfalls wurde 1406 ein Peter von Liechtenegg in Wien enthauptet. Die Ruine der Liechtenegger Burg entstand nach 1757, als man die Steine des im 16. Jh. noch beträchtlich erweiterten, dann verlassenen Baues wegkarrte. Doch ist der Bauplan des 14. Jh. in der Ruine noch erkennbar. Ein mächtiger turmartiger

Palas mit fast zwei Meter starken Mauern, ein starker Torturm, Zwinger, zwei Rundtürme und eine Wehrmauer mit Vierecktürmen charakterisieren die Anlage, die den Stadlern um 1600, später den Herbersteinern gehörte.

Liechtenstein, NÖ., siehe Seite 30

Liechtenstein, Ruine südöstl. bei Judenburg, Stmk. In diese Stammburg der Liechtensteiner mußte sich Ulrich der Minnesänger (1200—1276), Marschall in Steiermark und oberster Landrichter, als »Frau Venus« und König Artus in der Literatur bekannt, 1268 aus seiner ↗ Frauenburg flüchten. Für einige Zeit verlor er seinen Besitz an den Böhmenkönig Ottokar, als er sich am Aufstand gegen ihn beteiligt hatte. Das berühmte Ministerialengeschlecht der Liechtensteiner ist seit der ersten Hälfte des 12. Jh. urkundlich. Nach ihnen saßen Pfleger der Stubenberger und der Habsburger auf Liechtenstein, im 15. Jh. ist die Burg dann verlassen worden, war jedoch noch im 16. Jh. als Kreidfeuer-(Warnfeuer-)Station in Verwendung. Die wenigen Mauerzüge vom einstigen Bergfried, vom Palas und der Zisterne kamen erst 1814 wieder in den Besitz der Fürsten Liechtenstein.

Liemberg (Altliemberg, Liebenberg), Ruine südwestl. St. Veit an der Glan, Ktn. Im Ruinenfeld am Steilhang des Göseberges, westl. von Glantschach, zeugt ein romanischer Rundturm mit zweieinhalb Meter Mauerstärke von der Burg der Liemberger. Aus der Zeit, als die Ortenburger hier das Lehen des steirischen Herzogs verwalteten, mag der quadratische Bergfried und der Palas stammen, der vielleicht noch unter den Grafen von Cilli oder später verändert und umgebaut wurde. Seit Mitte des 16. Jh. das Schloß erbaut worden war, erging es Liemberg wie den meisten Wehrbauten: verlassen, verfiel sie.

Lienz, Osttirol, ↗ Bruck, Seite 127

Ligist, Ruine südöstl. Voitsberg, Stmk. Die »vest zu Lubgast« sicherte die Straße aus dem Kainachtal über

die Hebalpe nach Kärnten und den Besitz der Wildoner in der Umgebung. Sie war deshalb mit Wildoner Rittersleuten, Lubgastern, besetzt und wurde seit 1355 die Hauptburg derer von Saurau, eines kinderreichen Geschlechts, die hier bis zum Letzten ihres Stammes lebten. Er starb 1846. — Die mächtige Wohnturmruine östlich vom Torbau, mit Kapelle, Wohn- und Wirtschaftsgebäuden weist mit ihrem Tonnengewölbe und dem Einstieg im ersten Stock auf das 13. oder frühe 14. Jh. Alles übrige, auch das große Kanonenrondell, das die Burg östlich und südöstlich umschließt, stammt aus der Zeit des Umbaues im 16. und 17. Jh.

Lind, Ruinen südl. Sachsenburg Ktn. Von den beiden Burgen des Erzstiftes Salzburg, Ober- und Unterlind, bestehen kaum noch Mauerspuren, möglicherweise jedoch die einstige Burgkapelle der unteren Burg mit Fresken der Herren von Lind und der Jahreszahl 1347. Von dem hier dargestellten Herrn von Lind findet sich auch am Außenchor der Pfarrkirche St. Bartholomäus im Ort ein Grabstein, der älteste Stein Kärntens, der eine Ritterfigur zeigt. Als Lehen besaßen die Burgen von Lind die Grafen von Lechsgemünd, Tirol und Görz. Noch Kaiser Josef II. erkannte 1785 das Salzburger Bistum als Lehensherrn an.

Lind, Ruine oberhalb des gleichnamigen Schlosses südl. Neumarkt in der Steiermark.

Linz a. d. Donau, OÖ. Einzelne Vorwerke des heutigen Schlosses von 1599 und das Friedrichstor mit Wappen von 1481 weisen auf die mittelalterliche Burg des 15. Jh. Sie war ein Teil der Stadtbefestigung und wurde an der Stelle einer schon 799 urkundlich erwähnten Wehranlage errichtet.

Litschau, nördl. Gmünd, NÖ. Drei Jahre nachdem sich die beiden Habsburger Albrecht und Wilhelm, Söhne Albrechts III., in der niederösterreichischen ↗ Hollenburg über Besitz und Herrschaft geeinigt hatten, belehnte sie 1398 in Litschau feierlich der Böhmenkönig Wenzel I. als deutscher König mit den ihnen zufallenden Ländern. Bereits vier Jahre später übergab Sigismund von Ungarn seinen Bruder Wenzel den beiden Habsburgern, die er belehnt hatte, als Gefangenen. Von entscheidenderer Bedeutung für Österreich wurde die Burgstadt Litschau während der Hussitentürme des 15. Jh. und als eine von den Schweden im Dreißigjährigen Krieg vergeblich belagerte Feste. Auf dem im 13. Jh. landesfürstlichen Lehen der Kuenringer, später der Puchheimer, saß im 16. Jh. der gefürchtete Wenzel Morakschy von Noskau, der mit seinen »schwarzen Reitern« nicht nur von den aufständischen Bauern, sondern auch von der ganzen niederösterreichischen Bevölkerung mehr als die Türken gefürchtet wurde. Seine schreckliche Strafexpedition im Frühjahr 1597 kostete Hunderten von Bauern Besitz und Leben. Auf die unwahrscheinlich grausamen Foltermethoden und Hinrichtungsarten der Zeit deuten auch Stellen eines Ermunterungsschreibens des Matthias, »von Gottes Gnaden Ertzhertzog zu Österreich«, das am 23. März 1597 aus Preßburg an den General-Obristen erging. Jene Bauern, die nicht kapitulieren wollten, befiehlt der Erzherzog, »... die wellest du ohn alle barmherzigkeit alsbaldt mit feur und schwerdt angreifen, weib und kinder hernemen ... Neben den ohren und nasen abschneiden wellest mit rath deiner mitcommissarien bedacht seyn, etlichen die es wohl verdienen, die finger oder gar die recht hand abzustutzen ...« — Neben der Burg und dem zum Wahrzeichen der Stadt gewordenen Kragsteinkranz unter den Zinnen (13. Jh.), der Ringmauer mit Rundtürmen und Graben, liegt das Schloß der Grafen von Seilern, die nach den Kuefsteinern in den Besitz der Herrschaft kamen.

Lobenstein, Ruine südl. Bad Leonfelden bei Oberneukirchen, OÖ. Nach dem Ersten Weltkrieg sind Wanderer, die an dieser einst so einsamen, hoch auf dem Hügel bei Geng weithin sichtbar aufragenden Ruine vorbeikamen und nachsahen, vom »Schloßmichel« begrüßt worden. Das war der »letzte Lobensteiner«, ein schrulliger Einsiedler, der es sich in dem »bewohnbaren« Bergfried mit den Resten einer Kragsteinkrone etwas wie gemütlich gemacht hatte. Heute braucht man ein Kletterseil, um den starken vieleckigen, gotischen Wohnturm zu durchsteigen, in dem einst Dienstleute der Herren von Waxenberg zusammen mit Rottenegg und Lichtenhag den alten Salzweg von der Donau durchs Rodltal nach Böhmen sicherten. Ein Lobensteiner gründete im 13. Jh. die benachbarte Kirche von Zwettl an der Rodl. Als landesfürstliches Lehen besaßen die schon 1562 baufällig gewordene Burg seit dem 14. Jh. die Starhemberger.

Lockenhaus, Bgld., siehe Seite 78

Lorünser Schlößchen (Diebsschlößchen), Ruine bei Lorüns, Vlbg. Der Zweitname der kleinen Ruine auf bewaldeter Anhöhe mit schöner Fernsicht mag auf die zweckentfremdete Verwendung der Ruinen einer im Appenzeller Krieg zerstörten romanischen Burg der Herren von Rudberg-Bludenz verweisen.

Losenheim, Ruine westl. Puchberg am Schneeberg, NÖ. Nur der vom Landesfürsten geschenkte Grund wird wahrscheinlich Wulfing, den ersten Losenheimer, bewogen haben, sich um 1220 in diesem gottverlassenen Talwinkel nordöstlich des Kaisersteins eine Burg zu bauen. 1553 kauften die Hoyos mit der kleinen Herrschaft schon eine geringe Ruine, die meisten Steine der einstigen Burg waren bereits in den Bauernhäusern des Tales verbaut.

Losenstein, Ruine südl. Steyr, OÖ. Die beherrschende Lage auf dem Felsen oberhalb der Enns zwischen Hieflau und Steyr verrät auch einem Laien, daß diese Burg nur zum Schutz der alten Eisenstraße erbaut worden sein konnte. Eine Urkunde bestätigt das auch schon für das 12. Jh. Wahrscheinlich besaßen hier die Markgrafen von Steyr eine Wehranlage. »Von Losenstein« nannten sich erst im 12. Jh. babenbergische Dienstleute, ein Geschlecht, dem auch die Starhemberger entstammten. Es ist erst 1692 ausgestorben. Zur heutigen Ruine wurde Losenstein vor 300 Jahren. Eine turmbewehrte Ringmauer und ein riesiger (heute noch stockhoher) Bergfried schützten einst die beiden Palasbauten in der Nordostecke des Burgbereichs. Das ältere der beiden Gebäude, auf dem äußersten Ende des Felsens, zeigt neben anderem auch Reste gekuppelter Fenster. Nach den Balkenauflagen zu schließen, hatte es niedere Räume. Der jüngere gotische Bau barg einst die Kapelle. Die noch heute mächtig wirkende Vorburg aus dem 15. Jh. zeigt Wehranlagen für Feuerwaffen.

Luegg-Luginsland, Ruine südl. Semriach, Stmk. Die im Wald versteckten Mauerzüge hinter Graben und Ringmauer, ehemals mit quadratischem Bergfried, Palas und Wirtschaftsgebäude versehen, stammen wahrscheinlich von einer kleinen Burg der Peggauer des 13. Jh. Sie kam in den Besitz des Stiftes Göß, und unter anderen besaßen sie die Pfannberger, die Grafen von Cilli und die Montforter als Lehen. Der Burgname scheint noch einmal im Türkenjahr 1683 auf.

Luftenberg, Ruine östl. Linz, OÖ. Auf der Suche nach einem einträglichen Einkommen war es einem der Luftenberger eingefallen, eine Weinmaut an der Donau einzuheben. Er hatte Glück, die Kaufleute zahlten. Erst Kaiser Friedrich III. hob sie mit Erlaß vom 14. Februar 1491 auf und verbat, was für Burg Luftenberg als Gewohnheitsrecht gehandhabt wurde. Die Ruine, ein unterkellerter Rundbau jenseits der viereckigen Ringmauer, ist von dem davorliegenden Schloß gleichen Namens durch den ehemaligen Burggraben getrennt und nicht betretbar. Die einst zweitürmige Anlage ist erst seit 1281 nachweisbar, doch ist es möglich, daß sie schon im 12. Jh. Eigentum der Herren von Luffinperc war. Als Teilbesitz kam sie im 14. Jh. an die Rech und Gruber, bis ins 17. Jh. gehörte sie den Schallenbergern.

Maissau, westl. Hollabrunn, NÖ. Nach einer frühen Chronik war Otto von Missow im Gefolge des letzten Babenbergers, bevor er Parteigänger

Burg Maissau, NÖ.

des Böhmenkönigs Ottokar wurde. Stefan von Maissau aber verteidigte ↗ Drosendorf bravourös gegen den Böhmenkönig. Zur Zeit Albrechts I. von Habsburg nahmen die Maissauer allmählich die Stelle der Kuenringer ein und saßen nach deren Aussterben auch meist auf ihren Besitzungen. Sie stellten dem Land Marschälle, Oberste, Landrichter und bekleideten durch ein Jahrhundert auch das oberste Schenkenamt, bis, auf dem Gipfel ihrer Macht, im Herbst 1429 Otto von Maissau als Gefangener der Habsburger nach Burg ↗ Gutenstein gebracht wurde. Die langatmige und vage gehaltene, zehn Punkte umfassende Anklage wegen Landesverrat und Treuebruch bestätigte Otto von Maissau am 22. Februar 1430 in seinem Gutensteiner Gefängnis persönlich: Er habe wider das Landrecht mit anderen (böhmischen) Verschworenen einen Bund begründet und unterwerfe sich mit seiner Gemahlin dem Urteil Habsburgs schon im vorhinein. Er erkenne dieses Urteil auch für alle Zukunft für sich und seine Erben an. Dann schwor er mit seiner Gemahlin Urfehde. Das Urteil gegen den Verräter lautete: Otto von Maissau werden folgende Güter abgesprochen: Die Leibgedinge Weitra und Tiernstein, der Gjaidhof zu Gevelle mit Wald, die Wachau, das Landgericht auf dem Tullner Feld, die Vogtei der Klöster Tiernstein und Aggsbach, die Vogtei in Wien, alle

Vogtei in seiner Herrschaft Maissau und das Hofgericht, die Vogtei zu Meygen, Feste und Markt Gars, das Dorf Weizendorf, die Güter Dietreichsdorf und Gunddorf, Teiche und Teichstätten bei Gars und das Landgericht, die Herrschaft Steinegg, der Hof zu Tiernstein, die Feste Staatz, Ernstbrunn mit allem Zubehör, die Feste Spitz und der Markt usw. Die Zahl der Güter, die dem angeblichen Verräter blieben, zeigt, wie groß sein Herrschaftsbereich gewesen war, aber wohl auch, warum die Habsburger den Maissauer gefangengesetzt hatten: Schloß und Stadt Horn, die Herrschaft Wildberg, Allentsteig, Peggstall, Maissau (mit Ausnahme des Hofgerichtes und der Vogtei), Wilfleinsdorf, Wolfstein (das Landgericht ausgenommen), das Obristschenkenamt mit sechs Fuder Wein und Zubehör, das Obristmarschallamt in Österreich. — Bedauerlicherweise ist die mittelalterliche Burg Maissau im 19. Jh. neugotisch erneuert und umgebaut worden. Mittelalterliches zeigen die Hauptfront und der Torturm, eine gotische Halle und architektonische Details.

Malenthein (Rauhen-Ödenfest), Ruine nordöstl. Gmünd, Ktn., in 1000 m Höhe.

Malenthein, Ruine, Ktn., ↗ Prießenegg

Mannsberg, östl. St. Veit, Ktn. Auf Schloß Tirol bestätigten die Kärntner

Herzöge am 18. Februar 1301, daß Konrad von Schrankbaum ihnen Burg und Besitz Mannsberg auf Salzburger Gebiet bei St. Veit übergeben und sie beide, Otto und Heinrich, Herzöge von Kärnten, den Konrad von Schrankbaum mit dieser Burg Mannsberg und ihrem zugehörigen Besitz belehnen. Das war in der damaligen Zeit ein vielfach geübter Vorgang. Schon sechs Jahre später entzogen ihm die Herzöge wegen Untreue das Lehen wieder und übergaben es seinem Sohn. Nicht lange danach lagen die Schrankbaumer, ein fehdelustiges Geschlecht, mit Dietmar, dem Mordax, im Streit. Kurzerhand überfielen sie ihn und brachten ihn als Gefangenen auf ihre versteckte Höhenburg. Mordax aber, Gefolgsmann des mächtigen Ulrich V. von Pfannberg, konnte hoffen, nicht alleingelassen zu werden. Noch im selben Jahr befreite ihn auch sein Dienstherr aus dem Verlies. Mannsberg wurde gründlich zerstört. Der Neubau des 14. und 15. Jh., den wir mit Erweiterungen des 16. und 17. heute vor uns haben, enthält nur spätmittelalterliche Details, den Palas, Fenster- und Torleibungen, ebenso die Wehrmauer. Den Turmstumpf oberhalb auf dem bewaldeten Bergrücken benutzte man in der Türkenzeit als Signalturm.

Mariastein, nördl. Wörgl in Tirol, ist heute Ausflugsziel und Tiroler Wallfahrtsstätte. Wie es zu ihr kam? Wahrscheinlich haben die Freundsberger den Wohn- und Wehrturm einst zur Sicherung der Straße über den Angerberg um 1360 angelegt. Er fiel an die Herzöge von Bayern und von diesen im Kaufweg an die Herren von Ebbs. Sie stifteten um 1470 die heute noch verehrte Madonnenstatue, von der es heißt, daß sie »zweimal ohne menschliche Handanrührung« wieder in die Burg zurückkehrte, als man sie aus ihr entfernen wollte. Es war dann der Freiherr Karl von Schurff, Obersthofmeister des Erzherzogs Ferdinand von Tirol, der rund um das bald berühmt gewordene Gnadenbild die Wallfahrtsstätte in ihrer heutigen Form entstehen ließ. In dem sechseckigen Wohnturm des

14. Jh., der aus dem isoliert daliegenden Felsen geradezu herauswächst, wurden 165 Stufen gelegt. Die beiden obersten Geschosse des im Grundriß elf-, sonst fünfeckig gestalteten Treppenturms sind dann zu zwei Kapellen ausgebaut worden. Mittelalterlichen Ursprungs ist noch eine im großen Saal in die Mauer eingebaute Küche. Die übrigen Gebäudeteile, die beiden übereinanderliegenden »Rittersäle« ebenso wie die Bauten um den kleinen Burghof wurden zu verschiedenen Zeiten im 16. und im 17. Jh. angelegt.

Marsbach, südöstl. Engelhartszell an der Donau, OÖ. Die »Mortsbacher« schädigten ihren Lehensherrn, den Bischof von Passau, wo sie nur konnten. 1222 plünderten sie Passauer Besitz so nachhaltig, daß König Heinrich über sie die Reichsacht verhängen mußte. Der gütige Bischof Gebhart wußte sich ihrer nicht zu erwehren. Sein Nachfolger, Bischof Rüdiger aber zog mit Heeresmacht vor die Burg und zwang Heinrich von Marsbach, sie ihm solange auszuliefern, bis er den Schaden wiedergutgemacht hatte. Doch änderte sich auch in der Folge nichts, nur daß die ränke-, streit- und fehdesüchtigen Herren in der kühnen Burg oberhalb der Donau sich auch untereinander überwarfen. Otto, dem sein Vater Ortolf zu lange lebte, überfiel eines Tages mit den Tannbergern die Burg und verjagte den Alten, der in Passau um Schutz ansuchen mußte. Laut Schiedsspruch sollte der Mißratene die Feste gegen eine Abfindungssumme beim Vater belassen, erst nach dessen Tod sollte Marsbach dann an ihn und seine Geschwister fallen. Doch der Vater zahlte nicht, er verkaufte die Burg vielmehr an die Passauer, damit auch nach seinem Ableben nichts an den rabiaten Burschen fiele. Als sich in diese damals durchaus nicht ganz unübliche Affäre auch die benachbarten Falkensteiner und Tannberger einmischten, war die Fehde aller gegen alle fällig. Rudolf von Habsburg zog Marsbach wegen Landfriedensbruch kurzentschlossen zugunsten des Reiches ein und übergab sie seinem Sohn Albrecht. Ihn allerdings

zwangen die Passauer dann doch, ihnen Marsbach wieder auszuliefern. Die alten Marsbacher waren längst ausgestorben, und es hatte den Besitz ein Stefan Kraft als Leibgedinge von den Passauer Bischöfen erhalten. Als Vormund der Kraftschen Kinder hatte es dann ein Othmar Oberheimer verstanden, den Pfandbesitz samt Papieren an sich zu bringen. Als ihn die Passauer gegen eine höhere Summe einlösen wollten, erhielten sie eine Absage, und der Oberheimer etablierte sich auf seiner Burg als »der letzte Fehderitter«, sprich Raubritter. Erst 25 Jahre später, 1520, gelang es dem bayerischen Herzog Ernst mit Hilfe einiger Passauer Bürger, das Räubernest oberhalb der Donau auszuheben. Dem Leben des Oberheimer wurde bald auf dem Schafott ein Ende gesetzt, und Marsbach gehörte wieder den Passauern. Von dieser alten Burg zeugt heute nur noch der Bergfried. Alle anderen Gebäude der Anlage entstanden bei dem Neubau zwischen 1561 und 1591.

Martinsbühel, Tirol, ↗ St. Martinsberg

Massenburg, Ruine, Stmk., ↗ Leoben

Matrei am Brenner, Tirol. Die im 13. Jh. urkundliche Burg der Herren

Wohnturm und Wallfahrtsstätte Mariastein, Tirol

von Matrei, vom 14. bis 19. Jh. Sitz der Trautson und Auersperg, wurde 1945 durch Bomben völlig zerstört. Ein Teil des Palas ist wieder aufgebaut worden.

Matzen, südwestl. Rattenberg, Tirol. Das heutige Burghotel an der Bundesstraße 1, in nächster Nachbarschaft von Burg Lichtenwerth und Kropfsberg, scheint schon in einer Urkunde des 12. Jh. auf und gehörte den Herren von Freundsberg. Als Eigentümer zeichnen später auch die Fugger und ein Schnorr von Carolsfeld. Der dann lange Zeit vernachlässigten Burg nahm sich 1873 die Irin Read of Mount Haeton, eine verehelichte Grohman, an. Vorbildlich restauriert und neu eingerichtet, zeigt sich der romanische, im Spätmittelalter erweiterte Wehrbau heute mit dem alten Bergfried, der in gotischer Zeit zum Rundturm ausgebaut wurde. Er weist noch die Kragsteine vom frühen Wehrgang und den Rundbogeneingang im ersten Geschoß auf. Die Zinnenluken sind gotischer Manier. Zum älteren Bestand gehört neben dem Bering auch der viereckige Turm im Westen. Die Palasbauten um die beiden Höfe sind im 16. Jh. entscheidend erweitert worden, derselben Zeit gehören auch die dreigeschossigen Rundbogengalerien im unteren Hof an.

Mauterndorf, Sbg., siehe Seite 130

Merkenstein, Ruine südwestl. von Baden bei Wien, NÖ. Ein Brief wie der, den Sigboto Hademarsperch auf Herrnstein an Ortwin von Merkenstein, seinen Dienst- und Lehensmann im Jahre 1180 schrieb, führt uns in das vielzitierte »finstere Mittelalter«. Seinem hochgeschätzten Manne von Merkenstein und »besten Freunde« den Gruß entbietend, beginnt der gräfliche Ehrenmann: »Wenn ihr meinen Feind, den Rudolf von Picsting, der mich sehr belästigt, niederwerft, aber so daß ihr und ich nicht dadurch der Kirchenbuße verfallen, dann mache ich euch alles, was ihr wollt.« Graf Sigboto verspricht seinem Getreuen gleich ein Gut zwischen dem Panzenbach und der Piesting und treibt ihn zur Eile. Noch »vor Sankt

Michel« soll's geschehen, und wenn es nicht ganz glücken sollte: »Siehe zu, daß er wenigstens des Augenlichts beraubt werde, um weder uns noch sich selbst sehen zu können, das muß unser fester Entschluß sein. Wenn das aber nicht geschieht, bitte ich, soll es gleichsam im Herzen begraben sein.« Wir kennen den Grund für diese Aufforderung zum Mord nicht und wissen auch nicht, wie sich der Merkensteiner aus der Affäre zog, dessen Geschlecht bis ins 14. Jh. vor den Wallseern auf der einsamen Burg hauste. Unter den Herren von ↗ Hohenberg, die Merkenstein mit anderen Burgen den Ungarn auslieferten, beschossen einmal die Kaiserlichen vergeblich und wenig später die Ungarn Burg Merkenstein solange, bis sie sich ergeben mußte. Schicksalsdatum für die Burg wurde dann ein Spätsommermorgen des Jahres 1683. Vergeblich hatte — so berichtet die Legende — eine Türkenschar durch Wochen vor der Burg gelegen. Als sie sich schließlich resigniert zum Abzug entschloß, gab eine resolute Burgfrau ihrer Freude durch eindeutige Gebärden und Zurschaustellen eines bestimmten Körperteiles Ausdruck. Wutentbrannt ob dieses Anblicks sollen dann die Türken die Burg im Sturm genommen haben. Die Geschichte meldet, daß Merkenstein in diesem Jahr von den Türken eingenommen und zerstört wurde und 173 Personen, die hier Zuflucht gesucht hatten, niedergemetzelt worden seien. — Die von Gainfarn aus erreichbare Ruine zeigt eine Vorburg mit zwei Toren, die fünfgeschossige Hauptburg und spätgotische Details, hauptsächlich jedoch Mauerwerk des 16. und 17. Jh.

Michelstetten, westl. Asparn a. d. Zaya, NÖ., war im 14. Jh. eine Wasserburg.

Mitterberg, Ruine bei Perg, OÖ. Für seinen Schloßbau zu ↗ Windhaag hat Graf Enzmiller im 17. Jh. einen Gutteil des Gemäuers der einst mächtigen Burg wegkarren lassen. Was auf dem Felsenhügel bei Pergkirchen noch stehenblieb, die Ringmauer mit Rundtürmen und ein Stumpf des

Bergfrieds, erinnert wenig an die Feste der Mitterberger und Capeller des 13. Jh. Als Mitterberg im 14. Jh. von den Wallseern an die Brüder Prüschenk kam (auf der Greinburg), verfiel die Burg.

Mittertrixen, Ruine nordwestl. Völkermarkt, Ktn., war neben Obertrixen und Niedertrixen (heute verschwunden) eine der drei Trixener Burgen, die in Urkunden bis zum 14. Jh. unter einem Namen aufscheinen und mit dem benachbarten Waisenberg ein Burgenviereck bildeten. Die Ruine oberhalb des gleichnamigen Schlosses auf der Felsklippe — neben ziemlich ausgedehntem Mauerwerk ragen Teile eines zwei Stock hohen Bergfrieds auf — ist um 1200 Burg des Gurker Bistums und weist später viele Besitzer auf. Sie verfiel seit dem 18. Jh.

Mödling bei Wien, NÖ. Die Burg der Herzöge von Mödling, in der Walther von der Vogelweide bei seinem Gönner Herzog Heinrich einkehrte, ist verschwunden. Sie lag wahrscheinlich oberhalb der Kirche St. Othmar beim romanischen Karner St. Pantaleon. Die Burg oberhalb der Mödlinger »Klausen« ist wohl im 12. Jh. urkundlich, doch war sie meist von landesfürstlichen Pflegern besetzt und im 15. Jh. an das Bistum Passau verpfändet. 1529 zerstörten sie die Türken. Die verbliebenen Reste — Teile der Umfassungs- und Zwingermauern mit Tor, Gebäuderesten des Palas und von Nebengebäuden sowie Mauerpfeiler der Vorburg — sind im 19. Jh. in neuromantischer Manier auf eine Art »restauriert« worden, daß es heute schwerfällt, den Altbestand dieser Burg festzustellen. Sie spielt in der Geschichte Mödlings kaum eine Rolle. Noch weniger mit dem alten »Medilihha« und dem großen Weinmarkt Mödling im 14. Jh. hängen die beiden Ruinen der »Schwarze Turm« und das »Pfefferbüchl« zusammen. Es sind Kunstruinen des 19. Jh.

Mollenburg, Ruine nördl. Weiten, NÖ. Die Kuenringerburg des 12. Jh. wurde schon 1296 von Albrecht I. zerstört. Im 15. Jh. bauten die Ro-

gendorfer die ehemalige Feste der Molenberger, Streitwieser, Pottendorfer, Ebersdorfer aus, im 16. Jh. erweiterten sie die Geyer zum Schloß, das dann um 1860 gewaltsam zu einer Ruine gemacht wurde. Auf dem weitläufigen Ruinenareal finden sich Reste gotischer Bauten, eine Spindeltreppe und eine Kapelle (deren Glasfenster heute im Museum der Stadt Krems zu sehen sind), eine Burgküche, Zinnenmauer und Gußerker über dem Tor. Das noch bewohnte Hochhaus stammt aus jüngerer Zeit.

Mölltheuer (Penk, Roitnerschloß), Ruine südöstl. Obervellach, Ktn., war eine kleine mittelalterliche Burg. Sie verfiel im 16. Jh.

Montafon, Ruine, Vlbg., ↗ Valcastiel

Moosburg, Ruinen nördl. Pörtschach, an den Moosburger Teichen, Ktn. Die Reste der alten Moosburg finden sich auf den vier Hügeln (sie waren ehemals durch eine Wehrmauer verbunden) westlich des Schlosses Neu-Moosburg. Funde und Örtlichkeit lassen darauf schließen, daß hier eine karolingische Pfalz des 9. Jh. stand. Der Turmrest auf dem »Arnulfhügel« allerdings stammt aus dem 12. Jh., aus der Zeit, als das ehemals Freisingsche Besitztum an die Görzer Grafen gefallen war. Im 15. Jh. wurde die Moosburg habsburgisch und verfiel im 16. Jh., als das neue Schloß gebaut wurde.

Moosham, Sbg., siehe Seite 133

Murau (Grünfels), Stmk. Die gotische Burg der Liechtensteiner stand südöstlich des heutigen Schlosses und wurde im 17. Jh. fast zur Gänze abgetragen. Burg Grünfels oberhalb des rechten Murufers (über den »Kreuzweg«, den ehemaligen Festungssteig, zu erreichen, doch nicht zu besichtigen) zeigt einen quadratischen Turm mit gotischer Tür und Ringmauerwerk aus dem 13. Jh. Sie gehörte zur mittelalterlichen Stadtbefestigung. Im 17. Jh. noch umgebaut und erweitert, verlor sie bald darauf ihre einstige Funktion.

Naudersberg, südl. Landeck in der gleichnamigen Ortschaft, Tirol. Die rechteckige Anlage mit Ringmauer (eine Pechnase befindet sich über dem Eingangstor) und Palas um einen Hof ist wahrscheinlich ein Neubau des 14. Jh., der an die Stelle der schon im 13. Jh. erwähnten Burg tirolischer Ministerialen trat. Unter Maximilian I. wurde die Grenzburg gegen das Engadin mit Wehranlagen und Feuerwaffen verstärkt. Die Galerien im Hof und die Kapelle zeigen Kreuzrippengewölbe, Arkaden, Treppe und Rundtürme weisen auf die Ausbauten im 16. Jh. Der bewohnte Bau mit kleinem Bergfried, seit 1300 Sitz eines landesfürstlichen Hochgerichts, ist bis vor kurzem noch Gerichtsort gewesen.

Neuberg, westl. Hartberg, Stmk. Die Neuberger waren mit den Stubenbergern verwandt und gehörten zu den angesehensten steirischen Adelsgeschlechtern. Im 15. Jh. starben sie aus. Kaiserlich geworden, kam ihre Burg an die Herbersteiner. Mit kurzer Unterbrechung blieb sie seit 1525 bis heute in ihrem Besitz. Nitperc, Neitperg, das heißt »Kampfburg«, zählte zu den großen mittelalterlichen Grenzfesten gegen Ungarn. Der 30 m hohe Bergfried mit Einstieg im dritten Geschoß (heute führt eine Wendeltreppe hinauf) stammt aus der Erbauungszeit um 1160. Die frühe Wehranlage, im 15. und 16. Jh. mehrfach verstärkt, erweitert und ausgebaut, erhielt Basteien und Basteitürme, einen neuen Torbau (mit gestaffelt angelegtem äußeren und inneren Wehrgang) und um den länglichen Innenhof neue Wohnbauten. Ein wuchtiger Kanonenturm mit Wehrmauer schützte die vorgelagerten Wirtschaftsgebäude und den Zugang zur Hauptburg.

Neuburg, Ruine nördl. Feldkirch, Vlbg. Mit der Belagerung der einst stolzen Burg auf dem Felshügel im Rheintal, die Ruine liegt heute knapp an der Brücke über die Autobahn bei Götzis, begann der für Vorarlbergs Burgen so verlustreiche Appenzeller Krieg. Damals, zu Beginn des 15. Jh., war der Minnesänger Hugo von Montfort Pfandherr auf Neuburg. Er verstand es, mit den Führern des »Bundes ob dem See« einen Neutrali-

tätsvertrag zu schließen, und Neuburg blieb verschont. Kampflos besetzten zweieinhalb Jahrhunderte später die Schweden die stattliche, sechstorige Anlage, zu der die Burg des 12. Jh., der spätere Besitz der fehdelustigen reichsunmittelbaren Ritter Thumb von Neuburg im 15. und 16. Jh. ausgebaut worden war. Noch heute stehen bis zu drei Stock hohe Mauerreste des Bergfrieds und des Palas innerhalb eines verhältnismäßig gut erhaltenen Berings. Mit der Burg, in der im 18. Jh. Staatsgefangene schmachteten, in Verbindung steht die Sage von den beiden verwunschenen Fräulein, die von Zeit zu Zeit erschienen, um erlöst zu werden. Zwei Grenzjägern, die zufällig des Weges kamen, gelang es. Sie kauften ihnen die Blumenbüschel ab, die sie in ihrer Hand hielten und niemandem anbieten durften. Nur ihre flehentlichen Blicke hatten die beiden Burschen bewogen.

Neudeck, Ruine nördl. Friesach, oberhalb des Engpasses zwischen Neumarkt in der Steiermark und Friesach.

Neudenstein, südwestl. Völkermarkt, Ktn. Nur der südliche und östliche noch palasartig gebaute Trakt des weithin sichtbaren, an der jetzigen Panoramastraße oberhalb des Stausees liegenden Burgschlosses weist auf die Entstehungszeit im 14. Jh. Damals erhielt Konrad von Aufenstein vom Kärntner Herzog die Erlaubnis zum Bau dieser Burg. Nicht ganz vierzig Jahre später verlor sein Geschlecht, als es sich gegen die Habsburger empörte, Macht und Besitz. Die nun landesfürstliche Feste wechselte ihre Herren in immer schnellerer Folge. Im 16. und 17. Jh. erhielt Neudenstein mit dem Bau des nordwestlichen Wohntraktes und der Laubengänge im Hof sein jetziges Aussehen. Im 18. Jh. wurde der Bergfried abgetragen, nur der »Turnierplatz« und Reste der Umwallung erinnern noch an die Wehranlage von ehemals.

Neuems, Vlbg., ↗ Glopper

Neuhaus, nördl. St. Martin im Mühlkreis an der Donau, OÖ. Unmißver-

ständlich das Gesäß in Richtung des Feindes gerichtet, symbolisieren Wasserspeier am riesigen Turm die historische Situation an der oberösterreichischen Donau im 13. und 14. Jh.: Der Passauer Bischof und Albrecht I. von Habsburg hatten 1282 dem Weinhard von Schaunberg Kontrollrechte zwischen Passau und Eferding eingeräumt. Auch die Passauer Burgen Marsbach und Wesen durfte Weinhard besetzen. Der Herrschaftsbereich der Schaunberger um Eferding, Aschau, Wilhering und Stauf, den sie schon »unser Land« nannten, war damit um ein entscheidendes Stück gewachsen. Gleich nach der Jahrhundertwende erbauten sie sich deshalb in Neuhaus den Riesenturm mit den redenden Figuren. Auf Befehl des Kaisers besetzte jedoch Reinprecht von Wallsee, Landeshauptmann von Steiermark, 1380 Eferding und belagerte (allerdings vergeblich) ihre Stammburg Schaunberg. Die »edlen und mächtigen Herren« von Schaunberg mußten nach dieser Fehde zu Lehen nehmen, was sie gerne als reichsunabhängigen Herrschaftsbereich besessen hätten, auch Burg Neuhaus. Doch Heinrich von Schaunberg ließ sich nicht beirren und errichtete neben neuen festen Plätzen auch zwei Donaumauten, die eine in Aschach, die andere in Neuhaus. (Durch das kleine Tor an der südlichen Ringturmmauer erreichte man den »Räuber«- oder »Lauer«-turm am Donauufer.) Einen Monat lang hämmerten deshalb — allerdings wieder vergeblich — im Februar und März 1386 kaiserliche Geschosse aus Pulvergeschützen auf Burg Neuhaus ein, bis die Schaunberger doch wieder nachgaben und auch Neuhaus auslieferten, um es allerdings gleich wieder als Lehen zu empfangen. Erst die Sprinzensteiner als Pfandinhaber, später als Lehensträger der Habsburger, haben im 16. Jh. im Grundbestand erbaut, was neben dem gotischen Turm heute als Schloß Neuhaus zu sehen ist. Im 16. Jh. erstürmten Bauern die Burg, bevor sie in der Mitte des 17. Jh. umgebaut, später u. a. auch an die Grafen Thurn und Taxis kam.

Neuhaus, oberhalb des Stadtteils Gnigl, Salzburg. Das im 15. Jh. umgebaute Sommerschloß und spätere Pflegegericht der Salzburger Erzbischöfe ist bereits 1219 nachweisbar. Erst im 19. Jh. erhielt der heutige Privatbesitz seine jetzige Gestalt, den Zinnenturm mit dem rechteckigen Wohngebäude.

Neuhaus, Ruine westl. Stubenberg. Stmk. Im 14. Jh. errichteten die Stubenberger unweit der (inzwischen verschwundenen) Ruine ihrer Altburg — sie lag in der jetzigen Ortschaft Zeil nördlich Stubenberg und wurde während des steirischen Adelsaufstandes 1292 zerstört — auf einem Felsen oberhalb der Freienberger Klamm hinter Graben und Ringmauer einen mächtigen, ehemals fünfgeschossigen Wohnturm mit zwei Meter Mauerstärke. Durch Anbauten und Nebengebäude erhielt Neuhaus nach einem Brand im 16. Jh. seine endgültige Gestalt. Von ihr sind außer der Wohnturmruine noch ein eingestürztes Treppenhaus, Gemäuer der Wirtschaftsgebäude im tiefer liegenden Hof und Reste der Zwingermauer zu sehen. Im 18. Jh. brannte Neuhaus wieder ab, wenig später zerstörte ein Blitz die Hausburg endgültig. Inzwischen war längst Schloß Stubenberg am Ausgang der gleichnamigen Ortschaft entstanden. Auf Neuhaus saßen meist nur Stubenberger Dienstleute, so die Dräler, später die Wurmbrandt.

Neuhaus, Ruine südwestl. Jennersdorf, Bgld. Von der romanischen Wehranlage des 12. Jh. am Burgberg liegen hinter einem Halsgraben noch Teile des quadratischen Bergfrieds und des Berings. Die Grenzburg bewohnten einst Gefolgsleute der Güssinger Grafen, eine Zeitlang war sie in geistlichem Besitz, im 14. Jh. kam sie an die Ungarische Krone. 1469 ist sie während Kämpfen zerstört worden. An ihrer Stelle entstand der heutige Tabor.

Neulengbach, östl. St. Pölten, NÖ. In die Burg oberhalb der Großen Tulln waren die Herren von Lengenbach noch vor dem Jahre 1200 von ihrem Sitz in ⬈ Altlengbach übersiedelt. In ihrer neuen Feste kehrte ein, was am Babenberger Hof zu Wien Rang und Namen hatte. In der Nachfolge des oberösterreichischen Dietmar von Aist, des ältesten deutschen Minnesängers, besonders Neidhart von Reuental, der den bäurischen Tanz, den »Dreischleifer«, etwas wie hoffähig und zum Vorläufer des Walzers gemacht hat. Ein Herr von Lengenbach war es, der dem tollen Liechtensteiner auf seiner Venusfahrt vor Wien feierlich entgegenreitet und ihn in die Stadt begleitet: »Da ritt mir auf der Straße der ritterliche Thumvogt entgegen. Man trug ihm ein Banner voran, weiß und rot halbiert; danach zogen fünfzig Armbrustschützen hinter ihm her, die hielten ihre Armbrüste hoch. Vor ihnen gingen fünfzig Laufpferde, alle schön und schnell, mit türkischen Sätteln; denen folgten fünfzig wohlgekleidete Knappen, je zwen und zwen, jeglicher von ihnen trug einen Speer. Nach ihnen ritt der biedre Thumvogt. Er trug einen Mantel von Scharlach, darüber einen Hut mit Pfauenfedern, köstlich mit Perlen geziert. Auf seinem Rock aus grünem Fell war manches Tier von Gold gestickt, das glänzte prächtig. Er trug schwarze Hosen und saß auf einem starken Pferd. Es ging so sanft —.«

Die heutigen Besitzer von Burg Lengbach, die nach 1945 einen von durch Artilleriebeschuß zerstörten und von der russischen Besatzungsmacht verwüsteten Bau erwarben, haben alles darangesetzt, Umfang und Art der frühen mittelalterlichen Burg, die sich im Osttrakt der jetzigen Renaissanceanlage verbirgt, durch Restaurierungen des alten Gemäuers anschaulich werden zu lassen. Anhand zahlreicher Modelle des im Erdgeschoß untergebrachten Museums kann sich der Besucher eine Vorstellung vom alten Sitz der Lengenbacher machen, er erfährt hier aber auch von der tapferen Gräfin Palffy, einer geborenen Liechtenstein, die das Schloß, vollgesteckt mit verzweifelten Flüchtlingen, 1683 bravouös gegen die Türken verteidigte.

Neumarkt, Stmk., ⬈ Forchtenstein

Neumontfort, Ruine südl. bei Götzis, Vlbg. Die Straßensperre der Klause von Arbogast war eine der wenigen Burgen, die von den Appenzellern, als sie ihnen in die Hände fiel, nicht zerstört wurde. Sie setzten sich in ihr fest und verwendeten sie 1405 gegen den anrückenden Grafen von Bregenz. Noch fünfgeschossig steht der quadergefügte, mauerstarke Wehr- und Wohnturm mit einem Teil der Ringmauer oberhalb des Ortes. Nach Montforter Dienstleuten saßen habsburgische Pfandinhaber in dem Bau.

Neustarkenberg, Tirol, ⬈ Starkenberg

Niederfalkenstein, Ktn., ⬈ Oberfalkenstein

Niederkraig, Ruine, Ktn., ⬈ Frauenstein / »Kraiger Schlösser«. Siehe S. 119

Niedertrixen, Ruine, Ktn., ⬈ Mittertrixen, Obertrixen

Niederwallsee a. d. Donau, NÖ., 1383 ließen sich die als Parteigänger der Habsburger zu großem Besitz und Ansehen gelangten Wallseer an Stelle der alten Sunilburg (Sindlburg) eine Feste am Donauufer bauen und bald darauf auch erweitern. Von ihr blieb nach einem großen Umbau im 17. Jh. und den späteren baulichen Veränderungen noch der (im 19. Jh. auf 80 m erhöhte, seiner Zinnen beraubte) Bergfried und die spätgotische Kapelle. Doch sind auch sonst im nicht zu besichtigenden Schloß (im Besitz Theodor Salvator Habsburg) noch Teile der ursprünglichen Wehranlagen erhalten geblieben.

Nußberg, Ruine nördl. St. Veit an der Glan, bei Obermühlbach, Ktn. Als die Burg im 15. Jh. den Värbern gehörte, überrumpelte sie eine Ungarnstreife, gerade als sich die Besatzung beim Kirchtag in St. Oswald vergnügte, und setzte sich auf Nußberg fest. Erst nach Wochen konnte sie zur Kapitulation gezwungen werden. Die Nußberger waren Ministeriale der Kärntner Herzöge, aber auch Lehensleute des Nonnenklosters Göß. Mit zwei Nußbergern tjostete

Ulrich von Liechtenstein. Seit dem 16. Jh. gehörte Nußberg den Herren auf dem benachbarten Frauenstein. Ende des 17. Jh. verfiel die Anlage. Von dem frühen romanischen Bau findet sich in der Burgruine aus der Zeit der Gotik und Renaissance nichts mehr. Das stark überwachsene Gemäuer gliedert sich um einen etwa quadratischen Hof.

Nüziders, Ruine, Vlbg., ↗ Sonnenberg

Oberdrauburg, Ruine bei gleichnamigem Ort, Ktn. Die Straßenburg ist als »castrum Traburc« 1240 erwähnt und mehrfach Streitobjekt zwischen Salzburg, den Habsburgern, den Grafen von Görz und den Ortenburgern gewesen. Die Bomben des Zweiten Weltkrieges ließen nur noch geringe Mauerreste von jener Burg über, die Paolo Santonino als Bestandteil des festen Ortes Oberdrauburg erwähnt.

Ober-(Nieder-)Falkenstein, Ruine östl. Obervellach, Ktn. »Daz obre und daz nidre Valkenstayn« gehört zu den Ruinen und Burgen, die er-

Burg Niederfalkenstein, Ktn.

wandert und in Ruhe betrachtet werden wollen. Die imposante Turmburg

Niederfalkenstein — man erreicht sie nach etwa 20 Minuten Fußweg von Gratschach aus — hält für den Kenner nicht, was sie dem Laien zu versprechen scheint. Zu deutlich hebt sich das um 1900 der Wachtturmruine aufgesetzte Gemäuer mit dem phantasievollen Holzdach vom alten Mauerwerk ab. Auch das in die »neuerstellte« Wehrmauer eingefügte Tor mit Einmanneinstieg will nicht so recht zum Grundbestand passen, den die Ruine des einstigen Vorwerks der 200 m höher gelegenen Burg Oberfalkenstein besaß.

Oberfalkenstein liegt über dem alten Falkensteiner Tunnel der Bundesbahn. In idyllischer Abgeschiedenheit durchsteigt man die Ruinen und bewundert den zum Teil eingestürzten Bergfried mit eineinhalb Meter Mauerstärke, den etwa 13 qm umfassenden Palas mit Sitznischen und die von Bauern ausgebesserte, noch intakte Kapelle. — Vom 12. bis 14. Jh. sa-

ßen hier als Lehensleute der Görzer Grafen die Falkensteiner, vom 15. Jh. ab Pfleger und Pfandinhaber der Habsburger. 1502 hatte ein Graf Lodron, Ehemann der Apolonia von Wellenburg, Schwester des Salzburger Erzbischofs, das Pfand inne. Nach seinem Tode heiratete Witwe Apolonia einen Grafen Christoph Frangipani, der als der Auftraggeber für jene Tafeln gilt, die heute als Sehenswürdigkeit in der Pfarrkirche von Obervellach zu betrachten sind. Vor ihnen, Werken des Niederländers van Scorel, die ihrer beider Schutzpatrone Christoph und Apolonia vorstellen, mögen der Graf und die Gräfin in der Burgkapelle von Oberfalkenstein gekniet sein.

Oberkapfenberg, Stmk., ↗ Kapfenberg

Obernberg am Inn, OÖ. Die wenigen Mauerreste, die man oberhalb des Inns heute noch sieht, weisen in nichts mehr auf die alte Burg der Grafen von Formbach, die hier im 10. Jh. stand, auch kaum auf die Feste der Passauer Bischöfe, die vor 1200 mit dem Markt errichtet wurde.

Oberranna, OÖ., siehe Seite 44

Obertrixen, nordwestl. Völkermarkt, Ktn. 6 km von Niedertrixen, in nächster Nachbarschaft von Mittertrixen und Waisenberg, scheint Obertrixen schon im 12. Jh. Sitz von Hochfreien gewesen zu sein, die um 1200 als Ministeriale der steirischen Herzöge nachgewiesen sind. Während Niedertrixen Herzogsburg wurde, kamen Ober- und Mittertrixen mit Waisenberg im 18. Jh. an die Grafen Christalnigg. Als die Schlösser im Tal entstanden, im 16. Jh., verfielen die Burgen. Von Obertrixen ist noch der Stumpf des Bergfrieds und wenig Mauerwerk zu sehen.

Obervoitsberg, Ruine, Stmk., ↗ Voitsberg

Oberwallsee, Ruine nordwestl. Linz, bei Bad Mühllacken, OÖ. Noch bevor die Wallseer ihre Donaufeste unterhalb von Enns erbauen ließen (↗ Niederwallsee), gestattete Rudolf der Stifter seinem Hauptmann ob der Enns, Eberhard von Wallsee, im Oktober 1364 eine Burg bei Linz zu errichten. Sie lag unweit von Schaunberg und Burg Neuhaus an der Donau, dem Sitz der rivalisierenden Schaunberger, die sich anschickten, einen von mehreren Burgen geschützten reichsunmittelbaren Herrschaftsbereich zu gründen. Von diesem Oberwallsee, der einst stärksten, in ein geballtes Rund gestellten Wehranlage des Landes, ist auf der leicht bewaldeten Kuppe heute nicht mehr viel zu finden. Der Platz der ehemaligen Vorburg weist nur kleines Mauerwerk auf. Sie war halbkreisförmig um die Hauptburg gelegt. Vom Zentralbau erhielten sich im südlichen Teil Reste des Berings, Gebäude- und Gewölberuinen. Wie sich die Bauten um den engen Hof gruppierten, erschließt sich dem Betrachter ohne Grundrißskizze nicht leicht. Nach dem Aussterben der Wallseer im 15. Jh. fiel die Burg dann doch den Grafen von Schaunberg zu, sie waren im erblichen Marschalkenamt Nachfolger der Wallseer. Nach dem Tod des letzten Schaunbergers im 16. Jh. wurde die Feste kaiserlich und kam u. a. auch an die Starhemberger. Im 18. Jh. verfiel sie.

Oberwesen, Ruine südöstl. Passau bei Waldkirchen, OÖ. Auf dem steilen Hang finden sich hinter einem Halsgraben noch Mauerzüge eines rechteckigen Bergfrieds und Palas mit Beringresten und Zwinger. Von der ehemaligen Vorburg, durch den Straßenbau zerstört, stehen nur noch geringe Reste. Der Sitz von Passauer Ministerialen spielte in der Schaunberger Fehde des 13. Jh. eine gewisse Rolle. Er verfiel seit dem 15. Jh.

Ödenfest, Ruine, Ktn., ↗ Malenthein
Ödes Schloß, Ruine, NÖ., ↗ Pottenburg

Ödes Schloß (Stein, Tursenstein, Altenburg), Ruine südl. von Altenburg am Kamp, NÖ., in der großen Kamptalschleife.

Offenburg, Ruine nordwestl. Judenburg, Stmk. Der Aufstand der Steirer gegen den Böhmenkönig war mißglückt, die Anführer waren gefangengesetzt. Auch die Brüder Liechtenstein mit ihren Festen um Judenburg. Die Offenburg des Dietmar von

Judenburg, dem Bruder Ulrichs von Liechtenstein, des Minnesängers, besetzte Ottokar mit einem seiner kühnsten Dienstleute. Zu wichtig erschien ihm die Feste, die zusammen mit dem gegenüberliegenden salzburgischen ↗ Reifenstein den wichtigen Übergang ins Ennstal sicherte. Etwas zu ungeniert aber scheint sich dann der böhmische Herr auf der Offenburg benommen zu haben. Am 26. Jänner 1275 mußte ihm König Ottokar über Milota, seinen Landeshauptmann in der Steiermark, befehlen, sich endlich aller weiterer Gewalttaten gegen das Stift Seckau und dessen Leute zu enthalten. Es haben sich dann nach dem Ende des böhmischen Regimes die Liechtensteiner mit einiger Genugtuung ihre Feste oberhalb des Pölstales zurückgeholt, doch kam das Lehen an die Grafen von Heunburg, die ihre Offenburg nach dem mißlungenen Aufstand gegen Habsburg kurzfristig wieder an den Sieger Albrecht abgeben mußten, sie jedoch mit den dazugehörigen Gütern nochmals zurückerhielten. Von dieser frühen, schon im 12. Jh. erbauten Burg auf dem steil abfallenden Felsen, 300 m über dem Tal, finden sich heute noch Teile des ehemaligen Wohnturms, eines Bergfrieds und der Ringmauer. Die landesfürstliche Feste verfiel nach einem Großbrand Ende des 16. Jh.

Ort bei Gmunden am Traunsee, OÖ. Die Burg, nach der sich im 12. Jh. schon Ministeriale des steirischen Markgrafen nannten, die dann über die Wallseer an die Starhemberger kam, ist durch zwei ihrer Besitzer aus jüngerer Zeit im Gedächtnis vieler geblieben. Hier wohnte im 17. Jh. Adam Graf Herberstorff, der Veranstalter des berüchtigten »Frankenburger Würfelspiels« am Haushamerfeld im Mai 1625, als siebzehn Bauern um ihr Leben würfeln mußten. 1626 zerstörten Aufständische die mittelalterliche Wasserburg. Von ihr zeugt noch ein Teil des Gemäuers im heutigen Renaissance- und Barockbau, der gotische Torturm und neben den Verliesen noch zahlreiche gotische Details, ebenso wie die lebensgroße Madonna

in der einstigen Burgkapelle. Mit diesem Schloß Ort verknüpft ist auch der Name jenes Erzherzogs Salvator von Toscana, der sich mit Kronprinz Rudolf gegen Franz Joseph I. verschwor. Nach Rudolfs Selbstmord in Mayerling ging Johann Salvator außer Landes. Der Adelige, dessen Liebe der Tänzerin Milly Stubel gehörte, hatte alle Ämter und Würden niedergelegt, den Namen »Johann Ort« angenommen und ist während eines Sturmes mit seiner Schonerbark »Saint Margret« vor Kap Horn im Meer versunken.

Ortenburg, Ruine westl. Spittal an der Drau, Ktn. Oberhalb des Steilufers, mit dem Blick ins Tal, lag der Stammsitz der Ortenburger, des neben den Görzern mächtigsten Adelsgeschlechtes in Kärnten. Drei Jahrhunderte, zwischen dem 12. und dem 15., bewohnten die Herren der »Grafschaft Ortenburg«, in der alle Vögte und Richter die vom Böhmenkönig Wenzel verliehene Hochgerichtsbarkeit, den »Blutbann«, ausübten, die Draufeste mit den beiden Vorburgen und dem romanisch-gotischen Doppelturm. Am Ende des 150 m langen Ruinenfeldes ist heute noch das Restmauerwerk der alten romanisch-gotischen Burgkapelle zu sehen, die die Ausmaße einer Kirche besaß. In ihr wurde 1420 der letzte Ortenburger beigesetzt. Eine zweite Herrschaft Ortenburg entstand im 16. Jh., als Kaiser Karl V. den reichen Gabriel Salamanca, einen Italiener, zum Grafen von Ortenburg ernannte. In dieser Zeit baute man Schloß Porcia in Spittal, und die alte Burg verfiel.

Orth, östl. Wien bei Großenzersdorf, NÖ. Aus Ungarn, Polen, Böhmen und Bayern holten sich die Habsburgerbrüder Friedrich und Albrecht Landsknechte, als sie hier gegeneinander um die Vormundschaft des Ladislaus kämpften, posthumer Sohn des 1439 so plötzlich verschiedenen Albrecht II. (V.). Pongracz von Liptau, der Söldnerführer, und Szent Miklos plünderten und verwüsteten von Burg Orth aus das Land bis Zwettl und ließen sich wie Könige huldigen. Diesen fürstlichen Räubern

Ort bei Gmunden am Traunsee, OÖ.

ebenbürtig war ihr Nachfolger Gamaret Fronauer, der mit den Scharen seiner »Brüder« zum Schrecken der Niederösterreicher wurde. Von der mittelalterlichen Wasserburg des 12. Jh., die 1529 von den Türken zerstört wurde, finden sich im West- und Südwesttrakt des 1550 neu errichteten kastenförmigen Renaissancebaues mit vier Ecktürmen (und Zubauten des 17. Jh.) nur noch Mauerteile. Orth war Besitztum der Regensburger Bischöfe, im 12. bis 14. Jh. ist es von den Lengenbachern und Schaunbergern verwaltet worden, doch ließen sich auch die Habsburger ab dem 15. Jh. mit der Burg belehnen, um sie allerdings zu verpachten oder zu verpfänden. Heute sind im Altschloß das Österreichische Fischerei- und Gewässerschutzmuseum sowie das Heimatmuseum von Orth untergebracht. Die Räume sind außer Montag tägl. zwischen dem 15. März und dem 15. November geöffnet.

Osterburg, östl. Melk bei Loosdorf, NÖ. Seit Graf Zeno Montecuccoli der großen Burg auf dem wildromantischen Felsen im 18. Jh. die Zähne ausbrechen ließ, verfiel der einstige Besitz der Peilsteiner und Tursen. Damals verschwanden die mittelalterlichen Wehranlagen, auch ein Teil der Wohnbauten, und bald danach veröde das verlassene Gemäuer. Heute führt ein Fahrweg durch die Anlage. Vor nicht allzulanger Zeit sah man außer den (augenblicklich) noch vorhandenen Steinreliefs an der Hofwand noch

weitere fünf Wappen der protestantischen Geyer von Osterburg und der Weltzer. Von der Burg um 1200, die Rudolf, der »Turse von Tiernstein«, rund um den zweistöckigen Palas erweiterte, sind noch bescheidene Reste der gotischen Kapelle zu sehen. Jenseits der Straße ragen die Ruinen des stark verfallenen Bergfrieds mit einer Treppenanlage in der Wand empor, auch die eines Rundturms und von Gewölben mit gutem Mauerwerk.

Ottenschlag, nördl. Pöggstall, NÖ. Die frühmittelalterliche Burg ist im 15. Jahrhundert abgebrochen, der Schloßbau mit Rundtürmen ist nach 1500 errichtet worden. Er war einer der Zentren des Bauernaufstandes 1596/97.

Ottensheim, westl. Linz, OÖ. Die habsburgische Pfandherrschaft Ottensheim an der Donau aus der Hand der Wallseer fiel den beiden Brüdern Heinrich und Christoph von Liechtenstein in einer Zeit zu, in der bei den unglücklichen Zuständen im Reich für den österreichischen Adel alles »offen« war. Nach dem Tode des Ladislaus Posthumus im Jahre 1457 waren die drei Donauländer auseinandergefallen, in Böhmen regierte Georg von Podiebrad, und in Ungarn war der Sohn des Johann Hunyadi, Matthias Corvinus, an der Herrschaft. Als er 1485 in Österreich eindrang und in Wien residierte, machten sich auch die beiden Liechtensteiner bald zu seinen Parteigängern und belagerten von Ottensheim aus die beiden landesfürstlichen Bur-

gen Edramsberg und Schönering am südlichen Donauufer. Sie zerstörten sie, verloren aber nach ihrer Niederlage gegen Kaiser Friedrich III. dann 1492 Ottensheim mit ihren anderen Besitzungen ohne jede Entschädigung. In dem heutigen Schloß auf dem Felsen oberhalb der Donau verbirgt sich die mittelalterliche Burg des 12. Jh., die von den Wilheringern errichtet worden war. Der umbaute romanische Bergfried im Norden der Anlage mit Fenstern aus jüngerer Zeit und der Rundturm zur Donau hin verweisen auf sie. Im 17. Jh., nachdem sie von den Jörgern, dann vom Linzer Jesuitenkolleg betreut und als Fluchtburg benützt worden war, wurde Ottensheim Ruine. Völlig verändert und erweitert ist sie im 19. Jh. wieder aufgebaut worden.

Ottenstein, NÖ., siehe Seite 51

Painburg, Ruine nördl. St. Leonhard i. Lavanttal, Ktn. Die Painer, ein steirisches Geschlecht, waren bambergische Dienstleute und sind durch Gold- und Silberbergbau vermögend geworden. Von ihrer einstigen Wasserburg im 15. Jh. sind noch das stark verwachsene Gemäuer, Reste eines Burgtores mit Pechnase, Reiter- und Fußgängerpforte zu sehen.

Partenstein, beim gleichnamigen Donaukraftwerk, OÖ. Im 18. Jh. hieß der kleine Bau oberhalb der Flußschleife der Großen Mühl »Schloßhäusl« und war ein Gasthaus. Im 17. Jh. schon hatte man die kleine Feste der Passauer Bischöfe, die sie zu Sicherungszwecken hatten erbauen und mit Dienstleuten besetzen lassen, »Herberg im Schloß« genannt. Heute ist in dem Besitz der österreichischen Wasserkraftwerke von privater Hand ein kleines Heimatmuseum eingerichtet worden.

Peggau, Ruine oberhalb des gleichnamigen Ortes, Stmk. Poppo von Peggau war ein streitbarer Herr und ließ, weil er sich mit seinen Verwandten, den Pfannbergern, nicht einigen konnte, Graf Ulrich von Pfannberg überfallen und in den Turm von Burg »Pecach« oberhalb des Murtales werfen. Nicht lange danach segnete dieser letzte Peggauer, nachdem er sich noch mit seinen Verwandten gütlich geeinigt hatte, das Zeitliche, und Burgherr wurde der einstige Gefangene auf Pecach, Graf Ulrich. Als Beteiligte am Aufstand gegen den Böhmenkönig verloren die Pfannberger jedoch bald darauf die Feste für kurze Zeit. Bis zu ihrem Aussterben ließen sie Pfleger hier nach dem Rechten sehen, und auch als die schöne Witwe Margarethe und ihre nicht weniger schöne Tochter zwei Grafen von Montfort, Vater und Sohn, ehelichten — Tochter Margarethe wurde die Frau des Minnesängers Hugo von Montfort —, blieb es dabei. In Georg Amelreich von Eibiswald, der die Burg im 17. Jh. von seinem protestantischen Vetter erhielt, fand Poppo von Peggau aus dem 13. Jh. einen unrühmlichen Nachahmer: Im kalten Winter von 1641 ließ der gewalttätige Mann zwei seiner Untertanen und einen jungen Halterbuben ohne plausiblen Grund in den Turm stecken. Die Bauern verloren Hände und Füße, da sie ihnen abfroren, der Bub starb. Unter Verwaltern und Pflegern des Chorherrnstiftes Vorau änderten sich diese Verhältnisse, doch verfiel im 19. Jh. die Anlage. Heute stehen noch zum Teil beachtliche Mauerreste: des Tores und des Torbaues, dreier Wohntrakte, der sogenannten »Luciakapelle« (1404), des Bergfrieds mit dem Mauerwerk eines älteren Turmes. Die »Alchimistenküche« mit dem pyramidenförmigen Rauchfang ist jüngeren Datums.

Penk, Ruine, Ktn., ↗ Mölltheuer

Perchtoldsdorf, Ruine südl. Wien, NÖ. Im zyklopischen Gemäuer um die Perchtoldsdorfer Kirche wohnten einst die Herren von Perchtoldsdorf, ursprünglich Hochfreie, dann landesfürstliche Ministeriale. Auch jener Otto von Perchtoldsdorf, von dem der steirische Reimchronist berichtet. Die Schlacht auf dem Marchfeld war geschlagen, und die habsburgischen Reiter verfolgten die flüchtenden Böhmen. Von Troßbuben ausgeraubt, seines letzten Stücks Rüstung und auch seiner Bekleidung beraubt, lag

der sterbende Böhmenkönig, der »ellenhaft Ottokar« auf der Walstatt. »Niemand gedachte seiner, wie er da lag. An der selbing Zeit, chom geriten aus dem Streit der von Perichtoldsdorff.« Er sieht den nackten, aus unzähligen Wunden blutenden König — »über ihn do warff (er) ain Schappraun ... er pegund in mit wazzer laben«, heißt es in der Chronik. — Die Herren von Perchtoldsdorf, Gefolgsleute der Babenberger, nach deren Aussterben Kämmerer von Österreich und Parteigänger des Böhmenkönigs, waren unter Otto III. auch wieder die ersten, die sich gegen Habsburg erhoben. Ihre später landesfürstlich gewordene Burg ist mehrfach verpfändet, besetzt und erobert worden, bevor sie 1481 zerstört wurde. — Zur Ruine selbst: die Reste der romanischen Burg des 12. und 13. Jh. — Gemäuer eines riesigen Saales, eines Gadems und sonstiger Palasräume — ragen auf dem Gelände westlich der Kirche empor. Als Sitz der Herzogin Beatrix, der Witwe nach Albrecht III. — ihr verdankt Perchtoldsdorf seinen großen Aufschwung —, ist die Burg im 15. Jh. erweitert worden. Damals entstand die Pfarrkirche und der 45 Meter hohe Turm, das Wahrzeichen des Marktes. Mit Brunnen, Kapelle und Türmerstube war er Flucht- und Wehrturm der Perchtoldsdorfer in der Türkenzeit. 1529 widerstand er den Feinden, 1683 lockten die Türken die Verteidiger unter falschen Vorspiegelungen aus dem Turm und massakrierten die Waffenlosen. Es waren an die 500.

Pernegg, Ruine südl. Bruck an der Mur, Stmk. Als Otto von Pernegg um Neujahr 1284 einen päpstlichen Gesandten überfiel und auf der Burg gefangensetzte, weil der einen seiner Verwandten gebannt hatte, eroberte der streitbare Abt von Admont, Heinrich, Landeshauptmann der Steiermark, auf Befehl König Rudolfs die Burg und befreite den Mann. In der steirischen Adelsfehde standen die Pernegger doch wieder auf seiten Habsburgs. Mit ihrem obersten Herrn, dem König und Kaiser, kamen die Pernegger erst wieder in

Konflikt, als nach generationenlangen Erbstreitigkeiten Wilhelm von Pernegg Räubern in seiner Burg Unterschlupf gewährte und sich auch selbst als Wegelagerer betätigte. Weder Kaufleute noch Adelige wurden verschont. Bis das schwarze Schaf seines Geschlechtes schließlich 1525 gefangengenommen, eingekerkert und seiner Güter für verlustig erklärt wurde. Die Pernegger waren mit vielen Adelsfamilien in und außerhalb der Steiermark verwandt und verschwägert und besaßen eine der größten Herrschaften des Landes. Beim Bau des Schlosses im 16. Jh. verwendeten sie allerdings ihre mittelalterliche Burg als Steinbruch. Im Ruinenfeld stehen heute deshalb nur noch Reste eines Torbaues mit Turm, eines viereckigen Bergfrieds mit einem langgestreckten Palas. Auch Hinweise auf die einstige Kapelle und Teile der Wehrmauer sind zu finden. Etwas unterhalb dieser Höhenburg liegt als dritte Wehranlage auf dem Hügel ein noch gut erhaltener, mit Ringmauern umgebener Viereckturm. Ihn erbauten sich die Pernegger, die ihr Geschlecht von dem Hochfreien Pero, d. i. Bernhard, aus dem 12. Jh. ableiten, im 14. Jh.

Pernstein (Altpernstein) bei Kirchdorf an der Krems, OÖ. Zwei feindliche Brüder sollen oben auf dem Felsen miteinander gerungen und sich dabei zu Tode gestürzt haben, ein alter Minnesänger habe im gotischen Gemäuer gehaust, auch Raubritter und Schnapphähne auf Altpernstein hätten zuzeiten, die Berglehne heruntergalloppierend, ins Steirische ziehende Kaufleute um einiges erleichtert, heißt es in den Sagen. Zusammen mit Chroniken berichten sie ebenso von den gefürchteten Verliesen oben im Vorbau, dort wo die Kapelle steht. Hans von Liechtenstein, allmächtiger Hofmeister in Wien, 1394 Burgherr auf Pernstein geworden, mußte sie als Gefangener kennenlernen. Auf Befehl seines Herzogs nahmen ihn Reiter des Pilgrim von Puchheim in Gmunden fest und brachten ihn nach Pernstein. In Ketten gelegt, schmachtete er hier mit seiner

Familie in der eigenen Burg. Wir wissen nicht wie lang, auch nicht, warum die Liechtensteiner drei Jahre danach alle Besitzungen südlich der Donau an Habsburg verloren. Als Pfandbesitz kam Pernstein an die Wallseer. Im 17. Jh. war die Burg Besitz des berüchtigten Adam Graf Herberstorff (↗ Ort). Von des Grafen Witwe erwarb sie dann das Stift Kremsmünster. Im heute zu einer Burg für die Jugend umgestalteten Pernstein sieht der Besucher im kleinen Hof noch das Mauerwerk des alten Bergfrieds, den man verkürzte und unter das Dach zog, deutlich auch unter dem Verputz die alte Toreinfahrt. Die gut restaurierten und dezent eingerichteten Räume durchschreitend, stößt er auf Schritt und Tritt, im »Rittersaal« wie in der Burgkapelle, auf Spuren zwar nicht der alten Burg — sie mußte im 16. Jh. zum Großteil einem Neubau weichen —, aber jener Stätte, an der peinliche Zauber- und Hexenprozesse stattfanden. Der »Pulverturm« am Berghang gegenüber dem heute noch mit gepreßten Harnischen beschlagenen Tor schützte mit dem etwas unter ihm liegenden Viereckturm noch die einstige Zugbrücke.

Persenbeug bei Ybbs an der Donau, NÖ. Als Kaiser Heinrich III. mit dem Bischof von Würzburg im Juni 1045 donauabwärts zog, sei ein Wasserdämon aus den Fluten getaucht und habe den Kirchenfürsten bedroht, berichtet die Sage. Tags darauf, als Kaiser und Bischof in »Persinpiugun« bei der schönen Witwe Richlinde weilten, so berichtet die Geschichte, gab der Boden des Rittersaales nach und stürzte mit den Gästen in die darunter befindliche Badestube. Neben dem fast unverletzten Kaiser lagen Bischof Bruno von Würzburg und der Abt von Ebersberg im Sterben. Es sind von dieser Burg, bei der auch Konrad III. und Friedrich Barbarossa auf Kreuzzügen Halt machten, im heutigen Schloß (1617—1621 erbaut) noch der Bergfried (mit barockem Helm) und wenige Details zu finden. Burg Persenbeug war nach dem Unglück durch

Schenkung an das Kloster Ebersberg gekommen, das die Babenberger, dann die Habsburger mit ihm belehnte. 1521 huldigten in der Burg die Landstände ihrem König Ferdinand I., am Morgen des 27. November 1596 schworen vor ihr auf dem Feld niederösterreichische Bauern einander die Treue bis in den Tod. Der einstige Besitz des Grafen Hoyos wird seit 1800 von Nachkommen der Familie Habsburg-Lothringen bewohnt.

Pertlstein (Bertholdstein), östl. Feldbach, Stmk. Zusammen mit dem Pertlsteiner Wirtshaus, dreißig Kindern aus dem Dorf und der Feuerwehrkapelle aus dem benachbarten Gossendorf hat die einstige Feste gegen die Ungarn, das heutige Benediktinerinnenkloster, in jüngster Zeit die Kulisse für die Verfilmung von Franz Kafkas »Schloß« gebildet. Erbauer der Burg Pertlstein war im 12. Jh. ein Berthold von Emmerberg, Vorfahre jenes Berthold IV., der sich in der Marchfeldschlacht 1278 am Böhmenkönig Ottokar gerächt haben soll. Als sich die Emmerberger im Kampf um das Habsburger Erbe im 15. Jh. an der Seite Herzog Leopolds gegen ihren Landesfürsten, den Herzog Ernst, stellten und wenig später mit den Wolfsauern das Land verwüsteten, auch Kaufleute überfielen, ließ der Herzog Pertlstein stürmen. Erst als sie Urfehde geschworen hatten, erhielten die Emmerberger ihre Burg zurück, um den verschuldeten Besitz bald darauf endgültig zu verlieren. Die Herren von Lengheim verwandelten Pertlstein im 16. und 17. Jh. zum Schloß, während Graf Koszielski im 19. Jh. bemüht war, die mittelalterlichen Anlagen wieder herzustellen, ohne sich dabei zu scheuen, den alten Wehrturm in eine Art Minarett umzugestalten. Der Berater des türkischen Sultans, in dessen Diensten er als Sefer Pascha durch Jahrzehnte gestanden hatte, wollte auch auf seinem oststeirischen Sitz, in dem er wertvolle Sammlungen von Orientalica aufgestellt hatte, den gewohnten Anblick nicht missen.

Perwarth (Oberperwarth), Ruine südwestl. Wieselburg, NÖ., oberhalb des gleichnamigen Schlosses.

Petersberg in Friesach, Ktn., siehe Seite 80

Petersberg, Tirol, ↗ St. Petersberg

Pfannberg, Ruine südöstl. bei Frohnleiten, Stmk. Die Grafen Pfannberg hatten dem König Ottokar Kriegsdienste geleistet und waren, als sie sich mit ihren steirischen Gesinnungsgenossen gegen den Böhmenkönig kehrten, von ihm in Breslau eingekerkert worden. Ihre Besitzungen verfielen. Graf Heinrich von Pfannberg schwor im September 1276 im Kloster Reun Rudolf von Habsburg die Treue und verschwor sich wenig später auf der Burg ↗ Deutschlandsberg mit seinem Schwiegervater Ulrich von Heunburg gegen Albrecht von Habsburg. Die Witwe des letzten Pfannbergers heiratete Wilhelm von Montfort, ihre Tochter dessen Sohn Haug, den Minnesänger Hugo von Montfort. In der Burgkapelle von Pfannberg sah man noch im Jahre 1930 ein Fresko des 15. Jh., das den Verfasser der Weltchronik (↗ Altems) im Kreise seiner Familie zeigt. Das Bild ist heute im Grazer Joanneum. Das Pfannberger Ruinengelände ist gegenwärtig nach Sprengungen abgesperrt und wegen Einsturzgefahr nicht betretbar. Mittelpunkt der um 1200 erbauten und seit dem 16. Jh. in Verfall befindlichen Burg war ein mächtiger (in Österreich sonst nirgends nachweisbarer) siebeneckiger Bergfried mit fast 30 m Höhe und ein großer dreigeteilter Palas.

Pflindsberg, Ruine oberhalb Altaussee, Stmk. Von der kleinen Burg, die sich die Salzburger Erzbischöfe um 1250 unweit des Salzbergwerks und der Pötschenstraße erbaut hatten, ragt nur noch die Ecke des Bergfrieds über den Boden. Diese einzige Wehranlage des Ausseer Landes wurde später landesfürstlich und war bis ins 16. Jh. Sitz eines Landgerichtes. Pflindsberg verfiel im 18. Jh., als das Gericht nach Aussee übersiedelt war.

Piberstein, Halbruine westl. Freistadt bei Helfenberg, OÖ. Die alte Burg des 13. Jh., die sich um den Felsen auf dem Hügel gruppierte, belagerten die Hussiten vergeblich. Nach 1500 durch die Vorburg und die eckturmbestückte Außenmauer erweitert und verstärkt, war Piberstein im 16. Jh. eine der verteidigungsfähigen Fluchtburgen des Landes. Der frühe Wohnturm der Brüder Piber aus dem 13. Jh. ist in die Renaissanceanlage mit Arkaden- und Laubenhof eingebaut worden. Nach ungeklärten Besitzverhältnissen — mit Walchun Haderer, dem Vater des erfolgreichen kaiserlichen Hauptmannes Zacharias (↗ Leonstein), hatte Albrecht II. zugleich auch einen Herrn von Harrach mit dem Besitz belehnt — waren die Schallenberger bis ins 17. Jh. Herren auf Piberstein. Heute ist ein »Atelier für Konservierung und Restaurierung« innerhalb des zum Großteil noch gut erhaltenen Mauerwerks untergebracht.

Pitten, südl. Wiener Neustadt, NÖ. In einer Schlacht bei »Pütten«, 1042, nahm Markgraf Gottfried das Land zwischen Schwarza und Rabnitz wieder den Ungarn ab und wurde der Begründer jener Grafschaft, die mit Gebieten auch jenseits des Wechsels bis ins 16. Jh. steirisch war. Von der Burg Pitten aus dieser Zeit, die auch das Nibelungenlied nennt — »ein hus an Ungern marke stat, puten noch den namen hat« —, ist nichts mehr erhalten. Von der Burg, die Ritter Wolf Teufel zweimal gegen den Ungarnkönig Corvinus verteidigte (und als Anerkennung dafür vom Angreifer einen silbernen Becher als Geschenk erhielt), die auch den Türken und dem Ungarn Boczkay widerstand, befinden sich auf dem Felsen oberhalb des Ortes ein Turm und ein Teil der Burgkapelle. Das Jagdschloß selbst, im 19. Jh. erbaut, weist Gemäuer aus dem 16. und 17. Jh. auf.

Pittersberg, Ruine südl. Oberdrauburg, Ktn. Von der Burg der Herren von Bütterich, die eine Butte im Wappen führten, stehen noch Mauern des Wohnturms, eine Schildmauer mit 2 m Mauerstärke und Reste von Wohn-, Wirtschaftsgebäuden und Bering. Paolo Santonino beschreibt die im 13. Jh. erwähnte und im 16. Jh. verfallene Burg 1485 noch als auf einem Felshügel errichtet, der sich an

der Grenze des Gailtales »zwischen höheren Bergen erhebt, so daß von hier aus die Straße gesperrt werden kann, sowohl der Anmarsch wie der Rückzug von Feinden, wenn sie einmal ins Tal einbrechen«.

Plain (Plainburg, »Salzbüchsel«), Ruine oberhalb Großgmain, Sbg. Von der Plainburg ritt am 29. März 1166 zum Hoftag von Salzburg Kaiser Friedrich Barbarossa, um den Erzbischof Konrad II. für sich zu gewinnen. Als ihm das mißlungen und der Bischof geächtet worden war, zerstörten Anfang April des folgenden Jahres die kaisertreuen Plaingrafen Salzburg und brannten die Stadt nieder. Auch zum Hoftag am 12. Februar 1172 kam Barbarossa von der Plainburg, doch berichtet der Chronist, daß wenig später Graf Luitpold von Plain bereits reumütig zum Wiederaufbau des Salzburger Doms beisteuerte und mit seinem Bruder nach ihrer beider Heimkehr aus dem dritten Kreuzzug die letzten Lebensjahre als Wohltäter auf der Burg verbrachten. 1260 ist der Letzte der Plaingrafen im Kampf gefallen. Ihr Erbe trat das Salzburger Bistum an. Von der alten Plainburg stehen noch die riesigen Umfassungsmauern und wenige Reste der Vorburg. Ein Spitzbogentor gehört zu den Erweiterungsbauten der Salzburger Bischöfe im 15. Jh., die Plain zum Sitz eines Pflegegerichtes gemacht hatten. Ein Wappen mit Inschrift von 1674 erinnert an die Grenzburg Plain, die im österreichisch-bayerischen Erbfolgekrieg 1744 von den Bayern besetzt wurde und dann verfiel. — Von der in letzter Zeit abgesicherten Ringmauer bietet sich eine schöne Fernsicht.

Plankenwarth, westl. Graz bei St. Oswald, Stmk. Der ebenso kluge wie pedantisch geizige Georg Stürgkh, ein Grazer Kaufmann, hatte 1532 die Burg der Ritter von Plankenwarth aus dem 12. Jh. von den Ungnads gekauft und bald in mehreren Testamenten festgelegt, was mit ihr noch Jahrzehnte nach seinem Tod zu geschehen hätte. Bei der Erbteilung scherten sich die drei Söhne allerdings

nicht viel um den Willen des Vaters. Sie kamen jedoch überein, daß Ludwig, der sich gegen die Anordnung des alten Herrn als kaiserlicher Kriegsmann in der Welt herumgetrieben hatte, laut Testament bedacht werden sollte. Vater Stürgkh hatte angeordnet, der ungehorsame Sohn dürfe innerhalb eines Jahres nur ganze acht Tage auf Plankenwarth wohnen. Kurz entschlossen baute sich der also Enterbte die sogenannte »Ludwigsburg«, ein kastenförmiges Gebäude am Nordosthang des Hügels. Der Bergfried mit 3 m Mauerstärke, Torbau, Rund- und Viereckstürme, Wehrmauer und Wehrgang weisen auch im heutigen Sanatorium Plankenwarth auf die einstige mittelalterliche Burg. Sie wurde vom 16. bis 18. Jh. mehrfach umgebaut.

Pöggstall, NÖ., siehe Seite 46

Polheim, OÖ., ↗ Wels

Pottenbrunn, nordöstl. St. Pölten, NÖ. Der Renaissancebau birgt in seinem Kern noch das Gemäuer der mittelalterlichen Wasserburg der Ritter von Pottenbrunn. Die Ritter Grabner ließen im 16. Jh. den romanischen Bergfried ebenso wie auf ihrer Rosenburg im Kamptal im oberen Teil mit einer Galerie versehen. Dieser Turm, 1945 schwer beschädigt, stürzte 1961 ein und wurde zwischen 1964 und 1968 wieder aufgebaut. Heute befindet sich im Schloß das österreichische Zinnfigurenmuseum: Szenen aus Österreichs Vergangenheit von der Altsteinzeit bis zum Ersten Weltkrieg in Dioramen dargestellt. Die Ausstellungsräume sind vom 1. April bis 31. Okt. tägl. außer Montag von 8—17 Uhr geöffnet.

Pottenburg (Hasenburg, Maidenburg, Ödes Schloß), Ruine südöstl. Hainburg, NÖ. Als sich einmal ein junger Edelknabe den Anordnungen der gestrengen Burgherrin nicht sofort fügte, erdolchte sie ihn. Nach dem Mord entstellten Blutmale Hände und Gesicht des grausamen Weibes. Eine Alte weissagte ihr, daß ihr nur das Blut eines jungen Mädchens helfen und die Male tilgen könnte. Unzählige junge Mädchen fielen deshalb der Pottenburgerin zum Opfer. Da erschien das Fräulein von Preßburg mit ihrem Bruder. Vom Gesinde gewarnt, entfloh der junge Mann, holte Hilfe aus dem väterlichen Preßburg, drang in die Pottenburg ein und befreite die Schwester. Die Blutsüchtige stürzte er in den Burghof. Diese Sage vom »Weibersturz«, in mehreren Varianten auch für andere Burgen überliefert, verweist auf die »Maidenburg«, einst eine Grenzfeste gegen Ungarn, im 12. Jh. in der Hand der von Asparn, später der Schaunberger und landesfürstlicher Pfleger. Noch ragt von ihr der isoliert stehende romanische Bergfried empor, mit einem Rundbogeneinstieg in Stockhöhe, mit Zinnen und Kragsteinen vom ehemaligen Wehrgang. Um ihn findet sich inmitten des Restgemäuers zweier Vorburgen, des Palas und der Nebengebäude auch ein Spitzbogentor, das von einer Burgkapelle stammen könnte, die 1496 erwähnt wird.

Pottendorf, südl. Wien bei Ebreichsdorf, NÖ. Franz Graf Nádasdy, ein ungarischer Magnat und Kaiserlicher Rat Leopolds I. am Wiener Hof, hatte den Besitz von den Königsbergern gekauft. Er richtete sich in ihr nicht nur eine Plattnerwerkstatt, sondern auch eine Druckerei ein. Die »Pottendorfer Drucke« des Liebhabers der Wissenschaften und Künste, des Sammlers von Rang, der sich auch als Goldschmied versuchte, wurden auch von Kennern mit Respekt vermerkt. Doch Graf Nádasdy hatte sich mit Gleichgesinnten unter Führung der Grafen Zriny und Frangipani gegen Kaiser Leopold verschworen. Ungarn sollte aus dem Verband der habsburgischen Länder gelöst werden. Die Rädelsführer der Revolte waren bereits verhaftet, als Leopold I. am 2. September 1670 seinem Grafen Ursenbeck den Befehl gab, mit zweihundert Dragonern nach Pottendorf zu ziehen und den Verräter nach Wien zu bringen. Vom Tumult erwacht, floh der Graf »im Hembde« aus dem Bett, und Ursenbeck durchsuchte mit seinen Soldaten vergeblich die Burg nach dem Verräter. Bis sich nach dringendem Verhör ein alter Diener meldete, »der

zeigte neben des Graf Beth auf den Boden, mit Vermelden, man solle nur die Bretter aufheben, es wird der Graf nicht weyt sein. Da man nun die Bretter aufhobe, ward allda eine Thür und Stiege unter die Erden, allwo man den vor Forcht und Frost zitternden Nádasdy sitzen fand. Man gab ihm seinen Nacht Rock um, setzte ihn in einen verschlossenen Wagen, und lieferte ihn gefänglich, wie er gangen und gestanden, nacher Wienn. Das Denckwürdigste dabei ware, daß, weil Nádasdy dazumahl auch bereits Reise-fertig war, nach ober-Hungarn abzugehen, und dahero gantze Säcke mit Geld in seinem Cabinett herum stunde, so machten die Dragoner solche Beuthe, daß sie nicht Säcke genug hatten, sondern steckten ihre Stiefel voll mit Geld an.« Nádasdy ist am 30. April 1671 in der Bürgerstube des alten Wiener Rathauses in der Wipplingerstraße enthauptet worden. — Trotz der im 16. Jh. aufgesetzten Ecktürmchen geben die drei Wehrtürme dem heutigen Renaissancebau noch mittelalterliches Gepräge. Es ist anzunehmen, daß es sich beim südöstlich gelegenen Turm um den ehemaligen Bergfried der Wasserburg der Herren von Pottendorf im 12. Jh. handelt. Auch die spätgotische Kapelle weist mit dem romanischen Turm auf die mittelalterliche Feste, ebenso verblaßte Fresken um 1400.

Prägrad, Ruine nordöstl. Villach am Ossiacher See, Ktn. Die mehrgeschossigen Reste eines fünfeckigen Turmes mit ausgezeichneter Mauertechnik und Gemäuer von weiteren Bauten auf dem Felsen oberhalb des Schlosses Prägrad gehören dem 12. Jh. an. Die Burg, zuerst bambergischer, dann landesfürstlicher Besitz, hatte die südliche Uferstraße zu sichern.

Pragstein in Mauthausen, OÖ. Auf Wunsch und mit Genehmigung Kaiser Friedrichs III. baute sich in der Zeit, als Amerika entdeckt wurde, der unternehmerische Kärntner Lasla Prager diese merkwürdig schiffbugartig gegen den Strom gestellte Mautburg und nannte sie Pragstein. Sie stand bis ins 19. Jh. auf einer In-

sel in der Donau. In dem Gemäuer lag zur Türkenzeit eine kaiserliche Besatzung, bevor es Tschernembl von Windegg und Schwertberg wieder bewohnbar machte und die Meggauer Pragstein als freies Eigen erhielten. Der heutige Bau, den man im 16. Jh. umgestaltet hat, bietet noch immer ein durchaus wehrhaftes Ansehen. Es finden sich in ihm gotische Fenster- und Türstürze. Der bewohnte Bau birgt auch ein Heimatmuseum.

Prandegg, Ruine südöstl. Kefermarkt, OÖ. Aus der ursprünglich kleinen Burg der Pranter, wahrscheinlich schon des 12. Jh., war im 16. Jh. eine der größten Fluchtburgen und Verteidigungszentren des Landes entstanden. Der kurze Fußweg von Gutau hinauf lohnt sich schon wegen des herrlichen Fernblicks vom runden Bergfried, der innerhalb der ungewöhnlich langgestreckten Anlage die Vorburg von der Hauptburg trennt. Der Turm war einst mit einer Plattform und einem Wehrgang ausgestattet, von denen aus man unschwer die Burg und ihre nähere und weitere Umgebung beobachten und auch verteidigen konnte. Ein Rundgang durch die Vielzahl von Räumlichkeiten und Gewölbe überzeugt von der heute fachmännischen Betreuung des Mauerwerks. Eine Beschreibung aus dem Jahre 1476 belehrt uns, daß Prandegg neben anderem »mit schönen sommerigen und frei aufstehenden Zimmern« und »einer großen mit durchstreifender Luft gebauten Tafelstuben« ausgestattet war, ebenso mit »viel nutzbaren Gewölben, zwei lichten Kucheln, auch Äpfelgewölben unter der Erden und zwischen den Felsen, wie nit weniger mit drei Kellern, darunter der eine gar kühl in ausgehauenen Pflinz und Felsen, zur Erhaltung der besten Weine gar kühler Keller ist, samt der Stallung im Schloß auf 30 Pferde, wie auch ober des mittleren eisernen Tors mit einem Uhrtürml«. Stattlich nimmt sich die Reihe der Besitzernamen von Prandegg aus, einer Burg, die mit kaum einem historischen Ereignis von Belang verbunden ist. Das zum Teil regensburgische, zum Teil landesfürstliche Lehen besaßen die Capeller, die Tannbeck, die Dachsberg und Liechtenstein, die Walchen und Jörger. Im 18. Jh. gehörte Prandegg zur Greinburg, im 19. Jh. einem Kriegslieferanten und seither den Herzogen von Sachsen-Coburg-Gotha.

Prießenegg (Malenthein), Ruine bei Hermagor, Ktn. Von der Burg, die im 14. Jh. als »Briessnik« nachgewiesen ist und im 16. Jh. schloßartig erweitert wurde, gibt eine Deckenmalerei in der Pfarrkirche des benachbarten Kühweg eine Vorstellung. Die wenigen Ruinen von heute lassen nichts von dem erahnen, was der fromme Paolo Santonino, für Kärntner Burgen der spätmittelalterliche Gewährsmann, in ihr erlebte: »Ich wurde von dem edelblütigen Herrn Georg Vend, Burghauptmann von Priesseneg, dem gebildetsten Manne meiner Bekanntschaft und einem wahren Edelmanne, eingeladen und betrat gegen Abend mit ihm das Bad, um die dichte Kruste des Reiseschmutzes zu reinigen. Auf seinen Befehl vermutlich, kam bald darauf die adelige Frau Barbara Flaschberger, Tochter des vorhergenannten Herrn von der Burg Flaschberg, zur Türe herein, seine Gattin. Sie stand im Alter von zwanzig Jahren, war sehr schön und vor allem leutselig und gütig, stets aber gehörige Zucht und Bescheidenheit wahrend. Auf Befehl ihres Manns hat sie dem Santonino, der zuerst es ablehnte, dann aber, weil es so angeordnet war, sein Einverständnis erklärte, den ganzen Leib bis herunter zum Bauch mit ihren weißen und zarten Händen zartest abgerieben. Hernach wusch sie ihm den Kopf und brachte ihn völlig rein, schließlich säuberte sie vom Bauch bis zu den Füßen dem Santonino die Glieder durch reichlichen Wasserbeguß von aller Verunreinigung. Nach Erfüllung dieser Gastgeberpflicht dankte sie ihm, weil er den geleisteten Dienst so geduldig zu ertragen beliebte. Vielleicht mag einer, der den Landesbrauch nicht kennt, dies der züchtigen Frau als Laster, ihrem Mann als Dummheit und Leichtsinn anrechnen, daß er die eigene, noch dazu junge und schöne Gattin einem fremden Manne zur

Dienstleistung ins Bad geführt hat. Aber wenn er die Sitten des Landes aufmerksam überdenkt, wird er ihr und ihm das Ganze nur als höchstes Lob und Tugend auslegen. Alle nämlich sagen, daß dies nach alter Gewohnheit den Gästen gegenüber so gehalten wird, damit sie sich mit besonderer Liebe und Ehre aufgenommen fühlen. Natürlich gilt dies, wie billig, nur jeweils für gesellschaftlich gleichgestellte Personen.«

Puchberg am Schneeberg, NÖ., Ruine, ↗ Buchberg, NÖ.

Purgstall, südl. Wieselburg, NÖ. Bei einer Beschreibung der Anlage dürften Ausdrücke wie »malerisch« und »gepflegt« nicht fehlen. Kaum irgendwo sonst in Österreich hat eine Burg, die schon im 12. Jh. erwähnt wird, durch den Ausbau zum Schloß im 16. Jh. eine architektonisch so harmonische Ergänzung erfahren wie in Purgstall. Die Renaissancearkaden erscheinen hier wie eine wundersame Ergänzung zu der noch mittelalterlichen Linienführung im Rund des Hofes. Der in ihn ragende Chorschluß der frühgotischen Kapelle verleiht ihm etwas wie den Eindruck von Ehrwürdigkeit. Diesem Burgschloß,

Teilansicht von Burgschloß Purgstall, NÖ.

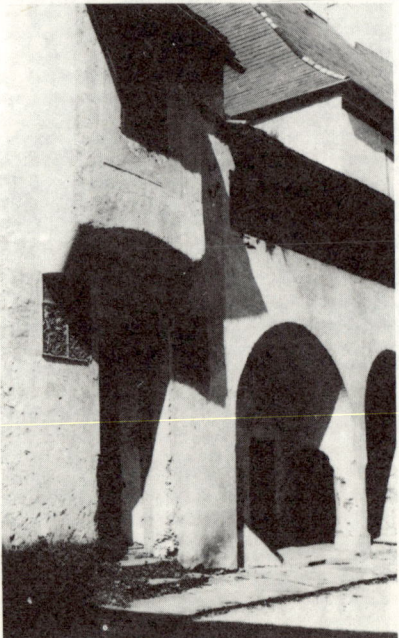

an dem eigentlich nur der Graben mit Brücke an Kriegerisches erinnert, würdig angeglichen ist das kleine Wunder von Schloßpark, der einem berühmten Botaniker Farben und Gestaltung verdankt. Bekannte Namen sind mit Purgstall verknüpft, so die Hochfreien von Lengenbach, die Wallseer, die Auersperg und die Schaffgotsch.

Pürnstein, Ruine, OÖ., siehe Seite 64

Pux (Puxerloch, Puxerluegg), Ruine südwestl. Scheifling, Stmk. Nur für den Berggewohnten ist es ratsam und lohnt es sich auch, die beiden einzigen Höhlenburgen der Steiermark in der fast senkrecht abfallenden Felswand zu besichtigen. An dem strategisch wichtigen Ort nördlich des Neumarkter Sattels, fast hundert Meter über dem Murtalboden, ist schon Mitte des 12. Jh. die Höhlenburg ↗ Schallaun nachgewiesen. Die Herren von »Bukes« mögen sich wenig später neben ihr die zweite Höhlenburg »zu dem Lueg«, das Puxerloch, zur Wehranlage ausgebaut haben. Die »Puxer« besaßen den »Thurn« unterhalb der Wand. Ihr Besitz war Lehen der Grafen von Cilli und des Landesfürsten. Was ist noch von den mittelalterlichen Anlagen der Puxer zu sehen? Oben in der Höhle der Puxerwand eine stattliche Wehrmauer und Gebäudereste. Dieses »Puxerlueg« war mit dem etwas höher gelegenen Schallaun einst durch einen Gang verbunden. Beide Höhlenburgen, so nahe nebeneinanderliegend und auch mit ähnlichen Wehrterrassen versehen, bildeten doch nicht immer eine Einheit. In ihnen saßen zuzeiten verschiedene Herren, in der östlichen Höhle Dienstleute der Puxer, in der westlichen solche der von Saurau und der Liechtensteiner. Im 16. Jh. verfiel die Puxer Höhlenburg. Sie hatte ihre strategische Bedeutung verloren. Unterhalb des Neuschlosses der Herren von Prankh (15. bis 19. Jh.) am Fuße der Wand, im Wald versteckt (oberhalb der romanischen Kapelle), finden sich heute auch die Reste des alten Puxer »Thurns« und mächtiges Mauerwerk von Erweiterungsbauten des 14. bis 16. Jh.

Pyhrnpaß, Ruinen, OÖ., ↗ Klaus

Raabeck, Ruine südwestl. Weiz bei Rossegg, Stmk., in der Raabklamm.

Raabs an der Thaya, NÖ., siehe Seite 54

Rabensburg, nordöstl. Zistersdorf, NÖ., war eine Kuenringerfeste.

Rabenstein, Stmk., siehe Seite 90

Rabenstein, Ruine südwestl. St. Pölten, NÖ. Auf dem bewaldeten Felsen in der Pielachschleife baute sich im ersten Viertel des 12. Jh. ein Wichard von Rabenstein, der sich von Hohenstauf nannte, eine Burg. Nach dem Aussterben seines Geschlechts kam die Herrschaft teils an die Landesfürsten, teils an Adelsfamilien, an die Landenberger, Maissauer, an Scheck von Wald, die Seisenegger, Hohenberger u. a. Von einem Sinzendorfer mit der Herrschaft Fridau vereinigt, verfiel Rabenstein seit dem 17. Jh. zur heutigen Ruine. Als solche ist sie schon auf einem Votivbild des 17. Jh. in der Rabensteiner Kirche zu sehen: die verfallene Vorburg mit Resten zweier Türme, die Hochburg mit Gemäuer eines gotischen achteckigen Baues, der runde Bergfried und der durch eine Mauer verbundene Rundturm.

Rabenstein, Ruine südl. St. Paul im Lavanttal, Ktn. Nach 1100 zum Schutz des Klosters St. Paul erbaut, lagen die Burgherren, Rabensteiner und Pfannberger, vor allem aber die Pfleger des Salzburger Erzbischofs, dem Rabenstein seit 1300 gehörte, dennoch mit den Mönchen meist in Streit und Fehde, sehr weltlicher Dinge wegen. Es ging um Güter und Äcker, um Wiesen, Wald und Wein. Als St. Paul 1629 den begehrten Besitz endlich erwerben konnte, erschien es dem damaligen Abt Hieronymus Marstaller sehr genabel und peinlich, daß man von der Burg mit einem Fernrohr in seine Zelle schauen konnte. Als bald darauf Burg Rabenstein in Flammen aufging, fiel der Verdacht auf den Gottesmann, schon weil außer der Kapelle so gut wie nichts von der Burg stehenblieb. Doch gab man auch unvorsichtigen Bauern die Schuld. Was wir heute noch auf

Höhlenburg Puxerloch, Stmk.

dem Felsen oberhalb des Tales sehen, sind drei Wände des einst quadratischen Bergfrieds und Reste von Palas und Zubauten des 13. und 14. Jh.

Rabenstein, Ruine nördl. Virgen, Osttirol. Dem »Salzburger Erwählten«, Philipp von Spanheim, war es gelungen, seine Belagerer vor der ↗ Greifenburg zu schlagen und sich des Tiroler Grafen Albert III. zu bemächtigen. Im Diktatfrieden von Lieserhofen wenig später verlangte der Salzburger von dem Tiroler u. a. auch die Herausgabe der in 1400 m Seehöhe liegenden Feste Rabenstein. Bis nach 1700 war die Burg dann als Lehen der Görzer, Habsburger und Wolkensteiner Sitz des Gerichtes Virgen und verfiel nach dessen Verlegung. An der Ruine sieht man heute, wie der an der höchsten Stelle ragende Bergfried das Vorwerk mit Turm und Tor, den Palas, die Kapelle (mit Freskenresten) und den kleinen Wohnturm in der Westecke der Ringmauer beschützte.

Raipoltenbach, nördl. bei Neulengbach, NÖ. Vom rechteckig angelegten Wasserschloß des 16. Jh. — einer ehemaligen Wasserburg des 12. Jh. — blieben im 17. Jh., als der Wohntrakt abgebrochen wurde, die Gräben und drei Ecktürme bzw. deren Stümpfe. Bevor die Raipoltenbacher und Zirkendorfer und andere hier als Herren genannt werden, waren Melk, Passau

und Klosterneuburg im Besitz der Burg.

Ramingstein, Sbg., ↗ Finstergrün

Ramschwag, Ruine südöstl. Feldkirch, bei Nenzing, Vlbg. Die Ramschwager waren ein thurgauisches Rittergeschlecht. Heinrich Walter Ramschwag rettete in der Marchfeldschlacht 1278 Rudolf von Habsburg das Leben. Der königliche Dank verhalf den Ramschwagern zu Reichtum und Ehren. Die Burg Welsch-Ramschwag erbauten sie 1290. Es war ein montfortisch-werdenbergisches Lehen, das im 14. Jh. an die Habsburger übertragen und von diesen an die Montforter verliehen wurde. Im Appenzeller Krieg ist die Burg zerstört worden. Da der Besitz frühzeitig an Österreich gekommen war, nannte man seine Verwalter, Dienstleute und Untertanen, die sich zu einer Art Steuergenossenschaft zusammengeschlossen hatten, »die alten Österreicher«. Zwei Wände eines rechteckigen Bergfrieds und geringe Mauerreste zeugen noch von der alten Burg.

Randegg, Ruine südwestl. Steinakirchen, NÖ., bei der Kirche von Randegg.

Rankweil, nordöstl. Feldkirch, Vlbg. Daß der Inselberg in Rankweil wahrscheinlich schon im ersten Jahrtausend n. Chr. eine Befestigungsanlage trug, bevor die Herren von Montfort im frühen Mittelalter auf ihm eine

Burg erbauten, davon berichten historische Quellen. Daß der jetzige Frauenberg aber als der Ausgangs- und Mittelpunkt der ganzen europäischen Zivilisation anzusehen ist, davon weiß nur die alemannische Sage zu erzählen: »Nach dem Tode des Noe erfolgte die Teilung: Die Nachkommen des Sem sind geblieben in Asia, die des Cham sind gezogen in Afrika, und die des Japhets sind gezogen in Europa, durch Italien, Graubünden bis hierher nach Rankweil. Da haben sie ein schönes Feld angetroffen ... und dies ist geschehen im Jahr der Welt 1980 ... Weil die Menschen sich gewaltig vermehrten, daß von hier aus nicht nur Deutschland, sondern ganz Europa von den Stämmen Japhet besetzt worden, so machte sich einer zum Grafen und wurde genannt Graf von Montfort; er baute auch ein Schloß auf den Berg und nannte ihn Schönberg ...« In die Montfort'sche Dienstmannenburg des frühen Mittelalters wurde im 14. Jh. eine Wallfahrtskirche gebaut. Bering und Bergfried sind erhalten, aus dem ehemaligen Palas im Rittersaal entstand das Langschiff der Kirche, die frühere Burgkapelle wurde Presbyterium, der Burghof dient als Friedhof. Vom oberen Wehrgang, der um den ganzen Komplex gezogen ist, bietet sich ein schöner Blick ins Rheintal.

Rannariedl, südöstl. Engelhartszell oberhalb des linken Donauufers, OÖ. Die mit ihrem Turm über 700 Jahre alte Burg an der Rannamündung — sie heißt eigentlich Rannariegel — war durch alle Jahrhunderte Streit-, Pfand- und Kaufobjekt und nicht viel mehr. Das Beispiel Rannariedl demonstriert das Schicksal vieler österreichischer Burgen und Herrschaften recht drastisch: Die Falkensteiner hatten den alten Turm erbaut. Als sie Geld brauchten, versetzten sie ihn als Passauische Ministeriale ihrem Lehensherrn für einige Zeit. Mit den Tannbergern verlegten sie sich dann auf Straßen- und Donauräubereien. Zur Wiedergutmachung gezwungen, neuerlich verschuldet und untereinander nicht einig, verkauften sie die

inzwischen erweiterte Burg im 14. Jh. endgültig an Passau. Die Bischöfe verpfändeten Rannariedl an die in dieser Gegend an Besitz und Burgen sehr interessierten Schaunberger. Nach deren Niederlage kam Rannariedl über die Habsburger wieder an Passau zurück, jedoch mit der Auflage, die Burg jederzeit für Habsburg offenzuhalten. Nun erhielt Reinprecht von Polheim den Besitz, 23 Jahre später gab er ihn wieder an die Passauer zurück. Nach Prozessen, Streitigkeiten und Fehden fiel Rannariedl als Pfand an den bayerischen Herzog. Der mußte die Herrschaft nach kurzfristigen Besitzwechseln 1506 endgültig an Maximilian I. abtreten. Die Habsburger verpfändeten den Besitz so lange, bis ihn ein Khevenhüller, nach ihm die Grafen Salburg erwarben. Nach Plünderungen im zweiten Bauernkrieg 1595 erfreuten sich die Grafen Clam an der Herrschaft, bis sie im 18. Jh. wiederum Passau kaufte. Nach 1803, als die geistlichen Besitztümer aufgelöst wurden, Eigentum der Wiener Hofkammer geworden, vollzog sich der Besitzerwechsel nun nur noch schneller. Die letztbekannte Kaufsumme, die ein Privater 1966 für Rannariedl erlegte, betrug ca. 5 Millionen Schilling. — Mittelalterlich in der weithin sichtbaren Anlage am nördl. Donauufer ist der Rundturm mit Kegeldach im Nordflügel. Der sehenswerte, jedoch nicht allgemein zu besichtigende Innenhof zeigt bestens restaurierte Laubengänge des 16. Jh. Die turmbestückte Ringmauer um den unregelmäßigen Komplex stammt aus mehreren Jahrhunderten, ebenso die verschiedenen Zubauten.

Rappottenstein, NÖ., siehe Seite 48

Rastenberg, NÖ., siehe Seite 52

Rastenfeld, nördl. St. Veit an der Glan, westl. Mölbling, Ktn. Im wuchtigen Bau auf der einsamen Kuppe am Krappfeld fand »die Geistinger«, der gefeierte Star der Wiener Operettenbühne, in reiferen Jahren um die letzte Jahrhundertwende standesgemäße Erholung. Auch Auer von Welsbach, dem Erfinder († 1929), gefiel die alte Burg des Raspo aus dem

13. Jh. Seine Erben besitzen sie noch heute. Wie die meisten mittelalterlichen Wehrbauten wurde auch Rastenfeld während der Renaissance in ein bequemer bewohnbares Burgschloß verwandelt. Der Architekt hielt sich ziemlich genau an den ursprünglichen Grundriß der Burg. Noch weisen spätgotische Details und Verliese, ebenso eine drehbare Schießscharte auf die kriegerische Vergangenheit von Rastenfeld, einst Besitz der Gurker Bischöfe, später in der Hand einer Reihe Adeliger.

Rattenberg, Ruine oberhalb des gleichnamigen Ortes, Tirol. In der Burg des Rato endete im 17. Jh. Karriere und Leben des berühmten Kanzlers von Tirol. Als treuer Diener seines Herrn hatte Wilhelm Biener es verstanden, die Stellung des Tiroler Landesfürsten gegen einen intriganten und widerspenstigen Adel weitgehend zu festigen. Nach dem Tod des Erzherzogs Leopold auch Ratgeber der Erzherzogin Claudia, gelang es einer Adelsclique, ihren Hauptwidersacher bei deren haltlosem Sohn Ferdinand zu verdächtigen. 1650 warf man Biener in den Turm von Rattenberg — er heißt noch heute »Bienerturm«. Der frei erfundenen Anklage folgte ein rechtswidriges Verfahren. Das Todesurteil erfuhr Biener zwei Tage vor seiner Enthauptung. Den Boten mit der herzoglichen Begnadigung hielten Bieners Todfeinde zurück, er traf erst kurze Zeit nach der Hinrichtung auf Burg Rattenberg ein. — In strategisch günstiger Position, an der Engstelle zwischen Fels und Inn gelegen, war Rattenberg von früh an ein bayerisch-österreichischer Streitfall. 1363 verteidigten den Besitz der bayerischen Herzöge, auf dem das Landgericht tagte, mit Erfolg die Kummersbrucker gegen die Truppen Rudolfs IV. 1504 mußte sich in ihr ein bayerischer Pfleger Kaiser Maximilian I. ergeben. Bayern und Habsburger waren bemüht, Rattenberg — seit dem 14. Jh. ein Teil der Stadtbefestigung — ihrer militärischen Bedeutung entsprechend zur Bastion zu erweitern. So kam es, daß auch 1703 im Spanischen Erbfolgekrieg hier ge-kämpft wurde. 80 Jahre später jedoch brach man die Festungswerke ab, und im 19. Jh. kaufte die Eisenbahn den Schloßberg. Durch die Burg, auf deren Gelände heute Burgfestspiele veranstaltet werden, führte einst die Straße. Noch stehen der romanische Bergfried, Palas und Beringmauer. Von dem zum Inn vorgeschobenen Plateau bietet sich eine herrliche

Ruine Rattenberg, Tirol

Fernsicht. Auf der steilen Steinstiege, die vom ehemaligen Burghof die Felsenwand hinanführt, erreicht, wer gut zu Fuß ist, das »obere Schloß«, die »pastey auf der Hochenburg«, einen runden Wehrturm mit Mauern und Rondellen.

Rauchenkatsch, Ruine nördl. Gmünd, Ktn. Die Herren von »Chats«, auch »Chaets«, hatten es im 12. Jh. verstanden, dem Salzburger Erzbischof Güter im Maltatal in die Hände zu spielen. Nach dem Aussterben ihres Geschlechtes fiel auch ihre Burg mit der Straßensperre dem Salzburger Bistum zu. Rauchenkatsch belegte mit Maut, was über den Katschberg befördert wurde. In dem Gemäuer — Bergfried, Palas und Unterkunftsräume, zum Teil aus dem 14. Jh. und

älter —, das heute noch bis zu 8 m hoch emporragt, saßen nach den salzburgischen Rittersleuten Mannen des Grafen von Raitenau, eines Bruders des Salzburger Erzbischofs Wolf Dietrich von Raitenau.

Rauheneck, Ruine am Eingang ins Helenental, am rechten Ufer der Schwechat. Erbost über die Raubzüge Heinrichs des Pillichdorfers, der hier nach den »Ruhenekkern«, die sich »Tursen« nannten, im 13. Jh. Burgherr geworden war, zogen im letzten Jahr des 13. Jh. Wiener vor die Burg und zerstörten sie so nachhaltig, »als ob nie vordem ein Stein wäre aufgerichtet worden«. So hieß es zumindest. Doch es verteidigten auch die Nachfolger der Tursen und des Pillichdorfers den Bergfried aus dem 12. Jh., von dem man heute die wunderbare Aussicht genießt. Im 15. Jh. eroberten und verwüsteten die Ungarn Rauheneck. Auch als man hier das Räubernest des Franz von Haag aushob, der 1464 hingerichtet wurde, scheint die Burg gelitten zu haben. Wirklich zerstört aber wurde sie erst 1529 durch die Türken. Seither verfiel der landesfürstliche Besitz. Charakteristikum der Ruine ist der dreieckige, 25 m hohe, mit 3 m starken Mauern versehene Bergfried, der sich auf dem schmalen, nach drei Seiten steil abfallenden Felsen mit scharfer Kante gegen den Angreifer stellt. Im 12. Jh. schützte er den maueromschlossenen Palas, eine Kapelle und Nebengebäude. Im 14. und 15. Jh. sicherte er zusätzlich eine Vorburg mit Toranlage.

Rauhenstein, Ruine, NÖ., bei Baden, am linken Ufer der Schwechat. Auf dieser Burg versprach einst — im 12. Jh. — die Tochter des Heinrich de Ruhensteine aus dem Geschlecht der Tursen, sich nur jenem Mann zu eigen zu geben, der ihr als Kreuzritter das Angenehmste und auch das Nützlichste aus dem Heiligen Land bringen würde. Es war Walter von Merkenstein, auf den nach einigen Angeboten die Wahl fiel: er brachte nicht nur ihr, sondern ganz Österreich den Safran. Diese Safranburg zerstörten wenig später so wie Rauheneck die Wiener. Auch das dann wieder-

aufgebaute Rauhenstein unter den Puchheimern kam in Verruf. Nur als sich die schwerbewaffnete Begleitung der Kaiserin Eleonore mit Todesverachtung auf die Räuber stürzte, flohen sie, und man konnte den Kammerwagen, den die Wegelagerer schon zu plündern im Begriffe waren, retten. Knechte des Wilhelm von Puchheim hatten es gewagt, die Gemahlin Kaiser Friedrichs III. — sie hatte eben Bäder genommen und befand sich auf dem Ritt nach Heiligenkreuz — zu überfallen. Kurze Zeit danach, am 15. November 1466, erstürmten kaiserliche Truppen die Burg, und sie gelangte in die Hände des Landesfürsten. Ein Menschenalter später vernichteten sie die Türken. Wiederaufgebaut, wurde Rauhenstein nach 1700 aus steuerlichen Gründen abgedeckt und verfiel. Heute bietet sich vom mauerstarken Bergfried aus ein prächtiger Blick in die Umgebung. Der quadratische Turm stammt ebenso wie die dreistöckigen Palasmauern aus dem 12. Jh. An sie wurde im 13. Jh. die Kapelle auf dem äußersten Felsen gebaut, im 15. Jh. entstand die Vorburg mit dem quadratischen (dreigeschossigen) Torturm und einem Wehrturm. Seine endgültige Gestalt erhielt Rauhenstein erst Anfang des 17. Jh.

Rauhenfest, Ruine, Ktn., ↗ Malenthein

Rechberg, Ruine nördl. Eisenkappel, Ktn. Das Gemäuer auf dem stark bewaldeten einsamen Felsen war eine der Hauptburgen — »castra capitalia« — der Spanheimer. Sie sperrte den Zugang zum Seebergsattel. Obwohl erst im 13. Jh. urkundlich, handelt es sich um romanisches Restmauerwerk eines Bergfriedes, der einen kleinen Burghof und eine hohe Pfeilerbrücke sicherte. Hier saßen Ministeriale der Kärntner Herzöge, der Heunburger und der Aufensteiner. Der am Fuße der Kuppe liegende Bau stammt aus dem 15. Jh. Ihn hatte einst Lasla Prager (↗ Pragstein), der große Mäzen der Zeit und treue Gefolgsmann seines Kaisers, zusammen mit der Herrschaft gekauft und dem St.-Georgs-Ritterorden übergeben. Das war ein von Friedrich III. gegen die Türken gestifteter Orden, der jedoch seiner Aufgabe aus verschiedenen Gründen nie nachgekommen ist. Auch im Falle Rechberg konnten die wenigen Kapitelbrüder mit einem Komtur an der Spitze einem Türkeneinfall kaum Nennenswertes entgegensetzen. Mit Millstatt kam die Kommende Rechberg 1600 an den Jesuitenorden.

Rehberg (Rechberg), Ruine nördl. Krems, NÖ. Von der Burg der Lengenbacher und Rehperger des 12. Jh. stammen vielleicht noch die geringen romanischen Palasmauern. Mittelalterlich sind auch das Rundbogentor in der Zinnenmauer, der Rundturm und der Torturm zur Hauptburg. Er trägt gotische Elemente. Ihre endgültige Gestalt erhielt die langgestreckte Anlage oberhalb des Kremstales jedoch durch Zu- und Umbauten des 17. Jh. Im Mittelalter war Rehberg habsburgischer Besitz. Hier residierte die Tochter Albrechts I., Agnes, Witwe nach dem Ungarnkönig Andreas III. Maximilian I. verkaufte nach 1500 Burg und Herrschaft an die protestantischen Thonradel. Nach den Kuefsteinern im 17. Jh. wechselten die Besitzer rasch, und erst im 19. Jh. verfiel das nie belagerte und auch nie eroberte Rehberg.

Reichenau, Ruine südwestl. Freistadt bei gleichnamigem Ort, OÖ. Da man dem Bau in jüngerer Zeit alles entnahm, was niet- und nagelfest war, droht er in Kürze gänzlich einzustürzen. Vor allem der quadratische Treppenturm, aber auch der umbaute Bergfried, der mit dem Wohntrakt und der gotischen Kapelle einst ein stimmungsvolles Ganzes bot. Das passauische Lehen der Marschalk, das im 14. Jh. entstand und im 16. Jh. durch eine Ringmauer befestigt worden war, galt 1594 noch als wehrhafter Zufluchtsort. Seit 1630 ist der Besitz starhembergisch.

Reichenfels, Ruine nordwestl. Bad St. Leonhard im Lavanttal, Ktn., war eine im 13. Jh. erwähnte Burg.

Reichenstein, Ruine nordöstl. Pregarten, OÖ. Die geringe gotische Burg der Reichensteiner — ein Bergfried

und ein Palas mit Ringmauer — auf dem Felskopf oberhalb der Waldaist war für den steirischen Ritter Christoph Haym vom ersten Augenblick an unzumutbar. Er kaufte den einstigen Besitz der Wallseer und Capeller von den Brüdern Liechtenstein 1567 nur, um alte Schloßpläne zu verwirklichen. Als Sohn braver Bürgersleute aus Schwanberg war er in Kriegsdiensten hart genug geworden, um seine Untertanen als ihr Burgherr schonungslos gegen jedes geltende Recht zu Frondiensten zu pressen. Für das Schloß seiner Träume mit Rittersaal und Freskenschmuck mußten die evangelischen Untertanen dem ihnen schon als Katholiken verhaßten gewalttätigen Mann Robotleistungen erbringen, die auch gegen jedes Herkommen verstießen. So kam es, daß schon nach einem Jahr die beiden Meierhöfe des Christoph Haym in Flammen aufgingen. Unter der Führung des Weitersfelder Pastors und des Bauern Siegmund Gaisrucker erzwangen sich die Bedrückten nun einen Vertrag von ihrem Burgherrn. Doch dachte der nicht daran, sich an das Übereinkommen zu halten. Bis dann am 6. Juni 1571 in der Nähe seines Riesenschlosses ein Geschoß aus dem Hinterhalt dem Tyrannenleben ein Ende setzte. Gaisrucker, der flüchtig war, galt als der Mörder. Der fanatische Mensch hatte noch einen Brief an das Schloßtor geheftet, in dem auch den Nachkommen des Ritters Haym die Fehde angesagt wurde. Doch es hielt der Tod des Vaters den Sohn nicht davon ab, auf dem schwer verschuldeten Besitz auch weiterhin Zwangswirtschaft zu betreiben. Bis Reichenstein, an die Sprinzensteiner, später an die Starhemberger gefallen, 1750 verlassen wurde. Von der frühen Burg zeugen heute noch Palasgemäuer und die kreuzrippengewölbte Burgkapelle, vom Schloß des Ritters Haym dessen überlebensgroße Gestalt auf der Grabplatte in ihr und im weiten Ruinenfeld mit Torbau und hohem fünfeckigem Turm auch eine freskengeschmückte Fensternische.

Reichhalms, Ruine, NÖ., ↗ Dobra

Reifenstein, Ruine nordwestl. Judenburg, Stmk. Der Hammerherr und Waffenschmied Maximilians I., Sebald Pögl »am Thörl« (bei Aflenz), kaufte 1521 die romanische Burg der Reifensteiner am Abhang des Falkenberges oberhalb der Pöls und baute sie zu einer mächtigen Renaissancefeste aus. Sie wurde bald Zentrum der protestantischen Gemeinden ringsum. Als sie die Teufenbacher erwarben, die auf der gegenüberliegenden Offenburg saßen, war sie seit 1618 auch Sitz des Landgerichtes. In der Türkenzeit warnten Kreidfeuer auf ihren Türmen die Bewohner und Burgen des Aichfeldes. Von der schon im 12. Jh. urkundlichen Burg an der wichtigen Handelsstraße im Pölstal — sie war von früh an eine Konkurrenzburg zur Feste der Salzburger Bischöfe in ↗ Fohnsdorf — stehen auf der höchsten Felsenstelle noch stark verfallene Reste des Bergfrieds und Palas. Unterhalb von ihnen ragen die zinnenbewehrten Türme, Tore, Brückenreste und Ruinen von Wohn- und Wirtschaftsgebäuden mit Wehrmauern des Pögl'schen Burgschlosses. Als die Franzosen 1809 in ihm ein Lazarett errichten wollten, deckten die Österreicher die Gebäude ab und schleppten die Einrichtung fort.

Reifnitz, am Südufer des Wörther Sees, westl. von Keutschach, Ktn. Zwischen Wörther See und Keutschacher See erhob sich bis ins 15. Jh. eine der ältesten und auch ausgedehntesten Burganlagen Kärntens. An der Stelle der heutigen Margarethenkirche, am Osthang des Pyramidenkogels, befand sich die Hauptburg, westlich davon sind noch die Ruinen einer Art Vor- oder Nebenburg, nördl. das Grundgemäuer eines Außenturms zu erkennen. Vom einstigen Bergfried bietet sich heute eine herrliche Aussicht. — Der im 10. Jh. kaiserliche Besitz kam an das Bistum Brixen, war im 12. Jh. Herrschaft der Grafen von Bogen und vor dem Verfall habsburgisches Lehen, dann Eigen der Keutschacher.

Reinsberg, Ruine westl. Scheibbs, NÖ. Die mittelalterliche Burg der

Reinsberger, Lehensleute der Freisinger Bischöfe, ist 1596 von den Bauern zerstört und dann wieder aufgebaut worden. Um den mauerstarken (4 m) Bergfried stehen heute von der Hochburg nur Reste mit verschütteten Gewölben, ein besonders großes hat sich unter dem Palas erhalten, und Teile der Vorburg sowie des Berings. Reinsberg verfiel seit Mitte des 19. Jh. und war Besitz derer von Auersperg und des Kaiserhauses.

Reisberg, am Hang der Saualpe, südwestl. Wolfsberg, Ktn., war eine kleine salzburgische Feste in 800 m Höhe. Heute ragt nur noch ein hoher, massiver gotischer Turm oberhalb des Kirchleins, der einstigen Burgkapelle, empor.

Reitenau, nördl. Hartberg, Stmk., weist Reste der Wasserburg des 14. Jh. auf.

Rettenberg, Ringmauerruine bei Kolsaß, Tirol.

Reutte, Ruine, Tirol, ↗ Ehrenberg

Ried am Riederberg, westl. Wien, NÖ. Nördl. des Riederbergsattels befinden sich Wall und Graben einer alten Fluchtburg.

Riedegg, Ruine nördl. bei Gallneukirchen, OÖ. Als die Hochfreien von Haunsberg im 13. Jh. ausstarben, kam ihre Burg an die Passauer Bischöfe, die sie als Lehen vergaben. Nach den Schaunbergern, Liechtensteinern und Wallseern fiel sie im 15. Jh. den Starhembergern zu. Hinter dem Schloß versteckt, liegt heute, was von ihr blieb, der alte Bergfried, zwei kreuzrippengewölbte Räume des Palas (14. Jh.) und dachloses Mauerwerk. Noch zieht sich auch die Ringmauer mit dem alten Torturm um das im 16. und 17. Jh. von den Starhembergern ausgebaute Burgschloß. Sie ist angeblich von türkischen Kriegsgefangenen 1529 errichtet worden. In jüngster Zeit wurden hier eine Missionsschule und ein Afrikamuseum untergebracht.

Riegersburg, Stmk., siehe Seite 92

Roggendorf, NÖ., ↗ Pöggstall, siehe Seite 46

Rosegg, Ruinen östl. Villach, Ktn. Die Herren von Ras (12. bis 14. Jh.), die dem heutigen Rosental den Namen gaben, waren ein hochfreies Geschlecht mit Lehensbesitz des Bamberger Bistums und des Landesfürsten. Im Bereich des alten Drauübergangs zwischen Rosegg, St. Jakob im Rosental und der Gratschützen besaßen und erbauten sie sich drei Burgen. Da sie das ihnen in diesem Gebiet zustehende Geleitrecht zuzeiten auf eine nicht gerade konventionelle Art nützten, bekamen sie es mit dem Bamberger Bistum zu tun und waren auch bald als Raubritter in Verruf. Der Standort ihrer ältesten Burg im 12. Jh. ist nicht völlig gesichert, doch lag sie wahrscheinlich auf dem vorderen Gipfel der Gratschützen. Die geringen Ruinenreste sind von Schlatten oder Tschemernitzen zu erreichen. Die zweite Burg, ebenso aus dem 12. Jh., lag westlich der Kirche von St. Jakob. Es finden sich auch von ihr nur Mauerreste. Auf dem Burghügel im Rosegger Tiergarten in der großen Drauschlinge erhob sich die wohl größte der Raser Burgen. Erhalten haben sich von dieser dritten Anlage des 12. Jh. stark überwachsene Reste der dreifachen Umfassungsmauer mit Wehrtürmen, der riesige Bergfriedtorso und Trümmer des Palas. Ein Teil der Ruine ist im letzten Jahrhundert für den Bau der Tiergartenmauer verwendet worden. Während die beiden erstgenannten Burgen schon früh verfielen, verödete Rosegg erst nach dem Bau des Schlosses durch die Grafen Orsini-Rosenberg nördlich des Burghotels. Die Raser waren schon ausgestorben, ihr Besitz war über die Wallseer, Pettauer an die Schaunberger gekommen, als ihn nach der Verwüstung durch die Türken Paolo Santonino sah und von seinem Besuch in Rosegg berichtet: »Die Burg Rosegg liegt auf einem felsigen Hügel und hat eine dreifache Befestigung mit dreiseitigem Grundriß. Vor Zeiten hatte sie auch noch eine vierte, welche heutzutage bis zur Hälfte niedergerissen ist. Sie erhebt sich zu ansehnlicher Höhe und beherrscht das schöne liebliche Rosental, durch dessen Mitte die Drau in ruhigem und

wegen der Ebene ungefährlichem Laufe fließt. Auf der Nordseite des Hügels, auf dem die Burg thront, reicht die Drau bis an den Fuß heran. Daher kommt es, daß der edle Burghauptmann niemals Mangel an guten Fischen hat ...« Hören wir noch, was Santonino an der Tafel auf Burg Rosegg vorgesetzt worden ist: »Zuerst wurden aufgetragen auf einer weiten Schüssel Hühnchen, genauer gesagt mehrere fette Hennen in Suppe, welche mit Eiern und Gewürzen hergestellt und gefärbt waren. Zum zweiten hatten wir viele und ausgezeichnete Fische, in Wein gekocht. Bei diesen griffen wir zu, als wäre es das erste Gericht gewesen, an dritter Stelle waren große, mit Eiern angerichtete Krebse, deren Genuß Freude bereitete; viertens wurden hereingetragen andere Hühner, gebraten, und Lendenbraten vom Rind, ausgezeichnet gemacht; fünftens andere Fische mit schmackhaftem, mit Mandeln versetztem Aspik. Sechstens Kraut mit Speck und Brustkern. Siebentens nahmen wir zwölf Rebhühner bzw. Wachteln ein, die mit viel Mühe erlegt und von angenehmstem Geschmacke waren. Achtens Hirse in fetter Suppe gekocht, was ein sehr süßes und ergötzliches Gericht gab. Für alle Mahlgenossen floß reichlich roter und weißer Wein, das Brot war weiß und federleicht ... Der edle Herr Burghauptmann kredenzte uns noch bei der Danksagung eigenhändig einen vollen Becher jungen Weines. Und wenn wir nicht bis zum letzten Tropfen ausgetrunken hätten, hätten wir dem ganzen Lande und allen Anwesenden eine schwere Beleidigung angetan, die hernach mit viel Trinken hätte gesühnt werden müssen.«

Rosenburg, NÖ., siehe Seite 34

Rosenegg, südl. Bürs bei Bludenz, Vlbg. Rosenegg hießen zwei inzwischen verschwundene Burgen. Mit dem heute ausgebauten mittelalterlichen Bergfried inmitten von Beringgemäuer, den Resten einer im Appenzeller Krieg zerstörten Burg auf einem Hügel der »Schass«, dem sogenannten »Schlößle Rosenberg« verbunden ist die Sage vom unerlösten

Burgfräulein. Ein Büblein, das einst davonlief, als der Hund auf der Schatztruhe nach dem zweiten Rutenstreich so riesig wurde, daß die Augen Feuerrädern glichen, konnte die Unglückliche nicht von ihrem Zauber befreien. Mit dem Seufzer: »Jetzt muß ich noch weitere hundert Jahre geistern« verschwand das arme Burgfräulein.

Rotenfels (Rottenberg), Ruine nördl. Gramastetten bei Neußerling, OÖ., im Buch- oder Burgholz. Geringe Mauerreste einer romanischen Anlage.

Rotenfels bei Oberwölz, Stmk. Die Geschichte der Burg Welz oder Wölz — erst seit dem 14. Jh. heißt sie Rotenfels — ist ein Teil der Stadtgeschichte von Oberwölz. Die Welzer, aus dem nahen Winklern stammend, waren ritterliche Dienstleute des bayerischen Klosters Freising und verwalteten dessen ausgedehnte Besitzungen um Oberwölz und im Katschbachtal. Es waren meist temperamentvolle Herren, die sich nicht nur mit den Nachbarn, sondern auch mit den Oberwölzern gerne anlegten. Als Hans Welzer 1476 Bauern festnehmen ließ, weil sie die Türkensteuer nicht bezahlen wollten, kam es zu einem Gefecht mit der Bevölkerung, dabei erschlugen die Leute des Pflegers einen Bauern. Derselbe Pfleger, Hans Welzer, war es dann allerdings auch, der sich im Ungarnkrieg weder von ungarischen noch von kaiserlichen Truppen, die gegen Oberwölz anrückten, einschüchtern ließ und mit seinen Leuten Stadt und Burg gegen die beutegierige Soldateska verteidigte. Auch in der Zeit, als die Herrschaft Rotenfels fast nur noch protestantische Untertanen besaß, schlugen die Wogen hoch. Am 12. Juni 1590 überfielen die Oberwölzer den katholischen Geistlichen und jagten ihn aus der Stadt. Er war ihnen statt der vertriebenen Prädikanten vorgesetzt worden und hatte Begräbnisse auf dem Friedhof nur gegen hohe Bezahlung zulassen wollen. In dieser Zeit sah sich der Bischof gezwungen, die Herrschaft an die Jocher zu verpfänden. Auch die Zeit der Hexen- und Zauberprozesse ging an

Rotenfels-Oberwölz nicht spurlos vorüber. Rotenfels war inzwischen Landgericht geworden. 1673 setzte man den Martin Lugauer fest, weil er, wie er eingestand, eine Alraunwurzel, deren Gestalt einem Männlein glich, gebadet und mit neuer Seide bekleidet hatte, zweimal im Jahr, einmal im Winter, einmal im Sommer. — Die Burg auf dem hohen Felsen östlich der Stadt, wahrscheinlich schon vor 1200 begründet, ist im Laufe der Geschichte nur durch Hans von Stubenberg während der Wallseer Fehde erobert und besetzt worden. Einst überragte sie ein Bergfried auf der höchsten Felsenstelle. Er ist heute abgetragen. Noch 1720 umschloß auf der dem Ort zugewandten Seite eine dreifache Ringmauer die Anlage mit dem schmalen Hof. Heute zeigt der nicht zugängliche bewohnte und bewirtschaftete, stark erneuerte Privatbesitz Mauerringe im Nordwesten, den Torbau, Wehrmauer und Wehrgang, die gotische Katharinenkapelle und eine Gerichtsstube.

Röthelstein (Rothenstein), Ruine nördl. Hainburg an der Donau, NÖ. Die Burg der Röthelsteiner des 12. und 13. Jh. auf dem Felsvorsprung, 30 m oberhalb der Donau, ist Mittelpunkt von Sagen um einen verborgenen Schatz und einen Schimmelreiter, der von Zeit zu Zeit über das Gemäuer reitet. Von dem später landesfürstlichen Pfandbesitz, der im 16. Jh. verfiel, stehen heute noch Mauern des romanischen Palas, des Berings und von Gebäuden, auch eines Teiles der Vorburg.

Rottenburg, Ruine südöstl. Jenbach, oberhalb Rotholz, Tirol. Den Sitz des letzten Rottenburgers, seines Hofmeisters Heinrich von Rottenstein, belagerte Herzog Friedrich mit der leeren Tasche. Er eroberte die Burg und ließ sie schleifen. Wiederaufgebaut, wurde sie geistlicher Besitz. Auf dem Platz ihrer Vorburg errichtete man die Kapelle der heiligen Notburga, deren legendäres Wirken in diesem Teil Tirols überliefert ist. Von der auf Felsen im Wald gelegenen Burg, einem beliebten Ausflugsziel, stehen heute zuhöchst die Ruinen des Palas,

um einen geräumigen Hof Reste der Ringmauer.

Rottenegg, Ruine nordwestl. Linz oberhalb des gleichnamigen Ortes, OÖ. Die mittelalterliche Burg oberhalb der Wegegabelung am Zusammenfluß der Kleinen und Großen Rodl entstand wahrscheinlich schon Anfang des 12. Jh. Was heute von der Straße her sichtbar über den Wald ragt, ist das Restgemäuer der gotischen Burg der Piber, die an die Wallseer fiel, bevor sie als landesfürstliches Lehen im 17. Jh. »annehmliche Zimmer, einen großen Saal, eine schöne große Kapelle« erhielt, »mit guten in Stein gehauenen Kellern, worin man wenigst an die 2000 Eimer allerlei Getränk legen kann«. Der dann starhembergische Besitz ist schon Ende des 17. Jh. verlassen worden und verfiel im 18. Jh.

Rottenstein, Ruine südöstl. Klagenfurt, bei Mieger an der Drau, Ktn. Die mehrstöckige Höhlenburg im Konglomerat des Drauufers war im 12. Jh. Sitz des Patriarchen von Aquileia, wurde später salzburgisch und gehörte seit dem 17. Jh. den Rosenbergern. Heute geben die geringen Reste und der sichtlich stark bearbeitete Fels kaum eine Vorstellung von dieser Anlage.

Rottenstein (Radlacher Turm), Ruine nordöstl. Greifenburg, Ktn. Der zum Teil eingestürzte, fast quadratische Bergfried gehörte einer Burg des 12. Jh. an, die bis ins 15. Jh. Besitz der Grafen von Görz war, dann von Pflegern der Habsburger und Ortenburger besetzt wurde. Im 16. Jh. verfiel Rottenstein.

Rudersberg (Rundenburg, Rundersburg, Ronberg), Ruine östl. Wegscheid am Kamp, NÖ. Von der Burg des 12./13. Jh., sie wurde wahrscheinlich bereits im 14. Jh. verlassen, stehen noch Mauern eines Bergfrieds, von Gebäuden und des Berings.

Ruderschburg. Die Ruinenspuren südwestl. Kufstein, oberhalb bei Unterlangkampfen, Tirol, weisen auf eine Holzburg.

Ruggburg, Ruine nördl. Bregenz bei Backenreute, Vlbg. Raubritter Hans

Burg Rotenfels, Stmk.

von Rechberg war ein Verwandter der Grafen von Hohen-Rechberg und Abkömmling des Hauses Habsburg-Hohenzollern. Um ihn hatte sich in den trüben Jahren des Faustrechts unter der schwächlichen Regierung Kaiser Friedrichs III. versammelt, was in Schwaben und Vorarlberg beutelustig auf Fehde und Raub aus war. Von seinen Burgen im Schwarzwald und der Ruggburg bei Lindau plünderte und verwüstete der Rechberger die Besitzungen des Bischofs von Konstanz und überzog auch die Reichsstädte Oberschwabens mit Kleinkrieg. Der Kaiser war zu schwach, und die Fürsten sahen mit einiger Schadenfreude, wenn nicht mit Sympathie das Schicksal der rivalisierenden Städte. Bis diese Städte zur Selbsthilfe schritten. Die kampflustigen Memminger brannten im Juli 1452 Ramstein, die Rechbergsche Hauptburg im Schwarzwald, nieder. Im November darauf lagerte vor der Ruggburg mit viel Kriegsgerät, Steinkugeln und Schanzkörben ein Heer der Städte Memmingen, Lindau, Wangen, Leutkirch, Isny, Kempten, Kaufbeuren, Ravensburg und Ulm. Wie es hieß, hatte sich der Rechberger in sie geflüchtet. Als sich die Belagerten, von einem Geschoßhagel aus Steinbliden zugedeckt, zu schwach gegen die Übermacht fühlten, zündeten sie die Burg an und machten sich durch unterirdische Gänge aus dem Staube. Ahnungslos und siegessicher

schossen die wackeren Städter weiter. Als sie nach fünf Wochen, das Feuer war inzwischen erloschen, in die Ruggburg eindrangen, fanden sie im hintersten Gemach nur noch einen verstörten Pfarrer und eine Magd. Den Rechberger erreichte erst zehn Jahre später das Schicksal, als ihn ein Bauer am Martinstag 1462 erschoß. — Heute weisen nur noch der Stumpf des zum Teil eingestürzten quadratischen Bergfrieds und spärliche Mauerreste um ihn auf seine Burg.

Ruttenstein, Ruine nördl. Pierbach, OÖ. Schon 1492 mußte Christoph von Liechtenstein dem Kaiser die einstige Rodungsburg, die er nach den Grafen Clam-Velburg, den Capellern und Wallseern erhalten hatte, zusammen mit Waxenberg und Wesenstein ausliefern. Das Haus Liechtenstein sollte dafür büßen, daß es sich an die Seite des Matthias Corvinus, des Ungarnkönigs, gestellt hatte. Der Chronist der Familie Liechtenstein weiß zu berichten, daß sich dann 50 Jahre nach der Rückgabe der Herrschaft Ruttenstein, zu der die Märkte Weißenbach und Königswiesen gehörten, neuerlich ein Streit zwischen Habsburg und Liechtenstein um den begehrten Sitz entspann. Er endete, als der Landesfürst Ruttenstein endgültig für eine geringe Summe ankaufte. Die Ruine in 750 m Seehöhe ist heute fachmännisch abgesichert und betreut. Auf der höchsten Stelle der Wald-

kuppe stand die Altburg des 12. Jh., wahrscheinlich nur der jetzt zum Teil eingestürzte Wohnturm mit romanischer Tür und spitzbogigen Zwillingsfenstern, ebenso der fünfeckige Bergfried mit Stiegen im Mauerwerk, runden Fenstern und einer mannshohen Ringmauer. Erst im 13./14. Jh. sind der Palas, Kapelle und Schildmauer entstanden. Im 15. Jh. legte man um diese Hauptburg eine riesige Vorburg mit sieben Rund- bzw. Schalentürmen. Ruttenstein verfiel im 17. Jh., als der Besitz mit der Greinburg vereinigt wurde.

Saaleck, Ruine nordwestl. Saalfelden, bei Weißbach, Sbg. Die sehr geringen Turmreste auf einem Felszacken oberhalb der Bundesstraße sind mit jenen Herren von Saaleck in Verbindung zu bringen, die 1196 mit denen von Sulzau, Neukirchen, Hollersbach u. a. samt Rittern und Freien aus dem Pinzgau gegen Salzburg zogen, in langwährender Fehde den Erzbischof Albrecht III. bekriegten und auch Stadthäuser in Flammen aufgehen ließen. Später saßen an der Straßensperre zum Pinzgau auch die Herren von Walchen.

Säbnich, Ruine östl. Grein oberhalb Sarmingstein, OÖ. Vor seinem Tode im Jahre 1147 stiftete der Hochfreie Otto von Machland in seiner Burg ein Augustinerkloster. Vierzehn Jahre später übersiedelten die Mönche nach Waldhausen. Die Ruinen des Burgklosters Säbnich liegen an nicht leicht zugänglicher Stelle im Painwald, am Donauhang.

Sachsenburg, nordwestl. Spittal an der Drau, Ktn., besaß zwei Burgen. Geringes Mauerwerk oberhalb der Stadt weist auf sie.

Sachsengang, südöstl. Wien bei Großenzersdorf, NÖ. An Stelle des heutigen Baues auf dem künstlichen Hügel stand schon im 11. Jh. auf der Insel »Sahsonaganc« die älteste Burg des Marchfeldes, ein Besitz des bayerischen Bistums Freising. Sie hatte den Donauübergang an der Fischamündung zu schützen und bildete ein wichtiges Glied in der Burgenreihe Marchegg—Hainburg—Stopfenreuth

—Eckartsau—Orth—Großenzersdorf —Eßling. Noch birgt die Anlage, besonders an ihrer Nordseite, mittelalterliches Gemäuer. Der umbaute, zinnentragende Turm läßt trotz vieler Veränderungen noch etwas von der frühen Wehranlage ahnen. Später, im Besitz des Landesfürsten, von dessen Ministerialen verwaltet, wurde Sachsengang im 16. Jh. zum fürstlichen Jagdgebiet erklärt, doch galt der Bau noch im 17. Jh. als verteidigungsfähiger Fluchtort.

St. Jakob am Thurn bei Salzburg. Der einfache, sechsgeschossige, romanische Turm, im 12. Jh. genannt, wurde in gotischer Zeit verändert und erhielt nördlich ein Wohnhaus zugebaut. Als Besitzer folgten den Rittern von Lengfelden im 12. Jh. die Freiherrn von Thurn im 13. bis 17. Jh. Heute ist St. Jakob am Thurn Privatbesitz und bewohnt.

St. Lambrecht, Ruine oberhalb des gleichnamigen Stiftes südöstl. Murau, Stmk. Im Kloster ist das Modell der Anlage zur Zeit ihrer größten Ausdehnung im 17. Jh. zu sehen. Von der frühen mittelalterlichen Burg, die mit dem Kloster einen gemeinsamen Festungsbezirk bildete, ist ebensowenig erhalten wie von den damaligen Stiftsgebäuden, der Karner des 12. Jh. ausgenommen. Die Burgruine südlich des heutigen Klosters stammt vom Neubau der Feste um 1400. Die heute freistehende Kapelle St. Peter lag einst innerhalb des Burgbereichs mit Bergfried und Torturm. Die im 16. Jh. schloßartig ausgebaute Wehranlage war zum Teil Sitz des Sankt Lambrechter Abtes und ritterlicher Dienstleute. Als 1786 das Kloster aufgehoben wurde, verfiel das »alte Schloß«. Nachdem man zuerst das Dach abgerissen hatte, trug man auch den Großteil der Burg ab.

St. Martinsberg, östl. Zirl bei Innsbruck, Tirol. Die heutige Klosterschule südlich der Martinskirche birgt die 1290 urkundlich genannte Burg mit romanischem Palas an der einstigen Straßensperre. Es finden sich noch Reste verbauter romanischer Fenster und eines Spitzbogentores. Ursprünglich als Witwensitz der Mar-

garetha Maultasch vorgesehen, baute Kaiser Maximilian Martinsberg zum Jagdsitz aus.

St. Peter-Freienstein, westl. Leoben, Stmk. An der Stelle der Kirche Sankt Maria auf der Felsenkuppe oberhalb des Vordernbergertales stand jene Burg, in der sich 1292 während der steirischen Adelsfehde hundert Mann vergeblich gegen den Habsburger Albrecht I. verteidigten. Nach ihrer Eroberung kam die Feste als Entschädigung an das Stift Admont. Der Pfandbesitz verfiel, 1660 bauten Jesuiten aus und auf ihrem Mauerwerk die jetzige Kirche.

St. Petersberg bei Silz im Inntal, Tirol. Der Bergfried mit dem einstigen Wehrgang, die Kapelle mit zum Teil vermauerten romanischen Fenstern und auch Gemäuer des Palas weisen auf das »novum castrum«, die »neue Burg«, die im 12. Jh. als welfischer, im 13. Jh. als staufischer Besitz urkundlich ist. Um 1500 erneuerte man die Feste oberhalb des Inntals als Besitz der Grafen von Tirol, die hier zeitweise auch ihren Schatz verwahrten. Petersberg wurde damals mit Wehranlagen ausgestattet. Aus dieser Zeit stammen das östliche Vorwerk mit Ringmauer und

Turm, ebenso der verstärkte Tortrakt. Der landesfürstliche Lehensund Pfandbesitz der Freundsberger, Wolkensteiner u. a. brannte im 19. Jh. aus. Kaiser Franz Joseph setzte ihn als Familiensitz wieder instand. Die Grafen Stollberg ließen in jüngerer Zeit tiefgreifende Umbauten an St. Petersberg vornehmen.

St. Veit an der Glan, Ktn. Von der mächtigen Burg des Herzogs Bernhard aus dem 13. Jh., in der Walther von der Vogelweide Gast war, hat sich nur ein Teil des fünfgeschossigen Bergfrieds erhalten. Wahrscheinlich bewog ihr desolater Zustand 1499 Kaiser Maximilian dazu, sie als Getreidekasten verwenden zu lassen. Später fungierte sie als Zeughaus. Die Jahreszahlen auf dem österreichisch-kärntnerischen Wappen und bei der Sonnenuhr an der Wand des Saalbaues, 1524 und 1529, deuten auf Umbauten in dieser Zeit.

Sarmingstein, östl. Grein a. d. Donau, OÖ., Rundturm des 15. Jh.

Saxenegg, Ruine nordöstl. Perg bei Münzbach, OÖ. Die Burg des Wernhard Sechsenecker im 13. Jh. war ein Jahrhundert hindurch eines der vielen Pfandobjekte der immer verschuldeten Habsburger. Den Gebrüdern Zel-

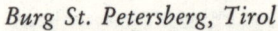
Burg St. Petersberg, Tirol

king, die sie zuletzt erworben hatten, gestattete König Albrecht V. 1438 großzügig, die schon baufällige Feste »abzubrechen und zu vernichten«. Die Meßstiftung, die Burghart Kneusser hundert Jahre vorher in der Burgkapelle errichtet hatte, übertrug Wilhelm von Zelking auf die von ihm erbaute Kirche in Kefermarkt mit dem berühmten Flügelaltar. Über fast 2000 qm Fläche erstreckt sich heute auf dem bewaldeten, steil abfallenden Hügel zwischen zwei Bachtälern das Ruinenfeld. Es muß eine nicht leicht einzunehmende Burg gewesen sein, der eingestürzte Bergfried und Mauerzüge auf dem Felsen der Hauptburg, Gräben und Reste des Torbaues und der Ringmauer zeugen davon.

Schachen (Ehrenschachen, Rauchenschachen, Deutschenschachen), Ruine südl. Friedberg bei Ehrenschachen, Stmk. Als Dietrich der Perner die Güter des Grafen von Hornstein überfallen hatte und dabei der Verwalter getötet worden war, befahl der Landesfürst, dessen Burg Schachen zu zerstören. Nur sehr geringe, drei bis vier Meter hohe Mauerreste zeugen deshalb auf dem bewaldeten Hügel östlich des Ortes von der kleinen Anlage, die vom 13. bis 15. Jh. bestand.

Schachenstein, Ruine nördl. Bruck an der Mur bei Thörl, Stmk. Weil es sich der Abt von St. Lambrecht, Johann Schachner, in den Kopf gesetzt hatte, bewilligte der Freund von Rittertum und Burgenpracht, Kaiser Friedrich III., dem baulustigen und ritterfrohen geistlichen Herrn 1471 die Errichtung der letzten steirischen Höhenburg oberhalb der Straßenfeste Thörl an der Seeberg-Paßstraße nach Niederösterreich. Die Ruine ist noch gut erhalten und wird betreut. Es ist eine zweiflügelige Anlage mit einer eckturm- und erkerbestückten Vorburg. Das Gewölbe des Kapellenturms ist eingestürzt, doch bieten sich noch schöne gotische Fenster- und Türgewände. Im 16. Jh. verkaufte St. Lambrecht die Burg wiederholt, kaufte sie aber wieder zurück. Im 18. Jh. verließ man sie.

Schachenthurn (Tschakathurn), Ruine südöstl. Scheifling, Stmk. Den zweigeschossigen Wohnturm auf dem kleinen Hügel besaßen von 1300 bis ins 15. Jh. die Schachner. Der später Liechtensteinsche, Herbersteinsche und Schwarzenbergsche Besitz brannte 1792 völlig aus.

Schallaburg, südwestl. Melk, NÖ. Das schönste Renaissanceschloß des Landes erbaute sich zwischen 1572 und 1600 Wilhelm von Losenstein auf frühmittelalterlichem Gemäuer rund um einen fünfgeschossigen Wohnturm, eine romanische Unterkirche und die gotische Kapelle der Burg der Grafen von Scalah aus dem 12. Jh. Vom 13. bis 15. Jh. war es Lehensbesitz der Zelkinger. Nach den Verwüstungen im und nach dem Zweiten Weltkrieg in jahrelanger Arbeit restauriert, zählt die Schallaburg heute zu einem der prächtigsten Schlösser Österreichs.

Schallaun, Ruine südwestl. Scheifling, Stmk. Die Höhlenburg im fast senkrecht abstürzenden Felsen, hundert Meter oberhalb des Murbodens, ist Mitte des 12. Jh. als Eigen des Marchward von Schalun nachgewiesen. Sie liegt östlich, etwas oberhalb des ↗ Puxerloches, besaß jedoch, obwohl mit ihm wehrmäßig verbunden, bis ins 16. Jh. von den Puxern unabhängige Herren. Es finden sich in dieser Höhle kaum noch Spuren vom einstigen Besitz derer von Saurau und der Liechtensteiner. 1481 bis 1490 hielten Schallaun die Ungarn des Matthias Corvinus besetzt.

Schärding, OÖ. Von der mächtigen Burg (11. Jh.) der Grafen von Formbach zeugt an Ort und Stelle nur geringes Gemäuer, Reste eines Zwingers und des Grabens. Im äußeren Burgtorbau ist heute ein Museum untergebracht.

Scharfeneck, nordwestl. Baden bei Wien, NÖ., oberhalb der »Hauswiese« am Südhang des Helenentals, war bis ins 17. Jh. Besitz der Scharfenecker. Erst im 15. Jh. erbaut, wurde die Burg im 16. Jh. bereits wieder verlassen. Die Ruine mit einem runden, der Ringmauer vorgelagerten Bergfried weist eine sechseckige Wehranlage auf.

Scharfeneck, bei Mannersdorf am Leithagebirge, NÖ. Südwestlich von Mannersdorf auf dem Schloßberg ragt mächtiges Mauerwerk. Es sind ein noch 7 m hoher Bergfried inmitten des rechteckigen Burghofs, Reste von Rund- und Tortürmen, eines Stiegenturms, eines Saales und einer Küche, auch von Kasematten. Die Herren von Scharfeneck waren Lehensleute des Königs von Ungarn. In die später habsburgische Burg schlug 1555 ein Blitz und zerstörte den 24 m hohen Turm. Nach dem nur notdürftigen Wiederaufbau war Scharfeneck nur teilweise bewohnt und verfiel. Heute genießt man von hier einen schönen Blick über das Wiener Becken bis zum Leopoldsberg hin. Die Sage weiß zu berichten, daß auf Scharfeneck ein grausamer Ritter und Bauernschinder gehaust habe, der nach einem Gewitter nicht mehr in seine Burg zurückkam. Jede Vollmondnacht sieht man ihn dreimal um die Burg reiten und auf den Efeu starren, der sich die Mauer hochzieht. Erst wenn der Efeu so stark ist, daß eine Wiege aus ihm gemacht werden kann und das Kind in ihr ein Priester wird, ist er erlöst.

Scharnstein (Altscharnstein), Ruine östl. Gmunden, OÖ. Die unbezähmbare Jagdlust seines Herrn bewog den kaiserlichen Pfleger auf Wildenstein, Christoph Jörger zu Reut, am 25. November 1499 Burg und Herrschaft Scharnstein samt Forsten und Wildbann mit dem Landgericht auf dem Moos für 10.000 fl. und für 100 fl. seiner Hausfrau als »Ehrung« an Maximilian I. abzutreten. Der Kaiser ließ die alte Burg der Polheimer, die schon im 12. Jh. erbaut worden und meist von Leuten der Wallseer besetzt war, renovieren und ausbauen. Nach seinem Tod habsburgischer Pfleg- und Pfandbesitz, brannte Scharnstein 1538 bis auf die Grundmauern aus. Nur mit einem Notdach versehen, galt sie 1594 noch als verteidigungsfähige Zufluchtstätte. Inzwischen war seit 1587 das Schloß Neuscharnstein erbaut. Im 18. Jh. hat sich ein Mühlenbesitzer aus der alten Burg Gestein für sein Wohnhaus geholt. Heute steht auf der höchsten Felsenstufe von der »Oberburg« des 12. Jh. noch der Turm. Reste deuten auf den ehemaligen Wehrgang und die Ringmauer. Die »Unterburg«, östlich davon, eine spätmittelalterliche Anlage, zeigt die Ruine des Wohnturms und einer Toranlage. Ober- und Unterburg waren durch einen gedeckten Wehrgang verbunden, drei Tore, ein kleines Vorwerk mit Turm schützten die Bauten. Von der Unterburg zog sich eine Sperrmauer zum Tal hin. Während der Restaurierungsarbeiten seit 1960 ist ein Wehrgang und sind Fresken der Burgkapelle freigelegt worden. Gegenwärtig ist man daran, auf Scharnstein ein Strafrechtsmuseum einzurichten.

Schattenburg, Vlbg., siehe Seite 158

Schauenstein, Ruine südwestl. Horn (unweit Altpölla) am Kamp, NÖ. Die Schicksalsstunde für Schauenstein, einst Sitz der Schaunberger, Rorer und Krayger, hatte geschlagen, als sich Kaiser Friedrich III. nach langem Zögern im Herbst 1476 entschloß, der Adelsopposition, den Anhängern des Matthias Corvinus, das waren Heinrich von Liechtenstein, die Herren von Pottendorf, Heinrich von Puchheim und auch Ulrich von Grafeneck, der auf Schauenstein saß, zu Leibe zu rücken. Mit großem Aufgebot ließ er die Burg am Buchberg belagern, und schon nach kurzem heftigem Kampf fiel die mit Krumau und der Rosenburg älteste mittelalterliche Steinburg am Kamp. Sie kam, wiederaufgebaut, an die Kuefsteiner und verfiel im 17. Jh. Die Ruine des fünfeckigen, sechsstöckigen Bergfrieds stammt im Kern noch aus dem 12. Jh. Die Kapelle im Obergeschoß des gotischen Torturms (mit Freskenresten aus dem 16. Jh.), ein gotischer Treppenturm und Mauerzüge des Palas ebenso wie von Nebengebäuden an der Innenwand des Berings zeigen verschiedene Details mittelalterlicher Architektur.

Schaumburg, Ruine nordwestl. St. Veit an der Glan, Ktn., abseits der Straße über Hintnausdorf im Wald versteckt.

Schaunberg, OÖ., siehe Seite 65

Burg Scharnstein (1674), OÖ. Stich aus *G. M. Vischers Topographia*

Schernberg, nordwestl. oberhalb Schwarzach/St. Veit, Sbg., heute ein Sanatorium, war im 12. bis 14. Jh. die Burg der Schernberger. Turm und Kapelle sind um 1400 errichtet worden, die Südseite des Baues zeigt noch Wehrmauer und Rundtürme.

Scheuchenstein, westl. Wiener Neustadt im Miesenbachtal bei gleichnamigem Ort, NÖ. Der Kling von Urschendorff haßte den groben »Knülz und Knochs« Erhard, der mit einem Knecht und einer »krumpen dirn«, seinem Weib und zwei Söhnen wie ein Bauer auf Scheuchenstein hauste. Er hatte es schon längst auf den Besitz abgesehen. Bei Nacht und Nebel überfiel er die Burg, Erhard, der Truchseß, floh »hinden aus durch ein zwinger«, und Kling setzte sich mit sechzig Knechten und vier Rottmeistern in ihr fest. Als er kurz darauf starb, machte sich sein Bruder Hans zum Erben und Scheuchenstein vollends zum Raubritternest. Erst als Kaiser Friedrich im September 1464 nach längerer Belagerung den Hauptsitz der Kling, die Feste in Urschendorf, gebrochen hatte, schlug auch für Scheuchenstein die Stunde. Die Knechte des Kling hatten die Burg inzwischen mit drei Vortürmen zusätzlich befestigt. Scheuchenstein war jetzt so stark, meint Michael Behaim in seinem »Buch von den Wienern«, daß drei Mann Besatzung genügten.

Zwei von ihnen konnten sorglos am Brett spielen, der dritte hätte es allein geschafft! Doch Hans, der Schuster von Gutenstein, hatte die neubefestigte Burg ausgekundschaftet. In der Nacht zum 5. September überrumpelte er mit einigen Leuten den einen der Außentürme. Als die Belagerungstruppe von Urschendorf her anrückte — es waren viele Edelleute, darunter auch Wolfgang von Scheuchenstein, der Sohn des vertriebenen Erhard —, fiel nach einigen Kriegslisten mit den anderen beiden Türmen in der zweiten Septemberhälfte bald auch die Burg. Großzügig ließ man die Räuber frei abziehen. — Kaum mehr erinnern heute die wenigen Mauerreste im Miesenbachtal an die einst so wohlbefestigte Burg.

Schielleiten, Ruine südwestl. Hartberg bei Untertiefenbach, Stmk. Was sich uns am Hang über dem heutigen Stau- und Badesee, unweit des Schlosses Neu-Schielleiten, der jetzigen Bundessportschule, als Ruine zeigt, ist Gemäuer meist des 16. Jh. Es stammt vom Umbau der Burg der Herren von Stubenberg aus dem 14. Jh., die sich »von Schielleiten« nannten. Innerhalb der eckturmverstärkten Ringmauer liegen Reste der im regelmäßigen Viereck um einen großen Hof angeordneten Gebäude, in völligem Verfall befindlich. Ein starker Turm in der Nordwestecke der Wehrmauer und ein Torturm sicherten einst den Burg- und Schloßbereich gegen Überraschungen, besonders von der Hangseite her. Das Burgschloß verfiel, als im 18. Jh. das prächtige neue Schloß entstand, das die Grafen Wurmbrand erbauten, die den Besitz nach den Rindscheid und den Saurau innehatten.

Schimmelsprung, Ruine bei Gars/Thunau am Kamp, NÖ. Fast hundert Meter oberhalb des Flusses, zwischen Steinbach und Hirschbach, liegt das ausgedehnte Ruinenfeld der Burg des Heinrich von Tumbenowe, der 1200 seinen Herrn, Erzherzog Leopold VI. von Babenberg, als Kämmerer nach Zwettl begleitete, um hier als Zeuge die Rechte der neuen Stadt zu bestätigen. Auch die Stiftsurkunde von Lilienfeld trägt seinen Namen. An diese Burg, das »alte Schloß« Thunau, wie man es nannte, knüpft sich die Sage von jenem Tempelritter, der, von Feinden verfolgt, mit seinem Schimmel den halsbrecherischen Sprung vom Felsen in die Tiefe des Kamptales wagte.

Schintelberg, Ruine südwestl. Kufstein bei Kundl, Tirol. Die Ruinen der einst mächtigen Feste der Regensburger Bischöfe, später der bayerischen Herzöge, mit den Ortenburgern und Freundsbergern als Burgherrn, hoch am Berghang auf isoliertem Felsen, weisen mit ihrem Ringmauerwerk auf das 12. Jh. als Bauzeit. Spuren von Bergfried und Palas der bald nach 1400 verfallenen Burg finden sich nicht, wohl Gemäuer der grabengesicherten Vorburg des 14. Jh.

Schlaining, Bgld., siehe Seite 80

Schloßberg, Ruinenreste nördl. bei Seefeld, Tirol, war einst Gerichtssitz.

Schmerbach (Schwarzenberg), Ruine bei dem gleichnamigen Ort am Kamp, NÖ. Verfall wahrscheinlich schon seit dem 13. Jh.

Schmierenberg (Schmirnberg), Ruine südl. Leibnitz bei Leutschach an der jugoslawischen Grenze, Stmk. Über 500 m lang und bis zu 25 m breit ist das Areal der durch drei Gräben getrennten, auf vier Hügelabschnitten erbauten Burganlage. Auf dem süd-

östlich gelegenen Geländeteil standen einst Ställe, Scheunen und Gebäude des 18. Jh. Von hier erreichte man über die Zugbrücke das Vorwerk der Burg und jenseits des zweiten Grabens den von drei Rundtürmen mit bis zu 2,5 m Mauerstärke gesicherten Gebäudekomplex des 16./17. Jh. Die Toranlage von 1575 und die Wehrmauer entlang des Steilabfalls sind noch erhalten. Auf dem nordwestlichen Teil dieses Hügelabschnittes steht das Gemäuer der »Smilenburch« der Pfannberger und Wallseer im 13. und 14. Jh. Ein gewaltiges Turmhaus, der »alt Stock gegen Leutschach«, mit Resten eines großen Saales im Obergeschoß, das im 16. Jh. ausgebaut wurde. Hier finden sich auch Reste der Marienkapelle des 14. Jh. — die gotischen Gewölbeansätze und das Sakramentshäuschen —, deren dreistöckiger Abschluß einst aus der Mauerfront herausragte. Diese Burg nahmen im 15. Jh. die kaiserlichen Truppen im Kampf gegen die Grafen von Cilli. Jenseits des dritten Grabens, am nördlichsten Hügel, lag wahrscheinlich die »Urburg« der Sponheimer des 12. Jh., ein Turm mit Ringmauer. Von ihr aus verwüstete Hadmarus von Schonberch nach dem Tod des letzten Babenbergers, Friedrichs des Streitbaren, die Güter des Stiftes Seckau und des Klosters St. Paul. Diese Burg eroberte auch Albrecht I. 1292, als er gegen Ulrich von Heunburg zog und ihn gefangensetzte. — Die Feste am einst wichtigen Zugang zum Drautal, ursprünglich ein Lehen des Klosters St. Paul, später Eigen der Heunberger, Pfannberger und Wallseer, war kaiserlich, bevor sie im 17. Jh. in die Hände der Stubenberger, im 18. in die der Schönborn kam. Schon im 16. Jh. baufällig, ist Schmierenberg dank seiner einsamen Lage nicht wie viele andere Burgen als Steinbruch benützt worden, trotz des fortschreitenden Verfalls ist sie auch heute noch eine imposante Ruine.

Schönberg, Ruine nordöstl. Krems bei gleichnamigem Ort im Kamptal, NÖ. Von der Kuenringerfeste (später von Sconibach-Scoenberc) steht nichts

mehr aufrecht. Nur niedere Mauerreste und zwei Gewölbe künden von der Burg des 12. Jh., die mehrfach erobert wurde. Im 15. Jh. machte sie Matthias Corvinus zu einem Stützpunkt, von dem aus er das Land bis nach Zwettl unterwarf. Das letztemal wurde Schönberg endgültig von den Schweden zerstört. Im 18. Jh. ist sie abgetragen worden.

Schönbühel an der Donau, nordöstl. Melk, NÖ. Auf ehemals (Anfang des 9. Jh.) passauischem Grund bauten sich die Hochfreien von Machland schon 1100 eine Burg. Sie ist im 18. Jh. vom wehrhaften Schloß der Starhemberger abgelöst worden, dessen Basteien heute noch sichtbar sind. Ein letzter Aus- und Umbau erfolgte im 19. Jh.

Schrattenstein (Schrottenstein), Ruine südl. Grünbach am Schneeberg, NÖ. Was sich auf dem schroffen Felsen — mit guter Fernsicht und einem »dreifachen Echo« — findet, stammt meist aus dem 16. Jh.: die 3 m starke Ringmauer mit Scharten auch für Kanonen, das Rundbogentor, der turmartige Auslug und das niedere Gemäuer ringsum. Ein Uzo von Schrotinstain ist allerdings schon im 11. Jh. nachgewiesen. Auf seiner Burg mag der verzweifelte Liutpold von Emmerberg seine vom verräterischen Stadtschreiber geraubte Braut, die schöne Mechthildis, Tochter des Turmvogts von Wiener Neustadt, in die Arme geschlossen haben, als er sie nach langem Suchen hier oben fand.

Schrattenthal, Ruine südwestl. Retz, NÖ. Als nach dem völlig unerwarteten Hinscheiden Albrechts V. 1439 plötzlich ein Testament auftauchte, wußten schon Zeitgenossen, daß es sich nur um eine Fälschung des Kanzlers Schlick und des königlichen Hubmeisters Ulrich von Eitzing handeln konnte. Ulrich von Eitzing hatte sich als oberster Verwalter der landesfürstlichen Güter in ihm beträchtliche Sicherstellungen garantiert. Das war derselbe Ulrich von Eitzing, aus kleinem Innviertler Adel stammend, der im gleichen Jahr samt seinen drei Brüdern und Nachkommen in den Freiherrnstand erhoben wurde und

Ruine Schrofenstein, Tirol

zehn Jahre später seine Feste Schratttenthal, inzwischen Mittelpunkt seiner ausgedehnten großen Besitzungen, die sich bis nach Mähren erstreckten, als freies Eigen übertragen erhielt. Das war auch jener Eitzing, der sichtlich beim Sturz Ottos von ↗ Maissau seine Hand im Spiele gehabt hatte; derselbe Eitzing schließlich, der mit großem demagogischem Talent die Wiener gegen ihren Kaiser aufzuwiegeln verstand und mit dem »Mailberger Bund« das Schicksal des Reiches von sich aus zu bestimmen versuchte. ↗ Kaja. — Von der Burg des Eitzinger blieb die von ihm erbaute Wehrkapelle mit breitem Verteidigungsgang über den Maßwerkfenstern, mit Gußlöchern und Wehrtürmchen. Im alten Teil der im 17. Jh. zum Schloß ausgebauten, grabenumzogenen Wehranlage sind noch der sogenannte »Schafstall« mit Kreuzrippengewölbe auf achteckigen Pfeilern, Reste des Torturms, des Wehrgangs und von Schußfenstern erhalten. Die großartigen mittelalterlichen Wehranlagen des Ortes, der dem Schwedenführer Torstenson 1645 auch als Hauptquartier gedient hatte, sind im 17. Jh. abgetragen worden, doch zeugen die verbliebenen Reste noch von ihrer Mächtigkeit.

Schrofenstein, Ruine bei Landeck, Tirol. Die Burg mit dem sechsgeschossigen, weithin sichtbaren Bergfried hoch oberhalb des Inntales war bischöfliches Chur-Lehen der Herren von Schrofenstein. Dem gänzlichen Verfall der kleinen Feste aus dem 13. Jh. mit dem schmalen dreigeschossigen Palas und einem kleinen Hof wurde in jüngster Zeit durch Privatinitiative gesteuert. Der achteckige Wartturm etwas tiefer unten am Hang ist jüngeren Datums. Eine Art Vorwerk zu Schrofenstein — später Besitz der Trautson und Auersperg — bildeten die drei spätmittelalterlichen Türme im Weiler Lötz westl. Zams. Einer von ihnen ist verbaut worden.

Schwarzau, Ruine, nordwestl. Melk, oberhalb des gleichnamigen Ortes, NÖ. Verfall bereits seit dem 15. Jh.

Schwarzenbach, Ruine südl. Mattersburg bei gleichnamigem Ort, NÖ. Die einstige landesfürstliche Feste, im 16. Jh. zum Schloß ausgebaut, verfiel im 19. Jh.

Schwarzenberg, Ruine, NÖ., ↗ Schmerbach

Schwarzenhorn, Ruine östl. Feldkirch bei Satteins, Vlbg. Obwohl die Schwarzenhorner nicht immer genau zwischen Mein und Dein unterschieden, obwohl sie auch das »jus primae noctis«, das Recht der ersten Nacht für sich in Anspruch nahmen, nach dem die Töchter der Leibeigenen die Hochzeitsnacht beim Burgherrn zu verbringen hatten, waren ihnen die Bauern wohlgesonnen. Die Schwarzenhorner verlangten von ihren Untertanen weniger Abgaben und Robot als alle die Herren ringsum. So halfen ihnen die Bauern, als sie eines Tages fliehen mußten. Um die Verfolger zu täuschen, nagelten sie den Pferden die Hufeisen verkehrt auf. — Von der kleinen montfortisch-werdenbergischen Dienstmannenburg des späten 12. Jh., die im Appenzeller Krieg nach 1400 zerstört wurde, steht noch eine über 2 m starke Mauerwand des Bergfrieds, sonst erhebt sich nur spärliches Gemäuer auf dem langgestreckten Hügel.

Schwarzenöd (Schwarzenöda, Schwarzeder, Schwarzeneck), Ruine westl. Krumau am Kamp, NÖ.

Schwertberg, nordwestl. Perg, OÖ. Mit Bernhard Zeller endete auf Burg Schwertberg das Mittelalter. Seine Familie hatte die Kuenringerfeste auf dem Felskopf in der Flußschleife, zuerst ein Lehen der Oeder, dann in der Hand der Schaffer und Wurm, nach 1500 in Besitz genommen. Bernhard, ein Ritter vom alten Schlag, streit-, fehde- und beutelustig, hatte es bei seinen Raubzügen besonders auf die Städte Linz, Wels, Steyr und Passau abgesehen. Eine Klage bei Kaiser Karl V. endete vor dem Reichskammergericht in Worms mit dem Freispruch des Schwertbergers. Doch lauerten ihm nach seiner Rückkehr die Städter auf, und 1521 wurde gegen jedes geltende Recht und den Spruch des Kaisers dem Leben des Bernhard Zeller auf dem Hauptplatz zu Linz ein Ende gesetzt. Auch Georg Erasmus von Tschernembl, der berühmte Protestantenführer Oberösterreichs, dem Schwertberg seine heutige Gestalt verdankt, war es nicht beschieden, sich auf der Aistburg zu behaupten. Er endete als Vertriebener in Genf. — Deutlich hebt sich heute noch das zwei Stock hohe gotische Palasgemäuer im Norden der Anlage von dem dreistöckigen Renaissanceüberbau mit Ecktürmchen ab. Dieser Altbau mit seinem engen Hof zeigt in einer Mauernische im zweiten Geschoß auch einen der selten erhaltenen Falkenkäfige. Die Zu- und Umbauten des Antonio Canevale nach 1600 haben sich dem mittelalterlichen Baubestand angepaßt. Auch die heutige Anlage mit dem Arkadenhof, dem massigen Haupt- und den beiden mächtigen Rundtürmen entbehrt nicht des Burgschloßhaften. Schwertberg, nach Tschernembl u. a. im Besitz der Meggauer, Starhemberger, Kuefsteiner, seit 1899 Eigentum der Grafen Hoyos, birgt ein Museum, ein Archiv mit der 25 m langen Karte vom Aistfluß und eine Bibliothek. Von der wertvollen Einrichtung ist besonders der chinesische Salon erwähnenswert.

Seckauberg, Stmk., ↗ Wasserberg

Seebenstein, NÖ., siehe Seite 26

Seeburg, Ruine, Ktn., ↗ Leonstein

Seggau bei Leibnitz, Stmk. Örtlichkeit und Funde weisen auf Wehranlagen schon in karolingischer Zeit. Im frühen 12. Jh. hatten sich die Salzburger Bischöfe an der höchsten Stelle des Geländes über Leibnitz eine Burg erbaut, deren Grundgemäuer noch im Süd- und Ostflügel der heutigen Burgschloß-Anlage steckt. Zu dieser Burg gehörte ein Bergfried, der im 19. Jh. abgetragen wurde und in dessen Mauern man über hundert römische Grabsteine der Stadt Flavia Solva fand. Der Besucher kann sie an der Stelle des einstigen Turmes, in Wänden eingemauert, betrachten. Diesen einstigen alten Turm hatten die Salzburger dem Stift Seckau geschenkt, und es entstand mit ihm in Verbindung neben der salzburgischen Feste im 13. Jh. die Burg der Seckauer Bischöfe. Südlich dieser beiden Bauten aber lag eine dritte Burg, die der Burggrafen zu Leibnitz, das heutige Schloß Polheim. Im 15. Jh. öffnete der Salzburger Bischof sein Land dem Ungarnkönig Corvinus. Davon und von den Folgen dieses Schrittes kündet eine Inschrifttafel in der (barockisierten) Kapelle des 14. Jh.: Im Dezember 1479 besetzte Hans Haugwitz mit vierhundert Mann die Burgen, 1490 wurden sie »durch kunig Maximilian mit gewalt zerschossen und gewunen und darnach durch Erzbischoffen Lienharten geborn von Keutschach wiederumb zu dem Stift bracht und von newen auff gebaut«. Leonhard von Keutschachs wieder-

aufgebaute Burgen sind dann von Wolf Dietrich von Salzburg an das Seckauer Bistum abgetreten, 1595 endgültig durch den Seckauer Bischof Martin Brenner vereinigt und noch mehrfach verändert worden. Heute bietet sich der einst salzburgische und seckauische Besitz als großangelegte bauliche Einheit mit Gartenpavillon. Polheim, zum Schloß umgebaut, begrenzt den Burgenkomplex im Süden.

Seisenegg, nordöstl. Amstetten, an der Autobahn, NÖ. Auf der 1248 urkundlich genannten Burg saßen die Herren von »Säuseneck«, deren Namen schon als Teilnehmer am ersten Kreuzzug aufscheinen. Nach dem Um- und Neubau im 17. Jh. durch den Freiherrn von Riesenfels erinnern nur noch die gotische Kapelle und die strategisch formierte Gesamtkonzeption der Anlage mit geringen Resten der Wehrbauten an die mittelalterliche Burg.

Senftenberg, nordwestl. Krems im Kremstal, NÖ. Talbeherrschend ragt das bizarre Mauerwerk der um 1200 erbauten, von Leopold IV. 1408 zerstörten und nach ihrem Wiederaufbau endgültig vom schwedischen Heerführer Torstenson verwüsteten großen Burg über die weinstockbesetzten Hänge. Von den Zöbingern kam Senftenberg im Mittelalter über die Salzburger Herren von Gutrat an die

Wallseer und Schaunberger, dann an die Starhemberger. Der im Grundgemäuer rechteckige, darüber ovale, im Oberbau aber sechseckig ausgebaute Bergfried ist das Charakteristikum der einst dreitorigen Anlage mit Rundturm und einer 3,5 m starken Schildmauer. Die Ruine mit der tiefer liegenden Wehrkirche ist ein beliebtes Ausflugsziel.

Sichtenberg, Ruine südl. Loosdorf, NÖ., zwischen Soos und Großschollach. Eine Anlage des 13.—15. Jh.

Sigberg, Ruine bei Göfis, Vlbg. Innerhalb eines meterdicken trapezförmig gestalteten Berings findet sich außer niederen Mauerresten nur ein Erdhügel, unter dem wohl der eingestürzte Bergfried der schon im 15. Jh. zur Ruine gewordenen kleinen romanischen Stammburg der Ritter von Sigberg zu finden sein dürfte.

Sigmundsberg, Ruine am Fernpaß nördl. Nassereith, Tirol. Aus den Trümmern auf dem Bühel im Fernsteiner See barg man in den fünfziger Jahren unseres Jahrhunderts noch an die achtzig architektonische Details aus gotischer Zeit. Die rechteckige Anlage mit runden Ecktürmen, einer Kapelle mit Teilen von Spitzbogen, Streben und Rippen erbaute nach 1462 Erzherzog Sigmund von Tirol als Jagdschloß.

Burgschloß Schwertberg, OÖ.

Sigmundseck (Finstermünz), nördl. Nauders, Tirol. An der Stelle der Zollburg, die Erzherzog Sigmund von Tirol im 15. Jh. hier errichtete, befand sich bereits eine alte Grenzfeste. Der Turm in der Flußmitte trägt Zinnen, seine Pechnase ragt über die Brücke. Auch die Pechnase des fünfgeschossigen Wohn- und Wehrturms mit Scharten am Ufer liegt über der Straßendurchfahrt. Zum Felshang hin zieht sich eine Mauer mit Wehrgang, auf dem Felsenvorsprung ragt ein Geschützturm, der ehemals mit hölzernem Wehrgang versehen und durch Stollen mit einer Felshöhle verbunden war.

Silberberg, Ruine bei St. Martin am Silberberg, Ktn.

Sommeregg, Ruine nördl. Spittal an der Drau bei Treffling, Ktn. An die Ortenburger Zeit in der alten Feste Sommeregg, an das 13. Jh., erinnert nur die Bergfriedruine. Das einsturzgefährdete Gemäuer neben ihr ist beim schloßartigen Umbau der Burg im 16. Jh. aufgerichtet worden. Im 15. Jh. hatten hier die Grafen von Cilli, später die Landesfürsten, u. a. auch die Khevenhüller, Besitzerrechte. Noch zu Beginn unseres Jahrhunderts war Sommeregg bewohnt.

Sonnegg, Ruine südl. Völkermarkt bei Gösselsdorf, Ktn. Kaum noch Reste über dem Erdboden, wahrscheinlich um so mehr unter der Humusschicht, weisen auf die einst fast riesige Anlage des 13. Jh. Während eines Erdbebens, gerade als man beim Festmahl saß, stürzte die alte Burg und spätere Renaissancefeste ein. Was an romanischem und gotischem Werk nicht unter der Wucht der Steine begraben wurde, verbrannte und verrottete, das für einen Hausbau geeignete Material wurde weggekarrt. Auf Sonnegg saßen Leute der Heunberger und Pfannberger. Rabensteiner — nach einem Parzival von Rabenstein hieß die Burg eine Zeitlang auch »Parzivalturm« — verkauften den Besitz an den Herzog von Österreich. Unter Friedrich IV. (III.) kam er an die Ungnad, treu ergebene Ratgeber der Habsburger, die dann als Protestanten außer Landes gehen

Burg und Schloß Seggau, Stmk.

mußten. Im Jahrhundert ihres Untergangs entstand südlich von Sonnegg, am Fuß des Burgberges, das Schloß, heute im Besitz der Grafen von Rosenberg.

Sonnenberg, Ruine bei Nüziders, Vlbg. Auf dem senkrecht abstürzenden Felsen nördlich Nüziders findet man die Wand eines Bergfrieds an der höchsten Stelle, etwas tiefer geringes Mauerwerk, vermutlich des Palas und von Teilen der Ringmauer. Es sind die Überreste der einst großen romanischen Burg der Ritter von Nüziders, Dienstmannen der Werdenberger. Als sie im Appenzeller Krieg zerstört worden war, hatte sie der abenteuerliche Bischof Hartmann von Chur wiederaufbauen lassen und sie Sonnenberg genannt. 1463 durften sich mit kaiserlicher Erlaubnis die Truchsesse von Waldenburg Grafen von Sonnenberg nennen. Als zehn Jahre später Sigmund der Münzreiche von Tirol mit dem Grafen Eberhard von Sonnenberg wegen der Herrschaftsausübung in Fehde lag, zerstörten herzogliche Truppen unter ihrem Hauptmann von Knöringen im Frühjahr 1473 nach dreitägiger Belagerung die Burg endgültig. Sie wurde nicht mehr aufgebaut.

Sonnenburg (Feistritzschlössel), Ruine nordwestl. Gmünd im Maltatal, Ktn.

Spangstein (Ahnherrnschloß), Ruine

südwestl. Deutschlandsberg, Stmk. Als man vor bald 150 Jahren die Ruine an der alten Weinstraße über die Koralpe als die Stammburg der Spangsteiner, das waren Dienstmannen der Pettauer Grafen, identifizierte, nannte man sie »Ahnherrnschloß«. Damals stand noch der runde Turm und ein schmaler, langgestreckter Palas. Noch vor 50 Jahren sah man hier Tor- und Turmruinen. 1936 werden nur noch Mauerreste verzeichnet, heute ist die »vest Spangstein mit irer vischwaid auf der Stulnickh« nicht viel mehr als ein Trümmerhaufen. Der ursprünglich geistliche, später landesfürstliche Lehens- und Pfandbesitz des 13. bis 15. Jh., um den während der Baumkircher Fehde im 15. Jh. ein verheerender Kleinkrieg entbrannte, war im 16. Jh. freies Eigen der Galler geworden, die um 1580 das Schloß Schwanberg erbauten. Seither verfiel die Altburg der Spangsteiner.

Sparbach, Ruinen bei Mödling, südwestl. Wien, NÖ. Auf dem Felskopf über dem Bachtal im Sparbacher Naturpark liegt das beachtliche Mauerwerk — Palasreste, ein Spitzbogentor, zum Teil in den Fels gehauene Räume, ein aus ihm gebrochener Halsgraben — der kleinen viereckigen mittelalterlichen Burg des 13./14. Jh., »Altsparbach«. Der Name

Johannstein ist jüngeren Datums. Die Ruine der Burg Snephenstain am Haupteingang des Parkes liegt auf einer Terrasse, auf der sich einst wahrscheinlich der Hof einer Anlage des 13. Jh. befand, etwas unterhalb sieht man ihr Vorwerk. Ein Leopold von Snephenstain ist zwischen 1254 und 1311 nachgewiesen. — Die Ruine »Keller«- oder »Köhlerhütte« ist ein ebenso künstliches Gebilde der ruinensüchtigen Neuromantik des vorigen Jahrhunderts wie die östlich von ihr gelegene Ruine »Dianatempel«. — Das Schloß Neu-Sparbach außerhalb des Parks stammt aus dem 17. Jh.

Spielberg, Ruine nördl. Enns bei Langenstein, OÖ. Die mächtige Ruine liegt heute im dichten Auwald. Als Lehensburg des Domvogts von Lengenbach ragte sie einst auf einem Felsen mitten in der Donau empor und spielte als Mautstelle zuzeiten eine bedeutende Rolle. Im 12. Jh. bestand sie aus einem Turm mit einer Steintreppe im Innern und der Ringmauer. In gotischer Zeit baute man den Palas auf eine Höhe von 16 m, den Bergfried auf 35 m aus. Dazu fügte man Wohngebäude — das Gemäuer steht heute noch bis zwei Stock hoch — und die 10 m lange Burgkapelle, von deren gotischen Elementen schöne Details zu sehen sind, Maßwerk, Gewölbereste, Konsolen u. a. Im 16. und 17. Jh. entstand dann die neuzeitliche Feste, eine Viertore-Anlage von beachtlicher Ausdehnung. Nach dem Tod des Domvogts von Lengenbach hatten die Passauer Bischöfe Spielberg beansprucht, doch die Burg war landesfürstlich geworden, und Rudolf der Stifter übergab sie dem Stift Sankt Florian als Zufluchtsort für Konvent und Klosterschatz in Kriegszeiten. Doch bald wieder Pfandbesitz, kam Spielberg erst im 17. Jh. als freies Eigen an die Scherffenberger, von denen sie entscheidend modernisiert wurde. Das Scherffenberger Wappen ist noch beim Tor zu sehen. An die Herrschaft Steyregg verkauft, verfiel die Burg seit dem 18. Jh.

Spitz, Ruine, NÖ., ↗ Hinterhaus

Staatz, Ruine nordwestl. Mistelbach, NÖ. Der weithin sichtbare Hügel trug seit dem 11. Jh. eine fast uneinnehmbare Burg. Von ihrem Bergfried, von Palas und Söller — noch steht innerhalb des sich weit über die Kuppe hinziehenden Berings einiges Gemäuer — sahen die Herren von Staatz, Ulricus de Stauze nannte sich 1182 einer von ihnen, weit ins Land. 1234 kamen die Böhmen, zwölf Jahre später, im Jänner, rückten unweit der Burg die Heere Friedrichs des Babenbergers und Ulrichs von Kärnten gegeneinander. Wieder nicht fünfzehn Jahre danach hatten Böhmen und Kumanen das Heer der beiden letzten Grafen von Plain-Hardegg hier in den Hinterhalt gelockt und Mann für Mann niedergemetzelt. Im Sommer 1407 brannten ringsum die Dörfer, als die Räuberscharen des Johann von Lamberg, den man Sokol nannte, die verfeindeten Habsburgerbrüder Leopold und Ernst bedrängten und das Land verwüsteten. Als 1645 die Schweden anrückten, fiel auch die Burg Staatz. Niedergebrannt und zerstört, blieb sie seither Ruine.

Stall, Ruine, Ktn., ↗ Wildegg

Stallegg, Ruine südöstl. der Rosenburg am Kamp, NÖ., oberhalb des Höllgrabens am Ausgang zum Kamptal.

Starhemberg, Ruine, NÖ., siehe Seite 24

Starhemberg, oberhalb Haag am Hausruck, OÖ. An die Burg Storchenberch der Passauer Bischöfe im 13. Jh. erinnert nichts mehr. Der heutige Bau ist im 16. Jh. neu errichtet und zwischen 1923 und 1925 nochmals gründlich umgebaut worden. Der im 14. Jh. Starhembergische, später landesfürstliche und u. a. auch Wallseeische und Jörgersche Besitz ist heute Privateigentum.

Starkenberg, Ruine, Tirol, ↗ Altstarkenberg

Stauff, Ruine nordwestl. Eferding, an der Aschach, OÖ. Wernhart de Stove, 1146, war Passauer Lehensmann und nannte sich 15 Jahre später Wernhart von Schaunberg. Im Besitz der Schaunberger blieb die Burg bis ins 16. Jh. Der tal- und straßenbeherrschende, stolze Bergfried des 12. Jh. bietet heute als Aussichtswarte einen gleich schönen Rundblick wie jener des benachbarten Schaunberg. Von der kleinen Anlage sind nur über Stufen erreichbare Mauern des Palas erhalten, das Vorwerk ist zur Gänze verschwunden. Der Belagerung 1380/1381 während der Schaunberger Fehde hat Stauff standgehalten, 1570 brannte die Burg jedoch aus. Die neuen Herren von Stauff, die Liechtensteiner, verlegten ihren Sitz ins Schloß nach Aschach, und die Anlage verfiel.

Stein in Krems an der Donau, NÖ., besaß eine Stadtburg, deren Ruinen-

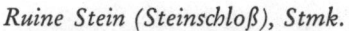

Ruine Stein (Steinschloß), Stmk.

reste, Turm und Mauerwerk, auf dem Schloßberg zu sehen sind.

Stein im Drautal, Ktn., siehe S. 122

Stein (Steinschloß), Ruine bei Teufenbach, Stmk. Die höchstgelegene Feste Steiermarks war einst Grenzburg gegen Salzburg, besetzt mit Ministerialen derer von Steier, später mit Burggrafen, die sich »von Stein« nannten. Der eingestürzte Bergfried und Palasgemäuer mit bis zu 2 m Mauerstärke weisen auf diese frühe Burg des 12. und 13. Jh., die dann in die Hände der Liechtensteiner kam, für kurze Zeit auch von den Truppen des Matthias Corvinus und Kaiser Friedrichs III. besetzt war. Als nach 1500 die Burg über den Steilabfällen an das Kloster St. Lambrecht kam und die Türken das Land bedrohten, ließen sich die geistlichen Herren von italienischen Baumeistern eine mächtige Renaissanceburg mit Wehrmauern, Türmen und starken Kanonenrondellen um die alte Feste bauen. Stein war dann bis ins 18. Jh. willkommener Sommeraufenthalt und Erholungsort für die Geistlichkeit und verfiel, als die Besitztümer der Klöster aufgehoben wurden. Doch ist auch die Ruine noch ein imposantes Bauwerk.

Stein im Lavanttal, östl. bei St. Paul, Ktn. Die kleine Feste am Hang der Koralpe bei Maria Rojach überfiel 1276 Heinrich von Pfannberg und bemächtigte sich Gerhards, des Bischofs von Lavant, der sich in sie geflüchtet hatte. In maßloser Wut über den hartnäckigen Geistlichen, der sich seinen Forderungen nicht fügen wollte, ließ er ihn fesseln, vergriff sich auch persönlich an ihm und zwang ihn, die Burg herauszugeben, dann befahl er, sie zu zerstören. Zwölf Jahre später eroberten die Söldner Albrechts I. Stein, und zwei Jahrhunderte danach nahm den wiederaufgebauten Besitz der Salzburger und Lavanter Bischöfe im Auftrag des Kaisers Leonhard von Kollnitz. Er zerstörte die Burg derart, daß Erzbischof Leonhard von Keutschach neben der Ruine einen Neubau errichten lassen mußte, um sich und seinen Nachfolgern eine Art Sommer-

residenz zu schaffen, bis sich zu Beginn des 18. Jh. bequemere Absteigemöglichkeiten für die geistlichen Herren ergaben. Auf dem zugeschliffenen spitzen Felsen ragt heute noch frühromanisches und romanisches Mauerwerk. Es ist von gotischen Zubauten umgeben.

Steinegg, Ruine westl. der Rosenburg bei Etzmannsdorf am Kamp, NÖ. Von der Burg des Kolo von Steinekke, von dem wir um 1210 hören, zeugen auf dem steilen Hügel hinter zwei Halsgräben mit Vorwerken und Wehranlagen bedeutendes romanisches Mauerwerk mit Rundbogenfenstern und Tonnengewölbe, ebenso eine romanische Kapelle mit Spuren von Malerei und sonstige Details. Der später Maissauische, dann Habsburgische Besitz ist wahrscheinlich im 15. Jh. gewaltsam zerstört worden.

Sternberg, Ruine östl. Villach, Ktn. Die romanische Felsenburg, von der noch am östlich gelegenen Zugang die Ruine des starkwandigen Bergfrieds zeugt, ist als Sitz der Sternberger im 12. Jh. erstmals erwähnt. Die sonstigen, zum Teil in ein Wohnhaus verbauten Mauerreste stammen von der Heunburger und Ortenburger Anlage des 14. Jh., die Friedrich III. während seiner Fehden um das Erbe der Grafen von Cilli zerstörte, als Jan Witowec, den er zu einem Freiherrn von Sternberg gemacht hatte, von ihm abgefallen war.

Steuerberg (Marbauerschloß), nördl. Feldkirchen, oberhalb der Engen Gurk, Ktn. Im 19. Jh. noch bewohnt, stehen heute von der einstigen Ministerialenburg der Markgrafen von Steier im 12. Jh., die später zum Schloß ausgebaut wurde, auf dem dichtbewaldeten Hügel Mauerreste aus mehreren Bauepochen. Herren auf Steuerberg waren die Grafen von Ortenburg und Cilli, später die Habsburger und der St.-Georgs-Orden in Millstatt, bevor der Besitz an den Jesuitenorden kam.

Steyersberg, südl. Neunkirchen, westl. oberhalb Haßbach, NÖ. Auf das 12. und 13. Jh. weist in dieser größten und besterhaltenen Burg des Landes nur die romanische Bergfried mit

3,5 m dicken Mauern und die ihm angefügten turmartigen Wohnbauten. Im 13. Jh. saßen hier Dienstmannen der Schenken von ↗ Haßbach. Nach einem Kranichberger erwarben die Stubenberger die Feste und bauten sie aus, bevor sie als Mittelpunkt einer großen Herrschaft von den Grafen Wurmbrand zum großartigen Burgschloß mit kostbarer Einrichtung erweitert wurde. Die prächtige, nicht zu besichtigende Anlage besitzt, terrassenförmig gestaffelt, vier Höfe mit zweigeschossigen Laubengängen, Arkaden und dem »Drachenbrunnen«, Torbauten, Bering und Ecktürme. Steyersberg widerstand 1683 den Türken.

Steyr, OÖ., besaß eine bereits 972 urkundlich erwähnte Burg, Sitz der »Ottokare«, der Markgrafen und Herzöge der Steiermark, später habsburgischer Pfandbesitz. Nach dem Großbrand von 1727 entstand das heutige Schloß, dessen »Römerturm« auf die einstige Burg weist.

Steyregg, östl. Linz, OÖ., ist eine im Kern romanisch-gotische, einst ausgedehnte Burganlage mit Fresken aus dem 14. Jh. Das im Zweiten Weltkrieg zum Teil zerstörte, jetzt wieder restaurierte Burgschloß wird in seiner heutigen Gestalt vor allem durch die Um- und Zubauten des 17. Jh. bebestimmt.

Stickelberg, südöstl. Scheiblingkirchen in der Buckligen Welt, NÖ. Die gotische Burg der Stickelberger — heute ein Palas mit Wehrgangresten im zweiten Stock und im 16. Jh. zugebautem Treppenturm — ist in einem vieleckigen Rund um einen kleinen Hof gebaut. Um sie errichteten die Weißpriacher und Heydegger im 15. und 16. Jh. starke Wehranlagen, eine Zwingermauer mit fünf fünfeckigen Wehrtürmen, eine weitere Toranlage mit Zugbrücke. Rund um diese wohlbewehrte Burg ziehen sich weitläufige Gräben, im Norden doppelte, und Wälle. Unter den Grafen Wurmbrand zu Stuppach auf Steyersberg, die nach 1600 den Besitz erwarben, verfiel der einstige Sitz eines Hochgerichtes und Fluchtort in den Türkenzeiten im 19. Jh.

Stixenstein, westl. Neunkirchen bei Sieding, NÖ. Die Stammburg der »Stauze« oder »Stüchse« bestand im 12. und 13. Jh. aus einem Bergfried mit 4 m Mauerstärke und einem länglichen Palas hoch auf der Felskuppe. Noch steht der sicher einst zinnengekrönte Turm, dem man im 16. Jh. quadratische Mauerklötze und ein Dach aufsetzte. Auch das Grundgemäuer der Wohntrakte, die in der Renaissance entstanden, ist mittelalterlich. Aus dem 14. und 15. Jh. stammen die Ruinen der gotischen Kapelle, ebenso der eingestürzte Trakt hinter dem Bergfried. Diese Burg eroberte Matthias Corvinus drei Jahre vor seinem Schlaganfall, dem er 1490 in Wien erlag. Die 15 m tiefer liegende Vorburg entstand während des Wiederaufbaues zusammen mit Zubauten unter den Grafen Hoyos, denen Stixenstein seit dem 16. Jh. bis in die jüngste Gegenwart gehörte. Mit Stixenstein verbindet sich ein eigenartiges Rechtsbrauchtum. Am Faschingsdienstag mußten die Bauern von Sieding, wenn der Herr auf der Burg weilte, für die Steuerfreiheit des »Halterhäuschens« eine schneeweiße Henne auf einem mit Pferden bespannten Schlitten in den Schloßhof fahren und um den Schlitten mit der Henne einen Tanz aufführen, wofür sie der Burgherr mit Wein und Brot zu bewirten verpflichtet war. Welcher Untertan in diesem Aufzuge und bei dem Tanz fehlte, mußte zwei Schilling Pfennig zu Wandel geben. Wer die Königssteuer von drei Denaren am heiligen Christtag nicht erlegte, dem wurden drei Schindeln auf das Hausdach und drei Rasenstücke auf seinen Acker gelegt, zum Zeichen, daß sie verfallen waren. Im 18. Jh. brannte Stixenstein aus, 1802 zerstörte es ein Feuer vollends. Heute bemüht sich die Gemeinde Wien als Besitzerin um den Bau.

Straßburg, Ktn., siehe Seite 110

Straßfried, Ruine westl. Maglern, Ktn. Von der Burg der Bamberger Bischöfe, die hier im 13. Jh. zur »Befriedung« der Straßenzüge erbaut wurde, ragt noch ein 12 m hoher Stumpf des quadratischen Bergfrieds

empor. Stark durchwachsene Mauerteile von Gebäuden und Bering reihen sich um einen schmalen Hof. Der Pfandbesitz wurde im 18. Jh. kaiserlich und ist 1797 von den Franzosen zerstört worden.

Strechau, Stmk., siehe Seite 98

Streitwiesen, Ruine westl. Pöggstall, NÖ. Von der Stammburg der Streitwieser, die möglicherweise beim Adelsaufstand gegen Habsburg im 13. Jh. zerstört und erst nach 1515 zum Großteil wiederaufgebaut und erweitert wurde, steht außer den beiden Wänden des quadratischen Bergfrieds und Mauern des Palastraktes vor allem noch die romanisch-gotische Kapelle. Ihr romanisches Langhaus ist eingestürzt, der gotische Chor mit Sakristei dient als Andachtsraum und besitzt neben den schönen romanischen und gotischen Fenstern auch noch ein Sakramentshäuschen und Wappengrabsteine. Um die weiträumige Anlage zieht sich eine teilweise erhaltene Mauer mit späteren (16. Jh.) Zinnen und zwei Rundtürmen. Ein Rundturm weist noch Gemäuer des 15., die Vorburg solches des 16. Jh., zum Teil auch barocke Details auf. An der Mauer des südwestlich gelegenen Turms zeichnet auf einer originell gerahmten Inschrift Jakob Rot als Wiedererbauer der zerstörten Feste mit der Jahreszahl 1556. Seit dem 17. Jh., als der Besitz mit Pöggstall vereinigt worden war, verfiel die Burg.

Stubegg, Ruine westl. Arzberg, oberhalb des Raabtales, Stmk. Stubenberger Dienstleute haben die Burg im 15. Jh. errichten lassen: den von einem fünfgeschossigen Turm gedeckten Torbau, den dreigeschossigen Palas und die um einen schmalen Hof laufende Wehrmauer. Später wurde Stubegg erweitert. Das Ziegelwerk der Zubauten des 16. und 17. Jh. unterscheidet sich deutlich von der alten Anlage. Erst Talsperre, dann Verwaltungssitz der Stubenberger, ist die Burg im 18. Jh. verlassen worden, als man die Verwaltung nach Gutenberg verlegte.

Stubenberg, Ruine südl. Neunkirchen bei Haßbach, NÖ.

Stubenberg, Ruine, Stmk., ↗ Neuhaus

Sturmberg (Alt- oder Unter-, Neuoder Obersturmberg), Ruinen nördl. Weiz am Eingang zur Weizklamm, Stmk. Oberhalb des Tales, hinter dem massigen Torbau mit einem Rundturm des 16. Jh., ragt noch der Bergfried mit gotischem Maßwerkfenster und stockhohem Einstieg von der Burg der Sturmberger aus dem 13. Jh. empor. Es waren Lehensleute zuerst des Benediktinerinnenklosters Göß, dann der Stubenberger, aber auch der Salzburger Erzbischöfe. Neben den zum Teil noch hohen Palasmauern aus der Entstehungszeit der Burg reihen sich um zwei schmale Höfe noch Reste zahlreicher kleinerer und größerer Bauten aus dem 16. Jh., in denen die Radmannsdorfer und Dienstmannen der Khevenhüller, Herbersteiner und auch der Grafen Wurmbrand saßen. Der hier herrschenden Enge wegen baute man im 15. Jh. auf dem ca. 60 m entfernten Felsen Neu-Sturmberg, einen Wohnbau mit Türmen und Bering, von dem sich heute weit weniger erhalten hat als von der Altburg, die schon bald nach 1650 Ruine geworden ist. Eine Ringmauer mit Tor umschloß beide Anlagen, eine Wehrmauer verband sie.

Sulzau, Ruine, Sbg., ↗ Friedburg

Taggenbrunn, Ruine östl. bei St. Veit, Ktn. Von der frühen Burg der Taggenbrunner, salzburgischer Lehensleute des 12. Jh., blieb nichts mehr, nachdem sie Herzog Ulrich III. von Kärnten während der Fehden zwischen den Bischöfen von Salzburg und Seckau gebrochen hatte. Auch von jener Burg Taggenbrunn, in der 1292 der Herzogssohn Ludwig nach dem Überfall in St. Veit gefangengehalten wurde, finden sich kaum Mauern. Kaiserliche Truppen und Kärntner stürmten und zerstörten sie, als sich im 15. Jh. in ihr Ungarn festgesetzt hatten. Jene Ruinen, die heute weithin sichtbar auf dem Hügel bei St. Veit liegen, stammen von dem wehrtechnisch interessanten Neubau des Salzburger Erzbischofs Leonhard von Keutschach, 1497 bis 1503 errichtet. Rund um den mehreckigen kleinen unregelmäßigen Hof mit Palas und Nebengebäuden ist eine massige ebenso polygonale, noch gut erhaltene Zinnenmauer mit drei bis zu fünfgeschossiger Höhe aufragenden runden Wehr- und Geschütztürmen gezogen. Den östlichen Turm verbindet mit der Hauptburg eine spitzbogengestützte Brücke, über die von den Warteräumen der Mannschaft her auch die Wehrgänge zugänglich waren. Im Hof befindet sich der namengebende Brunnen der Burg. Der salzburgische Stützpunkt neben der Kärntner Herzogsstadt St. Veit war meist durch Pfleger besetzt. Während der Türkenkriege Fluchtort, blieb Taggenbrunn bis ins 19. Jh. bewohnt, bevor es als Staatseigentum verfiel.

Tannberg, Ruine nordwestl. Altfelden bei Haselbach, OÖ. »Große und kleine Gerüste hieß er da aufrichten«, erzählt der steirische Reimchronist von der Belagerung Tannbergs durch Herzog Albrecht im Jahre 1289, damit man die Burg »über den Haufen werfen« könne. Als sie das sah, erzählt er weiter, begann die Besatzung »sich vor Furcht zu winden und zu krümmen«, und sie bat um einen angemessenen Frieden. Konrad von Tannberg hatte mit seinem Schwager, dem Falkensteiner, auf ↗ Rannariedl Jahre hindurch die Gegend unsicher gemacht, nun zwang der Habsburger ihn zur Botmäßigkeit. 1354 vermachten die Tannberger das Lehen den Passauer Bischöfen. Die Burg blieb Lehens- und Pfandbesitz bis die Herrschaft mit Marsbach im 16. Jh. vereinigt wurde. Heute sind von Tannberg nur noch spärliche Reste zu finden.

Taxenbach, östl. Zell am See, Sbg. Als sich die Herren von ↗ Goldegg im habsburgisch-bayerischen Streit um die Königswürde auf die Seite Ludwigs des Bayern stellten, zerstörte ihnen der Salzburger Erzbischof nach der Schlacht bei Mühldorf 1322 auch Taxenbach. Die von ihm das Jahr darauf wiederhergestellte Feste verwüsteten zweihundert Jahre später 1526 die Bauern. Sie wurde wieder aufgebaut und verfiel im 19. Jh. zu

den wenigen Mauerzügen, die man heute am linken Salzachufer sieht.

Teufenbach (Altteufenbach), westl. Judenburg, oberhalb gleichnamigem Ort, Stmk. Ihren Stammsitz aus dem 12. Jh., als Straßensperre erbaut, besaßen die Teufenbacher durch 400 Jahre fast ohne Unterbrechung bis 1671. Im 19. Jh. kauften sie die inzwischen verfallene und von privater Hand wieder instand gesetzte Burg zurück und richteten sich in ihr wohnlich ein. Teufenbach, eine der ältesten noch bewohnten mittelalterlichen Burgen der Steiermark, bietet sich heute als dreistöckiger vieleckiger Wohnturm mit Wehrmauer dar. Der gewölbte Tordurchlaß, die Reste eines Rundturms vermitteln den Eindruck einer einstigen Wehranlage.

Thal (Unterthal), Ruine westl. bei Graz, Stmk. Von der Burg der Ritter »de valle« des 12. und 13. Jh., die von den Windischgrätzern ausgebaut wurde und später den Waldstein, Khevenhüllern und dem Landesfürsten, den Eggenbergern und Herbersteinern gehörte, findet sich kaum mehr Gemäuer. Die Rundturmruine und die Bastion stammen von Bauten des 17. Jh. Oberthal im gleichnamigen Weiler birgt noch die Kellergewölbe des Meierhofes aus dem 14. Jh., über dem das Schloß errichtet wurde.

Thalberg, westl. bei Dechantskirchen, Stmk. Auf dieser mächtigen Grenz-

burg, einem landesfürstlichen Lehen, das die Krumbacher im 12. Jh. erbauten, zeichneten im 13. bis 15. Jh. die von Neuberg und von Rottal als Burgherren. Unter den Dietrichsteinern im 16. Jh. wurde Thalberg Mittelpunkt einer der größten Herrschaftsbesitze in der Steiermark. Die Burg war Zufluchtsort besonders während der Türkeneinfälle von 1683 und der Kuruzzeneinfälle im 18. Jh., auch für die Bewohner des nahen Friedberg. Oberhalb der restaurierten Vorburg mit dem Torbau, der die Jahreszahl 1499 trägt, steht man nach kurzem steilem Anstieg vor der imposanten romanischen Toranlage. Sie hat einen mächtigen quadratischen Wehrturm, einen zweiten Bergfried, an der Seite. Tor und Turm stammen aus der Zeit um 1200. Innerhalb der 12 m hohen Ringmauer aus dem 15. Jh. liegt auf dem ansteigenden Felsen der Hochburg der schmale Hof mit dem verfallenen, verwahrlosten ehemaligen Palas. Der romanische Bergfried, 24 m hoch, mit stockhohem Einstieg, gekoppelten romanischen Fenstern hat eine Stiege in der Mauer. Den Hofabschluß bildet ein bewohnter Quertrakt des 17. Jh., in dem sich auch die ursprünglich gotische Kapelle St. Niklas befindet.

Thaur, Ruine nordöstl. Innsbruck, oberhalb der gleichnamigen Ortschaft, Tirol. Die einst große Burg der Grafen von Andechs und der Tiroler

Ruine Taggenbrunn, Ktn.

Landesfürsten war ehemals Gerichtssitz, wahrscheinlich auch Mittelpunkt der Grafschaft des mittleren Inntals. Es finden sich spärliche Reste der im 12. Jh. nachweisbaren, jedoch sicherlich schon früher gebauten Feste. Nach einem Brand im 16. Jh. ist die Burg wiederaufgebaut worden, im 17. Jh. jedoch verfallen, als das Gericht verlegt wurde. Vom vorgelagerten Kirchlein St. Romedi aus bietet sich ein herrlicher Blick ins Inntal. Hier findet man die Inschrift: »O wie süß sein die Wildnüssen. Wer nichts hat, hat Gott. Die Stadt ist mir ein Gefängnuß, die Einöd ein Paradeiß.«

Therasburg, nordöstl. Horn bei Missingsdorf, NÖ. Das Land nördlich der Donau wurde im 15. Jh. immer wieder von räuberischen Scharen aus Böhmen und Mähren heimgesucht. Die kleineren Ritter der österreichischen Grenzgebiete wußten sich zu schützen: Sie schlossen sich den Räubern an. So auch die Kratzer (Gratzer), die sich auf der von Böhmen verwüsteten »Teraczpurch« des 12. Jh. festsetzten und von hier aus die Herrschaften von Altenburg und Zwettl, aber auch von Rappottenstein und Ottenstein plünderten. Die Einsamkeit der Gegend brachte es mit sich, daß sie hier ihr Handwerk ungestört über längere Zeiträume ausüben konnten. Als wieder Ordnung ins Land kam und die Therasburg zurückerobert war, wurde der Besitz landesfürstlich, dann erwarben ihn die Reichsgrafen von Attems. Sie bauten den ruinierten Besitz wieder auf und erneuerten ihn im 19. Jh. im romantischen Stil, indem sie vom Wohntrakt nur den ersten Stock beließen und ihm ein neues Geschoß aufsetzten. Der Bergfried im Vorhof ist mit Ausnahme der Zinnen noch romanisch. Mittelalterliches Mauerwerk verbirgt sich auch in den Wirtschaftsgebäuden. Über den ehemaligen Burggraben führt eine Steinbrücke auf den ruinösen Torbau mit Fußgängerpforte zu, der im Innern eine Inschrift trägt, nach der Therasburg 1172 erbaut worden sein soll. Das Haupttor selbst entstand 1750.

Ruine Thomasberg, NÖ.

Thernberg, östl. Scheiblingkirchen, NÖ. Die Felsenburg mit dem gewaltigen, fünfeckigen Bergfried hatten sich die Thernberger schon im frühen 12. Jh. gebaut, damals Rodungsherren des Pittener Waldes. Das alte Gemäuer hat während der Jahrhunderte drei Revolutionäre beherbergt: Im 15. Jh., als Thernberg landesfürstlich war, brachte man den Wiener Bürgermeister Vorlauf, dessen sich bei Purkersdorf ein Trupp Reiter bemächtigt hatte, hierher ins Verlies. Vorlauf stand gegen Herzog Leopold von Habsburg auf der Seite von dessen Bruder, dem steirischen Herzog Ernst. Er büßte solche Parteinahme bald darauf auf dem Schafott in Wien. — Nach den Wallseern hatte Andre II. von Thonradl, der streitbare Protestant, Thernberg in Besitz genommen. Am 11. Juni 1619 stand er mit seinen Gesinnungsgenossen vor Ferdinand II. Eine nicht verbürgte Anekdote berichtet, er habe den Kaiser, um ihn zur Siegelung der Petition protestantischer Stände zu zwingen, bei den Knöpfen gepackt und angeschrien: »So gib dich, Randel, gib dich und schreib!« In diesem kritischen Augenblick erschollen vom Burgplatz herauf Trompeten einmarschierender Kürassiere, und die Abgeordneten sahen sich zu einem raschen Abzug gezwungen. Sie erreichten auch noch unangefochten das Thurnsche Lager, doch ihre Güter wurden konfisziert, auch Thernberg. — Im neuen Schloß,

das 1774 von der Familie von Menshengen unterhalb der Burg gebaut worden war, heute ebenso Ruine wie die Altburg, wohnte nach 1807 der fortschrittliche Erzherzog Johann. Er hatte sich mit seinem kaiserlichen Bruder in Wien überworfen und begab sich von hier aus mit Anna Plochl, seiner Frau, der Ausseer Postmeisterstochter, ins Steirische. — Noch steht oberhalb der Schloßruine über steil abfallendem Felsen, er stürzt 20 m in die Tiefe, der gewaltige, 25 m hohe, an vier Ecken abgerundete, mit der fünften schneidend gegen die Angreifer gestellte uralte Bergfried. Ihm gegenüber ragen auf engstem Raum die Mauern eines mehrstöckigen, zweigeteilten Gebäudes, wahrscheinlich des ehemaligen Palas. Ringmauern mit Zinnen, Basteien und Torbau schließen die kleine Anlage ab.

Thomasberg, Ruine südöstl. Edlitz-Grimmenstein, NÖ. Die Entstehungszeit der mittelalterlichen Burg auf dem Bergabsatz oberhalb des Ortes ist unbekannt. Romanisches Gemäuer, auf das man schließen könnte, da am Ende des 12. Jh. ein Otto de domersperg nachgewiesen ist, findet sich in der Ruine nicht. Erst im 16. Jh., als Thomasberg durch Ehrenreich von Königsberg zum Schloß umgebaut wurde, werden wir auch mit den Herrn auf Thomasberg bekannt. Die Ruine weist noch das spätgotische Tor

Trautenfels, Stmk.

mit Fußgängerpforte und eine teilweise intakte Zugbrücke auf. Den inneren, dreieckigen Burghof charakterisiert eine in dieser Form seltene Schildmauer mit einem Wehrgang im südlichen und die kreuzgewölbte gotische Kapelle im nördlichen Teil.

Thunau, Ruine, NÖ., ↗ Schimmelsprung

Thürn, südwestl. Wolfsberg, Ktn. In diesem Renaissancebau des 16. Jh., der im 18. und 20. Jh. noch einmal stark verändert wurde, stammt nur der namengebende »Thurn« an der Ostseite aus dem Mittelalter, aus der Zeit, als Salzburg noch die Feste besaß. Das Schloß kam dann an das Bistum Lavant und an den Jesuitenorden.

Thurnberg, Ruine südwestl. Horn, NÖ. Nur noch Wall, Graben und wenige Mauerreste erinnern an das mittelalterliche, 1281 genannte Raubritternest, das Ulrich von Eitzing 1448 mit einem ständischen Heer für immer zerstörte.

Thurnschall, Ruine nördl. Tamsweg, Sbg. Von der urkundlich als »castrum Lessach« genannten kleinen mittelalterlichen Feste, deren Ruine auf eine Dreiecksanlage schließen

läßt, sind auf dem Hügel Reste des mehreckigen Turms und einer Zwingermauer erhalten. Als Burgherren zeichneten die von Ortenburg und die Weißpriacher.

Tierberg, Ruine oberhalb Kufstein, Tirol. Von der romanischen Anlage des 12. Jh. sind die untere Hälfte des Bergfrieds, ein Gewölbe unterhalb der Kapelle und Reste des Berings erhalten. Der Besitz der Freundsberger im 13. Jh. wurde im 14. Jh. bayerisch, 1504 wieder österreichisch. Einer Restaurierung im 16. Jh. fielen bedeutende Teile der Burg zum Opfer, andere kamen verfälscht an uns. Die Reste der Vorburg zeigen noch eine alte Zisterne. An den ehemaligen Palas, jetzt zum Großteil die Wallfahrtskapelle des heiligen Johannes, ist ein Treppenturm mit Spitzbogenfenstern angebaut. Vom beliebten Ausflugsziel bietet sich eine wunderschöne Aussicht ins Inntal.

Tosters, Ruine westl. bei Feldkirch, Vlbg. An der Nordseite des Schellenberges auf einer langgestreckten felsigen Anhöhe über der St.-Kornelius-Kapelle mit ihrer tausendjährigen Eibe ragen auf dem weiträumigen ehemaligen Burgplateau die quadratische Bergfried, südlich, über den Be-

ring hinausgebaut, Reste des Palas, östlich ein zweistöckiges Nebengebäude der Burg der Grafen von Montfort im 13. Jh. Nach ihrer Zerstörung im Appenzeller Krieg ist Tosters nur teilweise wieder aufgebaut worden und war in der Hand verschiedener Pfandinhaber, bevor sie verlassen wurde.

Traismauer, südöstl. Krems an der Donau, NÖ., im Nibelungenlied erwähnt, besaß eine Burg, an deren Stelle heute ein Mietshaus steht.

Tratzberg, Tirol, siehe Seite 147

Trautenfels (Neuhaus), bei Stainach-Irdning im Ennstal, Stmk. Herzog Albrecht I. von Österreich hatte die alte Burg »Niwehûs« am Fuß des Grimming dem Salzburger Erzbischof übergeben und dafür Burg ↗ Strechau erhalten. Als sieben Jahre später, 1289, zwischen Salzburg und Habsburg eine Fehde ausbrach, leitete der Bischof von Burg Neuhaus aus — sie sperrte den Zugang zum Ennstal — seine Unternehmungen und zerstörte die Güter von Admont. Dessen Abt Heinrich stand auf der Seite Albrechts. Nach einem Kriegsrat auf Burg ↗ Wolkenstein bei Wörschach überrumpelte ein Trupp unter Führung des streitbaren Abtes eines Nachts Burg Neuhaus. Die Anführer der Salzburger wurden gefangen, der Burggraf hingerichtet, die Anlage weitgehend zerstört. Obwohl Herzog Albrecht dieser Tat wegen vom Papst vor Gericht geladen wurde, behielt er Neuhaus und vergab die Herrschaft später an Pfleger. Heute weist nichts mehr auf die Burg des 13. Jh., die wahrscheinlich an Stelle der völlig verschwundenen uralten Burg Grauscharn-Pürgg schon als »neues Haus« erbaut worden war. Dem Neubau gaben im 17. Jh. die Grafen Trautmannsdorf nicht nur die heutige Gestalt, sondern auch den romantischen Namen. Mittelalterlich in dieser Anlage des 17. Jh., die ein Heimatmuseum und eine Jugendherberge birgt, ist der rechteckige Turm aus dem 15. Jh. Der Rundturm weist auf das 16. Jh. 1525 ist Trautenfels von den Bauern besetzt gewesen, 1596 wird die Burg als Kreidfeuerstation genannt. Den Ennstaler Bauern in Erinnerung blieb lange Zeit jener Joachim Graf von Trautmannsdorf, der im Herbst 1684 die entsetzten Umwohner mit aufwendigen Scharfschußübungen beunruhigte.

Treffen, Ruine nördl. Villach, Ktn. Möglicherweise bestand hier schon in karolingischer Zeit ein Wehrbau. Im 10. Jh. besaßen Passauer Bischöfe die Burg, im 12. die Patriarchen von Aquileia. Nach Kämpfen um den strategisch wichtigen Ort wird Treffen Pfandbesitz der Auffensteiner, Lehensbesitz der Habsburger und schließlich landesfürstliches Lehen der Liechtensteiner. Die Ruinen des runden romanischen Bergfrieds, mehrerer eckiger Türme, eines Torbaues mit Erker und eines Zwingers aus gotischer Zeit lassen auf einen ausgedehnten mittelalterlichen Burgkomplex schließen. Die Anlage verfiel, als westlich des Ortes das Schloß gebaut wurde.

Trennstein (Treuenstein), Ruine nordöstl. Weiz, Stmk. Auf der dreiseitig steil abfallenden Felszunge, im Wald, hinter einem Halsgraben und einer Toranlage, liegt das Mauerwerk des »vorderen« und »hinteren« Hauses einer romanischen Burg. Ihre Erbauer, die Hochfreien von Kindberg, waren Lehensleute des Salzburger Erzstiftes. Um 1200 besetzten die Herren von Graz die Burg und nannten sich nach ihr. Schon unter den Stubenbergern im 15. Jh. verödete Trennstein. Bergfried und Wohngebäude sind hufeisenförmig um einen schmalen Hof mit turmverstärkter Ringmauer und Kapelle (oberhalb der Toreinfahrt) angelegt.

Trixen, Ruinen, Ktn., ↗ Ober- und Mittertrixen

Tschakathurn, Ruine, Stmk., ↗ Schachenthurn

Türkensturz, Ruine, NÖ., ↗ Seebenstein

Twimberg, Ruine nördl. Wolfsberg, Ktn. Da Bischof Johann von Lavant es mit seinen Feinden hielt, ließ Kaiser Friedrich III. St. Andrä und sein Kloster besetzen. Der Bischof ent-

wischte auf seine Burg und lieferte sie 1480 den ungarischen Freunden aus. Vier Wochen beschoß der kaiserliche Hauptmann Kollnitz die »Zwingburg«. Schon lag der Bergfried in Trümmern, da rückte ein zweitausend Mann starkes ungarisches Entsatzheer an. Kollnitz mußte weichen, und Twimberg blieb acht Jahre ungarisch. Die im 15. Jh. gegen die Türken großzügig ausgebaute Burg ist auch als Ruine noch sehenswert. Über Rampe und Brücke, an mächtigen Stützmauern vorbei, erreicht man oberhalb der Straßengabelung eine dreihöfige Anlage mit Zwinger, riesigen Gewölben, Sälen, Stuben und zwei Türmen sowie eine kleine Burgkapelle. Bis 1600 war Twimberg von Pflegern bewohnt, dann verfiel die Burg allmählich.

Ulmerfeld, südwestlich von Amstetten, NÖ. Sogenannte Pultdächer, die gegen den Hof zu abfallen, lassen das düster ragende, glatte Mauerwerk hinter dem einstigen Burggraben wie dachlos erscheinen. Der Besitz der Freisinger Bischöfe ist im 14. Jh. auf römischem Gemäuer errichtet und noch um 1400 umgebaut worden. Im verfallenen Bau finden sich der Torturm, die gotische Torhalle mit gotischem Kreuzgewölbe. Außer dem

quadratischen Bergfried ist vor allem die rechteckige gotische Kapelle mit Kreuzrippengewölbe und bedeutenden Freskenresten aus der Erbauungszeit sehenswert. Sie zeigen Szenen aus dem Marienleben und der Ulrichslegende.

Unterfalkenstein, Ruine, Ktn., ↗ Oberfalkenstein

Unterthurn, Ruine, NÖ., ↗ Altlengbach

Untervoitsberg, Ruine, Stmk., ↗ Voitsberg

Valcastiel (Montafon), Ruine südl. Bludenz bei Vandans, Vlbg. Hier sollen sich der Sage nach die Töchter der Fronleute dem jus primae noctis, der Hochzeitsnacht im Bett des Herrn, entzogen haben, indem sie ihr Gesicht mit heißer Lauge wuschen. Der Ritter verzichtete dann auf die — wahrscheinlich nur kurzfristig — entstellten Bräute. In der senkrecht abfallenden Schloßwand, in 50 m Höhe, finden sich noch spärliche Mauerreste mit einem romanischen Fenster. Es handelt sich wahrscheinlich um eine im 13. Jh. im Zusammenhang mit dem (verschwundenen) »Schloß« Montafon erbaute Burg der Grafen von Werdenberg-Heiligenberg. Als Amtssitz der Verwaltung des einstigen Silberbergwerkes, das

Ulmerfeld, NÖ., ehemaliger Chorraum

233

man hier betrieb, wurde die Anlage im Appenzeller Krieg zerstört.

Vasoldsberg, südöstl. Graz, Stmk. Auf die Burg der Seckauer Bischöfe hatten es, ihrer strategischen Lage wegen, im 14. und 15. Jh. die Landesfürsten abgesehen. Herzog Leopold besetzte Vasoldsberg und zwang die Geistlichen, ihm den Besitz zu Lehen zu geben. Hundert Jahre später nötigte Friedrich III. die Seckauer, ihm die Burg, in der sich seine Gegner festzusetzen drohten, als freies Eigen zu überantworten. Von der zweihöfigen Anlage, die Koloman Prunner im 16. Jh. schloßartig ausbaute, haben sich der nördliche Flügel mit dem inneren Burgtor und der südliche Turm erhalten. Auch ein Kapellengewölbe des 15. Jh. steht noch. Der Bau ist heute als Erholungsheim in Verwendung.

Vellenberg, Ruine westl. Innsbruck, bei Völs, Tirol. Vom einstigen Sitz des Landgerichts im Inntal (bis zu Beginn des 17. Jh.) zeugen nur noch geringe Mauerreste über gewölbten Kellern. Die zweitürmige Anlage wurde im 16. Jh. wahrscheinlich an Stelle einer Burg des 13. Jh. errichtet. Sie war landesfürstliches Lehen der Vellenberger.

Vestenthurn, Ruine, NÖ., ↗ Altlengbach

Vichtenstein, OÖ., siehe Seite 66

Vilseck, Ruine nordwestl. Reutte bei Vils, Tirol. Der mächtige rechteckige Bergfried mit tadellosem Mauerwerk, Lichtschlitzen, rundbogiger Tür, Resten eines umlaufenden Wehrgangs und vermauerten Zinnen besaß einst ein Satteldach und gehörte zu einer Burg des 12. Jh., die allerdings erst im 13. Jh. nachweisbar ist. Im Ruinenbereich finden sich noch Reste des Palas, der Ringmauer und einer Bastei. Die Herren von Vilseck waren Lehensleute des Stiftes Kempten, noch bevor die Burg im 15. Jh. landesfürstlich wurde, waren das auch die von Hoheneck.

Voitsberg, Ruine westl. Graz, Stmk. In den Sommermonaten hielt auf Burg Voitsberg Gertrude, die Nichte des letzten Babenbergers Friedrich des Streitbaren, hof. Ihr Sohn Friedrich von Baden bestieg 1268 mit seinem Freund Konradin, dem letzten Hohenstaufer, das Blutgerüst in Neapel. Mit seinem Freunde unter dem Henkerbeil endete 200 Jahre später auch der Herr von Greißenegg, jener am Südrand der Stadt gelegenen Feste, die im Mittelalter zusammen mit Burg und Stadt Voitsberg eine mächtige Straßensperre bildete. Andreas Greißenegger war mit seinem Kampfgefährten Andreas Baumkircher gegen Zusicherung freien Geleits im Frühjahr 1471 nach Graz gekommen. Am 25. April ließ Kaiser Friedrich III. seine beiden einstigen Parteigänger gegen jedes Versprechen festnehmen und ohne Verfahren noch am Abend desselben Tages unter dem Stadttor hinrichten. Die Ruine Obervoitsberg, heute ein beliebtes Ausflugsziel mit Gastwirtschaft, ist eine rechteckige Anlage und zeigt jenseits eines Grabens mit ehemaliger Zugbrücke innerhalb der z. T. noch erhaltenen Umfassungsmauer mit Rondellen einen Turm des 12./13. Jh., Zwinger und das Palasgebäude des 14. Jh., das im 16. Jh. umgebaut wurde. Einen Hof mit Zisterne umstehen Mauern weiterer ehemaliger Wohn- und Wirtschaftsgebäude. Den Anschluß an die Stadtbefestigung bildeten drei z. T. noch erhaltene Wehrmauerzüge. Bis ins 18. Jh. Mittelpunkt einer ausgedehnten Herrschaft mit landesfürstlichen Burggrafen und Pflegern, ist die Burg damals verlassen und später als Raubnest z. T. abgetragen worden.

Waidegg, Ruine westl. Hermagor, Ktn. Im 13. Jh. hatten die Reifenberger den Besitz von den Görzern zu Lehen erhalten. Unglücklicherweise kam Ulrich V. von Reifenberg mit Albrecht II. von Österreich und den Görzer Grafen zugleich in Fehde. Während ihn der Habsburger gefangennehmen ließ, besetzten die Görzer seine Burg. Wieder frei, stellte sich Ulrich auf die Seite der Habsburger. Da zu dieser Zeit aber Görz und Habsburg in Fehde lagen, eroberte und verwüstete Graf Meinhard von Görz die Feste. Während

des Krieges der Görzer mit Kaiser Friedrich III. im 15. Jh. wurde sie, inzwischen wieder aufgebaut, neuerlich zerstört. Was verblieb, demolierten bald darauf die Türken. Heute finden sich nur noch geringe Mauerreste.

Waidhofen an der Ybbs, NÖ. Die im 19. Jh. in damals üblicher Manier vom berühmten Dombaumeister Friedrich Schmidt erneuerte mittelalterliche Feste bildete die nördliche Spitze der dreiecksförmig angelegten Stadtbefestigung und entstand aus einem »Waidhof« der Freisinger Bischöfe. Der neunstöckige quadratische Bergfried zeigt einen oberen Umgang, Scharten und einen (romantisch erneuerten) Zinnenkranz. Der ehemalige Palas bietet sich als (gänzlich umgestaltetes und neuerdings auch modernisiertes) Wohngebäude mit Arkaden im Hof. Es enthält jedoch noch geringe Freskenreste aus dem 14. Jh. Im Garten stehen noch Teile der Wehrmauer, flußseitig ein kleiner Turm. Waidhofen war von Anbeginn bis 1803 Freisinger Besitz. Der Bau dient heute als Bundesförsterschule. Nach Anmeldung beim Schulwart kann der Bergfried besichtigt werden.

Waisenberg, Ruine nordöstl. Völkermarkt, Ktn. »Vom Waisen hat Sein Nam diss Schloss, o Gott von wunderthatten Gross, Wie du der Waisen Vatter bist, so bhuet diss Hauss zu jeder Frist« hatte sich ein Herr von Spangstein im 16. Jh. über den Eintritt in die Burg am Torturm schreiben lassen. Diese Toranlage ist das Charakteristikum der interessanten, im Kern romanisch-gotischen Anlage mit spätgotischen Details. Am runden Bergfried (mit gewölbter Burgkapelle) vorbei, erreicht man durch eine zweite gewölbte Torhalle den Burghof mit mauerstarken Teilen des verfallenen Palas, Arkaden und Stiege. Im Erdgeschoß befinden sich gewölbte Räume, die Ringmauer mit Turm, Zinnen, Scharten, Tore, Türen und Fenster sind aus spätgotischer Zeit. Waisenberg war ein Lehen des Bistums Gurk, das bis ins 15. Jh. die Weißpriacher innehatten.

Im 16. Jh. kaufte Hans von Silberberg das Schloß, bevor die Spangsteiner und 1713 die Grafen von Christallnig hier Herren wurden. Im 19. Jh. verfiel Waisenberg.

Walchenstein, Ruine östl. Lienz bei Dölsach, Osttirol. Unter dem Hügel innerhalb der ausgedehnten Ringmauer am Stronacher Berghang befindet sich wohl der eingestürzte Bergfried der Burg der Walchen-

Burgschloß Waldenstein, Ktn.

steiner aus dem 13. Jh. Das görzische Lehen teilten sich die Herren von Walchenstein und die von Ragonia.

Wald, südl. St. Pölten bei Pyrrha, NÖ. Als die Kaiserlichen unter Ulrich von Grafenegg 1487 die Burg erstürmt hatten, fiel ihnen neben dem berüchtigten Ritter Jörg von Stein auch Scheck von Wald, der nicht weniger berüchtigte »Schreckenwald« von Aggstein, in die Hand. Vater Stephan Scheck von Wald hatte den Besitz, ursprünglich ein Passauer Lehen, nach den Pibern, die einen Biber im Wappen führten, in seine Hand gebracht. Zum Schloß in der heutigen Gestalt ist die einstige Wasserburg von den Herren Greiß von Wald und von den Sinzendorfern erweitert worden. Vom alten Bau stammt noch der runde Bergfried mit geschoßhohem Einstieg und einer Wendeltreppe in der Mauerstärke. Oben sich verjüngend, umgibt ihn eine Rundbogengalerie, der ursprüngliche Wehr-

gang. Wald besitzt noch Pechnasen und einen Fries. Die Bauten um den Innenhof stammen im Kern aus dem 16. Jh., die Ringmauer mit den drei Rundtürmen im Graben aus dem 17. Jh.

Waldenfels, nordwestl. Freistadt bei Reichenthal, OÖ. Die mittelalterliche Grenzfeste der Waltpurger, Zinzendorfer und Starhemberger (13. bis 15. Jh.), die 1474 von den Böhmen belagert wurde, ist verschwunden. Aus der Burgenzeit stammen in dem Bau außer dem noch gotischen Grundgemäuer: der Bergfried (mit barockem Zwiebelhelm), die Rundtürme, die Zinnenmauer. Den sogenannten Turnierhof, einen Innenhof mit Arkaden, bestimmen Bauformen des 16. und 18. Jh., aus welcher Zeit auch das wertvolle Mobiliar stammt. Erbauer des Burgschlosses war Joachim Stangl, er war freier Besitzer der ehemals landesfürstlichen Pfandherrschaft. Seit 1636 besitzen die Freiherrn Grundemann von Falkenberg das Burgschloß.

Waldenstein, nördl. Wolfsberg, Ktn. Tag und Nacht konnte man ein bis ins 16. Jh. in einer Burg noch nie gehörtes Rumoren, Rollen und merkwürdiges Klacken auf Waldstein vernehmen. Eine der ersten Druckerpressen Österreichs war die Lärmquelle. Man druckte hier Flugschriften und Lutherbibeln, auch solche in sloweni-

scher Sprache. In der Nacht wurden sie, in Fässern verpackt, auf Wagen verladen und nach Lavamünd gefahren. Drauabwärts schwammen sie dann an feste Bestimmungsorte. Hans von Ungnad, Landeshauptmann in Steiermark, hatte im 16. Jh. als Protestant die Burg seiner Väter verlassen müssen. Als er in Urach in Württemberg einen Druckereibetrieb gegründet hatte, sandte er eine der ersten Maschinen nach Österreich. Über 450 Jahre waren die Ungnads auf dem alten Schloß der Bamberger Bischöfe gesessen, meist im Streit mit den Geistlichen. Anfang des 14. Jh. hatten sie den Besitz auch kurzfristig verloren. Mitten im Dreißigjährigen Krieg, 1638, kaufte das Bistum Bamberg Burg und Herrschaft zurück. Deutlich ist in dem augenblicklich bewohnten Gebäude der romanische Bergfried mit dem riesigen Sprung von den Zubauten des 14. bis 16. Jh. zu unterscheiden. In der sogenannten »Kornetkeuche«, im Verlies der Burg Waldenstein, hat ein eifersüchtiger bambergischer Vicedom den jungen Kornet von Peckern verhungern lassen.

Waldreichs, Ruine östl. Zwettl am Dobra-Stausee, NÖ. Die Burg, ursprünglich im Besitz von Ministerialen »de Waltreiches«, später Lehen der Maissauer, ist im 16. Jh. zu einer prächtigen Schloßanlage umgebaut worden. Die Ruine zeigt heute hinter dem Graben zwei Toranlagen und einen von Ecktürmchen umstandenen rechteckigen Hof. Die wertvolle Steinkanzel in der Kapelle ist 1945 »demontiert« worden. Waldreichs verfiel nach wechselnden Besitzern.

Waldstein, Ruine nordwestl. Peggau, Stmk. Mit dem weitläufigen Mauerwerk oberhalb des Übelbachtales hängt die einst aufsehenerregende Geschichte von der Entführung der beiden Ritterfräulein Gertraud und Kunigunde zusammen. In einer Maiennacht 1174 hatten sich ihrer der Graf Wilhelm von Heunburg und der nicht gräfliche Herrand von Wildon bemächtigt. Die beiden waren ehrbar, aber auch klug genug, ihre geraubten Schätze vorerst dem Friedrich von

Pettau in Obhut zu geben. Schon rückte nämlich der empörte Vater Luitpold, der die beiden Freier abgewiesen hatte, mit Heeresmacht gegen Wildon. Wohlgewappnet an der Spitze von tausend Mann, erwarteten ihn die Räuber seiner Töchter. Sie schlugen den Waldsteiner so vernichtend, daß er nur durch Zufall der Gefangenschaft entging. Die Walstatt war von Toten und Verwundeten bedeckt, fünfzig Vornehme gerieten in die Hände der beiden. Erst dreizehn Jahre nach diesem Geschehen konnten die Schwiegersöhne mit einem endlich versöhnten gräflichen Schwiegervater verhandeln. Graf Luitpold von Waldstein fiel in dem Kreuzzug des Barbarossa, und Herrand von Wildon wurde Herr auf Waldstein. Von der Doppelburg, einem späteren Lehen und Besitz der Wallseer, der Grafen von Cilli, der Pernegger und der von Windischgrätz blieben Mauern des Berings, des Tores, des Palas und der dreieckige Bergfried der nördlichen Burg erhalten. Die südliche, gegen das Tal zu gelegene Ruine der Burg des 14. Jh. zeigt noch den massigen quadratischen Turm (Hunger- und Reckturm) und Wohnturmgemäuer mit Ringmauer um einen kleinen Hof. Im 15. Jh. erhielt die »Gschloß« genannte Doppelanlage eine gemeinsame Ringmauer. Waldstein wurde verlassen, als im 17. Jh. aus dem Meierhof im Tal das Schloß (an der Straße) entstanden war.

Wallsee, NÖ., ↗ Niederwallsee

Wartenburg (Altwartenburg), Ruine westl. bei Vöcklabruck, OÖ. Von der mittelalterlichen Zweihügelburg steht nur noch der runde Bergfried. Die Anlage wurde im 18. Jh. abgebrochen. Ein aus Burgresten errichteter Wirtschaftshof befindet sich im Verfall. Wartenburg war im 12. Jh. der Sitz eines steirischen Dienstmannengeschlechtes, später waren Polheimer Lehensleute. Das spätbarocke Schloß Saint-Julien am rechten Vöcklaufer stammt aus den Jahren 1730—1732.

Wartenfels, Ruine südöstl. von Thalgau bei Salzburg, Sbg. Die absturzgefährdeten Mauerzüge auf kühnem Felsen am Fuß des Schober sind Reste eines Bergfrieds mit angebautem Palas, einer langgestreckten Vorburg und des Berings. Im 13. Jh. erhielt Konrad von Kahlheim die Erlaubnis, auf erzbischöflichem Grund die Feste zu bauen. 1526 brannten Bauern die Burg nieder und mußten sie wieder aufbauen. Noch im selben Jahrhundert verließ man Wartenfels. Heute sind die Ruinen ein beliebtes Ausflugsziel mit schöner Aussicht.

Wartenstein, südwestl. Gloggnitz, NÖ. Zum Schutze der alten »Weinstraße« von Neunkirchen, Gloggnitz über den Ramssattel, Hoch- und Niederwechsel ins Lafnitztal erbauten die Wartensteiner, Ministeriale der steirischen Markgrafen, im 12. Jh. einen Turm mit einem kleinen Wohngebäude. Die Ringmauer rundum bildete einen schmalen Hof. Auf diese romanische Anlage weist der südliche Teil der heutigen Burg Wartenstein mit rechteckigem Bergfried und altem Palasgemäuer. Den nördlichen größeren quadratischen Turm mit der weitläufigen Ringmauer, mit Torturm, Rundtor und Fußgängerpforte errichteten im 13. Jh. die Stubenberger. In dieser Zeit entstand auch die Dreikönigskapelle. Die landesfürstliche Burg, im 15. Jh. im Besitz des St.-Georg-Ritterordens, dann vielfach verpfändet, ist nach ihrer Zerstörung 1529 wieder errichtet und bis ins 17. Jh. mehrfach erweitert worden, u. a. durch Bastionen, einen neuen Torturm und eine zweite Kapelle. Im 17. Jh. zeichneten die Urschenpeck als Burgherren, nach der Verwüstung durch die Franzosen ist Wartenstein durch die Liechtensteiner restauriert worden. Das modernisierte Gebäude ist heute Sitz der »Wenner-Gren-Foundation«.

Wasen, Ruine südl. Obergrafendorf, NÖ. Von der einst (im 14. Jh. genannten) großen zehntürmigen Burganlage haben sich heute nur Reste eines Rundturms mit Mauerwerk des 17. Jh. erhalten.

Wasserberg (Seckauberg), nordwestl. Knittelfeld in der Gaal, Stmk. Nur der quadratische Turm am Tor, es ist der ehemalige Bergfried, stammt von der einstigen Burg der Seckauer Bischöfe. Sie wurde im 15. und 16. Jh. zum Schloß erweitert. Im 19. Jh. fiel die Wehrmauer und wurde auch die gotische Kapelle verlegt und umgebaut. Der noch erhaltene Rundturm bezeugt, daß auch das ursprüngliche Schloß noch gut befestigt war. Durch fast 600 Jahre seckauischer Besitz, gehört Wasserberg heute dem Stift Heiligenkreuz in Niederösterreich.

Wasserleonburg bei Nötsch im Gailtal, Ktn. Die alte Löwenburg lag östlich vom heutigen Schloß. Sie wurde wahrscheinlich durch das Erdbeben von 1348 zerstört. Die an anderer Stelle wieder aufgebaute Burg ist im 16. Jh. zum Schloß erweitert worden. Nur der vielfach veränderte Bergfried ist im Gemäuer mittelalterlich.

Waxenberg, Ruine westl. Oberneukirchen im Mühlviertel, OÖ. Auf der leicht bewaldeten Kuppe oberhalb des Ortes ragen noch der 30 m hohe, zum Aussichtsturm ausgestattete runde Bergfried und bizarre Mauerzacken der einst zweiteiligen, mittelalterlichen Anlage des 12. Jh. empor. Die Burg gehört zu den ältesten des Mühlviertels. Eine Gründung der Herren von Wilhering um 1110, kam Waxenberg noch im 12. Jh. an die Griesbacher und war nach dem Aussterben der Babenberger Schaunbergischer Besitz. Vom 13. bis zum 17. Jh. landesfürstliches Lehen, kam die Herrschaft 1644 in Starhembergische Hände. In diesem Jahrhundert entstand auch das Schloß im Ort. Die Burg ist 1626 von den Bauern zerstört und wiederaufgebaut, 1756 jedoch durch Blitzschlag neuerlich eingeäschert worden. Der noch stockhoch erhaltene Batterieturm am Hang gehörte zum Vorwerk der Burg.

Waxenegg, nördl. Weiz bei Anger, Stmk. Den Salzburger Lehensbesitz, 1265 erstmals genannt, besetzte 1287 der Admonter Abt Heinrich. Zwei Jahre später eroberte Albrecht I. die Burg und zerstörte sie teilweise. Das Jahr darauf nahm sie der Salzburger Erzbischof ein, um sie nicht ganz ein Jahr später wieder an Albrecht zu verlieren. Waxenegg bleibt dann unter den Wallseern und Stubenbergern Pfandbesitz der Habsburger, im 16. Jh. bauten die Dietrichsteiner die Burg aus. Auf dem obersten Felskopf liegt die Ruine der ehemaligen »Oberburg«, ein fünfgeschossiger, einst bewohnter Turm aus dem 12./ 13. Jh. mit einer Ringmauer und einem kleinen Hof. Der Anlage vorgelagert, eine Art Vorburg, ist ein Wohngebäude des 16. Jh. mit einem Gang zur Hauptburg. Hier sind die Reste einer Treppenanlage und neben sonstigen Details auch eine starke Torbauruine bemerkenswert, zu der man über eine lange Rampe, einst durch Zugbrücke unterbrochen, gelangt. An dem nach Süden und Norden steil abfallenden Burgfelsen liegt im sanfter ansteigenden östlichen Bereich noch die Ruine einer verfallenen zweiten Anlage, der »Unterburg« aus dem 13. Jh. Ein langgestreckter Bau mit Fenstern und Tor aus der Erbauungszeit. Die Unterburg verfiel vor 1700. Unter den Khevenhüllern, im 18. Jh., verödete die gesamte Anlage.

Weickersdorf, NÖ., ↗ Baden

Weidenburg, Ruine südöstl. Kötschach-Mauthen, Ktn. Als sich Katharina von Gara, die Ungarin, durch ihren trinkfreudigen Gemahl, den Fürsten Heinrich von Görz, vernachlässigt und ihren künftigen Unterhalt gefährdet sah, brachte sie während der Fehde gegen ihren Mann (↗ Heimfels) die von den Görzern verpfändete Weidenburg an sich und behielt sie, bis ihr Kaiser Maximilian I. die Grünburg bei Hermagor als Witwensitz zuteilte. Die einfache Wohnburg des 12. Jh. war gegen die Angriffsseite hin schildmauerartig verstärkt, mit einem Zugang in den heute noch mehrstöckig aufragenden quadratischen Bergfried vom Obergeschoß des rechteckigen Palas aus. Östlich war eine Kapelle angebaut. Die Burg der Reifenberger war Sitz eines Landgerichtes. Im 16. Jh., in Khevenhüllerschem Besitz, verfiel sie.

Weinberg, südl. Freistadt, OÖ. Die einstige Burg der Piber vom Anfang des 14. Jh. ist von den Zelkingern

Ende des 16. und in der zweiten Hälfte des 17. Jh. zum Schloß umgebaut worden. An die Wehranlage erinnern noch die Rundtürme mit der mächtigen Ringmauer, der Halsgraben, vor allem der Torbau mit einer noch erhaltenen Wippbrücke. 250 Jahre war Weinberg Zelkingischer Besitz. Christoph von Zelking ließ 1447 im benachbarten Kefermarkt die St.-Wolfgangs-Kirche bauen und stiftete den berühmten Altar. Die Stammburg ↗ Zelking stand bei Melk.

Weinberg, OÖ.

Weißenbach, Ruine nordöstl. Heidenreichstein, NÖ. Oberhalb des gleichnamigen Ortes finden sich geringe überwachsene Mauerreste (mit Zisterne) einer Burg des 12. Jh. Sie verfiel im 18. Jh.

Weißenburg, Ruine südwestl. Kirchberg a. d. Pielach, NÖ. Die Burg der Rabensteiner, eines Zweiges der Hohenstaufer, die sich seit dem 13. Jh. Weißenburger nannten, auf dem 250 m hohen Felsen an der Mündung des Weißenbaches in die Pielach, stand wahrscheinlich schon im 12. Jh. 1655, sieben Jahre nach Vollendung eines großzügigen Ausbaues durch die Grafen von Tattenbach, ist die Burg verlassen worden, seither verfiel sie. Hinter zwei Halsgräben, zwei Tor-

türmen und Zwinger schützte ein rechteckiger Bergfried die Hochburg mit ihren zwei Höfen, dem Wohngebäude und der Kapelle. Die Weißenburger waren schon im 17. Jh. ausgestorben. Unter ihren Nachfolgern finden wir u. a. auch die Pottendorfer und die Losensteiner.

Weißenegg, Ruine östl. Völkermarkt, Ktn. Einen Erzbischof für Salzburg und je einen Bischof für Passau und Seckau stellten im 14. Jh. die Weißenegger, bambergische Ministeriale, seit 1244 urkundlich. 1331 sah sich das Geschlecht gezwungen, seine Stammburg an die Wallseer zu verkaufen, von ihnen kam sie an die Grafen von Cilli und fiel schließlich im 15. Jh. nach blutigen Fehden wieder an Bamberg zurück. Die Ruine gibt eine gute Vorstellung von der einstigen Burg. Zwischen dem ihr in 100 m Entfernung vorgelagerten romanischen Turm mit 2 m Mauerstärke und dem turmartigen Palas der Hauptburg liegt ein tiefer Graben, den einst eine Holz- und eine Zugbrücke überspannte. Der äußere Burghof umschließt halbkreisförmig die Hälfte der Anlage, die noch Mannschaftsräume und einen kleinen Hof mit Brunnen aufweist.

Weißenstein, Ruine nordwestl. Villach oberhalb des gleichnamigen Ortes, Ktn. Die stark verfallene, langgestreckte Anlage war im 12. Jh. ein Lehen des Bistums Brixen. Nach dem Aussterben der Weißensteiner fielen Herrschaft und Burg an die Ortenburger, gegen die sie das Geschlecht zwei Jahre verteidigt hatte. Als Teil des ihm zugefallenen Ortenburgisch-Cillier Besitzes verpfändete Kaiser Friedrich III. Weißenstein nach 1463. Später, im Besitz des Grafen Salamanca-Ortenburg, verfiel sie.

Weißenstein, bei Matrei, Osttirol. Das castrum der Grafen von Lechsgemünd-Matrei, bereits um 1160 genannt, fiel um 1200 mit seinem Gebiet an das Erzbistum Salzburg und erhielt erst als Gerichtssitz unter einem Pfleger des 15. Jh. den Namen Weißenstein. Zwei Türme, durch eine 2 m starke Mauer verbunden, deckten seit Anfang des 13. Jh. den romanischen Palas, an den nach der unglücklichen Renovierung im 19. Jh. noch ein romanisches Doppelbogenfenster erinnert. Vom Ausbau um 1500 stammen Tor und Torgebäude, Küchentrakt, Zwinger und Rondelle. Der dritte Turm der Anlage birgt die Kapelle.

Weißpriach, Ruine nordwestl. Tamsweg im gleichnamigen Ort, Sbg. Vom Stammsitz der Weißpriacher des 13. bis 16. Jh., denen auch Kardinal Burkhard, Erzbischof von Salzburg im 15. Jh., entstammte, künden heute nur noch die Reste des Wohnturms aus dem 13. Jh. mit dem angebauten romanischen Kirchlein St. Rupert. Der Turm wurde im 15. Jh. von den Ungarn erobert und verfiel seit dem 16. Jh.

Weitenegg, Ruine in der Wachau gegenüber Stift Melk, NÖ. Die Feste der Pernegger und Lengenbacher, die spätere Kuenringerburg auf dem Längsfelsen oberhalb des Donauufers an der Mündung des Weitenbaches, war neben Dürnstein und Aggstein die historisch bedeutendste und auch mächtigste Burg der Wachau. Nach dem Sturz der Kuenringer, unter denen man von einer

»provincia Witenekke« sprach — die Burg lag auf reichsunmittelbarem Hoheitsgebiet —, war Weitenegg eine Zeitlang Witwensitz der habsburgischen Herzoginnen. Im 15. Jh. ist die Burg von den Ungarn besetzt und zweimal erstürmt worden. Als habsburgischer Pfandbesitz hielt sie 1645 den Schweden stand. Im 17. Jh. kam sie an die Zelkinger und verfiel im 18. Vier Höfe und auch Tore hatte sich ein Angreifer unter dem Beschuß von dem (heute nicht mehr vorhandenen) Bergfried im Osten zu erkämpfen, bevor er vor dem fast uneinnehmbaren Bergfried im äußersten Westen der Anlage stand. Diese Abschnittsburg mit Mauern aus dem 12. und 14. bis 17. Jh. weist als Ruine nach der Vorburg im ersten Haupthof das Gemäuer des Palas mit gewölbten Räumen auf, im zweiten zwei Küchen und im letzten den im Grundgemäuer fünfeckigen Bergfried des 12. Jh. mit Umgang und restauriertem Zinnenkranz.

Wels, OÖ. Die Innsbrucker hatten ihm die Stadttore nicht mehr geöffnet, zu Tode erschöpft, fiebergeschüttelt, war Maximilian I. am 6. Dezember 1518 in Wels eingetroffen. »Ich bin ein Mann wie ein anderer Mann, nur hat mir Gott mehr Ehr getan«, schrieb der Sterbende an die Wand beim Bett. Am 12. Jänner 1519, zwischen 3 und 4 Uhr morgens, verschied der Kaiser. Man kam seinen letzten Anordnungen nach: Der Leiche wurden die Zähne ausgebrochen und die Haare abgeschnitten, dann geißelte man sie. Mit Asche und Kalk bestreut, legte man den Körper in den Eichensarg, den Maximilian durch Jahre in seinem Reisegepäck hatte mitführen lassen. Nach den Exequien in St. Stephan in Wien begrub man den Letzten Ritter wie gewünscht: unter den Altarstufen der St.-Georgs-Kapelle in Wiener Neustadt so, daß der messelesende Priester mit den Füßen über der Brust des toten Kaisers stand. — Nichts mehr ist von der Burg der ältesten Stadt Österreichs zu finden, die schon im Jahre 776 nachgewiesen ist. Auf die

mittelalterliche Kaiserburg, in der sich Kaiser Maximilian I. des öfteren aufhielt und in der er auch starb, weist heute noch ein unscheinbarer Hakenbau mit spätgotischem Erker und verglasten Arkaden im südöstlichen Teil der Welser Altstadt. Im Rahmen eines Burgmuseums ist im ersten Stock des Westflügels auch das Sterbezimmer des Kaisers zu besichtigen. Im Erdgeschoß ist das Welser Handels- und Gewerbemuseum eingerichtet. — Im Nordwesten von Wels liegt Schloß *Polheim,* einst der Stammsitz der Polheimer. Auf die mittelalterliche Burg, die ein befestigtes Tor gegen den Stadtgraben zu besaß, weist nach mancherlei Umbauten nur noch die Unregelmäßigkeit der Gesamtanlage. In der Schloßkapelle des frühen 14. Jh. finden sich noch spätgotische Leibungen.

Werfenstein, östl. bei Grein an der Donau, NÖ. Ein abtrünniger Zisterziensermönch, Dr. Georg Lanz, der sich »von Liebenfels« nannte, stiftete 1907 im mittelalterlichen Gemäuer von Werfenstein einen Geheimbund, dessen Ritual sich sogar August Strindberg unterwarf. An der Hakenkreuzfahne, die Jörg Lanz an einem Pfingstmorgen das erste Mal vom Turm der Burg wehen ließ, an seinen »arogermanischen« und antisemitischen »Ostara«-Schriften, er nannte sie »Briefbücherei der Blonden und Mannesrechtler«, entzündete sich die Phantasie des jungen Oberösterreichers Adolf Hitler, lange noch bevor er den verhängnisvollen Entschluß faßte, Politiker zu werden. — Mitte des 13. Jh. taucht der Burgname auf, ist ein Deutschordensritter auf Werfenstein nachgewiesen. Bis 1284 besitzt die Donauburg Konrad von Sumerau, der die Schlacht bei Dürnkrut und Jedenspeigen für Rudolf I. von Habsburg mit entscheiden half, bevor ihn dessen Sohn Albrecht aus Österreich verjagte (↗ Freienstein). Eine Zeichnung des Wolfgang Huber zeigt die Burg schon 1531 ohne Dach. Im 19. Jh. fielen Teile der Anlage dem Bahn- und Straßenbau zum Opfer. In die Restruine — es stehen noch das Grundgemäuer des Bergfrieds mit Renaissanceaufbau, etwas Mauerwerk des einstigen Palas, des Zwingers und Teile der 2 m starken Umfassungsmauer — ist 1963 ein moderner Bau eingefügt worden.

Wernberg, östl. Villach, Ktn. Die mittelalterliche Feste oberhalb der Drauschleife war lange Zeit Streitobjekt zwischen den Bamberger Bischöfen und den Spanheimer Herzögen. Im 15. Jh. ist sie zum mächtigen Prunkschloß der Khevenhüller ausgebaut worden. Heute dient Wernberg als Fremdenpension und Schule.

Wernstein, Halbruine südl. Passau, OÖ. In dem schon im 12. Jh. genannten, seit Mitte des 13. Jh. urkundlichen Wehrbau saßen fast ausschließlich Pfleger der Feste Neuburg am jenseitigen bayerischen Innufer. Wernstein bildete für Neuburg eine Art Vorwerk. Im 16. und 17. Jh. errichtete man um den alten Turm und den verfallenen Palas Gebäude, die, im 19. Jh. und neuerdings adaptiert, auch heute z. T. noch benützt werden.

Wesen, Ruine, OÖ., ↗ Oberwesen

Weyer, Ruine westl. Mittersill, Sbg. Von den beiden rechteckigen Türmen der mit Ringmauer umzogenen mittelalterlichen Anlage des 13. Jh. hat sich nur der größere, ursprünglich siebenstöckige erhalten. Im zweiten und dritten Geschoß dieses Wohnturms der Bischöfe von Chiemsee mit rundbogigem Eingang finden sich neben Spuren eines einstigen hölzernen Wehrganges auch Reste der ehemaligen romanischen Kapelle.

Wien, Hofburg, siehe Seite 19

Wiener Neustadt, NÖ., siehe Seite 22

Wiesberg, südwestl. Landeck, Tirol. Die Burg des 13. Jh., Sitz der Herren von Wiesberg und Ramüs, später der Flachsberg und der Rottenburg, verfiel als landesfürstlicher Pfandbesitz seit dem 17. Jh. Im 19. Jh. verändert wiederhergestellt, ist Wiesberg in neuester Zeit mit Zubauten versehen und vollendet restauriert worden. Die stattliche Anlage am Eingang ins Paznauntal mit trapezförmigem Grundriß zeigt Bergfried, Palas mit

Nebengebäuden, Ringmauer, Tor, Zwinger und Wartturm. Der nicht zugängliche Privatbesitz weist interessante architektonische Details des Burgenbaues auf, er birgt auch eine Kunstsammlung von hohem Wert.

Wildberg, Ruine nördl. Linz, OÖ. Im Einverständnis mit seinem Bruder Sigismund, dem König von Ungarn, bemächtigten sich böhmische Adelige ihres Königs Wenzel, der auch römischer König war. Da es ihnen zeitweise nicht ratsam erschien, den gewalttätigen Mann in Prag zu behalten, vertrauten sie ihn den befreundeten Starhembergern Kaspar und Gundaker an. Vom 5. Juli bis zum 1. August 1394 bewohnte der Gefangene auf Wildberg im Haselgraben den noch heute als »Königszimmer« bezeichneten Raum in dem inzwischen verfallenen Palas oberhalb des jetzigen Schlosses aus dem 16. und 17. Jh. Noch steht der einstige Bergfried, ein gotischer Rundturm aus dem 14. Jh. mit gemauertem Wehrgang auf Kragsteinen mit Zinnen, Schußfenstern und dem einst geschoßhoch liegenden Einstieg. Nichts mehr jedoch findet sich von der frühen Burg des Hochfreien Gottschalk von Haunsperg im 12. Jh., der seinen Besitz, in der Befürchtung, er fiele nach seinem Tode an die Babenberger, den Passauer Bischöfen abtrat. 1188 übergab Bischof Wolfger das ihm überantwortete Lehen an seinen Ministerialen Gundaker von Steyr. Es war der Ahnherr der späteren Grafen von Starhemberg.

Wildberg, nordwestl. Horn bei Messern, NÖ. Österreichs Wappenburg liegt hoch über dem Taffatal. Seit dem 12. Jh. sind auf ihr die Herren de Wiltperch nachgewiesen, Anfang des 13. Jh. starben sie aus. Das Wappen der Grafen von Hohenburg-Wildberg, den Bindenschild, verwendeten die Babenberger seit 1230 als Herzogssiegel, die Farben rot-weiß-rot sind auch Farben des heutigen österreichischen Staatswappens. Der Wildbergsche Besitz wurde im 13. Jh. landesfürstliches Lehen und kam an die Grafen von Vohburg, staufische

Parteigänger. Dann erhielten die Maissauer Wildberg, im 15. Jh. die von Puchheim. Sie bauten die Burg zum wehrhaften Schloß aus, das auch während der Wirren der Kriege des 17. Jh. noch als Zufluchtsort diente. Die vielfachen Um- und Ausbauten des 16. und 17. Jh. haben von der mittelalterlichen Anlage nur das Grundgemäuer belassen. Sehenswert sind Palas, Rauchküche und Schmiede.

Wildegg (Stall-Wildegg), Ruine nördl. Lienz, Osttirol. An der Stelle einer zerstörten Burg ließen sich die Salzburger Bischöfe im 14. oder 15. Jh. eine neue errichten, die im 18. Jh. einstürzte. Überwachsene Mauerreste mit Fenstergewänden und Schießscharten verweisen heute noch auf sie.

Wildegg, westl. Mödling bei Sittendorf, NÖ. Torbau und Zugbrücke der mittelalterlichen Burg, die vor 1187 von den Herren de Wildekke auf Marmorfelsen errichtet wurde, schützte der stark übereck gestellte, heute noch mit seinem Grundgemäuer aus der Gebäudegruppe herausragende hohe Bergfried mit 2,3 m Mauerstärke. Im Südosten deckte ein Turm die dreieckförmig um einen Innenhof gelagerten Bauten. Das Renaissanceschloß der Herren von Neideck, wie es sich uns heute bietet, entstand, als man den mittelalterlichen Bauten ein drittes Geschoß aufsetzte, die beiden Türme auf Dachhöhe verkürzte, den Hof mit dreigeschossigen Pfeilerlauben, den Nordflügel mit einem Treppenhaus versah und um den Torbau über dem zugeschütteten Burggraben eine zweigeschossige Vorburg mit Rundturm legte. 1683 ist Wildegg von den Türken verwüstet worden und ausgebrannt. Drei Jahre später kam der Besitz an Stift Heiligenkreuz und ist heute die Jugendburg der Erzdiözese Wien.

Wildeneck, Ruine am Ostufer des Zeller- oder Irrsees, OÖ. Erdwälle und ein kleiner Mauerrest auf einem schönen Aussichtsplatz im Wald über dem See bezeichnen den Standort der einst als Sitz eines großen Landgerichtes wichtigen Burg. Sie war

1140 Besitz der Ortenburger, im 13. Jh. wurde sie von den Schaunbergern zerstört und wiederaufgebaut, an bayerische Herzöge verkauft. Als das Gericht im 16. Jh. nach Mondsee verlegt wurde, verfiel der Bau.

Wildenstein, Ruine bei Bad Ischl, OÖ. Im Mittelalter unterstand ein Großteil der Untertanen des Salzkammergutes der Zivil- und Blutgerichtsbarkeit des Pflegers von Wildenstein. Als landesfürstlicher Besitz war die Burg meist verpfändet, im 16. Jh. brannte sie ab, und nach einem neuerlichen Brand von 1715 verlegte man das Gericht nach Ischl. Von der mittelalterlichen Feste haben sich Teile der Vorburg, des Palas und des Bergfrieds erhalten. Ein Schauraum macht die Ruine zum Ausflugsziel.

Wildon, Ruinen südl. Graz, Stmk. Wir wissen nicht, was die steirischen Wildoner im 12. Jh. bewog, die Riegersburg zu verlassen und auf den Hügel zwischen Mur, Kainach und Laßnitz zu übersiedeln. Auf ihre frühe Burg, die 1173 Hartnid von Wildon hier als landesfürstliches Lehen innehatte, weist eine heute als »Römer-, Heiden- oder Pfeilturm« genannte Ruine. Sie war wohl einst Mittelpunkt des »alten Hauses«. Das »neue Haus« erbauten sich die Wildoner auf dem Ostgipfel des Hügels. Die heutige Ruine »Oberwildon« weist jedoch mehr auf den schloßartigen Ausbau des 16. und 17. Jh. als auf die mittelalterliche Burg, die sich bis 1260 in der Hand Ulrichs I. von Wildon befand. Die Verschwägerung der Wildoner mit den Liechtensteinern brachte es mit sich, daß Herand, der Sohn Ulrichs, an der Seite Ulrichs von Liechtenstein 1258 am Radstädter Tauern gegen den Scharfenberger kämpfte und sich auch als Dichter zum Minnesänger bekannte. Herands II. von Wildon wenige Verse und die Novellen von der getreuen und ungetreuen Hausfrau, vom nackten Kaiser und von jenem hochmütigen Kater auf Freiersfüßen, der, als ihm Fräulein Katze nicht genügte, sich dazu verstieg, auch bei der Sonne einmal anzufragen, verrät die

gemeinsame steirische Landsmannschaft des Wildoners und des Liechtensteiners. Nach Kämpfen gegen den Böhmen Ottokar und während der Auseinandersetzung mit dem Habsburger Albrecht I. verloren die Wildoner nach dem steirischen Aufstand 1294 alle Besitzungen. Allerdings wurde um sie noch zur Zeit Friedrichs III. gekämpft. Als habsburgischer Pfandbesitz kam Wildon an zahlreiche Adelsfamilien und wurde schließlich an die Eggenberger verkauft. Sie bauten sich im Ort das Schloß, die Burgen verfielen.

Wildshut, nördl. St. Georgen bei Salzburg. Erst bei näherem Zusehen entdeckt der Betrachter in dem heutigen Amtsgebäude die mittelalterliche Burg mit ihrem vom Baumbestand überwucherten riesigen Graben. Deutlich heben sich von den späteren Zubauten der Palas mit frühen Erkern, Torturm, Wehrgangsteile und die an die Wehrmauer angebaute Kapelle ab. Die kleine Burg, von 1402 bis 1779 Sitz eines Landgerichtes, von landesfürstlichen Pflegern verwaltet und Eigen der bayerischen Herzöge, ist im 16. Jh. erweitert worden.

Wimitzstein, nördl. St. Veit an der Glan im Wimitzgraben, Ktn. Das Gemäuer unter dem modernen Verputz ist spätgotisch. Mit dem kleinen dreigeschossigen Wohnturm sind keine historischen Daten von Belang verbunden.

Windhaag, Ruine nordöstl. Perg, OÖ. Dr. jur. Joachim Enzmillner, ein gebürtiger Schwabe, brachte es in den Zeiten der Gegenreformation in Österreich bis zum Reichsgrafen. 1636 hatte es der wissenschaftlich versierte Mann und kunstverständige Sammler von Rang als gutbestallter Landschaftssyndikus verstanden, sich den ausgedehnten Besitz als freies Eigen zu sichern. Im Jahre des Westfälischen Friedens, am Ende des Dreißigjährigen Krieges, stand neben der Burg des 13. Jh., das einst die Tanpecken besaßen, das von den Söldnern des Matthias Corvinus niedergebrannt und von Lasla Prager wieder instand gesetzt worden war, ein

luxuriöses Renaissanceschloß mit einer wertvollen Kunst- und Münzensammlung, ebenso mit einer mehr als 20.000 Bände umfassenden wissenschaftlichen Bibliothek. Tochter Eva Magdalena, dem Orden der Dominikanerinnen angehörig, hatte nach der Beisetzung ihres Vaters im Jahre 1678 in Münzbach nichts Eiligeres zu tun, als das neue Schloß zusammen mit dem nahen Pragtal abbrechen zu lassen. Die Bibliothek wurde der Grundstock der Universitätsbibliothek in Wien, mit dem Gestein und dem Baumaterial ließ die Priorin ihres Ordens ein Kloster und eine Kirche bauen. Der dachlose Saalbau vor der Burgruine mit dem verhältnismäßig noch gut erhaltenen Bergfried, mit Teilen des Palas und des Torbaues zeugen noch vom einstigen Enzenmillnerschen Traumschloß. An den Grafen Windhaag selbst erinnerte noch lange und erinnert noch heute neben der Windhaagschen Stipendienstiftung eine Windhaaggasse in Wien, vor allem aber die prachtvollen Kupferwerke Topographia Windhagiana, 1656, und die Topographia Windhagiana aucta aus dem Jahre 1673.

Winklern, nordöstl. Lienz, Osttirol. Der Wohn-, Wehr- und Mautturm der Görzer Grafen aus dem 14./15. Jh. an der Straßenkreuzung zeigt noch hohe gotische Spitzbogen- und kleine Signalfenster.

Wolfsberg, nordöstl. St. Veit an der Glan, Ktn. Das heutige Renaissanceschloß im Tudor-Stil des 19. Jh. oberhalb der Stadt weist nur noch in seinem Grundriß auf die mittelalterliche Burg der Bamberger Bischöfe des 11. Jh. — Auch Schloß Bayerhofen am Südrand der Stadt ist in seiner heutigen Gestalt ein Bau des 16. Jh., obwohl sein Name auf den Erbauer einer Burg des 13. Jh. verweist.

Wolfsberg, bei Böheimkirchen, NÖ. In das Nordufer der Perschling geschnitten, von einem Ringgraben umgeben, ragt Grundgemäuer der einstigen Burg der Herren von Lengenbach und der Passauer Bischöfe. Bis ins 17. Jh. übten von ihr aus Lehensträger der Passauer die Vogteiherrschaft über Böheimkirchen aus.

Wolfstein, Ruine südl. Aggsbach-Dorf, Wachau, NÖ. Die Herren von Aggswald, im 13. Jh. hier Lehensträger der bayerischen Herzöge, waren Verwandte der Kuenringer. Von ihrer Burg, die nach ihnen u. a. an die Maissauer, die Tursen, die Geyer von Osterburg und an die Starhemberger kam, steht hinter dem Bering mit Türmchen, Rundturm und Wallgraben der Bergfried mit rundbogiger Pforte. An einer Schildmauer finden sich noch Spuren eines hölzernen Wehrganges. Der große spätgotische Palas ist stark verfallen, die Sankt Jakob d. Ä. geweihte frühgotische Kapelle mit Kreuzgratgewölbe ist noch sehr gut erhalten. Im 17. Jh., als die Herrschaft an Stift Göttweig kam, verfiel Wolfstein.

Wolkenstein, Ruine oberhalb Wörschach, Ennstal, Stmk. Unter günstigen Bedingungen hatte sich der Salzburger Erzbischof nach dem Tode des letzten Babenbergers, Friedrich des Streitbaren, 1246 in den Besitz der seit jeher. nur von Ministerialen der steirischen Landesfürsten besetzten Burg gebracht. Als dreizehn Jahre später Ulrich von Seckau, den der Papst gerade zum Erzbischof von Salzburg erhoben hatte, mit großem Gefolge über den Tauern kam und Radstadt passieren wollte, ließ ihn sein Rivale Philipp der Erwählte von Salzburg überfallen und als Gefangenen ein Jahr ins Verlies von Wolkenstein werfen. Es war dann 1282 für Albrecht I. als Herzog von Steiermark eine der ersten Maßnahmen, daß er Wolkenstein wieder in den Besitz des Landesfürsten brachte. Er besetzte die Burg mit Jakob vom Turm, einem Salzburger Ministerialen, der sich mit seinem Erzbischof überworfen hatte. Mit ihm beriet sich drei Jahre später Heinrich von Admont auf Wolkenstein, bevor sich der streitbare Abt mit dem Pfleger an die Spitze einer kleinen Streitmacht setzte und nachts die Salzburger Feste Neuhaus, das heutige ↗ Trautenfels bei Stainach-Irdning, überfiel. Die einstige gotische Ringburg auf der höchsten Stelle des Felsens oberhalb des Ennstales schützten ein (heute nur noch aus kleinen Mauerresten bestehender) Bergfried, ein Halsgraben und ein Zwinger. Um den Hof mit der (jetzt freigelegten) Zisterne waren Mauern gezogen, die man im 17. Jh. verstärkte und erweiterte. Von den Wohngebäuden und der Kapelle in der rondellgeschützten Südwestecke der Anlage stehen noch Teile der Grundmauern. Den nördlich gelegenen Zugang zur Burg über eine einstige Zugbrücke (Reste von Brückenpfeilern sind noch zu sehen) ebenso wie die Gesamtanlage suchte man im 17. Jh. besser zu schützen, indem man um das südlich der gotischen Burg gelegene tiefere Terrain eine weitläufige Maueranlage mit Rondells und gezinnten Basteien zog. Von hier aus bietet sich heute eine wunderbare Aussicht ins Ennstal. Wolkenstein gehörte zu den größten steirischen Wehranlagen. Vom 13. bis zum 17. Jh. war die Burg habsburgisch und Sitz eines Landgerichtes.

Wörth, Ruine östl. Grein, Strudengau, OÖ. Die während der Donauregulierung gesprengte Anlage, von der sich heute nur noch überwachsene, schwer zugängliche Reste finden, war mit Werfenstein im Mittelalter Teil der Strudensperre.

Wullroß, Ruine nordwestl. St. Veit an der Glan im Wimitzgraben, Ktn. Von der Burg des 12./13. Jh. stehen noch Reste des quadratischen Bergfrieds und einer gotischen Kapelle. Das Mauerwerk des Wohngebäudes stammt aus dem 16. Jh. Leonhard von Wulros fiel im Türkenkrieg, 1480 verkaufte Wilhelm Rumpf von Wulros den Besitz an das Bistum Gurk. Im 19. Jh. brannte die Burg nach einem Blitzschlag aus.

Würting, westl. Wels, OÖ. Das bewohnte Renaissanceschloß (16. Jh.) birgt gotische Bauelemente und folgt in seinem Grundriß der mittelalterlichen Wasserburg wahrscheinlich des 14. Jh.

Ybbs, NÖ. Neuerdings glaubt man neben der Pfarrkirche Reste der alten Ybbsburg, einer Ringanlage, verbaut in anliegenden Gebäuden, entdeckt zu haben.

Zeiselberg, Ruine nordöstl. Klagenfurt, bei gleichnamigem Ort, Ktn. Die sehr geringen Mauerreste stammen von einer Burg der Zeiselberger, Ministerialen der Kärntner Herzöge, im 12. Jh.

Zelking, Ruine südwestl. Melk, NÖ. Zwei rechtwinkelig aneinanderstoßende riesenhafte Mauerzüge mit Steinwerk aus dem 12. bis 16. Jh., das massige Rundbogentor, Schartenfenster, Zinnen und Türmchen, ein freistehender, sechs Stock hoher Kaminschlot sind neben anderem kleinem Gemäuer die äußerst eindrucksvollen Reste der Zelkinger Burg des 12. bis 17. Jh. Das kunstsinnige Ministerialengeschlecht, Stifter auch des berühmten Kefermarkter Altares (↗ Weinberg), besaß neben zahlreichen Gütern in allen Teilen Österreichs Burg, Schloß und Ort durch fünf Jahrhunderte, zuerst als Regensburger Lehen, dann als Eigen.

Ziegersberg, Ruine südöstl. Aspang, NÖ. Die Gemäuerreste auf dem Felsen mit dem starken runden Bergfried aus dem 12. Jh. und der Ringmauer, mit Gebäuden, Laufgängen und Freitreppen um den kleinen Hof aus dem 13. und 14. Jh. weisen auf eine mittelalterliche Burg, deren Erbauer und Besitzer weiter nicht nachweisbar sind.

Absage Jede rechtmäßige Fehde mußte drei Tage vor Beginn angekündigt werden, meist mittels »Absagebrief«

Abschnittsburg Eine durch mehrere, oft voneinander unabhängige Verteidigungsabschnitte (Zwinger, Mauern, Türme, Tore usw.) gesicherte Burg

Abtritt Auch »Heimlichkeit« genannte, meist Pecherkern ähnliche Aborte, die auf Konsolen aus dem Gemäuer ragen oder als Schächte angelegt waren

Acht Der »in Acht« (= Verfolgung) Getane war aus der friedlichen Gemeinschaft ausgeschlossen, konnte als »Friedloser« von jedermann verfolgt und getötet werden

Afterlehen Weitervermietung eines Lehens. Lehen aus zweiter Hand

Allod Eigenbesitz eines Adeligen, im Gegensatz zu Lehen

Altan Überdachter oder freier Balkon auf Konsolen

Angriffsseite Die am leichtesten zugängliche, feindbedrohte Seite der Burg

Angstloch Öffnung im Gewölbe oberhalb des Verlieses, durch die Gefangene abgeseilt und versorgt wurden

Ansitz Edelsitz. Leicht befestigte Adelswohnung

Apsis Halbkreisförmiger Altarraum in den romanischen Burgkapellen. Ragt oft als Erker über die Burgmauer

Arkaden Bogen über Säulen oder Pfeilern, Bogengang

Ausfallpforte Verborgener Burgausgang für Überraschungsangriffe auf die Belagerer

Außenwerk Äußere Verteidigungsanlagen

Barbakane Ursprünglich jedes Außenwerk vor dem Tor, später auf kreisrunde, halbkreisförmige, auch selbständige Außenwerke jenseits des Burggrabens bezogen (↗ Pöggstall)

Bastion Seit Mitte des 15. Jh. aus Bollwerken, Palisaden (Balken, Flechtwerke mit Erdaufwürfen) entwickelte Verteidigungsanlagen zum Flankenschutz und zur Bestreichung des Hauptgrabens, seit dem 16. Jh. auch Bastei genannt

Batterieturm Geschützturm, auch Kanonenturm genannt, meist mehrgeschossiger Rundturm

Bergfried (Berchfrit, Berfrit u. ä.) Beobachtungs- und Hauptturm der Burg, letzte Zufluchtsstätte der Verteidiger. Meist mit geschoßhohem Einstieg, Verlies im Erdgeschoß, öfters auch mit Wohnräumen in den Geschossen, mit Wehrplatte und Zinnen. (Angewandte Schreibform erst seit dem 19. Jh.)

Bering Ringmauer mit Verteidigungseinrichtungen (Wehrgang, Zinnen, Scharten, Türmen)

Besthaupt Das »beste« bewegliche Gut, das Hoferben der Herrschaft aus einem Nachlaß schenken mußten

Blide Fahrbare Steinschleudermaschine mit Schleuderarm, Federwerk und Gegengewicht

Blutgerichtsbarkeit (Blutbann, Halsgericht) Das Recht über Leib und Blut der Menschen zu richten, ursprünglich nur dem Landesfürsten zustehend, wurde im Mittelalter an weltliche und geistliche Grundherrn verliehen

Bruchsteinmauerwerk Mauern aus unbehauenen Natursteinen

Brünne (Halsberc) Ring- und Kettengeflecht zum Schutz von Hals und Schulter

Brustwehr Brusthoher Schutz, Abschluß der Ringmauer und des Wehrganges

Buhurt Kampf zweier Reiter mit Schild und Speer zu Ehren einer Dame oder einer hochgestellten Person

Burg Verteidigungs- und Schutzanlagen, die man ihrer Form nach als Turm-, Ring-, Mantel-, Abschnitts-, Doppel-, Hausburgen u. a. bezeichnet, ihrer Lage nach in Höhen-, Gipfel-, Hang-, Sporn-, Tal-, Wasserburgen u. a. einteilt

Burgfrieden Rechtsbereich einer Burg, in dem Burgherr und Herrschaft Friede und Sicherheit zu gewähren hatten

Burghut Befehlsgewalt über eine Burg durch Ministeriale, Beamte, Pfleger

Burgstall Bezeichnung für eine kleine Burg oder für einen ehemaligen Burgplatz, eine »abgekommene« Burg

Castrum Die Bezeichnung für ein römisches Militärlager wurde auch auf Burgen übertragen

Dienste Abgaben (Naturalien, Getreide, Vieh, **Geld**) der Untertanen an die Obrigkeit

Dienstmann Ursprünglich meist unfreier Ritter, höheren Adeligen dienstbar, im Genuß eines auf Lebenszeit beschränkten Lehens

Dirnitz Siehe Tirnitz

Donjon Von französischen und normannischen Burgen übernommene Bezeichnung eines Turmes, der den Burgherren als Wohnung diente

Doppelkapelle Burgkapelle mit zwei Geschossen meist für Herrschaft und Gefolge. Durch Öffnung in der Zwischendecke miteinander verbunden

Doppelburg Zwei selbständige Burgbereiche als Verteidigungseinheit

Dynastenburg Stammburg eines Herrschergeschlechtes, auch Verwaltungssitz eines Fürstentums

Edelsitz Siehe Ansitz

Eigen Freies Eigentum, unterstand zum Unterschied von Lehensbesitz nur dem Grundherrn

Erbämter Vererbliche Hofämter an Fürsten- und Königshöfen (Marschall, Truchseß, Schenk, Münzmeister u. a.)

Erker Vorspringende Bauteile, vom Boden aus oder auf Konsolen (Kragsteinen) aus dem Gemäuer ragend

Fallgitter Eisen- oder Holzgitter zum Verschluß eines Tores gegen Überraschungsangriffe

Faulturm (Fallturm) Gefängnisturm, auch als »Hungerturm« bezeichnet

Fehde Im Mittelalter legalisierte gewaltsame Selbsthilfe, wenn der Ritterbürtige oder Adelige sein Recht nicht erhielt oder bei Friedensbruch. »Absage-« und »Fehdebriefe« ebenso wie das Einhalten eines bestimmten Rituals unterscheiden die rechtmäßige Fehde von den Unternehmungen des Raub- und Strauchrittertums

Felsenburg Wehranlagen auf natürlichen Felsformationen

Fenstersitze Steinbänke in den Seitenwänden breiter Fensternischen innerhalb der Mauerstärke

Festung Wehranlage gegen Feuerwaffen, auch Ortsbefestigung mit Artillerie. Seit Mitte 16. Jh.

Feudalburgen Lehensburgen

Fliehburg (Fluchtburg) Zuflucht für Bevölkerung in Kriegszeiten (Burgen, Klöster, Städte)

Freisasse Ein von Diensten, Abgaben befreiter Besitzer eines Gutes

Fresken Auf frischen (nassen) Verputz aufgetragene Gemälde

Fries Plastischer oder gemalter Streifen zum Schmuck oder zur Gliederung von Wänden und Fassaden

Fürkauf Siehe Vorkauf

Ganerbenburg (Sippenburg) Von mehreren Eigentümern bewohnte, mehrgliederige Burg

Gerichtsbarkeit Hohe Gerichtsbarkeit mit Todesstrafe, Folter, Pranger und schwerem Kerker war den Landgerichten vorbehalten oder wurde vom Landesfürsten verliehen. Niedere Gerichtsbarkeit für kleine Vergehen besaßen die Grundherrn, auch Städte und Märkte

Gesäß Sitz

Gewerke Frühkapitalistischer Unternehmer

Gießerker (Senkscharte) Aus der Mauer vorspringende oder versenkte Öffnungen, durch die siedendes Öl oder Pech gegossen, aber auch geworfen und geschossen wurde

Gülte Einkünfte der Herrschaften von den Untertanen

Hakenbüchse (Haken) Handfeuerwaffe mit Haken zum Auflegen des Gewehres

Halsberc siehe Brünne

Halsgraben Meist künstlich geschaffener tiefer Graben, der die Burg vom Bergmassiv trennt und durch Zugbrücke überwölbt werden mußte

Harnisch Rüstung des Oberkörpers, durch Gelenke verbundene Brust- und Rückenplatten

Hauptburg (Hochburg) Der durch eine Vorburg — Zwinger, Außenwerke, Türme, Höfe — gesicherte, oftmals höher gelegene Kern einer Wehranlage

Hausburg Befestigtes Wohngebäude, Palasburg ohne Bergfried

Helmfaß (Topfhelm) Der ganze Kopf und der Hals stecken in einer Art Faß

Herrschaft Geschlossenes Verwaltungsgebiet mit Untertanen und Gerichtsbarkeit

Hochburg siehe Hauptburg

Hochfreie Dem »Reich« unterstehende Adelsgeschlechter aus der Rodungszeit, die im 12. und 13. Jh. ausstarben

Holde Untertan

Hube Hufe. Bäuerliche Siedlungsstelle, Siedlungseinheit

Hubmeister Kaiserlicher oder landesfürstlicher oberster Finanzbeamter

Hungerturm siehe Faulturm

Kammergut Landesfürstlicher Besitz, von der Hofkammer verwaltet

Kapitell Meist verzierte Säulen- oder Pfeilerköpfe

Karussellreiten Turnierspiele, Geschicklichkeitsübungen, die besonders in nachmittelalterlicher Zeit, im Barock und Rokoko üblich waren

Kasematten Schuß- und bombensichere Unterstände, Bereitschafts- oder Vorratsräume in Festungen des 17. und 18. Jh.

Kassettendecke In vertiefte Felder oder geometrische Figuren mit Profilen aufgeteilte Holzdecke

Kastell Die auch im Mittelalter für eine Burg oder eine befestigte Stadt verwendete römische Bezeichnung für Lager (castrum)

Kasten Speicherbau für Aufbewahrung von Getreide

Katze Fahrbares Belagerungsinstrument mit Schutzdach gegen Beschuß

Kemenate Von caminata, d. i. ein mit Kamin heizbares Gemach oder Bauwerk einer Burg

Keuche Verlies, Kerker

Klause Im Mittelalter Wegsperre in Gebirgstälern

Klienten (Clientes) Niedere Dienstleute

Koller Im 15. Jh. Frauenjäckchen, seit dem 17. (meist lederner) Reiterharnisch

Konsole, Kragsteine Aus der Mauer vorragende Tragsteine für Erker und Balkon

Kreidfeuer (Kreitfeuer, Kreitschuß) Warnfeuer von Anhöhen und Türmen in Kriegszeiten

Landgericht Hohe Gerichtsbarkeit (Blutbann, Stock und Galgen), vom Landesfürsten, von Adeligen und Geistlichen verliehen bzw. ausgeübt

Landsknecht Erst seit 1486 unter Kaiser Maximilian I. üblich gewordene Bezeichnung besoldeter Krieger

Lehen Land- oder Burgbesitz für Dienstleistungen verliehen, auf Lebenszeit oder erblich. Wurde oft Eigenbesitz. Lehensträger konnte nur ein Ritterbürtiger sein, Lehensherr nur ein Adeliger. Der Lehensmann war seinem Herrn für die Nutzung des Lehens zu Kriegsdienst und Gefolgschaft verpflichtet

Leibgedinge Auf Lebenszeit verschriebener Besitz

Mange Wurfmaschine mit Gegengewicht am Hebelarm

Mannsloch Einmanneinstieg in großen Burgtoren

Mantelmauer, Mantelburg Mit hoher Mauer umgebene oder gegen die Angriffsseite geschützte Burg

Marschall Ursprünglich Stallmeister, später höchste, meist erbliche Hofbeamtenwürde

Marstall Pferdestall

Maschikuli Aneinandergereihte Gießerker unter vorgekragten Zinnen, um den toten Winkel unter den Burgmauern auszuschalten. Auch Gußlöcher im Boden von Wehrgängen

Ministeriale Amtsadelige. Lehensleute aus dem Kleinadel im Dienste des Hochadels und der Geistlichkeit

Minnesänger Ministeriale, Ritter des 12. und 13. Jh., Verkünder hoher Frauenliebe

Mordgang Wehrgang

Opus spicatum Grätenförmig geschichtete Bruchsteinmauer, in römischer Zeit und im Frühmittelalter üblich

Palas Hauptwohngebäude der Burg mit Wohn-Schlafraum und auch Saal, meist unterkellert und zweigeschossig

Palisade Zaun aus aneinandergereihten Pfählen

Partisane Stoßwaffe mit zweischneidiger Klinge und Zacken

Pechnase siehe Gießerker

Pfalz Residenzburg des Königs oder Kaisers. Ursprünglich unbewehrt

Pfandbesitz, Pfandherrschaft Als Pfand für überlassene Geldmittel, verpachtete Burg, Gut oder Ländereien

Pfleger Aus dem niederen Landadel oder aus dem Bauernstand aufgestiegene Lehensträger und Beamte, »Burggrafen«, die für Verwaltung und Verteidigung der Burg verantwortlich waren

Propstei Verwaltungssitz bei geistlichen Grundherrschaften

Poterne Seitenausgang, auch geheimer Ausgang in den Zwinger und Graben

Pultdach Schräges Dach, einfachste Palas- oder Burgfriedbedachung

Regalien Ursprünglich königliche Rechte, an den Landesfürsten übergegangen, allgemein herrschaftliche Rechte

Reichslehen Vom Kaiser verliehenes Reichsgut mit Hoheitsrechten

Reißgejaid Niedere Jagd auf Rehe, Hasen, Vogelwild

Ringmauer Meist mit Zinnen und Wehrgang versehene hohe Mauer, die den Burgbereich umschließt. Auch »Zingel« genannt

Ritter Im Frühmittelalter Berufsstand, Reiter in Kriegsdienst, im 13. und 14. Jh. Geburtsstand, der sich von Bauern und Bürgern unterschied. Niederer Adel

Rodungsburg Verwaltungssitz einer Herrschaft, deren Untertanen vorwiegend mit der Rodung des Landes befaßt waren

Robot Entschädigungslose Fronarbeit, zu der unfreie Untertanen der Herrschaft gegenüber verpflichtet waren

Rondell Von der Mitte des 15. Jh. bis 1700 bei Burgen errichtete Rundtürme

Rüstkammer Waffen- und Geräteraum

Schalenturm Halbrunder, nach innen offener Mauerturm

Scharten Schmaler Mauerspalt, verschieden geformt

Scharwachtturm Kleine Wacht- und Aussichtstürmchen, meist auf Kragsteinen, über Wehrmauern an Turmecken

Schildmauer Besonders starke Mauern, meist zwischen Türmen oder Felsen, die Angriffsseite einer Burg deckend

Schlangen Seit dem 16. Jh. eingeführte Bezeichnung für mittlere Feldgeschütze

Schlüsselscharte Schießscharte für Armbrust und Handfeuerwaffen

Schranne Verschränkter (abgegrenzter) Gerichtsplatz, auch Marktplatz

Schüttkasten Getreidespeicher

Senkscharte siehe Gießerker

Sgraffito Kratzputzverzierung

Söller siehe Altan

Stechen Ritterlicher Zweikampf, auch Gruppenkampf mit Lanzen zu Pferd

Strauchritter (Raubritter, Stegreifritter) Verarmte oder räuberische Ritter, die eine ungerechte Fehde führen

Steinbüchsen Pulvergeschütze mit Steinkugeln. Seit Ende des 14. Jh. üblich

Steinmetzeichen Signaturen und Abrechnungszeichen der Steinmetze mit spezifischem Schlüssel für jede Bauhütte

Stock Turm oder Edelsitz in Tirol

Tabor Ursprünglich befestigtes Hussitenlager, später kastellartige Burg in Österreich, auch Wehrkirche

Taiding Versammlung der Herrschaftsuntertanen, meist unter Vorsitz des Grundherrn. Auch Gerichtstag

Taverne Gasthaus der Burg oder der Herrschaft

Tirnitz Hauptaufenthaltsraum in einer Burg

Tjost Zweikampf zu Pferd mit Schilden und Lanzen

Torbau Ein meist mit verschiedenen Verteidigungsanlagen und Zubauten (Torgraben, Zugbrücke, Torweg, Zwinger, Tortürme, Torhalle usw.) befestigtes und gesichertes Tor

Totenschild Eigens angefertigte Wappenschilde, meist aus Holz, an Begräbnisstätten, in Kirchen

Truchseß Vorgesetzter des Trosses, Küchenmeister

Turmburg Wehr- und Wohnturm mit Mauerring

Turnier Massenkampf von Reitern, eine Art »Waffenübung« oder »Manöver«, wie im Ernstfall. Ging meist nicht unblutig ab

Ungelt Seit 14. Jh. Getränkesteuer

Urbar Grundbuch, Verzeichnis der Abgaben an die Herrschaft

Urfehde Schwur, vom Kampf abzustehen und sich für erlittenen Schaden nicht zu rächen

Verlies Meist unterstes Geschoß des Bergfrieds, durch das Angstloch erreichbar, Gefängnis

Vierung Kreuzungsraum von Lang- und Querhaus einer Kirche. Im romanischen Gotteshaus auch Maßeinheit

Vogt, Vogtei Herrschaftliche Oberhoheit über kirchliche Güter

Vorburg Der Hauptburg vorgelagerte, meist mehrgliedrige Anlage mit Wirtschaftsräumen, Ställen usw., durch Ringmauer geschützt, mit Verteidigungsanlagen versehen

Vorkauf Kaufrecht des Höhergestellten, eines Adeligen, Ritters oder Bürgers, vor Ortsfremden

Wallburg Vor- oder frühgeschichtliche Wehranlage

Wappen Erbliches Symbolzeichen für eine Person oder ein Geschlecht, ursprünglich Namensschild für Lese- und Schreibunkundige

Wartturm Beobachtungsturm, Warte, Luginsland

Wasserburg Mit Wassergraben, von Fluß oder See umgebene Burg in ebenem Gelände

Weistum Mittelalterliches Gewohnheitsrecht, Wahrsprüche, die im 13.—16. Jh. schriftlich festgehalten und modifiziert wurden

Wehrgang Verteidigungsgang auf Ringmauern und Türmen mit Brustwehr, Zinnen, Schießscharten

Wehrgehänge Lederriemen, an dem Schwert oder Dolch hing

Wehrkirche Kirchen, zu burgartigen Verteidigungsanlagen ausgebaut, mit bergfriedartigem Kirchturm, Schießscharten, Ringmauer usw.

Wildbann Jagdbezirk

Wimperg Gotischer Ziergiebel über Türen und Fenstern

Wippbrücke Um einen Schwerpunkt drehbare oder klappbare Brücke

Wohnburg Vornehmlich zu Wohnzwecken bestimmte Burg

Wohnturm Turmhaus

Zehent Abgabe des zehnten Teils von Erträgnissen

Zinnen Mauerzacken, schildartige Erhöhungen auf der Brustwehr, die den Verteidiger decken

Zisterne Ausgemauerter Wasserbehälter zum Sammeln von Regenwasser

Zugbrücke Das Aufziehen eines Teiles der Brückenplatte durch Ketten verschloß das Tor, unterbrach den Zugang zur Burg

Zwingburg Volkstümlicher Ausdruck für Burgen einer Fremdherrschaft

Zwinger Raum zwischen der äußeren und inneren Burgmauer zur Verstärkung der Verteidigung

Quellen- und Literaturverzeichnis

Burgenbücher

Piper, Österr. Burgen, 8 Teile, 1902 ff. *Halmer, Grabherr* u. a., Burgen und Schlösser in Österr., 1964. *Sartori*, Burgfesten der österr.-ungar. Monarchie, 1819. *Binder*, Die niederösterr. Burgen, 2 Bände, 1925. *Halmer*, Niederösterr. Burgen, Auswahl, 1964. *Büttner, Halmer, Pongratz, Seebach*, Burgen und Schlösser in Niederösterr., bisher 6 Bände (Birkenverlag). *Scheiger*, Burgen und Schlösser im Lande Österreich unter der Enns, 1837. *Prickler*, Burgen im Burgenland, 1972. *Homma*, Burgenlands Burgen und Schlösser, 1961. *Grüll*, Oberösterr. Burgen und Schlösser, 3 Bände (Birkenverlag). *Götting/Grüll*, Burgen in Oberösterr., 1967. *Grabherr*, Burgen und Schlösser in Oberösterr., 1970. *Sekker*, Burgen und Schlösser in Oberösterr., 1925. *Baravalle/Knapp*, Burgen und Schlösser der Steiermark, 3 Bände, 1936/43. Neuauflage, einbändig, 1961. *Ebner*, Steiermarks Burgen und Schlösser, 3 Bände (Birkenverlag). *Wiessner*, Kärntens Burgen und Schlösser, 3 Bände (Birkenverlag). *Henckel*, Burgen und Schlösser in Kärnten, 2 Bände, 1964. *Kohla*, Kärntens Burgen, Schlösser, 1953. *Weingartner/Trapp*, Tiroler Burgen, 1971. *Ulmer*, Die Burgen und Edelsitze Vorarlbergs und Liechtensteins, 1925.

Quellenschriften, historische und kunsthistorische Literatur, spezielle Periodica und Nachschlagwerke in Auswahl

Archive (für österr. Geschichte; für Altertumswissensch.; für Geschichte, usw.).

Blätter (für niederösterr. Landeskunde; für Heimatkunde usw.). *Brunner*, Land und Herrschaft, 1959. *Burgenmonographien, Burgenführer* (Stelzer, Seebenstein; Khevenhüller, Hochosterwitz; Keller, Lockenhaus usw.). *Burgen und Schlösser* in Österreich, Zeitschrift, 1966 ff.

Caboga, Die mittelalterl. Burg, 1951. *Carinthia* I, Zeitschrift, 1811 ff. *Chmel*, Materialien, 2 Bände, 1837 f. *Czerny*, Der zweite Bauernaufstand in Oberösterr., 1890.

Dehio, Handbuch der Kunstdenkmäler Österreichs, Neuauflagen 1953 ff. *Eppel*, Das Waldviertel, 1963; Die Wachau, 1964; Die Eisenwurzen, 1968.

Erben, Kriegsgeschichte des Mittelalters, 1929. Fontes rerum Austriacarum, 1855 ff.

Forschungen (Kärntner, Burgenländische, Tirol usw.). *Fraß*, Quellenbuch zur österr. Geschichte, 1956. *Frieß*, Die Herren von Kuenring, 1874; Der Aufstand der Bauern in Niederösterr. am Schluß des 16. Jahrh., 1897.

Geschichtliche Beilagen des St. Pöltener Diözesanblattes, 1878 ff. *Grupp*, Kulturgeschichte des Mittelalters, 6 Bände o. J.

Hammer-Purgstall, Die Gallerin, 1854. Handbuch der histor. Stätten Österreichs, 2 Bände 1966/70. *Heimatbücher* (regionale und örtliche). *Historischer Atlas* der österr. Alpenländer (und Erläuterungen), 1906 ff. *Hormayr*, Werke, Archiv, Taschenbuch, 1811 ff. *Hotz*, Kleine Kunstgeschichte der deutschen Burg, 1965. *Huber*, Geschichte Österreichs, Band 1—3. Bearbeitete Neuauflage des 2. Bandes von Lothsky.

Jahrbücher, Jahresberichte (des Vereins für Landeskunde von Niederösterr.; des Museums Carolino-Augusteum usw.).

Kataloge (Friedrich III. in Wiener Neustadt, 1966. Strafrechtssammlung des niederösterr. Landesmuseums, Greillenstein usw.). *Krones*, Handbuch der Geschichte Österreichs, 4 Bände, 1869; Andreas Baumkircher, 1896.

Lahnsteiner, Oberpinzgau, Unterpinzgau, Mitterpinzgau, 1956/62. *Liechtenstein*, Ulrich v., Frauendienst, hsg. v. Lachmann, 1841.

Martin, Salzburgs Fürsten, 1949. *Merian,* Topographia prov. Austriacarum, 1649, neue Ausgabe 1963. *Mitteilungen* (des steir. Burgenvereins; des Instituts f. österr. Geschichtsforschung; des histor. Vereins für Steiermark; des österr. Staatsarchivs; der Salzburger Landeskunde usw.). *Monumenta* Germaniae historica, 1851 ff.

Österr. Baudenkmäler, 2 Bände, 1961. *Österr. Kunsttopographie, 1889 ff.*

Piper, Burgenkunde, Neuauflage 1967.

Regesten (historische, habsburgische, erzbischöfliche usw.). *Reimchronik,* Ottokars österreichische —, hsg. v. Seemüller, 2 Bände, 1890/93.

Santonino, Reisetagebücher, 1485/87, übertragen v. R. Egger. *Schimmer,* Geschichte der Wildensteiner Ritterschaft, 1851. *Schlemmer,* Das Burgenland, 1972. *Schlern-*

schriften, 1921 ff. *Sekker,* Burgen und Schlösser in Vischers Topographie 1674, 1925.

Tillmann, Lexikon der deutschen Burgen und Schlösser, 4 Bände, 1858/61.

Ulm, Das Mühlviertel, 1971. *Unrest,* Österr. Chronik (Mon. Germ.) Chronicon Carinthiacum, 1724. *Urbare* (Bundesländer und Herrschaften). *Urkundenbücher* (Bundesländer, Herzogtümer, Herrschaften usw.).

Valvasor, Topographia Carinthia, 1688 (Faksimileausgabe 1928). *Victring,* Johann v., Buch gewisser Geschichten (Mon. Germ.).

Waldviertel Das, hsg. von Stepan, 7 Bände, 1926/37. *Weistümer,* österreichische, 1881 ff. *Weingartner,* Tiroler Burgenkunde, 1950. *Wiedmann,* Geschichte Salzburgs, Band 1 und 2, 1909. *Wutzel,* Oberösterr. Burgenkunde, 1969.

Bildnachweis

Adam 33; Albertina, Wien 150, 151; Archiv 25, 36, 40, 69, 96, 105 (2), 109, 124, 130, 145, 156; Beckel 18, 24, 27, 28, 30, 31, 35, 38, 42, 44, 47, 48, 53, 59, 63, 64, 67, 71, 74, 76, 79, 83, 84, 86, 93, 98, 102, 107, 110, 115, 118, 121, 123, 126, 127, 131, 134, 135, 138, 146, 148, 157, 158, 163, 173, 176, 177, 178, 181, 183, 186, 190, 191, 194, 195, 200, 213, 220, 224, 225, 226, 227, 230, 231, 232, 235, 237, Schutzumschlagbilder; Bundesdenkmalamt, Wien 20, 49, 80, 88, 106, 113, 152, 153; Glaser 139; Grossauer 136; Grünert 26, 34, 43, 82, 85, 91, 93 (2), 94, 95, 99, 109, 113, 119, 125, 129, 146, 154, 207, 219; Heidelberger Liederhandschrift 103; Hoffer 44, 45; Hofmann 39 (2), 66, 70 (2); Institut für mittelalterliche Realienkunde, Krems 2; Kellner 46; Löbl 32, 50, 54, 60, 75, 127, 140, 141, 142, 143, 147, 149, 159, 165, 175, 201, 205, 215; Mathis 157; NÖ. Landesbildstelle 21, 22, 23, 40, 81, 166; Nowotny 58; Öffentl. Kunstsammlung, Basel 41; Österr. Nationalbibliothek, Wien 19, 23, 52, 53, 65, 97, 101, 160, 167, 171, 179, 182, 188, 222, 233; Pollak 77; Schweizer Burgenarchiv, Basel 20; Sedlacek 30, 37 (2), 51, 55, 61, 62, 87, 111, 112, 114 (3), 122, 155, 212; Stalzer 29; Steiner 133; Stempel 57; Stenzel 108, 116, 117; Stockhammer 148; Zachs 73 (2), 75 (2), 78.